# Die Wirtschaftsverfassung
## der Sonderverwaltungsregion Hongkong

# SCHRIFTEN
## zum internationalen und zum öffentlichen
# RECHT
### Herausgegeben von Gilbert Gornig

Band 45

# PETER LANG
Frankfurt am Main · Berlin · Bern · Bruxelles · New York · Oxford · Wien

Thomas Jesch

# Die Wirtschaftsverfassung der Sonderverwaltungs- region Hongkong

### Eine Darstellung vor dem Hintergrund der Wiedereingliederung in die Souveränität der Volksrepublik China

PETER LANG

Europäischer Verlag der Wissenschaften

Die Deutsche Bibliothek - CIP-Einheitsaufnahme

Jesch, Thomas:

Die Wirtschaftsverfassung der Sonderverwaltungsregion
Hongkong : eine Darstellung vor dem Hintergrund der
Wiedereingliederung in die Souveränität der Volksrepublik
China / Thomas Jesch. - Frankfurt am Main ; Berlin ; Bern ;
Bruxelles ; New York ; Oxford ; Wien : Lang, 2001
  (Schriften zum internationalen und zum öffentlichen Recht ;
  Bd. 45)
  Zugl.: Marburg, Univ., Diss., 2001
  ISBN 3-631-37956-0

Gedruckt auf alterungsbeständigem,
säurefreiem Papier.

D 4
ISSN 0943-173X
ISBN 3-631-37956-0

© Peter Lang GmbH
Europäischer Verlag der Wissenschaften
Frankfurt am Main 2001
Alle Rechte vorbehalten.

Printed in Germany 1 2 3 4  6 7

www.peterlang.de

*Meinen Eltern*

# Vorwort

Die vorliegende Arbeit entstand im wesentlichen im Anschluß an meine Referendarausbildung in Frankfurt am Main, im Rahmen einer Tätigkeit als Mitarbeiter in einer Marburger Rechtsanwaltskanzlei seit November 1998. Das Manuskript gibt den vollständigen Schrifttumsstand bis einschließlich August 2000 wieder, einzelne Literatur fand noch im Nachhinein bis Dezember 2000 Eingang.

Personen- und Ortsnamen im Text wurden weitestgehend im Rahmen des seit 1. Januar 1979 von der chinesischen Regierung für verbindlich erklärten Systems *„Hanyu Pinyin"* romanisiert. Hierbei haben sich in Deutschland meist etablierte Schreibweisen gehalten, insbesondere bei Beijing (Peking) und Guangzhou (Kanton). Zur besseren Verständlichkeit wurde hier und in anderen Fällen die alte Schreibweise der Eigennamen beibehalten.

Unterschiede ergeben sich insbesondere für die Taiwan betreffenden Bezeichnungen, wo nach wie vor die seit 1892 existierende *Wade-Giles*-Umschrift Anwendung findet (z. B. Kuomintang statt Guomindang).

Chinesischsprachige Publikationen wurden, falls sich ein solcher etabliert hat, mit dem deutschen bzw. englischen Titel zitiert. Auch in den Literaturangaben wurden die jeweils benutzten Umschreibungen beibehalten, so daß sich bei Verwendung alter und neuer Schreibweise ganz vereinzelt Merkwürdigkeiten ergeben.

Mein Dank gilt zuallererst meinem verehrten Doktorvater, Herrn Prof. Dr. Gilbert H. Gornig, welcher durch seine Arbeiten über Hongkong Anregung für das vorliegende Thema gab und stets ein offenes Ohr für die Fragen des Verfassers hatte. Dank gebührt auch Prof. Dr. Steffen Detterbeck für die zeitnahe und gründliche Zweitkorrektur, trotz einer zusätzlichen Arbeitsbelastung als Dekan. Dank gebührt auch der Professor Dr. Zerweck-/Cassella-Stiftung, welche das Vorhaben durch ihre großzügig gewährte finanzielle Unterstützung von der ersten Idee bis zur Drucklegung maßgeblich gefördert und einen Forschungsaufenthalt vor Ort ermöglicht hat. Meiner Schwester Dipl.-Kauffrau Dipl.-Übersetzerin Petra Finke geb. Jesch danke ich für die unermüdlichen Korrekturarbeiten. Den Mitarbeitern des Max-Planck-Instituts für Ausländisches Öffentliches Recht und Völkerrecht, Heidelberg, gilt Anerkennung für die vorbildliche Betreuung. Meinen Kollegen und Freunden Rechtsanwalt Dr. Carsten Pagels und Rechtsanwalt Sascha Marks danke ich für mannigfaltige Anregungen und manches motivierende Wort.

Thomas Jesch, im Sommer 2001

9

# Inhaltsverzeichnis

13

14

**Kapitel VII.**
**Ausblick: Autoritäre Strukturen als Rahmenbedingung**
**für eine gleichbleibend liberale Wirtschaftsverfassung**

**Kapitel VIII.**
**Ergebnis der Untersuchung**

**Hinweis zu den Abkürzungen:**
Die Benutzung von Abkürzungen orientiert sich an:

*Kirchner, Hildebert*     Abkürzungsverzeichnis der Rechtssprache, 4. Auflage, 1993

# Kapitel I.
# Einleitung

## A. Thematische Eingrenzung

Der geplante Beitritt der Volksrepublik China zur Welthandelsorganisation *(WTO)* wirft das Licht auch wieder auf die Sonderverwaltungsregion Hongkong, um die es nach dem relativ reibungslosen Souveränitätswechsel etwas ruhiger geworden war[1]. Seine wirtschaftlich überragende Rolle für die Volksrepublik China blieb davon allerdings unberührt. Es stellt sich die Frage, welche Strukturen es Hongkong ermöglicht haben, eine so führende Stellung einzunehmen. Noch wichtiger ist vor dem aktuellen Hintergrund aber die Frage, ob die wesentlichen Rahmenbedingungen angesichts der staatlichen Zugehörigkeit zu einer andersartig ausgerichteten Wirtschafts- und Gesellschaftsordnung auch eine institutionelle und normative Verankerung gefunden haben.

Hongkong erhielt ein umfassendes Grundgesetz, das *Basic Law*, erst mit Wirkung zum 1. Juli 1997, dem Datum der Wiedereingliederung in die Souveränität der Volksrepublik China. Untersuchungsgegenstand dieser Arbeit sollen im wesentlichen die das Wirtschaftssystem betreffenden Regelungen des fünften Kapitels des Basic Law sein. Es gilt festzustellen, ob diese als Richtschnur für eine bestimmte Wirtschaftsordnung interpretiert werden können. Für Hongkong ist auch zu untersuchen, ob es hier ein faktisches Leitbild, einen theoretischen Überbau für die Wirtschaftspolitik gibt und ob jener Eingang in die Artikel des *Basic Law* gefunden hat. Dies alles ist darzustellen vor dem historischen Hintergrund eines ehemaligen Handelsstützpunktes, welcher nunmehr eine Sonderverwaltungsregion im Rahmen der Volksrepublik China bildet. Da die Volksrepublik China maßgeblich am Entwurf des *Basic Law* beteiligt war, ist auch auf deren wirtschaftspolitische Vorstellungen einzugehen. Die Reformen der vergangenen Jahrzehnte haben über das Zwischenstadium der Sonderwirtschaftszonen überhaupt erst die Schaffung einer Sonderverwaltungsregion möglich gemacht.

Dem politischen und wirtschaftlichen Rahmen gesteht die vorliegende Arbeit mehr Raum als üblich zu, da auch thematisiert werden soll, inwieweit die Erfolgsmuster einer extrem freien[2], wenn nicht der freiesten[3] Wirtschaftsordnung

---

[1] So auch *Luthra, Tim G.*, Die Sonderverwaltungszone Hong Kong und das „Common Law". Zur Anwendbarkeit des „Common Law" in Hong Kong nach dem Souveränitätswechsel, in: VRÜ, Bd. 31 (1998), S. 456 ff.

[2] *The Heritage Foundation*, Index of Economic Freedom, zit. b. *Herschensohn, Bruce*, Hong Kong at the Handover (1999), S. 110 f.; nunmehr sieht die Heritage Foundation Hongkong ebenfalls auf dem weltweit ersten Rang vor Singapur, s. South China Morning Post vom 2. November 2000, Handelsblatt vom 2. November 2000.

der Welt Eingang in die Regelungen des *Basic Law* gefunden haben. Die bisherigen Verfassungsdokumente bieten hierzu wenig Aufschluß.

## B. Gang der Untersuchung

Das zweite Kapitel bildet einen Überblick über die politische und wirtschaftliche Entwicklung Hongkongs in historischer Perspektive. Der Opium-Krieg, welcher die Durchsetzung britischer Handelsinteressen zum Ausgangspunkt hatte, führte zur Abtretung als Kolonie an die britische Krone am 26. Juni 1843. Mit der sinobritischen Gemeinsamen Erklärung vom 24. September 1984 legte man sich aber schon darauf fest, daß auch nach der Wiedereingliederung in die Souveränität der chinesischen Volksrepublik die kapitalistische Ordnung beibehalten werden sollte. Diese Konzeption steht im Einklang mit der *„Greater China"*-Politik, welche die Integration, nicht die Konvergenz der verschiedenen chinesischen Volkswirtschaften propagiert. Der Überblick zur Wirtschaftsgeschichte soll auch eingehen auf wirtschaftspolitische Konzeptionen seitens der Krone wie seitens der einheimischen Führungseliten, welche sich im Laufe der Zeit entwickelten.

Ebenfalls im zweiten Kapitel soll das politische System Hongkongs und seine rechtliche Manifestation dargestellt werden; im wesentlichen haben sich seit dem 1. Juli 1997 hier keine Änderungen ergeben. Da es eine Kodifikation erst seit diesem Datum gibt, sollen die wirtschaftlichen Rahmenbedingungen, welche durch Politik und, soweit vorhanden, unterkonstitutionelle Gesetzgebung gestellt werden, ebenfalls einer Analyse unterzogen werden.

Im dritten Kapitel sollen zunächst das chinesische Rechts- und Verfassungsverständnis dargelegt werden. Es ist zu untersuchen, inwiefern von einer „Herrschaft des Rechts" gesprochen werden kann und ob die Verfassung als politisches Machtmittel oder eher als Zusammenfassung bestimmter Grundrechte und Staatsstrukturprinzipien gesehen wurde und wird. Vor diesem Hintergrund sollen zunächst die Gemeinsame Erklärung von 1984 mit ihrer Betonung eines „hohen Grades an Autonomie" und sodann das *Basic Law*, seine Entstehung und die wichtigsten allgemeinen Regelungen nachgezeichnet werden. In diesem Zusammenhang ist die Frage zu stellen, inwieweit das *Basic Law* überhaupt als Verfassung bezeichnet werden kann.

Das vierte Kapitel stellt die Sonderverwaltungsregion Hongkong in den Kontext ihrer Vorläufer, der Freihandels- und Exportverarbeitungszonen, sowie der

---

[3] *The Fraser Institute*, Economic Freedom of the World, 1999 rankings, zit. in The Economist vom 11. September 1999, S. 28.

Sonderwirtschaftszonen. Kurz sei hier auch auf die Modernisierung der chinesischen Wirtschaftspolitik nach dem Tode Maos und deren verfassungsrechtliche Verankerung eingegangen, welche Voraussetzung auch für die Schaffung einer „Sonderverwaltungsregion Hongkong" war. Die vier ursprünglichen Sonderwirtschaftszonen der Volksrepublik China werden der Reihenfolge ihrer wirtschaftlichen Bedeutung nach kurz aufgeführt. Sodann erfolgt eine terminologische Abgrenzung der „Sonderverwaltungsregion" zur „Sonderwirtschaftszone". Die Sonderverwaltungsregion Hongkong, insbesondere deren Funktion für die Volksrepublik China, soll sodann auch vor dem Hintergrund einer „Großchinesischen Wirtschaftsgemeinschaft" dargestellt werden.

Der Begriff der Wirtschaftsverfassung soll sodann im fünften Kapitel einleitend herausgearbeitet werden. Mit dem Augenmerk auf die Wirtschaftsverfassung Hongkongs sollen die theoretischen Grundlagen einer liberalen Wirtschaftsverfassung dargestellt werden. Im Vordergrund stehen hierbei die Ideen James Buchanans, welche grundlegende Bedeutung für Hongkongs Wirtschaftsverfassung haben.

Es folgt dann der Hauptteil der Arbeit, die Darstellung der Wirtschaftsverfassung der Sonderverwaltungsregion Hongkong unter Berücksichtigung der Veränderungen in den drei Hauptentwürfen und verbunden mit einer kurzen historischen Einordnung. Es schließen sich an die Ergänzungsvorschläge zu den einzelnen Regelungen wie die generelle Kritik an den fiskalischen Beschränkungen.

Im sechsten Kapitel werden die soeben auch in ihrer Genese dargestellten Regelungen des *Basic Law* jenen des Grundgesetzes gegenübergestellt. Der Vergleich soll zeigen, inwieweit sich hier jeweils die faktisch bestehende Wirtschaftsordnung widerspiegelt.

In einem kurzen Ausblick soll im siebten Kapitel auf die Problematik eingegangen werden, die sich mit den divergierenden Regelungen zur wirtschaftlichen und politischen Autonomie stellt.

Die wesentlichen Ergebnisse der Arbeit werden im achten Kapitel zusammengefaßt.

# Kapitel II.
# Überblick über die Geschichte Hongkongs bis zur Gegenwart

## A. Allgemeine Geschichte

### I. Einführung

Hongkong bot aufgrund seiner kargen Umgebung von jeher wenig Anreiz zur Ansiedlung. Als Beweis dafür, daß dort lebende Personen vom Festland vertrieben wurden bzw. flüchten mußten, gilt eine Grabstätte aus der Han-Dynastie (206 v. Chr. – 220 n. Chr.), das Grab Li Cheng Uk[1]. In vorgeschichtlicher Zeit ließen sich verschiedene Stämme in Hongkong nieder. Erst die Dynastie der Tang (618 – 907) begründete jedoch eine chinesische Vorherrschaft[2]. Das chinesische Zeichen „Hong" bedeutet meist Duft und wohlriechend, kann je nach Zusammenhang aber auch Weihrauch, Gewürze und anderes bezeichnen[3]. „Kong" bedeutet gewöhnlich Hafen, umschreibt insbesondere auch solche natürlicher Art, die durch ihre Umgebung Schutz vor Brandung und Sturm gewähren, sodaß der Name „Hongkong" mit „duftender Hafen" zu übersetzen ist[4]. An der südwestlichen Seite Hongkongs existierte eine schmale Bucht mit dem Namen „Heang-Keang", die möglicherweise der ganzen Insel diesen Namen gegeben hat[5].

### II. Britischer Handel mit China bis zum Opium-Krieg

Der britische China-Handel entwickelte sich seit 1786 von Kanton (Guangzhou) aus, nachdem frühere Niederlassungsversuche in der Gegend zunächst an den Portugiesen und sodann an der Mandschu-Dynastie gescheitert waren[6]. Das Monopol für den Handel mit den Briten besaß die chinesische Kaufmannsgilde Cohong[7], welche wiederum der Aufsicht des Hoppo, eines Offiziers des kaiserli-

---

[1] *Endacott, George Beer*, A History of Hong Kong (1974), S. 3.
[2] *Gornig, Gilbert H.*, Hongkong, Von der britischen Kronkolonie zur chinesischen Sonderverwaltungszone (1998), S. 27.
[3] *Gornig* (Anm. 2), S. 25.
[4] *Eitel, Ernst Johann*, Europe in China, The History of Hong Kong, Reprint (1983), S. 133.
[5] *Eitel* (Anm. 4), S. 60 f.
[6] *Eitel* (Anm. 4), S. 1 ff.
[7] *Gornig* (Anm. 2), S. 29; *Cottrell, Robert*, The End of Hong Kong, The Secret Diplomacy of Imperial Retreat (1993), S. 6; *Endacott* (Anm. 1), S. 5.

22

chen Hofes, unterstand. Seit 1782 ging das Monopol an zwölf, später dreizehn, Mandarine über, die als Hong-Kaufleute bezeichnet wurden[8]. Diesen übergeordneten Mandarinen gehörten die von den Europäern genutzten Fabriken, nur über sie konnte mit den lokalen Mandarinen in Form von Petitionen korrespondiert werden[9].

Auf britischer Seite hatte bis 1833 die Honourable East India Company das Handelsmonopol inne, im Zusammenhang mit dem Opiumhandel setzten jedoch Handelshäuser wie Thomas Dent und Jardine-Matheson den Freihandel durch[10]. Die Gebrüder Matheson gründeten 1827 eine wöchentlich erscheinende Zeitung, das „Canton Register", welche sich gegen das Monopol der East India Company und für das Prinzip des freien Handels einsetzte[11].

Chinesen und Briten begegneten sich insgesamt mit gegenseitiger Mißachtung. Beziehungen gab es nur über den erwähnten Opiumhandel, welcher allerdings bereits seit einem kaiserlichen Edikt von 1796 verboten war[12]. Opium, ursprünglich von buddhistischen Priestern zu Heilzwecken verwandt, wurde in China seit der Tang-Dynastie ebenfalls medizinisch genutzt[13]. Die Briten machten es zu ihrem Zahlungsmittel[14]. 1793 sandte die britische Regierung Lord Macartney als Emissär nach Peking, um diplomatische und auch offizielle Handelsbeziehungen mit dem „Mittleren Königreich" zu begründen. Da Macartney es jedoch ablehnte, sich als Vertreter des britischen Königs vor dem Kaiser zum Kotau herabzulassen, blieb es bei einem Versuch[15]. Lord Amherst hatte 1816 nicht mehr Erfolg[16]. Seit 1838 versuchten die Chinesen aufgrund wachsender Gefahren für ihre Volkswirtschaft[17] ein Importverbot für meist im britisch kontrollierten Indien hergestelltes Opium durchzusetzen. Die Silberbestände nahmen immer mehr ab und ein Handelsbilanzdefizit entstand. Der kaiserliche Sonderkommissar für die Opium-Bekämpfung in Guangzhou, Lin Zexu, ließ britische Kaufleute solange internieren, bis sie ihr Opium abgegeben hatten[18]. Vom 3. Juni 1839 an vernichtete Lin über 20.000 Kisten Opium von britischen und US-amerikanischen Opium-Händlern[19]. Am 7. Juli 1839 kam bei einer Prügelei

[8] *Eitel* (Anm. 4), S. 8.
[9] *Flowerdew, John*, The Final Years of British Hong Kong (1998), S. 5; *Eitel* (Anm. 4), S. 72.
[10] *Weggel, Oskar*, Taiwan, Hongkong (1992), S. 21; *Eitel* (Anm. 4), iii.
[11] *Eitel* (Anm. 4), S. 22.
[12] *Eitel* (Anm. 4), S. 75 f.
[13] *Endacott* (Anm. 1), S. 10.
[14] *Weggel* (Anm. 10), S. 22.
[15] *Flowerdew* (Anm. 9), xi, S. 4.
[16] *Flowerdew* (Anm. 9), S. 4; ebenso *Eitel* (Anm. 4), S. 15, der aber das Jahr 1815 nennt.
[17] Siehe *Eitel* (Anm. 4), S. 82.
[18] *Endacott* (Anm. 1), S. 12; *Gälli, Anton/Franzen, J.*, Die Familie des großen Drachen, Band I: Die VR China, Hongkong, Macao und Taiwan auf dem Weg zu „Großchina"? (1995), S. 72; *Eitel* (Anm. 4), S. 90.
[19] *Flowerdew* (Anm. 9), S. 8; *Weggel* (Anm. 10), S. 23; *Tang Shuk-tak, Karen*, An Analysis of the Basic Law Consultative and Drafting Process (1990), S. 9; zu einer solchen Vorgehens-

betrunkener britischer Seeleute in Kowloon ein Chinese ums Leben[20]. Da sich die Briten weigerten, Lin den Schuldigen auszuliefern, vertrieb dieser sie aus Kanton und im Zusammenwirken mit dem portugiesischen Gouverneur Adriaõ Accacio da Silveira Pinto auch aus Macao[21], von wo sie sich erst dann nach Hongkong zurückzogen[22]. Großbritannien sann auf Vergeltung und so wurde eine „Expedition" zum chinesischen Kaiser nach Peking (Beijing) vorbereitet.

## III. Erster Opium-Krieg (1840 – 1842)

Im Juni 1840 sammelten sich unter dem Kommando von Commodore Sir Gordon Bremer Schiffe im Hafen Hongkongs[23]. Auf die Wiedergutmachungsforderungen der Briten wollte sich China nicht einlassen und so kam es zu kriegerischen Auseinandersetzungen. Den Briten ging es darum, den Opiumhandel aufrecht zu erhalten, diplomatische Beziehungen durchzusetzen und die Öffnung der chinesischen Häfen für fremde Schiffe zu erzwingen[24]. Am 20. Januar 1841 sollte Hongkong im Vertrag von Chuanbi an Großbritannien abgetreten werden[25]. Zu dieser Zession kam es aber nicht. Bereits am 26. Januar 1841 landete Bremer auf der Insel Hongkong und hißte den Union Jack[26]. Es spricht einiges dafür, daß London an einer Übernahme Hongkongs zunächst wenig interessiert war[27], eine Kolonialisierung des unfruchtbaren Eilands erschien wenig erstrebenswert. Am 27. Januar 1841 erklärte die Regierung der Mandschu-/Qing-Dynastie (1644 – 1911) dem Vereinigten Königreich offiziell den Krieg[28]. Die Briten forcierten diesen, um weiterhin Opiumhandel betreiben zu können. China sollte aber auch zur Aufnahme diplomatischer Beziehungen und zur Öffnung der chinesischen Häfen gezwungen werden[29].

---

weise war es schon einmal am 7. November 1834 in Kanton gekommen, siehe *Eitel* (Anm. 4), S. 49.
[20] *Eitel* (Anm. 4), S. 101.
[21] *Eitel* (Anm. 4), S. 100 ff.
[22] *Cottrell* (Anm. 7), S. 7; *Endacott* (Anm. 1), S. 13; *Tsai, Jung-fang*, Hong Kong in Chinese History, Community and Social Unrest in the British Colony, 1842 – 1913 (1993), S. 18; *Eitel* (Anm. 4), S. 124.
[23] *Eitel* (Anm. 4), S. 115 f.
[24] *Gornig* (Anm. 2), S. 32.
[25] *Weggel* (Anm. 10), S. 23 f.
[26] *Endacott* (Anm. 1), S. 17; *Gälli/Franzen* (Anm. 18), S. 72.
[27] *Destexhe, Jean-François*, Hong Kong and 1997: The facts, S. 17 ff., in: *Menski, Werner*, GEMS No. 2, Coping with 1997, The reaction of the Hong Kong people to the transfer of power (1995), S. 19; *Endacott* (Anm. 1), S. 11; *Eitel* (Anm. 4), S. 117.
[28] *Gornig* (Anm. 2), S. 33.
[29] *Gornig* (Anm. 2), S. 32.

Am 2. Februar 1841 gab Captain Charles Elliot, der siegreiche britische Generalbevollmächtigte im Fernen Osten und Gegner des Opiumhandels[30], den Bewohnern der Insel bekannt, daß sie von nun an britische Untertanen seien und allein ihrer Majestät der Königin Loyalität schuldeten[31]. Elliot hatte jedoch etwas vorschnell proklamiert, daß die Chinesen nunmehr nach chinesischen Gesetzen regiert werden sollten. Diesen Gedanken, verwarf Lord Palmerston als damaliger Außenminister umgehend[32]. Mit der Ratifizierung des Vertrages von Nanjing am 26. Juni 1843 wurde Hongkong mitsamt seiner Schutzgebiete zur britischen Kolonie erklärt. Sir Henry Pottinger war ihr erster Gouverneur[33], welcher aber bereits im Juli 1843 sein Amt zu Gunsten von Sir John Davis niederlegte.

Die Insel Hongkong war zu jener Zeit bloß ein Felsen inmitten des Meeres, auf dem sich chinesische Arbeiter anschickten, einen neuen Hafen zu bauen[34]. Bewohnt war er 1841 von etwa 5.500 Fischern und Schmugglern[35]. Insgesamt war es Politik der chinesischen Mandarine, respektable Persönlichkeiten von einer Ansiedlung in Hongkong abzuhalten[36]. Ein chinesischer Kaiser persönlich hat Hongkongs Boden jedenfalls nie betreten[37]. In gewisser Weise konnte man also schon damals von einer Sonderzone in Hongkong reden[38]. Kriminalität war allgegenwärtig[39] und selbst in das Gouvernment House wurde am 26. April 1843 eingebrochen.

---

[30] *Eitel* (Anm. 4), S. 79; zur Person Elliots siehe *Hoe, Susanna/Roebuck, Derek*, The Taking of Hong Kong (1999), passim.

[31] Die vollständige Proklamation ist nachzulesen bei *Bingham, J. E.*, Narrative of the Expedition to China (1842), Anhang und *Sayer, Geoffrey Robley*, Hong Kong 1841 – 1862, Birth, Adolescence and Coming of Age, Reprint (1980), Appendix I.

[32] *Schwinum, Ulf*, Die Ansätze zur Demokratisierung der Kronkolonie Hongkong seit der Gemeinsamen britisch-chinesischen Erklärung von 1984 bis zur Übernahme Hongkongs durch die Volksrepublik China 1997 (1998), S. 15.

[33] *Endacott* (Anm. 1), S. 22, 35.

[34] *Wong, John Y.*, The Rule of Law in Hong Kong: Past, Present and Prospects for the Future, in: Australian Journal of International Affairs, Vol. 46 (1992), S. 81 [82].

[35] *Harris, Peter*, Hong Kong Confronts 1997: An Assessment of the Sino-British Agreement, in: Pacific Affairs, Vol. 59 (1986), S. 45; *Opitz, Peter J.*, Hongkong – „Tiger" auf Abruf? (1997), S. 2; *Chang, David Wen-wie/Chuang, Richard Y.*, The Politics of Hong Kong's Reversion to China (1998), S. 131; *Cheung, Johnny K. W.*, Basic Law of Hong Kong and Business Investors After 1997, in: The Comparative Law Yearbook of International Legal Studies, Vol. 18 (1996), S. 195.

[36] *Tsai* (Anm. 22), S. 39.

[37] *Weggel* (Anm. 10), S. 12.

[38] *Weggel* (Anm. 10), S. 167.

[39] *Endacott, George Beer*, Government and People in Hong Kong 1841 – 1962. A Constitutional History (1964), S. 21 f.

## IV. Vertrag von Nanking (1842)

Der erste Opium-Krieg führte zur Abtretung Hongkongs im Vertrag von Nanking[40] (Nanjing)[41]. Dieser wurde am 29. August 1842 zwischen der Regierung der Mandschu-/Qing-Dynastie und der britischen Regierung abgeschlossen. Erst nach der Ratifizierung des Vertrages von Nanking am 26. Juni 1843 erklärte die britische Regierung Hongkong auch zur britischen Kolonie[42]. Die dreizehn Artikel des Vertrages wurden von der britischen Regierung diktiert. Die Insel Hongkong wurde als Handelshafen und -stützpunkt für alle Zeiten an das Vereinigte Königreich abgetreten (Artikel III); die Öffnung chinesischer Häfen (Xiamen, Fuzhou, Ningbo, Shanghai, Guangzhou) für den britischen Handelsverkehr wurde angeordnet (Artikel II); es war ein Schadensersatz in Höhe von 21 Millionen Dollar zu zahlen (Artikel IV bis VII), der weit über die Kriegskosten hinausging und die Kosten für das beschlagnahmte Opium enthielt. Das Handelsmonopol der Co-hong wurde aufgehoben (Artikel V). Schließlich wurde auch der Austausch diplomatischer Beziehungen vereinbart (Artikel XI).

Trotz striktester Anweisungen ließ die chinesische Marinepolizei, welche in den Gewässern des Kantonflusses patrouillierte, aus Profitgründen die Opiumschmuggler auch weiterhin gewähren[43].

## V. Zweiter Opium-Krieg (1856 – 1858)

Der zweite Opium-Krieg brach am 8. Oktober 1856 aus[44], als die chinesische, in Hongkong registrierte und jedenfalls unter britischer Flagge[45] segelnde Lorcha „Arrow", die vor Guangzhou lag, von chinesischen Marineeinheiten wegen Verdachts der Piraterie durchsucht wurde[46]. Die Briten beschwerten sich insbesondere über die Ausübung chinesischer Rechtsgewalt und die Einholung der britischen Flagge. Gouverneur Sir John Bowring erhielt sah sich zum militärischen Eingreifen verpflichtet[47]. Am 5. Januar 1858 nahmen britische und franzö-

---

[40] Hierzu *Endacott* (Anm. 1), S. 22.

[41] Siehe hierzu *McDermott, John*, The „Rule of Law" in Hong Kong After 1997, in: Loyola of Los Angeles International and Comparative Law Journal, Vol. 19 (1997), S. 263 [264]; *Tsai* (Anm. 22), S. 19.

[42] *Endacott* (Anm. 1), S. 22.

[43] Siehe hierzu *Jiannung, Li*, The Political History of China, 1840 – 1928 (1956), passim.

[44] *Eitel* (Anm. 4), S. 306.

[45] Die chinesische Seite spricht von einer russischen Flagge, siehe *Eitel* (Anm. 4), S. 306.

[46] *Tsai* (Anm. 22), S. 52.

[47] *Eitel* (Anm. 4), S. 308.

sische Truppen abermals Kanton ein[48]. Der Vertrag von Tianjin vom 26. Juni 1858 über Frieden, Freundschaft und Handel beendete den zweiten Opium-Krieg.

## VI. Erster Vertrag von Peking (1860)

Von chinesischer Seite wurde der Vertrag von Tianjin nicht umgesetzt. Im März 1860 konnten 10.000 britische Soldaten Jianshazui, das Kap der Halbinsel Kowloon einnehmen[49]. Am 13. Oktober 1860 wurde auch Peking von britischen Truppen belagert. Artikel VI der nun geschlossenen Konvention von Peking verpflichtete China endgültig, das Gebiet von Kowloon an das Vereinigte Königreich abzutreten. Zunächst sollte Kowloon nur gegen einen jährlichen Zins von 500 Silbermünzen (Taels) an die Briten verpachtet werden. China konnte dies letztlich nicht durchsetzen. Der Abschluß des ersten Vertrages von Peking wurde im Gegensatz zu jenen von 1842 und 1898 ohne Einsatz von Gewalt erreicht.

## VII. Zweiter Vertrag von Peking (1898)

Der zweite Vertrag von Peking war Folge des chinesisch-japanischen Krieges, welcher 1894 endete. In dessen Folge erhielt Frankreich die Konzession über die Bucht von Guangzhou, was die Briten als Bedrohung empfanden[50]. In der am 9. Juni 1898 geschlossenen „Konvention über die Ausdehnung des Territoriums von Hongkong" wurde das heute als „New Territories" bezeichnete Gebiet für 99 Jahre an Großbritannien verpachtet[51]. Eine dauerhafte Abtretung wollte man später vereinbaren. Zu dieser endgültigen Regelung kam es nicht mehr.

## VIII. Machtübernahme durch die Kuomintang (1912)

Im Zusammenhang mit dem Boxeraufstand 1900 verfaßte der Hongkonger Reformer Ho Kai am 24. Juli eine Proklamation, mit der er die Unterstützung aus-

---

[48] *Eitel* (Anm. 4), S. 316 f.
[49] *Gornig* (Anm. 2), S. 35.
[50] *Gornig* (Anm. 2), S. 37.
[51] *Gornig* (Anm. 2), S. 37.

ländischer Mächte für die Revolutionäre erlangen wollte[52]. Darin wurde die Mandschu-/Qing-Regierung der Korruption beschuldigt. Eine Verfassung sollte eine parlamentarische Regierungsform absichern, China sollte ausländischen Interessen geöffnet werden. Ende des Jahres 1911 begann in China eine Revolution gegen das Mandschu-/Qing-Regime, am 12. Februar 1912 mußte der damals erst fünfjährige Kaiser Pu Yi abdanken. Die Macht übernahm die Kuomintang-Bewegung, deren prominentester Vertreter der Arzt und Berufsrevolutionär Sun Yat-sen war. Dieser nannte in seinen berühmten 16 Vorlesungen, die er 1924 in Guangzhou hielt, als Hauptaufgabe jeder chinesischen Regierung, in erster Linie die „Vier Grundbedürfnisse des Volkes" zu befriedigen, nämlich die Wünsche nach Nahrung, Kleidung, Unterkunft sowie nach Infrastruktur und Erziehung[53]. Gleichzeitig forderte er eine Zügelung des Kapitalismus durch die Übernahme von Banken, Eisenbahnen, Reedereien und Großbetrieben in die öffentliche Hand. Auch sprach er sich für die Vergenossenschaftlichung und Vergabe des Bodens an die Pflüger aus, wobei die Umverteilung allerdings schonend mit Besteuerungs- und Aufkaufinstrumenten zu bewerkstelligen sei. Tschiang Kai-schek wurde Nachfolger von Sun Yat-sen nach dessen Tod 1925. Dieser beherrschte im Jahre 1928 fast ganz China[54] und fast die ganze Welt erkannte sein Regime als legitim an.

Noch 1898 war die Bevölkerungszahl des Handelsstützpunktes äußerst gering. Um das Jahr 1900 sollen bereits etwa 250.000 Menschen in Hongkong wohnhaft gewesen sein.

## IX. Entwicklung nach dem Zweiten Weltkrieg

Eine fundamentale Wende brachte der kommunistische Sieg in China mit sich. Viele Flüchtlinge ließen sich dauerhaft in Hongkong nieder. Am 8. Dezember 1941 griffen die Japaner gleichzeitig Pearl Harbour, Hong Kong, die Philippinen und Malaya an[55]. Am ersten Weihnachtstag des Jahres 1941 besetzten japanische Truppen Hongkong[56]. General Rensuke Isogai errichtete als Gouverneur 1942 – 44 eine Militärregierung[57]. Die britischen Kriegsgefangenen und Zivilisten wurden unter unmenschlichen Bedingungen auf der Insel Hongkong interniert. Einzige Errungenschaft der sonst fruchtlosen Besatzungszeit ist der ins Meer aufge-

---

[52] *Tsai* (Anm. 22), S. 166.
[53] *Weggel* (Anm. 10), S. 34.
[54] Japan dominierte ab 1931 den die Mandschurei umfassenden Marionettenstaat Manchukuo; siehe *Endacott, George Beer/Birch, Alan*, Hong Kong Eclipse (1978), S. 5.
[55] *Endacott/Birch* (Anm. 54), S. 69; *Sida, Michael*, Hong Kong towards 1997. History, Development and Transition (1994), S. 51.
[56] *Gälli/Franzen* (Anm. 18), S. 73.
[57] *Endacott* (Anm. 39), S. 179.

schüttete Kai-Tak-Flughafen. Bis zur bedingungslosen Kapitulation Japans am 15. August 1945[58] verließen etwa eine Million Menschen die Stadt. Aus der Internierung befreite Beamte unter Leitung des Kolonialsekretärs F. C. Glimson begannen mit dem Wiederaufbau der britischen Verwaltung, um US-amerikanischen Initiativen, Hongkong Nationalchina zu überlassen, zuvorzukommen[59]. Am 20. August 1945 waren die ersten britischen Truppen wieder in Hongkong und zogen die Macht an sich. Am 1. Mai 1946 konnte auch der während des Krieges auf Taiwan internierte Gouverneur Sir Mark Young auf die Insel zurückkehren[60]. Der chinesische Bürgerkrieg ließ die ohnehin monatlich um bis zu 100.000 Personen wachsende Einwohnerzahl von einer Million 1945 auf fast 2,5 Millionen 1950 steigen[61].

Die Kulturrevolution unter Mao (1966 – 1976) blieb abgesehen von einigen Bombenanschlägen irregeleiteter militanter Gruppen 1967 ohne großen Einfluß auf das Wirtschaftsleben Hongkongs[62]. Dies ist der Disziplin der Polizeikräfte zu danken. Trotzdem gab es 51 Tote und 800 Verletzte. Offiziell unterstützten die Chinesen das Aufbegehren nicht[63], publizistisch wurde aber auch von dort Beihilfe geleistet[64]. Auch wurde die Wasserversorgung auf vier Stunden an vier Tagen der Woche beschränkt[65].

US-Präsident Richard Nixon besuchte 1972 Peking und eröffnete ein US-Verbindungsbüro in der Volksrepublik China. Anfang 1979 vertieften die USA ihre Beziehungen zur Volksrepublik und beendeten damit ihre feste Bindung zu Taiwan. Im Januar 1980 wurden daher auch ein 1954 geschlossener Verteidigungsvertrag und die damit verbundene Sicherheitsgarantie annulliert.

---

[58] *Endacott/Birch* (Anm. 54), S. 229.

[59] *Gornig* (Anm. 2), S. 42; Harry S. Truman jedoch, der Nachfolger Franklin D. Roosevelts, welcher am 12. April 1945 verstarb, fügte sich den britischen Forderungen, *Cottrell* (Anm. 7), S. 24.

[60] *Endacott* (Anm. 39), S. 182; *Tsang, Steve,* Hong Kong, An Appointment with China (1997), S. 54.

[61] *Cottrell* (Anm. 7), S. 25; *Chang/Chuang* (Anm. 35), S. 130, sprechen nur von einer knappen halben Million.

[62] *Gälli/Franzen* (Anm. 18), S. 74.

[63] *Weggel* (Anm. 10), S. 38.

[64] *Cottrell* (Anm. 7), S. 29; Im September 1978 freilich gestand der stellvertretende Leiter der New China News Agency (Xinhua) ein, daß die Unruhen 1967 ein Fehler gewesen seien und man vom wirtschaftlichen Erfolg Hongkongs lernen könne, siehe *Tang, James T. H./Ching, Frank,* Balancing the Beijing-London-Hong Kong „Three-Legged Stool", 1971 – 1986, in: *Chan, Ming K./Postiglione, Gerard A.,* The Hong Kong Reader: Passage to Chinese Sovereignty (1996), S. 48.

[65] *Vahlefeld, Hans Wilhelm,* Hongkong – Von der Kronkolonie zum chinesischen Wirtschaftswunder (1996), S. 16 f.

## X. Demokratisierung und Vorbereitung des Übergangs seit 1984

Die Regierung Hongkongs besaß keine demokratische Legitimation. Sie stützte ihre Kompetenzen rechtlich auf königliches Privileg, wie es im Letters Patent von 1843 zum Ausdruck kommt, welches Hongkong in eine Kolonie ihrer britischen Majestät umwandelte und es mit exekutiven, legislativen und judikativen Institutionen ausstattet[66]. Das Letters Patent und die Royal Instructions zusammen bildeten die Verfassung Hongkongs.

Die sino-britische Gemeinsame Erklärung vom 24. September 1984 skizziert die Art und Weise, in welcher Hongkong regiert werden soll, sobald seine Souveränität der Volksrepublik China übertragen wurde. Der Geist der Gemeinsamen Erklärung läßt sich mit dem Schlagwort „Ein Land - zwei Systeme" festhalten. China behielt sein sozialistisches System, Hongkong seine kapitalistische Ordnung[67]. Enthalten in der Gemeinsamen Erklärung war die bedeutsame Klausel, wonach die Bevölkerung Hongkongs die Stadt mit einem „hohen Grad an Autonomie" regieren werde[68] und zwar auf demokratischem Wege, wie Ministerpräsident Zhao Ziyang seinerzeit bestätigte[69]. Nur die Verteidigungs- und Außenpolitik sollten an Peking übertragen werden[70].

Die Vorkommnisse auf dem Tiananmen-Platz am 4. Juni 1989[71] brachten tiefgreifende Änderungen mit sich. Dort hatten sich nach dem Tode Huo Yaobangs[72], eines Reformers, ab dem 15. April 1989 Pekinger Studenten versammelt[73], viele von ihnen traten dort am 13. Mai in einen kompromißlosen Hungerstreik[74]. Am 19. Mai beschlossen die Altrevolutionäre um Deng Xiaoping den Einsatz des Militärs und am 20. Mai wurde Kriegsrecht ausgerufen. Am 30. Mai hatten Studenten von acht Kunsthochschulen auf dem Platz eine fast zehn Meter hohe chinesische Version der amerikanischen Freiheitssta-

---

[66] *Wesley-Smith, Peter*, An Introduction to the Hong Kong Legal System (1987), S. 20.

[67] *Wong* (Anm. 34), S. 84.

[68] Siehe Punkt 3 Abs. 2 der Gemeinsamen Erklärung.

[69] Zit. v. *Martin Lee* in seinem Vortrag beim Sydney Institute am 9. April 1991.

[70] Ebda.

[71] Siehe hierzu *Cremerius, Ruth/Fischer, Doris/Schier, Peter*, Studentenprotest und Repression in China April bis Juni 1989: Analyse, Chronologie, Dokumente, 2. Auflage (1991), passim.

[72] Dieser war seinerseits 1986 abgesetzt worden, weil er nicht energisch genug gegen Studentenproteste vorgegangen ist.

[73] *Van Kemenade, Willem*, China AG, Maos Utopie und die Macht des Marktes (1997) S. 336 ff.; *Blecher, Marc*, The Dengist Period: The Triumphs and Crises of Structural Reform, 1979 to the Present, S. 19 ff., in: *Hudson, Christopher*, The China Handbook (1997), S. 30.

[74] *Thielbeer, Siegfried*, Das Massaker vor den Augen der Welt, FAZ vom 5. Juni 1999, Beilage Bilder und Zeiten, III, *Blecher* (Anm. 73), S. 30; *Boasberg, Thomas*, One Country, One-and-a-half Systems: The Hong Kong Basic Law And ist breaches of the Sino-British Joint Declaration, in: Wisconsin International Law Journal, Vol. 10 (1993), S. 282 [303].

tue („Göttin der Demokratie") aufgestellt[75]. Am Sonnabend, dem 3. Juni, um 22.00 Uhr erhielten die Truppen den Befehl, den Platz bis zum Sonntagmorgen, 6.00 Uhr zu räumen. Um 2.30 Uhr war der Platz schließlich umstellt. Die Demokratiebewegung wurde „zur Wahrung der Stabilität" blutig niedergeschlagen. Zhao Ziyang, Verfechter einer gewaltfreien Lösung, wurde seiner Ämter enthoben[76]. In der Öffentlichkeit wurde er nicht mehr gesehen[77], da ein Hausarrest über ihn verhängt wurde[78]. 1992 wurde er dann auch offiziell der „Unterstützung des konterrevolutionären Aufruhrs" für schuldig befunden. Er hatte den Studenten im Namen des Ständigen Ausschusses des Politbüros „Vaterlandsliebe" und „patriotischen Geist" bescheinigt[79]. In Hongkongs Straßen kam es am 21. und 28. Mai sowie auch am 4. Juni 1989 zu Demonstrationen gegen die chinesische Regierung[80]. Die Briten kamen der Bitte nicht nach, den anti-chinesischen Protest zu unterbinden. Nunmehr wurden Forderungen immer lauter, die Demokratisierung in Hongkong voranzutreiben[81]. Es wurde von Gouverneur Wilson im Oktober 1989 eine Bill of Rights angekündigt, die als lokales Gesetz verabschiedet werden und die in Hongkong geltenden beiden UN-Menschenrechts-Pakte in innerstaatliches Recht umsetzen sollte[82]. Die dann am 8. Juni 1991 tatsächlich erlassene Bill of Rights Ordinance enthielt im wesentlichen die Regelung des in Hongkong seit dem 20. August 1976 geltenden Pakt über Bürgerliche und Politische Rechte vom 16. Dezember 1966[83], der einen Menschenrechtskatalog enthält. Durch Änderungsgesetze wur-

---

[75] *Van Kemenade* (Anm. 73), S. 351; *Adam, Werner*, Und dann kommen die Panzer doch, FAZ vom 4. Juni 1999, S. 11; *Heilmann, Sebastian*, Das Menetekel steht der Führung noch vor Augen, FAZ vom 4. Juni 1999, S. 11; *Thielbeer* (Anm. 74), III; *Blecher* (Anm. 73), S. 31.

[76] *Palumbo, Patricia Homan*, Comment: Analysis of the Sino-British Joint Declaration and the Basic Law of Hong Kong: What Do They Guarantee the People of Hong Kong after 1997?, in: Connecticut Journal of International Law, Vol. 6 (1991), S. 667 [688]; *van Kemenade* (Anm. 73), S. 354; *Boasberg* (Anm. 74), S. 282 [303].

[77] *Van Kemenade* (Anm. 73), S. 349.

[78] *Kolonko, Petra*, Der vergessene Reformer, FAZ vom 4. Juni 1999, S. 11.

[79] *Adam* (Anm. 75), S. 11.

[80] *Roberts, Elfed Vaughan*, Political Developments in Hong Kong: Implications for 1997, in: *Skidmore, Max J.*, The Future of Hong Kong, The Annals of the American Academy of Political and Social Science, Vol. 547 (September 1996), S. 24 [29]; *DeGolyer, Michael E.*, The Myth of Political Apathy in Hong Kong, in: *Skidmore, Max J.*, The Future of Hong Kong, The Annals of the American Academy of Political and Social Science, Vol. 547 (September 1996), S. 68 [69]; *Cottrell* (Anm. 7), S. 190; *Chang/Chuang* (Anm. 35), S. 3; *Lam, Jermain T. M.*, Chinese Policy towards Hong Kong: Prevention of Peaceful Evolution, in: The Journal of East Asian Affairs, Vol. 12 (1998), S. 267 [272].

[81] *Boasberg* (Anm. 74), S. 282 [310].

[82] *Horlemann, Ralf*, Die Rückgabe Hongkongs und seine neue Verfassung. Grenzen der Autonomie (1999), S. 50.

[83] *Hansen, Justice J.*, Judicial Independence in Hong Kong, in: New Zealand Law Journal, Vol. 1 (1997), S. 11 [12]; *Davis, Michael C.*, Constitutionalism in Hong Kong: Politics versus Economics, in: Journal of International Economic Law, Vol. 18 (1997), S. 157 [169]; *McLaren, Robin*, Britain's Record in Hong Kong (1997), S. 35; *Olivier, Marius*, PRC So-

den die *Societies Ordinance* und die *Public Order Ordinance* (hinsichtlich des Demonstrationsrechtes) liberalisiert. Freilich wurden diese Änderungen vom Nationalen Volkskongreß nach dem 1. Juli 1997 abgelehnt[84]. Man bestand darauf, daß ausschließlich das Basic Law die Rechte der Hongkonger definiere. Daß die britische Regierung die chinesische Seite nicht konsultiert habe, stelle einen Verstoß gegen die Gemeinsame Erklärung dar[85]. Zudem seien Gesetzgebungsmängel erkennbar. Insgesamt fürchtet man vor allem, eine Meinungsfreiheit westlicher Prägung normativ zu konservieren[86].

Es wurden im Rahmen des *British Nationality Selection Scheme* u. a. 50.000 britische Pässe an ausgewählte Haushaltsvorstände (und damit deren Ehegatten und Kinder) vergeben, um einem Massenexodus vorzubeugen[87]. Bisher lief die Entwicklung, auch von britischer Seite aus, in die gegenteilige Richtung[88]. Das Recht der *British Dependent Territories Citizens (BDTC)*, ihren Wohnsitz im Vereinigten Königreich zu nehmen, war schon mit dem Commonwealth Immigrations Act von 1962 abgeschafft worden[89]. 1985 wurde die Kategorie des *BDTC* durch die Übergangseinordnung *British National (Overseas) (BN(O))* ersetzt[90]. Sie wurde mit dem *Hong Kong Act* geschaffen und sodann in Artikel 4 der *Hong Kong (British Nationality) Order 1986* wiederholt. Das *British National (Overseas) Citizenship* gewährt keinen Anspruch auf die britische Staatsangehörigkeit[91]. Der Inhaber genießt in Drittstaaten, nicht aber in Hongkong oder anderen chinesischen Gebieten, konsularischen Schutz durch britische Behörden. Der Status des *BNO* ist nicht erblich und kann seit 1997 nicht mehr erlangt werden. Letztendlich handelt es sich nicht um eine effektive Staatsangehörigkeit[92]. Tatsächlich hatte die Bevölkerung Hongkongs schon im Januar 1983 mit dem neuen *British Nationality Act* das Recht verloren, sich in Großbritannien niederzulassen[93]. Dieser Versuch, sich vor nicht abzuschätzen-

---

vereignty and Hong Kong SAR Autonomy: A View from the Outside, in: *Leung, Priscilla MF/Zhu, Guobin*, The Basic Law of the HKSAR: From Theory to Practice (1998), S. 145.

[84] *Lee, Tahirih V.*, Mixing River Water and Well Water: The Harmonization of Hong Kong and PRC Law, in: Loyola University of Chicago Law Journal, Vol. 30 (1999), S. 627 [633].

[85] *Gornig* (Anm. 2), S. 166.

[86] So im Ergebnis auch *Gornig* (Anm. 2), S. 167.

[87] *Opitz, Peter J.*, Der Kampf um Hongkong, in: Zeitschrift für Politik, Bd. 45 (1998), S. 239 [255]; *McLaren* (Anm. 83), S. 35.

[88] Die neue Art britischer Staatszugehörigkeit wurde mit dem British Nationality Act von 1981, nachzulesen in StAZ 1981, S. 220 ff., geschaffen.

[89] *Gornig, Gilbert H.*, Entwicklungen des Staatsangehörigkeitsrechtes Hongkongs vor dem Hintergrund des Übergangs an China am 1. Juli 1997, in: StAZ, 50. Jg. (1997), S. 336 [338]; *Hook, Brian*, From Repossession to Retrocession: British Policy towards Hong Kong 1945 – 1997, in: *Li, Pang-kwong*, Political Order and Power Transition in Hong Kong (1997), S. 1 [18].

[90] S. hierzu *Gornig*, StAZ 1997 (Anm. 89), S. 336 [339 f.].

[91] *Gornig* (Anm. 2), S. 183.

[92] *Gornig* (Anm. 2), S. 185.

[93] *Boasberg* (Anm. 74), 282 [292 f.].

den Einwanderungswellen zu schützen, ist aber durchaus als legitim anzusehen. Auf das Gebiet Hongkongs ist auch das Staatsangehörigkeitsgesetz der Volksrepublik China von 1980 anwendbar, nach dessen Artikel 3 eine doppelte Staatsangehörigkeit nicht akzeptiert wird[94].

Der Bau des neuen internationalen Flughafens sollte das Vertrauen in die Stabilität Hongkongs stärken[95]. Der Vorschlag, einen neuen Flughafen (Chek Lap Kok) mit Beförderungskapazitäten für jährlich 50 Millionen Menschen als Teil des „Port and Airport Development Project" (PAD) zu bauen, wurde erstmalig von Gouverneur Wilson im Oktober 1989 während seiner alljährlichen politischen Ansprache geäußert[96]. Der alte Flughafen Kai Tak hatte nur eine Start- und Landebahn und war ständig überfüllt[97], die unzureichende Anzahl von Landeslots nützte allein den lokalen Cathay Pacific Airlines, welche den Wettbewerb so einschränken konnten[98]. Die Kosten für das Projekt wurden auf etwa 127 Milliarden HK$ geschätzt, was sich bei weitem als zu niedrig herausstellen sollte. Damit verbunden war der Bau einer der weltweit längsten Brücken (Lantau Bridge) auf Lantau Island, dessen Oberfläche speziell präpariert werden mußte[99]. Als sich die hohen Kosten abzeichneten, waren Vertreter der britischen und chinesischen Seite zu Gesprächen über die Klärung der Umsetzung des Projekts und die finanziellen Folgen für die Regierung Hongkongs zusammengekommen. Die britische Seite tat dies notgedrungen mangels entsprechender Finanzierungsmöglichkeiten[100]. Die Unterstützung der chinesischen Regierung war unabdingbar nicht nur für Bankkredite, auch Konzessionen und Privatinvestitionen konnten nur so erlangt werden. China stand den britischen Vorschlägen ablehnend gegenüber; man schlug vor, den Flughafen in Shenzhen zu bauen, was die britische Seite jedoch ablehnte[101]. Hinsichtlich des Fortschreitens des Projekts warnte Lu Ping, der neu ernannte Direktor des Büros für die Angelegenheiten Hongkongs und Macaos, davor, daß die Flughafenbehörde (eine Körperschaft zur Beaufsichtigung der Durchführung des Projektes) ein „unabhängiges Königreich"[102] werden könnte. Bezüglich der Währung forderte

---

[94] Gornig (Anm. 2), S. 186.

[95] *Cullen, Richard*, Capitalism with Chinese Characteristics, Hong Kong – Past, Present and Future, in: JöR, Bd. 43 NF (1995), S. 709 [718].

[96] *Lam, Jermain T. M.*, The Future of Hong Kong under Communist China, in: The Journal of East Asian Affairs, Vol. 10 (1996), S. 116 [122]; *Gornig* (Anm. 2), S. 169; *Tang, Joseph Shu-Hung*, Reforming Hong Kong's Fiscal System, in: *Mole, David* (ed.), Managing the new Hong Kong Economy (1996), S. 35 [48 f.].

[97] *McLaren* (Anm. 83), S. 36.

[98] *Bowring, Philip*, Hong Kong as an International Commercial Center, in: *Cohen, Warren I./Zhao, Li* (eds.), Hong Kong Under Chinese Rule – The Economic and Political Implications of Reversion (1997), S. 8 [27].

[99] *Overholt, William H.*, China: The Next Economic Superpower (1993), S. 177.

[100] *Overholt* (Anm. 99), S. 178; *Tang* (Anm. 96), S. 49; *Flowerdew* (Anm. 9), S. 73.

[101] *Overholt* (Anm. 99), S. 178 f.

[102] Siehe China Daily (Beijing) vom 13. Dezember 1990.

Lu die Regierung Hongkongs zudem auf, nicht die finanziellen Reserven des Gebietes sowie die Stabilität der Währung zu riskieren[103]. Bei einem Besuch von Sir Percy Cradock, des persönlichen Beraters des britischen Premierministers John Major, am 30. Juni 1991, kam es dann zu einem Durchbruch. In einem „Memorandum für den Aufbau des neuen Flughafens in Hongkong und einschlägige Probleme"[104], unterzeichnet am 3. September 1991 in Peking, wurde von den beiden Regierungen festgelegt, daß der Regierung der Sonderverwaltungszone Hongkong eine Fiskalreserve von nicht unter 25 Milliarden HK$ zum Stichtag 30. Juni 1997 belassen wird. Diese Summe sollte also unabhängig von den Kosten des Flughafenbaus für die weitere Regierungstätigkeit zur Verfügung stehen. Unklar blieb, ob Werte des *Land Fund*, der sich aus Pachtgebühren für Grundstücksüberlassungen speiste[105], hier zu berücksichtigen waren. Die Regierung konnte Gelder zur Finanzierung des Flughafenprojekts aufnehmen. Solange die Gesamtsumme der Verbindlichkeiten 5 Milliarden HK$ nicht überstieg, konnten nach Mitteilung an die chinesische Regierung frei am Markt zu beschaffende Kredite aufgenommen werden. Die britische Seite hatte die chinesische Seite hinzuzuziehen, bevor die Regierung Hongkongs den Flughafen betreffende Konzessionen, welche über 1997 hinausgehen, vergibt. Allgemein erkennt das Memorandum das Recht Chinas an, in der entscheidenden Phase der Dekolonialisierung konsultiert zu werden.

Am 4. April 1990 verabschiedete die Dritte Tagung des Siebten Nationalen Volkskongresses in Peking das *„Basic Law of the Hong Kong Special Administrative Region of the People's Republic of China"*, welches am 1. Juli 1997 in Kraft trat. Es ist Quelle und Grundlage von Verwaltung und Regierung der Sonderverwaltungsregion Hongkong nach diesem Datum[106]. Die maßgeblichen Organe der Exekutive und Legislative erhalten dort Kompetenz- und Machtbefugnisse[107].

Die Möglichkeit einer demokratischen Regierungsform und eine „Herrschaft des Gesetzes" wurden faktisch ausgeschlossen zugunsten des chinesischen Systems einer „Herrschaft der Tugend"[108]. Am 7. Oktober 1992 verkündete der neu gewählte Gouverneur, Chris Patten[109], seinen Plan, ein Paket politischer Reformmaßnahmen, die die Anzahl der direkt gewählten Mitglieder der Legislative, dem *Legislative Council*, erhöhen sollten, das Wahlalter sollte zudem auf 18

---

[103] *Overholt* (Anm. 99), S. 180.

[104] Zum weiteren Inhalt siehe *House of Commons*, Foreign Affairs Committee, First Report, Relations between the United Kingdom and China in the period up to and beyond 1997, Vol. I, Report together with the Proceedings of the Committee (1994), lii.

[105] *Weggel* (Anm. 10), S. 105.

[106] *Gornig* (Anm. 2), S. 132.

[107] Wesley-Smith (Anm. 66), S. 21.

[108] *Wong* (Anm. 34), S. 86.

[109] Dieser hatte als konservativer Parteivorsitzender und Wahlkampfmanager am 4. April 1992 bei den Wahlen zum Unterhaus seinen Wahlkreis Bath, den er 13 Jahre vertreten hatte, verloren. Patten galt als dem linken Parteiflügel zugehörig und entwickelte sich zum Gegner Margaret Thatchers, siehe *Flowerdew* (Anm. 9), S. 85.

Jahre herabgesetzt werden[110]. Die chinesische Regierung protestierte gegen diese Reformmaßnahmen und warf Patten gravierende Verstöße gegen die Gemeinsame Erklärung und das *Basic Law* vor[111].
Im Jahr 1996 lebten bereits über 6 Millionen Menschen in Hongkong[112].

## B. Politische Entwicklung

### I. Unequal Treaties

Die Chinesen haben die drei Verträge, mittels derer Großbritannien die Souveränität über Hongkong erlangte, immer als „ungleiche Verträge" angesehen[113]. Dieser Gesichtsverlust verfolgt die Chinesen über drei aufeinanderfolgende Regierungsepochen und bestimmt bis heute die chinesische Einstellung, was die Angelegenheiten Hongkongs anbetrifft. Der Vertrag von Nanking 1842 sei nur im Angesicht der britischen Flotte, zudem unter der Drohung, Nanking durch britische Truppen heimsuchen zu lassen, unterzeichnet worden[114]. Die Mandschu-/Qinq-Dynastie, welche alle Verträge mit den Briten unterzeichnete, wurde 1911 von der Chinesischen National-Partei gestürzt, welche 1912 die Regierung der Chinesischen Republik etablierte[115]. 1919 verlangte die Chinesische Republik erfolglos die Rückgabe Hongkongs und anderer Gebiete während der Pariser Friedenskonferenz[116]. Sun Yat-sen war es, der das Wort von den „ungleichen Verträgen" für Hongkongs kolonialen Status prägte[117]. Versuche während des Zweiten Weltkrieges, die Kolonie zurückzuerlangen, wurden zu Gunsten von Bemühungen aufgegeben, die Briten zur Aufgabe exterritorialer

---

[110] *Cullen* (Anm. 95), S. 722; *Chang/Chuang* (Anm. 35), S. 77.

[111] *Opitz* (Anm. 87), S. 239 [257]; *Davis* (Anm. 83), S. 157 [170].

[112] *Gornig* (Anm. 2), S. 28.

[113] *Dullea Bowie, Wendy*, The Effect of Tiananmen Square Massacre Upon Negotiations for the Draft Basic Law of the Hong Kong Special Administrative Region, in: Dickinson Journal of International Law, Vol. 8 (1990), S. 245 [249]; *Tang Shuk-tak* (Anm. 19), S. 12; *Greenberg, Katherine A.*, Hong Kong's Future: Can the PRC invalidate the Treaty of Nanking as an Unequal Treaty?, in: Fordham International Law Journal, Vol. 7 (1984), S. 534 [546].

[114] *Morse, Hosea B.*, The International Relations of the Chinese Empire (1910), S. 49.

[115] *Gornig, Gilbert H.*, China und Korea als Gegenstand der Beratungen auf den Konferenzen von Kairo, Teheran, Jalta und Potsdam, in: *Meissner, Boris/Blumenwitz, Dieter/Gornig, Gilbert H.*, Das Potsdamer Abkommen, III. Teil: Rückblick nach 50 Jahren (1996), S. 105.

[116] *Han, Anna M.*, Hong Kong's Basic Law: The Path to 1997, Paved with Pitfalls, in: Hastings International and Comparative Law Review, Vol. 16 (1993), S. 321 [322]; siehe hierzu *Wesley-Smith, Peter*, Unequal Treaty 1898 – 1997. China, Great Britain, and Hong Kong's New Territories, Revised Edition (1998), S. 225 ff.

[117] *Jao, Y. C.*, Hong Kong's Future as a Free Market Economy, in: Issues & Studies, Vol. 22 (1986), S. 111 [119]; siehe auch *Gornig* (Anm. 2), S. 40.

und sonstiger Sonderrechte zu bewegen. Nachdem 1949 die Regierung der Chinesischen Republik nach Taiwan fliehen mußte, verlor sie jegliche Verhandlungsposition in bezug auf Hongkong[118]. Die kommunistische Armee Lin Biaos erreichte das südliche Guangdong Mitte Oktober 1949, 25 km vor der Grenze Hongkongs stoppte sie aber ihren Marsch[119]. Trotz der streng nationalen, revolutionären und anti-imperialistischen Politik der nunmehr etablierten Volksrepublik China war diese bereit, geschichtliche Entwicklungen[120] und damit den status quo Hongkongs zu akzeptieren[121]. Dies bezieht sich aber nicht auf das Kaiserliche Vertragswerk, welches die eigentliche Kolonie Hongkong betrifft; dieses wird seit dem Sieg der Kommunisten nicht mehr anerkannt[122].

Auch 1959 äußerte sich Mao dahingehend, daß es besser sei, den derzeitigen Status beizubehalten, da man keine Eile habe, Hongkong zurückzugewinnen und der derzeitige Zustand nutzbringend sei[123]. Im offiziellen Organ, dem People's Daily vom 8. März 1963 wurde darauf hingewiesen, daß, wenn die Zeit reif sei, diese Frage friedlich im Rahmen von Verhandlungen geklärt werden sollte[124]. Im Rahmen der Kulturrevolution ergab sich ebenfalls kein Verlangen, die Kolonie zurückzufordern[125].

Der Vertreter Chinas bei den Vereinten Nationen, Huang Hua, hat am 8. März 1972, kurz nach der Aufnahme der Volksrepublik unter Hinweis auf die Ungültigkeit der „ungleichen Verträge" darauf hingewirkt, Hongkong von der vom Committee on Decolonisation geführten Liste der kolonialen Gebiete streichen zu lassen[126]. London protestierte nicht[127], sondern vereinbarte am 13. März 1972 mit Peking die Anhebung der diplomatischen Beziehungen auf Botschafterebene[128].

---

[118] *Kwok, John K.*, The Hong Kong Special Administrative Region under „One Country, Two Systems": Design for prosperity or recipe for disaster?, in: New York Law School Journal International, Vol. 15 (1994), S. 107 [111].

[119] *Cottrell* (Anm. 7), S. 25; *Schwinum* (Anm. 32), S. 9; *Wesley-Smith, Peter*, The Future of Hong Kong: Not What It Used To Be, in: Vanderbilt Journal of Transnational Law, Vol. 30 (1997), S. 421 [436].

[120] *Destexhe* (Anm. 27), S. 20; *Roberts* (Anm. 80), S. 24 [26].

[121] *Gornig* (Anm. 2), S. 58 ff.

[122] *Odrich, Peter*, Basic Law Hongkong, in: JöR, Bd. 39 NF (1990), S. 617; *Opitz* (Anm. 87), S. 239 [240]; *Henderson, John H.*, The Reintegration of Hong Kong into The People's Republic of China: What It Means to Hong Kong's Future Prosperity, in: Vanderbilt Journal of Transnational Law, Vol. 28 (1995), S. 503 [510], gehen davon aus, daß die chinesischen Kommunisten das gesamte Territorium Hongkongs als chinesisch ansahen.

[123] Zit. n. *Cheng, Joseph Y. S.*, Hong Kong: In Search of a Future (1984), S. 61; *Boasberg* (Anm. 74), S. 282 [288].

[124] *McLaren* (Anm. 83), S. 8.

[125] *Wesley-Smith* (Anm. 116), S. 252.

[126] *Opitz* (Anm. 87), 239 [240]; *Cottrell* (Anm. 7), S. 32, 34; *Chang/Chuang* (Anm. 35), S. 92; *McLaren* (Anm. 83), S. 8; ausführlich *Tang/Ching* (Anm. 64), S. 45 f.; *Boasberg* (Anm. 74), S. 282 [288]; *Tang Shuk-tak* (Anm. 19), S. 12.

[127] *Flowerdew* (Anm. 9), S. 29; *Olivier*, PRC Sovereignty, S. 152.

[128] *Cottrell* (Anm. 7), S. 33.

36

1982 ließ die Volksrepublik China sich bezüglich der „ungleichen Verträge" folgendermaßen ein:
„Hongkong ist Teil des chinesischen Territoriums. Die Verträge, welche das Gebiet Hongkongs betreffen und zwischen der britischen Regierung und der Regierung der chinesischen Mandschu-/Qing-Dynastie in der Vergangenheit abgeschlossen wurden, sind ungleiche Verträge, welche vom chinesischen Volk niemals akzeptiert worden sind. Die damit im Einklang stehende Position der Regierung der Volksrepublik China ist, daß China durch diese ungleichen Verträge nicht gebunden ist und das gesamte Gebiet Hongkongs wieder in Besitz genommen wird, wenn die Bedingungen günstig sind."[129]
Die Volksrepublik China ist der Ansicht, daß die Parteien eines internationalen Vertrages gleiche Souveränität genießen müßten. Ihre Souveränität sei untergraben worden, da sie als Nachfolgerin der Mandschu-/Qing-Dynastie in deren Verträge habe eintreten müssen[130].
Auch völkerrechtlich gilt aber die Regel „pacta sunt servanda", wonach jedenfalls ordnungsgemäß abgeschlossene Verträge bindende Wirkung entfalten[131]. Dieser Rechtsgrundsatz wird von niemandem angezweifelt und kann als das Fundament internationaler Rechtsbeziehungen bezeichnet werden[132].
Fraglich ist, ob bei „ungleichen Verträgen" hinsichtlich der Geltung eine Ausnahme zu machen ist. Den Völkerrechtssubjekten selbst ist es jedenfalls nicht freigestellt, darüber zu befinden, ob sie die Ungültigkeit eines Vertrages geltend machen können und inwieweit sie sich von ihm einseitig lösen können[133]. Das Völkerrecht stellt eine Anzahl von Regeln für die Ungültigkeit, Beendigung und Suspendierung von Verträgen bereit, die bisher kein geschlossenes System bilden. Ungültigkeitsgründe sind hier vor allem Unzuständigkeit, Verstöße gegen staatliche Kompetenznormen sowie Betrug und Bestechung[134]. Der Grund des Zwangs gegen einen Staat ist nur zu bejahen, wenn die Zwangsmaßnahme für den Abschluß des Vertrages ursächlich geworden ist.
Interessanterweise wurde die wohl auf Hugo Grotius[135] zurückgehende Lehre der ungleichen Verträge im 18. und 19. Jahrhundert von der Völkerrechtslehre nicht

---

[129] Zit. n. *Dicks, Anthony*, Treaty, Grant, Usage or Suffrance? Some Legal Aspects of the Status of Hong Kong, in: The China Quarterly, Volume 95 (1983), 427 [428], *Wesley-Smith* (Anm. 116), S. 254; Übersetzung durch den Verf.
[130] *Greenberg*, zit. b. *Gornig* (Anm. 2), S. 61.
[131] *Kelsen, Hans*, Principles of International Law, Second Edition (1966), S. 447, 456.
[132] *Doehring, Karl*, Völkerrecht. Ein Lehrbuch (1999), S. 311. *Doehring* bezeichnet diesen Grundsatz an anderer Stelle selbst als petitio principii, a.a.O., S. 6.
[133] *Ipsen, Knut*, Völkerrecht. Ein Studienbuch, 4. Aufl. (1999), S. 146.
[134] *Ipsen* (Anm. 133), S. 151 ff.; vgl. hierzu Artikel 42 ff. der Wiener Konvention über das Recht der Verträge.
[135] Dieser leitete aus der Wertung der Unangemessenheit freilich nicht die Rechtfertigung eines Vertragsbruchs ab, siehe *Greenberg* (Anm. 113), S. 534 [539].

mehr anerkannt[136], lediglich im 20. Jahrhundert griffen Vertreter marxistisch-leninistischen Gedankenguts, insbesondere die Sowjetunion nach der russischen Revolution, diese wieder auf[137], ohne daß sie jemals als allgemeine Lehre des Völkerrechts akzeptiert wurde[138].

Diese mangelnde Akzeptanz ist insbesondere auf die Vermengung anerkannter Ungültigkeits- und Beendigungsgründe mit politisch-ideologischen Zielsetzungen zurückzuführen[139].

Auch die Wiener Konvention hat hieran nichts geändert[140]. Die ablehnende Ansicht argumentiert damit, daß es wichtiger sei, keine Präzedenzfälle für eine Kultur des Vertragsbruchs zu schaffen. Eine Freiwilligkeit beider vertragschließender Parteien sei bei Friedensverträgen ohnehin ausgeschlossen[141]. Zudem ist dem Völkerrecht ein Gebot des Gleichgewichts vertraglicher Leistungen nicht immanent[142].

## II. „Greater China"-Politik

Der Begriff „Greater China" wird im Zusammenhang mit drei unterschiedlichen Zielsetzungen verwandt: der wirtschaftlichen Integration, der kulturellen Interaktion und der politischen Wiedervereinigung[143]. „Greater China" umfaßt nach der weiteren Definition das Festland, Hongkong, Taiwan, Singapur und auch die Menschen chinesischer Herkunft in Übersee.

Im Vordergrund steht die Integration der verschiedenen chinesischen Volkswirtschaften[144], welche durch wechselseitigen Handel und Investitionen einander ohnehin verbunden sind. Ging der Blick hier zunächst hauptsächlich auf Hongkong, so gewann zum Ende der 80er Jahre auch Taiwan weiter an Bedeutung. Insgesamt wächst hier eine Region zusammen, die sich zum weltweit

---

[136] *Scheuer, Martin P.*, Die Rechtslage von Hongkong und Macau nach den „Gemeinsamen Erklärungen" vom 19. Dezember 1984 und 13. April 1987 (1993), S. 30; *Greenberg* (Anm. 113), S. 534 [537].

[137] *Doehring* (Anm. 132), S. 274 f.; *Ipsen* (Anm. 133), S. 156.

[138] *Ress, Georg*, The Legal Status of Hong Kong after 1997, in: ZaöRV, Bd. 46 (1986), 647 [653].

[139] *Doehring* (Anm. 132), S. 274 f.

[140] *Greenberg* (Anm. 113), S. 534 [560].

[141] *Kelsen* (Anm. 131), S. 464; *Rogers, John M.*, Anticipating Hong Kong's Constitution from a U.S. Legal Perspective, in: Vanderbilt Journal of Transnational Law, Vol. 30 (1997), S. 449 [476].

[142] Gornig (Anm. 2), S. 70.

[143] *Harding, Harry*, The Concept of „Greater China": Themes, Variations and Reservations, in: The China Quarterly, Volume 136 (1993), S. 660 [661].

[144] *Harding* (Anm. 143), S. 664.

viertgrößten Handelsblock nach den USA, der EU und Japan entwickeln könnte[145].

Die kulturelle Interaktion umfaßt Besuche und den Postverkehr wie auch das Entsenden von bildenden Künstlern, Schauspielern und Schriftstellern[146]. Das Produkt „Kunst", welches Taiwan und Hongkong an das Festland liefern, verdankt seine Beliebtheit dort nicht zuletzt seiner professionelleren Produktion, der technischen Ausgereiftheit und dem Verzicht auf den teilweise orthodox-bürokratischen Kulturstil des Festlandes[147] voller kollektiver Werte, Patriotismus und asketischer Lebensführung.
Das dominierende Leitbild der chinesischen Geschichte ist der wiedervereinigte chinesische Staat. Territoriale Disintegration war schon seit der portugiesischen Besetzung Macaos 1557 in den späten Jahren der Mandschu-/Qing-Dynastie ein Problem[148]. In bezug auf Taiwan jedoch vertrat Mao noch 1936 die Ansicht, daß dies ein unabhängiger Staat werden solle[149]. Nach der Flucht der Nationalisten auf die Insel war jedoch hiervon keine Rede mehr[150]. Auch das Konzept eines föderalen Staates hat die Kommunistische Partei Chinas jedenfalls seit 1949[151] aufgegeben.

Bei der Konzeption des Basic Law spielte der Gesichtspunkt der wirtschaftlichen Integration eine Hauptrolle.

## C. Wirtschaftsgeschichte

### I. Vom Handelshafen zum Industriestandort

Der Vertrag von Nanking vom 29. August 1842, ein Resultat des ersten Opium-Krieges, zwang das kaiserliche China dazu, seine Häfen dem westlichen Handel,

---

[145] *Schüller*, Margot, Wirtschaftsintegration zwischen dem chinesischen Festland und Hongkong und Taiwan, in: CHINA aktuell, November 1994, S. 1130; Horlemann (Anm. 82), S. 155.

[146] *Harding* (Anm. 143), S. 672.

[147] *Harding* (Anm. 143), S. 675 f.

[148] *Harding* (Anm. 143), S. 678.

[149] Zu dieser Zeit war Taiwan von den Japanern besetzt. Diese waren auf die Insel gekommen, nachdem die chinesischen Einwohner Taiwans den Vertrag von Shimonoseki (1895) nicht akzeptierten. Dieser Vertrag verlangte von China, Taiwan und die Pescadores-Inseln an Japan abzutreten.

[150] *Snow, Edgar*, Red Star Over China (1961), S. 96.

[151] *Harding* (Anm. 143), S. 681 f.

speziell jenem mit Opium, zu öffnen[152]. Der erste Gouverneur, Sir Henry Pottinger proklamierte dann am 16. Februar 1841 Hongkong zum Freihafen[153]. Der britische Außenminister, Lord Aberdeen, wies Pottinger schon am 4. Januar 1843 an, die Rolle als Freihafen zu stärken[154]. Hongkong entwickelte sich somit von Anfang an zur laissez-faire-Wirtschaft[155], zumal sich die Pioniere vor Ort ein Eingreifen der Krone verbeten hätten[156]. So verwundert es auch nicht, daß sich Hongkongs eigene Regierung sehr sparsam zeigte und beispielsweise 1849 die schon damals äußerst geringe Summe von £ 24.428 für alle Ressorts aufwandte[157]. Den örtlichen Händlern war selbst das zuviel, so daß sie strukturelle Reformen forderten. Lord Stanley, zuständiger Minister für das Kriegswesen und die Kolonien (1841 – 45) teilte Pottinger in einem Brief[158] im Juni 1843 mit, daß er drei Aufgaben habe: (1) mit dem chinesischen Kaiser zu verhandeln, (2) den Handel der Briten in Hongkong zu beaufsichtigen und (3) die Binnenwirtschaft der Ansiedlung zu reglementieren. Ferner wurde Pottinger darauf hingewiesen, daß das Land nicht an Spekulanten zu vergeben sei[159]; generell hatte die Vergabe im Rahmen öffentlicher Auktionen zu erfolgen[160].

Victoria Harbour, zwischen der Insel Hongkong und Kowloon gelegen, hatte als einziger chinesischer Tiefwasserhafen zwischen Singapur und Shanghai, der Sicherheit vor den gefürchteten Taifunen bot[161], britische Händler im 19. Jahrhundert angezogen[162].

Für den zügellosen Export des Opiums aus dem britischen Indien nach China wurde von britischer Seite der chinesische Handelsbilanzüberschuß als Argument angeführt. In der Tat erwarben die Briten hauptsächlich chinesische Seide, Nankeens (eine Art Stoff) und Tee. Die Chinesen kauften jedoch im Gegenzug keine englischen Güter. Mehr Konzessionen wurden der besiegten Mandschu-/ Qinq-Dynastie erst nach dem zweiten Opium-Krieg abgetrotzt. Hongkong gedieh auf Kosten von Kanton (jetzt Guangzhou), der Hauptstadt der Kanton-Provinz (jetzt Guangdong-Provinz)[163]. Mit der Gründung der *Hong Kong and Shanghai Bank* 1864 wurde der Aufstieg der Stadt zum regionalen Finanzzen-

---

[152] *Cullen* (Anm. 95), S. 710; *Henderson* (Anm. 122), S. 503 [508].

[153] *Sayer* (Anm. 31), S. 123.

[154] *Ghai, Yash P.*, Hong Kong's New Constitutional Order, Second Edition (1999), S. 27.

[155] *Endacott* (Anm. 39), S. 26.

[156] *Ghai* (Anm. 154), S. 27.

[157] Statements and Suggestions Regarding Hong Kong, zit. b. *Scott, Ian*, Political Change and The Crisis of Legitimacy in Hong Kong (1989), S. 56.

[158] Zit. b. *Endacott* (Anm. 39), S. 20.

[159] Zit. b. *Endacott* (Anm. 39), S. 20.

[160] Zit. b. *Endacott* (Anm. 39), S. 24.

[161] *Eilenberger, Guido*, Hongkong als Finanzdrehscheibe Asiens und die Zukunft der asiatischen Finanzmärkte, in: *Becker, Bert/Eilenberger, Guido/Rüland, Jürgen/Draguhn, Werner*, Hongkong und China auf dem Weg in das Pazifische Jahrhundert (1998), S. 61.

[162] Asian Wall Street Journal vom 5. November 1984, S. 10, Spalte 1.

[163] *Cullen* (Anm. 95), S. 711.

trum eingeleitet[164]. 1870 wurde Hongkong aus der britischen Finanzaufsicht entlassen und erhielt einen höheren Grad an Autonomie in bezug auf seine Finanzen[165]. Gegen Ende der 80er Jahre siedelten sich neben der Werftindustrie vor allem Leichtindustrien an – Webereien, Baumwollspinnereien, Bekleidungsindustrie und nahrungsmittelverarbeitende Industrien. Die Stärkung chinesischer Banken durch ausländisches Finanzkapital brachte der einheimischen Industrie Mittel zur Exportstärkung[166]. 1890 wurden 55 % der Importe und 37 % der Exporte Chinas über Hongkong vollzogen[167].

Hongkong brachte nunmehr auch chinesische Vertreter einer parlamentarischen Regierungsform[168] wie einer liberalen Wirtschaftspolitik hervor. Hu Li-yüan und Sir Kai Ho Kai wurden durch die liberalen Klassiker wie John Locke, Adam Smith und Charles Baron de Montesqieu, sowie die Utilitaristen Jeremy Bentham und John Stuart Mill inspiriert[169]. Hu Li-yüan war als Übersetzer und Publizist zwar nicht in England gewesen, der Sprache war er aber mehr als mächtig[170]. Ho Kai hingegen studierte in England und verließ es 1882, bevor der dortige laissez-faire-Liberalismus sich mit Gewerkschaften und anderen sozialen Bewegungen konfrontiert sah. Er und Hu sahen den klassischen Liberalismus als ihren kommerziellen Interessen förderlich an und propagierten das kapitalistische Wirtschaftssystem als Modell für China[171]. Wer die Interessen der Kaufleute fördere, fördere nach ihrer Überzeugung gleichzeitig die Wohlfahrt des gesamten Staatswesens[172]. Die beiden Intellektuellen forderten eine Reorganisation der chinesischen Regierung, in der dem Handelsminister die führende Position zuzukommen habe[173]. Sie traten dafür ein, westliche Ideen zu übernehmen und wollten ausländische Spezialisten mit gutem Ruf anwerben. Während eines Treffens in der chinesischen Handelskammer in Hongkong am 22. Januar 1899 wurden diese Thesen der chinesischen Geschäftswelt als Weg zur Stärkung der chinesischen Wirtschaft vorgestellt[174]. Es wurde auch angeregt, die chinesische Armee unter englischer Ägide zu reorganisieren.

Zur Jahrhundertwende liefen 50 % der chinesischen Importe und 37 % der chinesischen Exporte durch Hongkong. Mit Ausbruch des chinesisch-japanischen Krieges im Jahr 1937 verlagerten viele chinesische Unternehmen ihre Fabriken und Manufakturen ins scheinbar sicherere Hongkong; so kamen pharmazeutische Betriebe, Druckereien und Fahrradhersteller in die Stadt. Begründet wurde

---

[164] *Opitz* (Anm. 35), S. 4.

[165] *Tang* (Anm. 96), S. 36.

[166] *Tsai* (Anm. 22), S. 88 f.

[167] *Wisniewski, Marco*, Die wirtschaftlichen Aussichten Hongkongs vor dem Hintergrund der politischen Eingliederung in die VR China (1995), S. 5.

[168] *Choa, G. H.*, The Life and Times of Sir Kai Ho Kai (1981), S. 121.

[169] *Tsai* (Anm. 22), S. 155 f.

[170] *Tsai* (Anm. 22), S. 156.

[171] *Tsai* (Anm. 22), S. 157.

[172] *Tsai* (Anm. 22), S. 169.

[173] *Tsai* (Anm. 22), S. 157 f.

[174] *Tsai* (Anm. 22), S. 160.

Hongkongs wirtschaftliche Position jedoch als Entrepôt (Pforte, Zwischenlager) für den britischen Chinahandel[175]. Rohstoffe und landwirtschaftliche Produkte aus China wurden gegen Manufaktur- und Industriewaren aus Europa und den USA eingetauscht. Hongkong und China arrangierten sich im weiteren Verlauf. Hongkong ist in seiner physischen Existenz von China abhängig, da ein Großteil der Wasserversorgung und der Lebensmittel aus China importiert werden müssen. Auf der anderen Seite konnte China durch Transferleistungen von Hongkong-Chinesen und den Im- und Export am sich ausdehnenden Wohlstand der Kolonie partizipieren. Die Besetzung Hongkongs durch japanische Truppen 1941-1945 brachte den Handel weitgehend zum Erliegen, erhebliche Teile des Industriepotentials waren zerstört bzw. demontiert worden[176]. Nach dem Zweiten Weltkrieg änderte sich die britische Kolonialpolitik dahingehend, daß einer kolonialen Eigenregierung innerhalb des Commonwealth mit verstärkter wirtschaftlicher Entwicklung zur Erzielung eines höheren Lebensstandards sowie allgemeiner sozialer Besserung das Wort geredet wurde[177]. 1947 wurde die alte Kriegssteuer wieder eingeführt, und obwohl eine generelle Einkommenssteuer weiterhin vermieden wurde, erhob man vergleichbare Steuern auf Löhne und Gehälter, Eigentum, Gewerbe- und Gesellschaftserträge[178].

1948 wurde Hongkong von der Kontrolle des britischen Finanzministeriums entbunden und gewann so an finanzieller Autonomie[179]. Nur der jährliche Haushalt und zusätzliche Kapitalaufwendungen über 1 Mio. HK$ sowie Ausgaben von grundsätzlicher Bedeutung bedurften der Zustimmung des zuständigen Ministers in London[180]. Hongkong erfreute sich seit 1950 eines anhaltenden Wachstums, verbunden mit Stabilität und Wohlstand. Es kam zu einem rapiden wirtschaftlichen Aufschwung vor allem in den Bereichen Textilien, künstliche Blumen und Elektronikartikel[181]. Die Kolonie gab die Rolle des zollfreien Hafendepots immer mehr zugunsten exportorientierter Industrialisierung auf, insbesondere nach dem rapiden Zustrom von Industriellen und Unternehmern aus China in den späten 40er Jahren und dem politischen Embargo während des Korea-Krieges in den frühen 50er Jahren[182]. Hongkong konzentrierte sich als

---

[175] *Opitz* (Anm. 35), S. 3; zum Begriff auch *Overholt* (Anm. 99), S. 141 f; Gouverneur Sir Richard Graves Macdonnel bezeichnete Hongkong insgesamt als „Depot", siehe *Endacott* (Anm. 1), S. 143.

[176] *Opitz* (Anm. 35), S. 5.

[177] *Endacott* (Anm. 1), S. 307 f.; *Opitz* (Anm. 35), S. 7.

[178] *Endacott* (Anm. 1), S. 313.

[179] *Ho, Henry C. Y.*, The Fiscal System of Hong Kong (1979), S. 12; *Scott* (Anm. 157), S. 55; *Tang, Joseph Shu-Hung*, Fiscal Legislation and Financial Control in Hong Kong (1993), S. 11.

[180] *Tang* (Anm. 179), S. 11.

[181] *Scott* (Anm. 157), S. 71.

[182] *Yeung, Wai-chung Henry*, Transnational Corporations and Business Networks, Hong Kong firms in the ASEAN Region (1998), S. 19; *Wesley-Smith* (Anm. 119), S. 421 [436]; *Wisniewski* (Anm. 167), S. 4; *Vogel, Ezra F.*, The Four Little Dragons (1991), S. 68, 72; *Liu, Shuyong*, Hong Kong: A Survey of its Political and Economic Development over the Past 150

erster der sog. „Tiger-Staaten" auf den Export[183]. Bis 1958 bedurfte Hongkong der Zustimmung des britischen Außenministers für seine jährlichen Haushaltspläne, für Zusatzbeschaffungen ab einer gewissen Größenordnung, für die Ausgabe von Staatsanleihen und für weitere sensible Staatsausgaben[184].
1958 erhielt die Regierung Hongkongs vollständige finanzielle Autonomie[185]. Sie hielt jedoch weiterhin an der in den *Colonial Regulations* festgelegten Politik eines ausgeglichenen Haushalts und einer großzügigen Rücklagenbildung fest und informierte die britische Regierung freiwillig über ihre Finanzpolitik. Die Finanzberater des Außenministers konnten auch weiterhin auf Gehör bei der Regierung Hongkongs rechnen[186]. 1983 wurde eine *Public Finance Ordinance* vom *Legislative Council* verabschiedet, welche wesentliche Haushaltsgrundsätze festlegte. London ging aber hiergegen nicht vor, womit nunmehr viele Regelungen der *Colonial Regulations* endgültig nicht mehr anzuwenden waren[187].
Maos Kulturrevolution brachte die Wirtschaft Hongkongs 1967 nur kurzfristig zum Zittern. Im Durchschnitt betrug die jährliche Wachstumsrate der Wirtschaft zwischen 1947 und 1981 8,7 %[188]. Dieses Wachstum steht sicherlich im Zusammenhang mit der Regierungsstruktur auf kolonialistischer Basis, welche dem konfuzianischen Gesellschaftsbild nicht fremder ist als eine demokratische Herrschaftsordnung. Diese quasi-kolonialistische Struktur folgte den Interessen britischer Investoren und der britischen Arbeitskräfte, die auf der Insel ansässig waren. So besaß schon der einheimische Industriearbeiter im Jahr 1971 den zweithöchsten Lebensstandard ganz Asiens[189].
Der Hongkonger Hafen bietet die zweitgrößte Containerkapazität der Welt (nach Rotterdam)[190], beherbergt 10 % aller Schiffe weltweit[191] und Hongkong ist auch Sitz der größten Privatreederei der Welt.

---

Years, in: The China Quarterly, Volume 151 (1997), S. 583 [588]; *Haggard, Stephan/Cheng, Tun-jen*, State and Foreign Capital in the East Asian NICs, in: *Deyo, Frederic C.*, The Political Economy of the New Asian Industrialism (1987), S. 107.

[183] *Haggard/Cheng* (Anm. 182), S. 89.

[184] *Ho* (Anm. 179), S. 12.

[185] *Tang* (Anm. 96), S. 36; *Tang, Joseph Shu-Hung*, The Hong Kong Fiscal Policy: Continuity or Redirection?, in: *Li, Pang-kwong*, Political Order and Power Transition in Hong Kong (1997), S. 189; *Tang* (Anm. 179), S. 11; *Ho* (Anm. 179), S. 12.

[186] *Ho* (Anm. 179), S. 12.

[187] *Tang* (Anm. 179), S. 12.

[188] *Wu, Yuan-Li/Jao, Y. C.*, The Economic Consequences of 1997, in: Case Western Reserve Journal of International Law, Vol. 17 (1988), S. 17 [19]; *Dunn, Lydia*, Hong Kong after the Sino-British Declaration, in: International Affairs, Volume 61 (1985), S. 197 gibt 8 % für die Wachstumsrate des Bruttoinlandsproduktes seit 1961 an.

[189] *Endacott* (Anm. 1), S. 312.

[190] *Dietrich, Hans J.*, China und Hongkong nach 1997: „Ein Land – zwei Systeme", in: Europa-Archiv, 42 Jg. (1987), S. 463 [466].

[191] *Benton, George*, The Hong Kong Crisis (1983), S. 19.

## II. Dienstleistungsgesellschaft im Übergang

Seit 1980 läßt sich statistisch eine anteilsmäßige Zunahme der Finanz- und Wirtschaftsdienstleistungen gegenüber der Industrie am Bruttoinlandsprodukt feststellen[192]. Die Industrieproduktion verlagerte sich aus Kostengründen über die Grenzen in die Sonderwirtschaftszonen und die Provinz Guangdong („outward processing")[193]. Bis in die frühen 80er Jahre ist eine relativ reibungslose Entwicklung zu verzeichnen. Sodann warf jedoch die Vereinigung mit der Volksrepublik China ihre Schatten voraus, wofür es einige Gründe gab: Zunächst endete 1997 der britische Besitz an den New Territories, basierend auf dem 99-Jahres-Vertrag in der Zweiten Konvention von Peking. Die New Territories waren in hohem Maße saniert worden, um die traditionellen Bevölkerungsbrennpunkte der Hauptinsel und der Halbinsel Kowloon zu entlasten und den Zustrom der Immigranten aus der Volksrepublik China in den 60er und 70er Jahren unseres Jahrhunderts aufzunehmen[194]. 1992 lebten von den 6 Millionen Einwohnern Hongkongs etwa 2,6 Millionen in den New Territories[195]. Das Problem hinsichtlich dieses Gebietes war, daß der private Grundbesitz gänzlich auf Pachtverträgen und nicht auf wenigstens theoretisch wirksamen Abtretungen der die Hauptinsel und Kowloon betreffenden Verträge beruhte. Bereits seit den späten 70er Jahren zeigten sich Investoren verunsichert, auch wenn Deng Xiaoping ihnen 1979 vage versicherte, daß sie sich in dieser Hinsicht beruhigen könnten[196]. Seit 1982 versuchte daher die britische Regierung unter Margaret Thatcher eine Klärung der Zukunft Hongkongs zu erreichen. Ziel war die Aufrechterhaltung irgendeiner Art britischer Verwaltung der Gebiete nach 1997. Von 1982 bis 1986 erlebte Hongkong seine Bankenkrise[197]. Damals verleitete der Zusammenbruch lokaler Immobilienmärkte einige Banken dazu, überhöhte Kredite zu gewähren. Dadurch fühlte sich auch die Regierung im September 1983 zu Eingriffen herausgefordert, da sie dem Eindruck entgegenwirken wollte, das Scheitern des Banksektors sei ihrerseits ein Versuch, die Gemeinsame Erklärung zu sabotieren und die ökonomische Gesundheit Hongkongs zu

---

[192] Deren Anteil fiel von 46 % in 1980 auf 13,7 % 1992; Zahlen bei *Haulman, Clyde A.*, Asia-Pacific Economic Links and the Future of Hong Kong, in: *Skidmore, Max J.*, The Future of Hong Kong, The Annals of the American Academy of Political and Social Science, Vol. 547 (September 1996), S. 153 [155 Fn. 6]; *Yeung* (Anm. 182), S. 22, trifft diese Feststellung schon für die frühen 70er Jahre.

[193] *Liu* (Anm. 182), S. 583 [589].

[194] *Cullen* (Anm. 95), S. 715.

[195] *Witt, Hugh*, Hong Kong 1993: A Review of 1992 (1993), S. 381.

[196] *Miners, Norman*, The Government and Politics of Hong Kong, Fifth Edition (1991/95), S. 7; *Schims, Stephan*, Aspekte der wirtschaftsgeschichtlichen Entwicklung Hongkongs, in: *Seeger, Adrian/Theisen, Christian*, Hongkong – Eine Bilanz. Die strategische Bedeutung von Hongkong nach der Rückgabe an die Volksrepublik China (2000), S. 47 [49].

[197] *Wu/Jao* (Anm. 188), 26; *Chau, Leung Chuen*, Hong Kong, A Unique Case of Development (1993), S. 29 f.

unterminieren. Dieses Abweichen von der bisherigen laissez-faire-Politik verunsicherte Investoren hinsichtlich der weiteren Vorgehensweise der Regierung gegenüber dem privaten Sektor[198]. Im April des Jahres 1982 stellte Deng Xiaoping seinen Plan für die Zukunft Hongkongs vor: Die Wiedereingliederung in den Bereich chinesischer Souveränität als Sonderverwaltungszone mit starker lokaler Autonomie. Jedoch sollte Hongkong weiterhin von seinen Einwohnern regiert werden, sein „common law"-System beibehalten und eine kapitalistische Enklave bleiben. Dieser politisch-ökonomische Status sollte für weitere 50 Jahre nach 1997 garantiert werden[199].

Am „Schwarzen Samstag", dem 24. September 1983 stürzte die Wechselkursrate innerhalb von 48 Stunden um 12,9 % herab auf die Relation US$ 1 = HK$ 9,6. Dies ist u. a. auf panikartige Lebensmitteleinkäufe der Bevölkerung zurückzuführen, welche die Ladeninhaber dazu brachten, nur noch US-Dollar als Zahlungsmittel zu akzeptieren[200]. Zuvor hatten Gespräche in Peking keinen Fortschritt hinsichtlich der weiteren Vorgehensweise gebracht. Im Herbst 1983 gab die Volksrepublik China auch ihre Absicht zu erkennen, einseitig die weitere Vorgehensweise hinsichtlich der Hongkong-Frage zu bestimmen, falls mit dem Vereinigten Königreich nicht bis zum September 1984 ein diesbezügliches Abkommen erzielt werden sollte[201]. Ergebnis der sino-britischen Verhandlungen über Hongkong war die Gemeinsame Erklärung vom September 1984, ratifiziert von den beiden Regierungen im Mai 1985. Die Wirtschaft reagierte zwiespältig auf die Gemeinsame Erklärung. Während in öffentlichen Bekundungen dem Vertrauen in die Gemeinsame Erklärung Ausdruck verliehen wurde, deutete die tatsächliche Vorgehensweise der Unternehmen in eine andere Richtung. Verschiedene Maßnahmen wurden ergriffen, so z. B. (1) Verlegung des registrierten Hauptsitzes aus Hongkong in ein anderes Land, vorzugsweise ein „Steuerparadies", (2) Eröffnung von Niederlassungen oder Büros in anderen Ländern, bzw. die teilweise oder vollständige Übernahme ausländischer Unternehmen, (3) Verkauf der Unternehmenswerte an ausländische Firmen bzw. die Gründung eines Joint-Ventures mit einer ausländischen Firma in Hongkong, schließlich (4) der Transfer liquider Mittel ins Ausland, um mit dem restlichen Guthaben lediglich Abwicklungskosten in Hongkong zu decken[202]. So verlegte *Jardine Matheson*, das älteste britische Konglomerat seinen Sitz im März 1984 nach Bermuda und die *Sing-Tao*-Verlagsgruppe wurde im Mai 1985 an eine australische Holding veräußert[203]. Im Zusammen-hang hiermit könnte stehen, daß China

[198] *Wu/Jao* (Anm. 188), 26 f.; *Chau* (Anm. 197), S. 22.

[199] *Rich, William*, Hong Kong: Revolution without Change, in: Hong Kong Law Journal, Vol. 20 (1990), S. 279.

[200] *Cottrell* (Anm. 7), S. 123 f.

[201] *Bonavia, David*, Hong Kong 1997: The Final Settlement (1983), S. 108; *Gornig* (Anm. 2), S. 83.

[202] *Wu/Jao* (Anm. 188), S. 17 [32]; ähnlich *Jao* (Anm. 117), S. 111 [137 f.].

[203] Jardine's Holding Company Quits Hong Kong, South China Morning Post vom 29. März 1984, siehe auch *van Kemenade* (Anm. 73), S. 106, *Cottrell* (Anm. 7), S. 146 f.; *deLisle, Jacques/Lane, Kevin P.*, Cooking the Rice without Cooking the Goose – The Rule of Law, the

1995 seine Zustimmung zur Konstruktion eines Containerterminals (Umfang: US$ 1,6 Milliarden) verweigerte, da Jardine Matheson eine führende Rolle im entsprechenden Konsortium zukam[204]. Besonders die Verlegung von *Jardine Matheson* war auch von psychologischer Bedeutung, hatten doch William Jardine und James Matheson Hongkong in gewisser Weise mitgegründet, als sie Lord Palmerston überredeten, den ersten Opium-Krieg zu führen und die ersten Warenhäuser an den Küstenstrichen Hongkongs zu errichten[205]. Simon Keswick, ein Nachfahre William Jardines, begründete seine Entscheidung mit dem Wunsch, auch weiterhin englischem Recht und damit englischer Rechtsprechung zu unterliegen. Am 17. Dezember 1990 gab auch die *Hong Kong and Shanghai Banking Corp.* bekannt, daß sie ihren Hauptsitz von Hongkong nach London verlegt[206].

Für die Wirtschaft Hongkongs sind seit jeher prägend der äußerst niedrige Organisationsgrad der Arbeiterschaft[207] und die Dominanz kleinerer Unternehmen[208], meist im Familienbesitz[209]. Weniger als 20 % der Arbeiter sind gewerkschaftlich organisiert, die Gewerkschaften stehen, politisch segmentiert, entweder den Kommunisten oder der Kuomintang nahe[210]. 1993 beschäftigten 76 % der Firmen weniger als zehn, sogar 87 % weniger als 20 Personen[211]. Beide Erscheinungen deuten auch darauf hin, daß es sehr schwierig ist, die Regierung unter Druck zu Interventionen zu bewegen. Seit den 70er Jahren unseres Jahrhunderts hat in Hongkong ein Prozeß der Diversifizierung stattgefunden. Während die hohen Exportzahlen beibehalten werden konnten, hat die inländische Nachfrage Bedeutung als wirtschaftliche Hauptstütze erlangt[212]. Von 1976 bis 1982 ist die Beschäftigung in den Sektoren Handel, Dienstleistungen, Finanzen und Verwaltung um zusammengenommen 8 % gestiegen. Diese Zunahme ist Spiegelbild des rapiden Wachstums in den Bereichen Banken, Tourismus und dem Finanzsektor. Unter den Veränderungen in Hongkongs Wirtschaft stechen

---

Battle over Business and the Quest for Prosperity in Hong Kong after 1997, in: *Cohen, Warren I./Zhao, Li (eds.)*, Hong Kong Under Chinese Rule – The Economic and Political Implications of Reversion (1997), S. 31 [45 f.]; Sing Tao's Assets Set To Go Down Under, South China Morning Post vom 23. Mai 1985.

[204] *Huang, Yasheng*, The Economic and Political Integration of Hong Kong – Implications for Government-Business Relations, in: *Cohen, Warren I./Zhao, Li (eds.)*, Hong Kong Under Chinese Rule – The Economic and Political Implications of Reversion (1997), S. 96 [104].

[205] *Cottrell* (Anm. 7), S. 146.

[206] *Weggel* (Anm. 10), S. 179.

[207] *Chau* (Anm. 197), S. 27; *Gornig* (Anm. 2), S. 48 f.; *Mole, David*, Introduction, in: *ders.*, Managing the new Hong Kong Economy (1996), S. 1 [4]; *Weggel* (Anm. 10), S. 53.

[208] *Ho* (Anm. 179), S. 10.

[209] *Szczepanik, Edward*, The Economic Growth of Hong Kong (1958), S. 13.

[210] *Luk, Y. F.*, Hong Kong's Economic and Financial Future (1995), S. 15.

[211] *Tsai* (Anm. 22), S. 76, weist ähnliche Umstände bereits für das 19. Jahrhundert nach.

[212] *Howe, Christopher*, Growth, Policy and Hong Kong's Economic Relationship with China, in: The China Quarterly, Vol. 95 (1983), S. 512 [515]; *MacIntyre, Thomas S.*, Impact of the Sino-British Agreement on Hong Kong's Economic Future, in: Journal of Comparative Business and Capital Market Law, Vol. 7 (1985), 197 [198].

hervor die wachsende ausländische Beteiligung an Banken, Immobilien und an den Aktienmärkten sowie der Aufstieg einer Gruppe erfolgreicher, einheimischer chinesischer Investoren[213]. Die wachsende Anzahl von gutausgebildeten Arbeitskräften hat zum Auftauchen eines Dienstleistungssektors in Hongkongs Wirtschaft geführt[214]. Die Fertigung dagegen wurde in den 80er Jahren immer mehr über die Grenze in die Volksrepublik China verlagert[215], betrugen die Löhne dort doch höchstens 1/10 jener in Hongkong[216]. Es gibt Schätzungen, wonach 1992 etwa 3 Millionen Arbeiter auf dem Festland direkt für die Unternehmer Hongkongs tätig waren[217].

Auch die britischen Politiker waren sich der Grundlagen des wirtschaftlichen Erfolges Hongkongs bewußt. Christopher Patten äußerte sich in seiner ersten politischen Rede 1992 hierzu folgendermaßen[218]: „Unsere Hoffnungen gründen sich vor allem auf den Erfolg der Wirtschaft. Wir dürfen nichts tun, womit wir diesen riskieren. Unser Rezept für den Wohlstand ist einfach. Wir glauben daran, daß Kaufleute und nicht Politiker oder Beamte die wirtschaftlich sinnvollsten Entscheidungen treffen. Wir glauben daran, daß die Regierungsausgaben sich nach dem wirtschaftlichen Wachstum zu richten haben und diesem nicht vorauseilen dürfen. Wir glauben an Wettbewerb, eingefügt in ein System vernünftiger, fairer Verordnungen und Gesetze."
Im Mai 1995 besuchte der britische Handelsminister Michael Heseltine als erstes Kabinettsmitglied nach einer zweijährigen Pause wieder Hongkong. Heseltine hatte als vehementer Verfechter britischer Wirtschafts- und Handelsinteressen, zudem als stellvertretender Premierminister, wachsenden Einfluß[219]. Martin Lee beschrieb dessen Position nach einem Zusammentreffen ein Jahr später als „Chinahandel, Chinahandel und Chinahandel – und dann vielleicht Hongkong"[220]. Damit war angedeutet, daß die demokratischen Reformen nicht auf alle Zeiten im Mittelpunkt britischer Interessen stehen mußten.
Im Oktober 1995 unternahm *das Hong Kong and Macao Affairs Office* zwei Hauptschritte, um den sechs Millionen Einwohnern Hongkongs Gewißheit über die wirtschaftliche Zukunft zu verschaffen.

---

[213] *Howe* (Anm. 212), S. 512 [519 – 522]; *Davis* (Anm. 83), S. 157 [168 f.].

[214] *Gälli/Franzen* (Anm. 18), S. 74.

[215] *Yeung* (Anm. 182), S. 25.

[216] Nach einer Schätzung der Investmentbank Morgan Stanley betrugen die Stundenlöhne für Arbeiter im produzierenden Gewerbe 1985 in Hongkong US$ 2,30 auf dem Festland US$ 0,19; ein noch stärkeres Gefälle belegen die Daten für 1991 bei *Schüller* (Anm. 145), S. 1130 [1131].

[217] *Chau* (Anm. 197), S. 21.

[218] Zit. n. *Flewerdew* (Anm. 9), S. 195, Übersetzung durch den Verf.; siehe auch *Ho, Henry C. Y.*, The State of the Economy, in: *Choi, Po-king/Ho, Lok-sang*, The Other Hong Kong Report 1993 (1993), S. 75 [85 f.].

[219] *Flowerdew* (Anm. 9), S. 175.

[220] Sunday Morning Post vom 3. März 1996.

Zum ersten gab einer der Vize-Direktoren des *Hong Kong and Macao Affairs Office* folgende Erklärung ab[221]:

(1) Die Sonderverwaltungszone Hongkong erhält ihr kapitalistisches Wirtschaftssystem und ihre Handelsbeziehungen aufrecht.

(2) Die Sonderverwaltungszone Hongkong behält ihren Status als Freihafen in Angelegenheiten des Handels und des freien Kapitalflusses.

(3) Die Sonderverwaltungszone Hongkong betreibt weiterhin eine unabhängige Zollpolitik. Unter dem Namen „China, Hong Kong" nimmt sie teil an Zollunionen, Zollabkommen und anderen Verträgen über Meistbegünstigungen.

(4) Die Sonderverwaltungszone Hongkong behält ihren derzeitigen Status als internationales Finanzzentrum, dies umfaßt das bisherige Währungssystem;

(5) Die Sonderverwaltungszone Hongkong kann ihre Währungspolitik frei wählen und ihre Regulierung des Währungsmarktes absichern.

(6) Der Hongkong-Dollar bleibt der Sonderverwaltungszone als eigene Währung mit freiem Umlauf erhalten.

(7) Die Sonderverwaltungszone Hongkong behält ihren eigenen Hafen und ihre Seehandelsverwaltung samt Schiffsregister, unabhängig davon, ob eine Zulassung durch die Zentralregierung notwendig ist.

(8) Die Sonderverwaltungszone Hongkong kann Erweiterungen planen und neue Verwaltungsstrukturen einführen, um ihren internationalen wie regionalen Luftfahrtstatus zu wahren.

Zum zweiten verkündete die Führung des *Hong Kong and Macao Affairs Office*, daß sich das bestehende kapitalistische System der Regierung und des Handels auch über 50 Jahre hinaus nach 1997 nicht ändern werde[222].

1996 wurden, jeweils für sich, die *Hong Kong Monetary Authority* und die *People's Bank of China* zur *Bank for International Settlements (BIS)* zugelassen, ein weiterer Beleg für die Eigenständigkeit Hongkongs[223].

---

[221] South China Morning Post vom 27. Oktober 1995.
[222] *Chang/Chuang* (Anm. 35), S. 185.
[223] *Yam, Joseph*, Implementation of Financial Policy in the HKSAR (1999), S. 11.

## D. Politische und rechtliche Rahmenbedingungen

## I. Rechtssystem

Die Tradition der Herrschaft des Rechts in der Volksrepublik China ist kurz bemessen. In den Jahren nach 1949 gab es keine identifizierbare Rechtsordnung, welche diesen Namen verdient hätte und Zweck der Kulturrevolution von 1966 war es gerade, Institutionen und Überzeugungen dem Primat politischer Macht zu unterwerfen[224]. Nach 1988 kam es vermehrt zu Stellungnahmen der kommunistischen Führung, wonach es des Aufbaus eines eigenständigen Rechtssystems in China bedürfe. Dieser Hinweis belegt, daß man sich des Fehlens eines solchen zu diesem Zeitpunkt eingestand.

Auch Großbritannien hat keine in Schriftform vorliegende Verfassung. Die Regeln, aus denen sich Legitimation wie Begrenzung der Regierungsorgane ergeben, lassen sich nicht einer maßgeblichen Quelle entnehmen. Sie müssen vielmehr aus Gesetzen, Gerichtsentscheidungen, Praktiken, aus tief eingewurzelten Ideen und Weltanschauungen zusammengetragen werden[225].

Hongkong selbst hingegen besaß eine geschriebene Verfassung[226], hauptsächlich niedergelegt im *Letters Patent* und in den *Royal Instructions*. Diese Dokumente – deren letzte, wiederum mehrfach ergänzte, Fassungen vom 14. Februar 1917 stammten – gehen auf die Königin von England zurück. Deren legislative Befugnis stützt sich auf den Grundsatz, wonach sie abgetretene Gebiete außerhalb des Vereinigten Königreichs nach eigenem Gutdünken regieren kann[227]. Nach einer vertraglichen Übertragung von Hoheitsrechten auf Großbritannien erließ der Monarch eine *Order-in-Council*, durch die das Gebiet formell in Besitz genommen wurde[228]. Da nach britischem Recht nur die Krone britisches Gebiet übernehmen oder aufgeben kann, ist das Parlament an diesem Prozeß der Ausübung eines königlichen Vorrechts formell nicht beteiligt. Das *Letters Patent* wie auch die *Royal Instructions* wurden von der Londoner Ministerialbürokratie entworfen und unterlagen der Zustimmung des jeweils für Hongkong zuständigen britischen Ministers[229]. Das *Letters Patent* begründet die Hauptregierungsorgane: Das Ministerium des Gouverneurs, den Exekutiv- und den Legislativrat. Weiterhin sind darin die Hauptaufgaben der Regierung und gleichzeitig deren Grenzen festgelegt. Die *Royal Instructions* ergänzen nähere Details.

---

[224] *Cotton, James,* Hong Kong: The Basic Law and Political Convergence, in: NIRA Research Output, Volume 2 (1989), S. 56 [59].

[225] *Wesley-Smith, Peter,* The Present Constitution of Hong Kong, in: *ders./Chen, Albert H. Y.,* The Basic Law and Hong Kong's Future (1988), S. 6.

[226] *Wesley-Smith, Peter,* Constitutional and Administrative Law in Hong Kong (1994), S. 42.

[227] *Wesley-Smith,* Present Constitution, S. 6 f.

[228] *Schwinum* (Anm. 32), S. 12.

[229] *Schwinum* (Anm. 32), S. 13.

Insgesamt wird den rechtlichen Rahmenbedingungen unter der „Rule of Law" eine hohe ökonomische Bedeutung zugeschrieben. Die „Rule of Law" umfaßt verschiedene Grundsätze und Wertvorstellungen. Danach ist jedermann vor dem Gesetz gleich und hat es zu achten. Das Gesetz wird als ein formales und rationales System verstanden, welches unabhängig von der politischen Machtverteilung besitzt. Gleiches gilt für die Rechtsprechung. Die Gesetze sind für den Einzelnen zugänglich, verständlich und dienen ihm als Richtschnur seines Handelns[230].

Theoretische wie empirische ökonomische Untersuchungen haben die Bedeutung des im Rahmen der „Rule of Law" ebenfalls geschützten Eigentumsrechts für den effizienten Einsatz von Ressourcen und die effiziente Bewahrung von Leistungsanreizen für alle Marktteilnehmer, insbesondere die Unternehmer, herausgearbeitet[231]. Es besteht kein Zweifel daran, daß das damalige Rechtssystem eine entscheidende Rolle bei Hongkongs Wandel zu einem der führenden internationalen Finanz-, Handels- und Industriezentren gespielt hat[232]. Die chinesische Bevölkerung Hongkongs zeigt sich, Umfragen zufolge, noch heute zufrieden mit dem Rechtssystem des „Common Law"[233]. Insofern ist es folgerichtig, wenn das „Common Law" auch nach dem Souveränitätswechsel Teil der Rechtsordnung in der Sonderverwaltungszone ist. Dies hat der Court of Appeal 1997 entschieden[234]. Dies gehe unmittelbar aus Artikel 160 BL hervor, ohne daß es eines weiteren Rechtsaktes bedürfe[235]. Für den Fall, daß das Basic Law diese automatische Weitergeltung nicht inkorporiere, stellt das Gericht fest, daß diese jedenfalls durch die „Hong Kong Reunification Ordinance" verbürgt sei[236].

---

[230] Wesley-Smith (Anm. 66), S. 16 – 18.

[231] Coase, Ronald Harry, The Problem of Social Cost, in: Journal of Law and Economics, October 1960, S. 1 ff.; Demsetz, Harold, The Exchange and Enforcement of Property Rights, in: Journal of Law and Economics, October 1964, S. 11 ff. Auch Böhm und v. Hayek folgen einem materiellen Rechtsstaatsgedanken der „Rule of Law", siehe Mussler, Werner, Die Wirtschaftsverfassung der Europäischen Gemeinschaft im Wandel (1998), S. 44.

[232] Zum Wandel zu einem der führenden Finanzzentren siehe auch Jao, Y. C., Hong Kong's Rise as a Financial Center, in: Asian Survey, Number 7 (July 1979), S. 674 ff.; ders., Hong Kong's Future as a Financial Center, in: Three Banks Review, March 1985, S. 35 ff.

[233] Hsu, Berry F. C./Baker, Philip W., The Spirit of Common Law in Hong Kong: The Transition to 1997, in: University of British Columbia Law Review, Volume 24 (1990), S. 307 [308, 323]; Wang, Chenguang/Zhu, Guobin, A Tale of two Legal Systems The Interaction of Common Law and Civil Law in Hong Kong, in: Revue Internationale de Droit Comparé, Vol. 51 (1999), S. 917 [921].

[234] Urteil vom 29. Juli 1997: „Reservation of Question of Law No. 1 of 1997 between HKSAR (Applicant) and MA WAI-KWAN, David; CHAN KOK-WAI, Donny and TAM KIM-YUEN (Respondents)"; abgedruckt in: McCoy, Gerard QC, Hong Kong Cases, Part 4 (1997) Vol. 2, S. 315 ff.; siehe hierzu umfassend Luthra, Tim G., Die Sonderverwaltungszone Hong Kong und das „Common Law". Zur Anwendbarkeit des „Common Law" in Hong Kong nach dem Souveränitätswechsel, in: VRÜ, Bd. 31 (1998), S. 456 ff.

[235] McCoy (Anm. 234), S. 315 [326 ff. und 330].

[236] Luthra (Anm. 234), S. 456 [465].

## II. Letters Patent

Das *Letters Patent* Königin Viktorias vom 5. April 1843 ist ein relativ kurzes Dokument bestehend aus 21 Artikeln, welche die Basisstruktur der Regierung Hongkongs, sowie das Amt und die Befugnisse des Gouverneurs, festlegen[237]. Ob man hier allein schon von einer Verfassung sprechen kann, erscheint zumindest zweifelhaft[238]. Unter *Letters Patent* verstand man eine Art *Order-in-Council*, einen Akt königlicher Gesetzgebung. Es wurde vom Staatsrat beschlossen und mit dem Siegel der britischen Königin versehen. Dann wurde es als Spezialermächtigungsurkunde dem Gouverneur nach Hongkong übersandt[239]. Das *Letters Patent* vom 5. April 1843 diente vor allem dazu, einen Stützpunkt britischer Kaufleute zu etablieren, der dem Handel mit China dienen sollte[240]. Artikel I und II konstituieren das Amt des Gouverneurs und ermächtigen den Inhaber, seine Pflichten in Übereinstimmung mit den Gesetzen zu versehen. Artikel V und VI schaffen die Grundlage für den Exekutiv- und den Legislativrat. Artikel XVI A enthält neben den Ruhestandsregelungen detaillierte Bestimmungen, welche die Unabhängigkeit der Richterschaft gewährleisten sollen. Artikel VII des *Letters Patent* ermächtigt den Gouverneur im Zusammenwirken mit dem *Legislative Council* Gesetze zur Förderung des Friedens, der Ordnung und einer „guten Regierung" der Kolonie zu erlassen. Eine Formulierung, die der lokalen Gesetzgebung - abgesehen von anderen Verfassungsnormen - keinerlei Restriktionen auferlegt[241].

## III. Royal Instructions

Auch die *Royal Instructions* wurden von der Königin persönlich unterzeichnet und mit dem königlichen Siegel versehen. Sie stellen die Durchführungsbestimmungen zum *Letters Patent* dar. Ob hiermit auch formal rechtliche Regelungen vorliegen, war umstritten[242]. Vertreten wurde auch, daß es sich um private Anweisungen der Krone an den königlichen Gouverneur handelt. Die 37 Bestimmungen vom 6. April 1843 regelten die Zusammensetzung, das Verfah-

---

[237] *Clarke, William Stewart*, The Constitution of Hong Kong and 1997, in: *Jao, Y. C./Leung, Chi-Keung/Wesley-Smith, Peter/Wong, Su-Lun*, Hong Kong and 1997, Strategies for the Future (1987), S. 216.

[238] So aber *Davis* (Anm. 83), S. 157 [165].

[239] *Gornig* (Anm. 2), S. 110.

[240] *Collins, C.*, Public Administration in Hong Kong (1952), S. 46; zit. bei *Szczepanik* (Anm. 209), S. 15.

[241] *Clarke (Anm. 236)*, S. 216.

[242] *Wesley-Smith* (Anm. 226), S. 44.

ren und die Befugnisse des Exekutiv- und des Legislativrates sowie das Verfahren bei Einstellung und Entlassung von Regierungsmitgliedern[243]. Zudem wurde festgelegt, in welchem Bereich der Gouverneur von Hongkong die gesetzlichen Verordnungen genehmigen und beschließen konnte[244].

Die Instruktionen vom 3. Juni 1843 betrafen das Finanzwesen und stellten das Erfordernis eines „Jahresplanes" bzw. eines Ausgabenhaushalts mit entsprechenden Durchführungsvorschlägen auf, welcher dem Legislativrat vorgelegt und öffentlich bekannt gemacht werden mußte[245]. Es wurde die Regel aufgestellt, wonach die Regierung Ihrer Majestät erwartet, daß die Einnahmen vor Ort ausreichen, um alle Ausgaben der Regierung Hongkongs zu bestreiten. Betont wurde auch die Notwendigkeit der Beachtung strikter Sparsamkeit in jedem einzelnen Ressort der lokalen Regierung.

Im Rahmen der *Royal Instructions* konnte der Gouverneur keinem Gesetz, welches die Währung der Kolonie oder die Ausgabe von Banknoten bzw. den Aufbau einer Bankvereinigung oder die Neuorganisation einer bestehenden Bankvereinigung betrifft, zustimmen, ohne zuvor die Genehmigung des Außenministers erhalten zu haben[246].

*Letters Patent* und *Royal Instructions* bildeten die jederzeit veränderbaren Grundlagen zur Beeinflussung der lokalen Gegebenheiten durch die britische Krone[247]. Sie stellten in der Ihnen eigenen Kürze aber keine umfassende konstitutionelle Ordnung Hongkongs dar[248], sondern wurden vielmehr durch andere Quellen, wie z. B. dem *Colonial Laws Validity Act* von 1865 und anderen Regelungen des „*Common Law*" sowie durch „*Constitutional Conventions*" ergänzt[249].

Rechtlich nicht verbindlich waren die *Colonial Regulations*[250], die in Form von Hinweisen des für die Kolonien zuständigen Ministers den Gouverneur in bezug auf den öffentlichen Dienst und Finanzfragen, aber auch in bezug auf Kleidervorschriften und zeremonielle Abläufe anleiten sollten[251].

---

[243] *Liu* (Anm. 182), S. 583 [583].

[244] *Gornig* (Anm. 2), S. 111.

[245] *Endacott* (Anm. 1), S. 39.

[246] *Yam* (Anm. 223), S. 2.

[247] *Horlemann, Ralf,* Hongkong 1997, Systemwandel in rechtlicher und politischer Perspektive (1992), S. 91; *Wesley-Smith* (Anm. 66), S. 24; *McDermott* (Anm. 41), S. 263 [272].

[248] A. A. *Davis, Michael C.,* Anglo-American Constitutionalism with Chinese Characteristics, in: The American Journal of Comparative Law, Vol. 36 (1988), S. 761 [763].

[249] *Wesley-Smith* (Anm. 66), S. 21.

[250] Rules and Regulations for Her Majesty's Colonial Service.

[251] *Schwinum* (Anm. 32), S. 15.

## IV. Hongkongs Regierungsform

Hongkongs Regierungsform war von jeher undemokratisch[252]: Es gab keine direkt gewählten Mitglieder der zentralen Regierungsorgane[253]; die Regierung war der Staat, ohne daß ein System der „checks and balances" existierte[254]. Die wichtigsten Führungspersönlichkeiten wurden entweder von der Krone ernannt oder waren von ihrer nachträglichen Genehmigung abhängig. Diese wiederum ernannten die Mitglieder der beiden Hauptregierungsorgane der Kolonie, des Executive Council und des Legislative Council[255].

Nach Wiederherstellung des Status als Kronkolonie im Mai 1946 unternahm der damalige Gouverneur, Sir Mark Young, den Versuch, der Regierung eine neue Struktur mit einem gewählten Stadtrat zu geben[256]. In diesen Municipal Council sollten jeweils 16 Mitglieder von der chinesischen und 16 von der britischen Bevölkerung in das insgesamt 48 Mitglieder umfassende Gremium gewählt werden. Dieser Plan wurde nach dem Ausscheiden Youngs vom Legislative Council 1949 zu den Akten gelegt und sodann auch von Großbritannien 1952 endgültig aufgegeben[257]. Allgemein wurden Wirtschaft und Politik als „natürliche Feinde" angesehen, mit subtilen Mitteln wurden auch seitens der Regierung demokratische Bestrebungen behindert[258]. Auch im Rahmen der Gemeinsamen Erklärung wurde der Forderung nach einer gewählten Regierung selbst von britischer Seite keine allzu große Bedeutung beigemessen[259], man legte mehr Wert auf Formulierung denn auf Realisierung. Innerhalb Hongkongs gab es natürlich auch kritische Stimmen. Die demokratischen Politiker Martin Lee und Szeto Hua[260] bemängelten, daß das Basic Law hinsichtlich der Demokratisierung keine Fortschritte gegenüber der bisherigen autoritären Regierungsstruktur biete. In-

---

[252] Odrich (Anm. 122), S. 617 [618]; Ress (Anm. 138), S. 647 [682]; Wesley-Smith (Anm. 66), S. 26; Chan, Ming Kou, Hong Kong: Colonial Legacy, Transformation and Challenge, in: Skidmore, Max J. (ed.), The Future of Hong Kong, The Annals of the American Academy of Political and Social Science, Vol. 547 (September 1996), S. 11 [13 ff.]; Cheng, Joseph Y. S., The Draft Basic Law: Messages for Hong Kong People, in: Chiu, Hungdah, The Draft Basic Law of Hong Kong: Analysis and Documents (1986), S. 7 [80]; Youngson, Alexander John, Hong Kong: Economic Growth and Policy (1982), S. 96, bezeichnet Hongkong als etwa so demokratisch wie die Sowjetunion, Lau, Siu-kai, Basic Law and the New Political Order of Hong Kong (1988), passim, als gemäßigt autoritär. Demokratiedefizite wurden auch von offizieller Seite nie bestritten, siehe House of Commons (Anm. 104), xlii.

[253] Hook, Brian, The Government of Hong Kong, in: The China Quarterly, Volume 95 (1983), S. 491.

[254] Scott (Anm. 157), S. 249.

[255] Hook (Anm. 253), S. 491.

[256] Schwinum (Anm. 32), S. 9; Liu (Anm. 182), S. 583 [586].

[257] Cottrell (Anm. 7), S. 178; McLaren (Anm. 83), S. 43; Wesley-Smith (Anm. 119), S. 421 [436]; Liu (Anm. 182), S. 583 [586].

[258] Cottrell (Anm. 7), S. 179.

[259] Cottrell (Anm. 7), S. 180 f.

[260] A Critical Outlook of the Draft Basic Law (1988), passim.

nerhalb der Bevölkerung hatte sich ein politischer Geist ebenfalls noch nicht entwickeln können, man gab sich mit den wirtschaftlichen Errungenschaften zufrieden[261].

## 1. Gouverneur

Die Stellung des Gouverneurs wird auch durch die Formulierung in Artikel 2 des *Letters Patent* nicht deutlicher, wonach er jene Aufgaben zu erledigen habe, „ [...] that belong to his said office [...]". Tatsächlich fiel es in seine Kompetenz, Grund in der Kolonie zu übertragen, Richter und andere Staatsbeamte zu ernennen, zu entlassen oder zu suspendieren, Straftäter zu begnadigen bzw. Urteile aufzuheben[262]. Andere Vorrechte wie jenes der Kriegserklärung, der Verleihung von Orden und der Ausgabe von Banknoten standen ihm nicht zu, ganz abgesehen vom Abschluß von Verträgen mit anderen Staaten oder der Anordnung einer Strafverfolgung.

Der Gouverneur wurde für fünf Jahre ernannt[263], die britische Regierung konnte ihn jederzeit entlassen, seine Amtszeit aber auch verlängern. Der Gouverneur nannte sich *Governor and Commander-in-Chief*[264], er war auf der einen Seite Regierungschef, aber auch Staatsoberhaupt. Als Regierungschef war der Gouverneur Vorsitzender des Exekutiv- und des Legislativrates.

## 2. Executive Council

Der *Executive Council* beriet den Gouverneur als eine Art Kabinett[265] in der Formulierung seiner Politik. Er war jenem gegenüber aber nicht weisungsgebunden[266]. Für den Fall, daß er aber den Ratschlägen keine Folge leistete, was selten vorkam, hatte er unverzüglich der britischen Regierung unter Nennung der Gründe zu berichten. Der *Executive Council* bestand aus amtlichen Mitgliedern, einem *Chief Secretary*, einem *Financial Secretary*[267], einem *Attorney General*, einem *Commander British Forces* sowie weiteren ex-officio-Mitgliedern,

---

[261] *Lau* (Anm. 252), S. 12.

[262] *Wesley-Smith* (Anm. 66), S. 28.

[263] *McDermott* (Anm. 41), S. 263 [269].

[264] *Gornig* (Anm. 2), S. 117.

[265] *Tang* (Anm. 179), S. 2.

[266] *Horlemann* (Anm. 82), S. 30.

[267] Dieser hat die Oberaufsicht über die Behörden von Wirtschaft, Finanzen, Handel, Industrie und das Schatzamt, vgl. *Tang* (Anm. 179), S. 5.

die vom Gouverneur ernannt wurden[268]. Die Anzahl der Mitglieder schwankte ständig, Begrenzungen gab es in dieser Hinsicht nicht; lange Zeit waren es fünf amtliche und zehn ehrenamtliche Mitglieder[269]. 1896 waren die ersten beiden inoffiziellen Mitglieder, zwei bekannte Wirtschaftsführer, ernannt worden[270]. Weitere Aufgaben des *Executive Council* waren die Beratung von Verwaltungseingaben, Petitionen und Gesetzesentwürfen sowie der Frage im Einzelfall, ob zum Tode Verurteilte begnadigt werden bzw. ihnen eine Gnadenfrist gewährt werden sollte[271]. Der Rat hatte das Recht, Verwaltungs- und Ausführungsvorschriften zu bereits vorhandenen Gesetzen im Rahmen der Ermächtigungsnorm zu erlassen[272]. Seine Sitzungen waren nichtöffentlich, Meinungsverschiedenheiten drangen selten nach außen. Qua Konvention mußte jedes Mitglied die Beschlüsse des Gremiums in der Öffentlichkeit verteidigen und seine eigene Meinung notfalls zurückstellen[273]. Eine Doppel-Mitgliedschaft in *Executive Council* und *Legislative Council* war nicht ausgeschlossen und kam auch durchaus vor. Nützlich war, daß die Doppel-Mitglieder annähernd abschätzen konnten, ob ein Gesetzentwurf der Regierung im *Legislative Council* Zustimmung oder Ablehnung erfahren wird[274]. Für den negativen Fall wurden die Gesetzentwürfe im *Legislative Council* oft nicht mehr eingebracht.

## 3. Legislative Council

Die eigentliche Volksvertretung nahm seit 1842 der *Legislative Council* wahr[275]. Seine Aufgabe waren der Erlaß von Gesetzen, die Kontrolle der öffentlichen Ausgaben und die Überwachung der Regierung[276]. *Clause XXIII* der *Royal Instructions* erlaubt dem *Legislative Council* so genannte *Standing Orders* zur Regelung seiner eigenen Angelegenheiten zu verabschieden[277]. Gesetzesvorschläge, welche das Abgeordnetenhaus akzeptiert hatte, wurden durch die Zustimmung des Gouverneurs zum Gesetz. Vertreter der Wirtschaft waren seit 1850 als inoffizielle Repräsentanten zum *Legislative Council* entsandt worden[278].

---

[268] *Liu* (Anm. 182), S. 583 [584].
[269] *Gornig* (Anm. 2), S. 118.
[270] *Scott* (Anm. 157), S. 59.
[271] *Wesley-Smith* (Anm. 66), S. 29.
[272] *Wesley-Smith* (Anm. 66), S. 44.
[273] *Horlemann* (Anm. 82), S. 30.
[274] *Horlemann* (Anm. 82), S. 31.
[275] *Farny, Tobias*, Die Rückgabe Hong Kongs an die VR China (1997), S. 68.
[276] *Schwinum* (Anm. 32), S. 19.
[277] *Tang* (Anm. 179), S. 4.
[278] *Scott* (Anm. 157), S. 57.

Die seit 1861 existierende *Chamber of Commerce*[279], deren *Committee* ab 1862 auch der Deutsche Nissen angehörte[280], sorgte meist für die Auswahl der Wirtschafts-Repräsentanten. An deren Übergewicht hat sich bis heute nichts geändert[281]. Die Anzahl der inoffiziellen Mitglieder, welche vom Gouverneur ernannt wurden, stieg von 7 nach dem Krieg auf über 20 an[282]. Satz 24 der *Royal Instructions* verbot es den inoffiziellen Mitgliedern des Legislative Council, selbst Gesetzesvorlagen oder Resolutionen einzubringen, die das Steueraufkommen der Kronkolonie tangiert hätten. Da aber jede Gesetzesvorlage den Staatshaushalt, wenn auch nur durch die ihr immanenten Verfahrenskosten, belastete, wurde so die Einbringung von Gesetzesvorlagen durch inoffizielle Mitglieder unterbunden[283]. Bis 1985 wurden die Mitglieder des *Legislative Council* von dem Gouverneur Hongkongs berufen. Sie schworen der Königin von England einen Treueeid[284]. Eines der ersten Mitglieder, welches nicht aus Regierungskreisen stammte, war William Matheson, Kopf des Handelshauses *Jardine Matheson*[285]. Das erste inoffizielle chinesische Mitglied war der Rechtsanwalt Ng Choy, welcher am 19. Januar 1880 als Mitglied auf Zeit seinen Sitz einnahm (Stellvertretung für ein erkranktes Mitglied)[286]. Erst 1896 erhöhte sich die Anzahl der chinesischen Mitglieder auf zwei. 1985 wurden erstmals 24 Sitze des *Legislative Council* im Rahmen öffentlicher Wahlen besetzt. Seit jenen Wahlen am 27. September wurde ein Teil der Mitglieder durch geographisch festgelegte *(geographical constituencies)* sowie Verbandskörperschaften *(functional constituencies)* indirekt gewählt[287]. 1988 wurden demokratische Wahlen vor Abschluß der Arbeiten am *Basic Law* noch einmal abgewandt, um Unwägbarkeiten zu vermeiden. Um diese Entscheidung öffentlich zu legitimieren, gab die Regierung Hongkongs 1987 eine Umfrage in Auftrag. Diese bestand aus einer 250-Wort-Frage mit vier Optionen und sechs Unter-Optionen. 45 % der Befragten sahen sich darob nicht in der Lage, überhaupt eine Antwort zu geben. Die anderen sprachen sich, wie bezweckt, nicht eindeutig für demokratische Wahlen aus und so wurden diese zunächst auf 1991 verschoben[288].

In einem geheimen sino-britischen Übereinkommen, welches die Regierung der Volksrepublik China der Presse Hongkongs am 15. Februar 1990 zuspielte, hatte Großbritannien zugestimmt, daß 1991 nur 18 und 1995 erst 20 der 60 Sitze des

---

[279] Bereits am 25. August 1834 war unter Lord Napier in Kanton ein Vorläufer gegründet worden, um Intrigen der Hong-Kaufleute gemeinsam abzuwehren, siehe *Eitel* (Anm. 4), S. 35; eine Gründung für Macau und Kanton wird für den 28. November 1836 verbürgt, *Eitel* (Anm. 4), S. 67.

[280] *Eitel* (Anm. 4), S. 383.

[281] *Horlemann* (Anm. 82), S. 33.

[282] *Ho* (Anm. 179), S. 14.

[283] *Miners*, Government, S. 121.

[284] *Henderson* (Anm. 122), S. 503 [515].

[285] *Flowerdew* (Anm. 9), S. 17.

[286] *Liu* (Anm. 182), S. 583 [585].

[287] *Gornig* (Anm. 2), S. 119.

[288] *Boasberg* (Anm. 74), S. 282 [308].

*Legislative Council* demokratisch gewählt werden[289]. Der damalige britische Außenminister Douglas Hurd verteidigte diese Regelung am darauffolgenden Tag als Schritt in die richtige Richtung[290]. Am 15. September 1991 fanden die ersten Direktwahlen zum *Legislative Council* statt, die Wahlbeteiligung lag bei nur 39,1 %[291]. Die Pro-Demokratie-Kräfte konnten etwa zwei Drittel der Stimmen auf sich vereinigen und errangen 16, bzw. je nach Einordnung 17, der 18 direkt gewählten Sitze[292]. Martin Lee errang mit seinen *United Democrats* allein 12 Sitze, der von seinen Anhängern geforderte Sitz im *Executive Council* blieb ihm aber versagt[293]. Die *United Democrats of Hong Kong* wurden im Mai 1994, nach der Vereinigung mit der 1983 gegründeten Gruppierung *Meeting Point*, in *Democratic Party* umbenannt[294]. Alle Pro-Volksrepublik-Kandidaten wurden geschlagen. Die zwei verbleibenden Sitze gingen an einen konservativen Wirtschaftsvertreter und einen unabhängigen Kandidaten[295]. Die Abstimmung wurde von einigen Kommentatoren als Referendum über die Politik der Volksrepublik China in bezug auf die Geschehnisse am Tiananmen-Platz gewertet[296].

Am 7. Oktober 1992 kündigte der neue Gouverneur Christopher Patten einen Plan an, mit dem die Wahlbeteiligung gefördert werden sollte[297]. *Executive* und *Legislative Council* sollten völlig getrennt voneinander agieren, um die Legislative als Kontrollorgan zu stärken; das Wahlalter sollte auf 18 Jahre herabgesetzt werden und die indirekt gewählten Mitglieder des *Legislative Council* sollten vermehrt repräsentativ bestimmt werden[298]. Hiermit stand Patten im Gegensatz zu den meisten britischen China-Experten[299].

Am 17. September 1995 fanden die letzten Wahlen unter britischer Herrschaft statt. Die Wahlbeteiligung lag, bemerkenswerterweise leicht gesunken, bei 36 %. Wieder jedoch gelang es den demokratischen Gruppen, zwei Drittel der

---

[289] *Boasberg* (Anm. 74), S. 282 [313].

[290] Zit. b. *Boasberg* (Anm. 74), 282 [313]; eine Woche vorher hatte hingegen *Martin Lee* noch einmal betont, daß es keine demokratischen Institutionen geben werde, wenn diese nicht bis spätestens 1997 etabliert sind, siehe Written Testimony to the House Foreign Affairs Committee (1990), S. 10.

[291] *Flowerdew* (Anm. 9), S. 77.

[292] *Chiu, Hungdah*, Foreword, in: *Chang, David Wen-wie/Chuang, Richard Y.*, The Politics of Hong Kong's Reversion to China (1998), xvi; *Schwinum* (Anm. 32), S. 51; *Boasberg* (Anm. 74), S. 282 [285].

[293] *Overholt* (Anm. 99), S. 153, 173.

[294] *Chang/Chuang* (Anm. 35), S. 136.

[295] *Hungdah*, Foreword in: *Chang/Chuang* (Anm. 35), xvi.

[296] *Chan* (Anm. 252), S. 11 [21 m.w.N.].

[297] *McLaren* (Anm. 83), S. 52.

[298] *Mushkat, Miron/Betz, Annabel*, Chris Patten's Democratic Vision: Benefits, Costs and Possible Outcomes (1992), S. 6 f.

[299] *Chang/Chuang* (Anm. 35), S. 97.

57

Wählerstimmen für sich zu gewinnen[300]. Die von Peking unterstützte „Demokratische Allianz zur Besserung Hongkongs" konnte 6 Sitze gegenüber den 25 Sitzen des demokratischen Lagers für sich in Anspruch nehmen. Peking bestand darauf, daß die Legislative am 1. Juli 1997 aufgelöst und bis zum 30. Juni 1998 durch einen „Provisional Legislative Council" ersetzt wird[301]. Am 21. Dezember 1996 wurden die 60 Mitglieder der „Provisional Legislature" benannt[302]. Die demokratischen Parteien wurden von der Volksrepublik China als ausländische subversive Organisationen angesehen, die Wahlen generell als Verstoß gegen Gemeinsame Erklärung und Basic Law qualifiziert[303]. Fremde Mächte sind es nach Ansicht der Volksrepublik China gewesen, die Hongkong und China destabilisieren wollten[304].

Die Anzahl der direkt gewählten Mitglieder des Legislative Council wird von 20 über 24 auf 30 für die dritte Amtsperiode steigen[305].

Die Arbeit des Legislative Council wurde in verschiedenen Komitees und Ausschüssen organisiert, nämlich dem House Committee, Finance Committee, Public Accounts Committee, Committee on Members' Interests, Bills Committee und dem Office of the (non-government) Members of the Legislative Council, das helfen sollte, die Kommunikation sowohl zwischen dem Executive und Legislative Council als auch der Bevölkerung zu vereinfachen.

Die wohl wichtigste Rolle kam dem in Standing Orders No. 60 des Legislative Council definierten Finance Committee[306] zu[307], welches ein Veto gegen finanzielle Forderungen der einzelnen Ressorts einlegen konnte und in dieser Aufgabe durch das Public Accounts Committee unterstützt wurde[308]. Das Finance Committee war nicht zuständig für Ausgabenerhöhungen oder die Vorschläge zur Einnahmepolitik der Regierung[309]. Es hatte zwei Unterkomitees: Das Establishment Sub-committee war für Personaleinstellungen zuständig, während das Public Works Sub-committee das Bauprogramm der Regierung überwacht und andere Projekte koordiniert[310].

---

[300] Chan (Anm. 252), S. 11 [22]; die hier mitgezählte Liberal Party näherte sich jedoch zum Schutz der von ihr vertretenen Wirtschaftsinteressen immer mehr dem chinafreundlichen Lager.
[301] Chang/Chuang (Anm. 35), S. 1; McLaren (Anm. 83), S. 53 f.; was in der Tat geschah, Lam (Anm. 80), 267 [285].
[302] Dumbaugh, Kerry, Hong Kong's Return to China, in: Rioni, S. G., Politics and Economics of Hong Kong (1997), S. 85 [95].
[303] Chang/Chuang (Anm. 35), S. 87.
[304] The People's Daily of Beijing, Overseas Edition, vom 22. November 1992.
[305] Basic Law, Annex II, Absatz I, Satz 1, siehe Anhang dieser Arbeit.
[306] Hierzu auch Rabushka, Alvin, Hong Kong, A Study in Economic Freedom (1976/77), S. 38; Tang (Anm. 179), S. 11 ff.
[307] A. A. Liu (Anm. 182), S. 583 [585], da eine Aufstockung des Haushalts nicht zu dessen Kompetenzen zählte.
[308] Wesley-Smith (Anm. 66), S. 31; hieran hat sich unter dem Basic Law wenig geändert, vgl. Ghai (Anm. 154), S. 282 f.
[309] Tang (Anm. 179), S. 14.
[310] Ho (Anm. 179), S. 14.

Zusätzlich existierte das unabhängige *Auditing Department* als Rechnungshof und das öffentliche Anhörungen durchführende *Public Accounts Committee*[311].

## 4. Urban Council

Eine Ebene unter dem *Legislative Council* war seit 1936[312] der aus der Gesundheitsbehörde hervor-gegangene[313] *Urban Council* (mit „Stadtrat" unzureichend übersetzt[314]) für die Verwaltungsaufgaben der einzelnen städtischen Bezirke Hongkongs zuständig[315], es sind zu nennen: Abfall, Seuchen und Leichenbestattung, Straßenhandel und Garküchen, Büchereien und Museen. Hier bestand in Hongkong seit jeher großer Handlungsbedarf[316]. Für Sonderaufgaben, die dem *Urban Council* von Fall zu Fall vom Gouverneur zugewiesen werden konnten, erhielt der *Urban Council* nochmals gesonderte Finanzzuweisungen[317].

## 5. District Boards

Auf der untersten Ebene der Kommunalverwaltung kam den *District Boards* (Bezirksversammlungen) die Aufgabe zu, im direkten Kontakt mit der Bevölkerung in den 19 Bezirken der Kolonie die unmittelbaren Verwaltungsaufgaben und Kommunalfragen, insbesondere kulturelle und Freizeitaktivitäten betreffend, zu diskutieren und mit den gewonnenen Informationen der Regierung Hilfestellung zu geben[318]. Schon mit deren Schaffung 1981/82 wurden für die *District Boards* Sitze per Wahl vergeben[319].

---

[311] *Tang* (Anm. 179), S. 15 ff.

[312] *Endacott* (Anm. 39), S. 160.

[313] *Endacott* (Anm. 39), S. 155.

[314] *Szczepanik* (Anm. 209), S. 15.

[315] Die lokale Verwaltung der New Territories lag seit 1984 beim Regional Council, da die Heung Yee Kuk, die Interessenvertretung der alteingesessenen Landbewohner, welche ihre Abstammung aus Hongkong bis 1899 zurückbelegen konnten, ihre Interessen gegen die dominierenden „Städter" gewahrt wissen wollte. In der Heung Yee Kuk repräsentierte ein Gesandter etwa fünfzig Familien.

[316] *Endacott* (Anm. 39), S. 156.

[317] *Schwinum* (Anm. 32), S. 23.

[318] *Farny* (Anm. 275), S. 71.

[319] *Lam* (Anm. 80), S. 267 [275].

# 6. Justiz

Obwohl die Justiz vom Aufbau her auch zum Verwaltungsapparat zählte[320], war sie in Hongkong trotzdem vom Exekutiv- und Legislativrat unabhängig. Es gab mehrere Instanzen, wobei die letzte das Judicial *Committee of the Privy Council* in London war. Dieser konnte in besonderen Fällen oder ab einem Streitwert von 500.000 HK$ angerufen werden, was im Jahr nur etwa ein halbes Dutzend mal vorkam[321]. Der *Supreme Court* bestand aus dem *High Court* und dem *Court of Appeal*, letzterer war das höchste Gericht Hongkongs[322]. Unterhalb des *Court of Appeal* gab es besagten *High Court*, der für Zivil- wie Strafrecht zuständig war, wenn das Gesetz eine Jury vorsah. Darunter existierte der District Court für Fälle mit einem Streitwert bis zu 120.000 HK$, die ohne Jury verhandelt werden konnten. Auf unterster Ebene behandelte der *Court of the Magistrates* 90 % aller Fälle in Hongkong[323]. Gerichtssprache war Englisch, nur in den unteren Instanzen waren zusätzlich Kantonesisch und Mandarin nebst anderen Fremdsprachen auf Antrag zuzulassen.

## E. Wirtschaftliche Rahmenbedingungen

### I.    „laissez-faire"-economics und
„positive non-interventionism" -
die freie Marktwirtschaft Hongkongs

Geht man davon aus, daß eine freie, marktwirtschaftliche Ordnung auf zwei Hauptsäulen basiert, dem Privateigentum und der Vertragsfreiheit, so stellte sich Hongkong in dieser Hinsicht als ein Extrem[324] dar:

---

[320] *Wesley-Smith* (Anm. 66), S. 23.
[321] *Baker & McKenzie*, The Court System (1997), S. 3.
[322] *Baker & McKenzie* (Anm. 322), S. 2.
[323] *Chang/Chuang* (Anm. 35), S. 170.
[324] So *Cheng, Tong Yung*, The Economy of Hong Kong, Revised Edition, (1977/1982), S. 29; ähnlich *Weggel* (Anm. 10), S. 53.

(1) Hohen Einkommens- und Vermögenssteuersätzen in westlichen Industrie-
staaten stand hier ein Höchstsatz von 15 % für Individualeinkommen gegenüber[325]. Der Grundbesitz des Vermieters wird mit maximal 16,5 % besteuert
und auch Erbschaften erst ab 2 Millionen HK$ mit einem Hebesatz von 10 -
18 %. Dividenden und Kapitalgewinne werden nicht besteuert, zudem bestehen großzügige Konditionen für Abschreibungen und Verlustvorträge[326]. Insgesamt gibt es nur 15 verschiedene Steuerarten, dazu wenige Umgehungs-
möglichkeiten.

(2) In Hongkong sah es die Regierung nicht als ihre Aufgabe an, den schwäche-
ren Verhandlungspartner vor Ausbeutung und Betrug zu bewahren. Es setzte
sich immer mehr die Überzeugung durch, daß derjenige selbst schuld sei, der
sich in die Falle locken lasse und daher nicht des Schutzes vor seiner eigenen
Leichtgläubigkeit und Gier bedürfe[327]. Das Steuer- und Gesellschaftsrecht
legte den Investoren so gut wie keine Restriktionen auf[328]. Diese Rahmenbedingungen haben es Hongkong ermöglicht, eine der größten Industrie- und
Handelsstädte Asiens sowie, gemessen an der Zahl der niedergelassenen
Institute, zeitweilig das drittgrößte Finanzzentrum der Welt nach New York
und London zu werden[329]. Freilich geschah dies in einigen Wirtschaftssektoren um den Preis einer Oligopolbildung. So wird der Immobilienmarkt von
einigen großen Gruppen dominiert, da die Regierung eine enorm hohe
Vorauszahlung für die Erschließung bzw. Entwicklung eines Grundstücks
(-projektes) verlangt, welche mittelständische Unternehmer nicht leisten können[330]. Auch im Bereich Fondsmanagement nahm Hongkong eine führende
Rolle ein (hier wurden 1989 114 Milliarden US$ gegenüber 15 Milliarden
US$ in Singapur verwaltet[331]). In Hongkong war es einfach und kostengün-

---

[325] *Heuser, Uwe Jean*, Profit statt Freiheit, in: Die Zeit vom 20. Dezember 1996, S. 25;
*Eilenberger* (Anm. 161), S. 61; *Huang* (Anm. 204), S. 100.
[326] *Wisniewski* (Anm. 167), S. 14.
[327] Sir J. Cowperthwaite, the former Finance Secretary, Far Eastern Economic Review vom
20. Februar 1971.
[328] *Cheng, Loyti*, An Economic Analysis of Capital Flight in Hong Kong, in: New York University Journal of International Law & Politics, Vol. 17 (1985), S. 683 [685].
[329] *Cheng* (Anm. 328), S. 683 [686]; *MacIntyre* (Anm. 212), S. 197 [198]; *Pye, Lucian W.*,
The International Position of Hong Kong, in: The China Quarterly, Vol. 95 (1983), S. 436
[456]; *Bobrowski, Thilo*, Wirtschaftliche Entwicklungsperspektiven Hong Kongs (1994),
S.158; *Dietrich* (Anm. 190), S. 463 [466]; *Destexhe* (Anm. 27), S. 34; *Jayawickrama, Nihal*,
„One Country, Two Systems" and the Law: Illusion or Reality?, in: *McMillen, Donald
H./DeGolyer, Michael E. (ed.)*, One Culture, Many Systems (1993), S. 45; *Gälli/Franzen*
(Anm. 18), S. 75; *Hungdah*, Foreword in: *Chang/Chuang* (Anm. 35), xii.
[330] *Tarrant, Paul D.*, Bureaucrats Can't Build Hong Kong's Dreams, in: The Asian Wall
Street Journal vom 19. Oktober 1999, S. 10; *Annells, Deborah*, The Hong Kong SAR and
China, in: Tax Planning International, Asia-Pacific Focus, Volume 1 (1997), Number 1, S. 5.
[331] *Overholt* (Anm. 99), S. 142.

stig, ein Unternehmen zu gründen[332]. Lediglich der Banksektor unterlag einer relativ engmaschigen Kontrolle, vergleicht man ihn mit anderen Spielarten der wirtschaftlichen Betätigung, was, der mit unseren Maßstäben gemessen relativ milden Bankenverordnung *(Banking Ordinance)* zu danken ist. Hongkong war nach New York und London und neben Zürich auch der drittgrößte Goldmarkt der Welt. Wegen der stabilen Lage und der Abschaffung der Goldbewirtschaftung im Jahr 1974 konnte sich Hongkong zum größten Goldhandelsmarkt in Asien entwickeln[333]. Für die anderen Wirtschaftsbereiche war die *Hong Kong Company Ordinance* von 1933 die einzige Eingriffsgrundlage, welche auf dem *U. K. 1929 Company Act* basierte und im Laufe der Jahre kaum den Anforderungen der Zeit angepaßt wurde[334].

Ausländische Firmen führten die Attraktivität Hongkongs vor 1997 auf sechs Hauptanziehungspunkte zurück: gute internationale Kommunikationsmöglichkeiten; be-ständige Regierungspolitik zu Gunsten des freien Handels und freien Unternehmertums; gut verwalteter Freihafen; niedrige Einkommens- und Körperschaftssteuer; ausgezeichnete Seeverkehrs- und Verladeanlagen; freier Geldmarkt ohne Devisenkontrollen[335].

## II. Wirtschaftspolitik der Regierung

### 1. Allgemeines

Der – wie oben dargestellt – relativ dünnmaschige institutionelle Rahmen der Wirtschaft Hongkongs basiert auf der generellen „Nichteingriffs"-Haltung der Regierung, welche sich auf das Zurverfügungstellen einer ökonomischen Infrastruktur und Schaffen eines günstigen Wirtschaftsklimas für Privatunternehmen beschränkt[336]. Dies unterscheidet Hongkong von den Regierungen in Japan, Singapur, Südkorea und Taiwan, welche in ökonomischer Hinsicht eine weit aktivere Rolle spielen[337]. Aber auch Australien, Kanada und Neuseeland, welche

---

[332] *Rabushka, Alvin*, A Free-Market Constitution for Hong Kong: A Blueprint for China, in: The Cato Journal, Volume 8 (1988/89), S. 641 [642].

[333] *Weggel* (Anm. 10), S. 87.

[334] Eine erste Änderung erfolgte 1963 mit der Aufnahme von Inspektionsbestimmungen, 1972 wurden die Regelungen über Prospekte aktualisiert und 1974 wurden die Anforderungen an die Rechnungslegung geändert.

[335] Umfrage zit. b. *Dietrich* (Anm. 190), S. 463 [467].

[336] *Dunn* (Anm. 188), S. 197 [198]; der Anteil des öffentlichen Sektors am Bruttoinlandsprodukt hat 18,5 % nie überschritten und lag in den letzten Jahren bei etwa 17,7 %, siehe *Tang* (Anm. 96), S. 39.

[337] *Luk* (Anm. 210), S. 9; *Davis* (Anm. 83), S. 157 [168].

62

ebenfalls in einem Abhängigkeitsverhältnis zur britischen Krone standen, verfügten über eine vergleichsweise interventionsfreudigere Regierung[338]. Dies läßt sich zum Teil mit der unterschiedlichen Größe der Territorien erklären. In Hongkong hat es die Regierung bis in die 60er Jahre abgelehnt, statistisches Material zum Bruttoinlandsprodukt zusammenzustellen, da dies als Interventionismus angesehen werden könnte[339]. Hongkong ist bisher wohl die einzige Volkswirtschaft, in der die neoklassischen Prinzipien der eng begrenzten Staatsaufgaben weitestgehende Anwendung finden[340]; eine zentrale ökonomische Planung findet nicht statt[341]. Wichtige Komponenten, wie die Energieversorgung oder das Telefonnetz, befinden sich nach wie vor in privater Hand - unter staatlicher Konzessionierung[342]. Die Regierung stellt das Straßennetz sowie die Wasserversorgung zur Verfügung[343], sie betreibt Hafen und Flughafen, besitzt den *Kowloon-Canton Railway* und die *Mass Transit Railway Corporation*[344] und garantiert polizeilichen Schutz[345]. Die Hongkonger Regierung besitzt keine Produktionsunternehmen, erhebt keine Zölle oder andere Importrestriktionen, wovon der Außenhandel, insbesondere der Zwischenhandel, profitiert, und sie vergibt auch keine Exportsubventionen. Die Gründung von Unternehmen ist ungehindert möglich, und die Wirtschaftsgesetzgebung läßt weitreichenden Freiraum für die unternehmerische Entfaltung[346]. So gibt es keinen gesetzlich vorgeschriebenen Mindestlohn und jedenfalls für Männer keine Begrenzung der Wochenarbeitszeit[347].

An folgenden Grundsätzen läßt sich die Wirtschaftspolitik der Regierung festmachen[348]:

---

[338] *Sung, Yun-wing*, The Hong Kong Development Model and its Future Evolution: Neoclassical Economics in a Chinese Society, in: *Jao, Y. C./Mok, Victor/Ho, Lok-sang*, Economic Development in Chinese Societies: Models and Experiences (1989), S. 155 [166].
[339] *Huang* (Anm. 204), S. 101.
[340] *Bobrowski* (Anm. 329), S. 74; *Friedman, Milton/Friedman, Rose*, Free to Choose, A Personal Statement (1980), S. 55.
[341] *Szczepanik* (Anm. 209), S. 11.
[342] *Chau* (Anm. 197), S. 28.
[343] *Szczepanik* (Anm. 209), S. 12.
[344] Hier ist allerdings eine Privatisierung geplant, siehe Ankurbelungshaushalt in Hongkong, FAZ vom 8. März 1999.
[345] *Jao* (Anm. 117), S. 111 [113]; *Chau* (Anm. 197), S. 28; *Callick, Rowan*, Hong Kong R.I.P., in: The International Economy, Vol. 13 (1999), S. 40.
[346] *Bobrowski* (Anm. 329), S. 75.
[347] *Balassa, Bela*, Economic Policies in the Pacific Area Developing Countries (1991), S. 31.
[348] *Jones, D. J. C.* (stellvertretender Sekretär für Wirtschaftsfragen), Hong Kong's Economic Policies, Rede, gehalten im „Economic Development of Hong Kong Seminar", 1972.

63

## 2. Niedrige Steuern[349] und Haushaltsüberschuß[350]

Die Regierung gestaltet die Steuersätze bewußt niedrig, strebt einen ausgeglichenen oder überschüssigen Haushalt an und vermeidet nach Möglichkeit eine Kreditaufnahme der öffentlichen Hand, um damit Kapital im Inland zu halten, bzw. ausländische Investitionen und Kapital anzulocken. Im einzelnen hob Sir Philip Haddon-Cave sechs Zielsetzungen des Steuersystems in Hong Kong im Rahmen des Haushalts für 1978/79 hervor[351]:

(1) Das Steuersystem soll ein ausreichendes Maß ständiger Einnahmen gewährleisten, um den Hauptteil der gesamten öffentlichen Ausgaben zu finanzieren und die Haushaltsreserven auf einem angemessenen Stand zu belassen.

(2) Das Steuersystem soll sich möglichst neutral darstellen, was die interne Kosten/Preis-Struktur und Investitionsentscheidungen anbelangt.

(3) Die Gesetze, welche das Steuersystem regeln, sollen von Zeit zu Zeit überarbeitet werden, um sie mit den sich wandelnden Wirtschaftspraktiken in Einklang zu halten.

(4) Jede Steuer, direkt wie indirekt, soll einfach und kostengünstig zu erheben sein und nicht zur Steuerhinterziehung ermutigen, da im Rahmen eines Niedrigsteuersystems überflüssiger Kostenaufwand nicht getragen werden kann.

(5) Das Steuersystem soll allen Klassen von (potentiellen) Steuerzahlern und Einkommensgruppen gerecht werden (d. h. neben anderem, der persönlichen Besteuerung relativ hohe Schwellen setzen, um zu gewährleisten, daß die zur Verfügung stehenden Einkommen der Kleinverdiener vom Steuersystem nur moderat oder praktisch überhaupt nicht erfaßt werden).

(6) In Ausnahmefällen muß das Steuersystem auch die Möglichkeit bieten, nicht-fiskalische Zielsetzungen zu verfolgen.

---

[349] *Cheung*, Business Investors, 195 [199]; *Davis* (Anm. 83), 157 [168]; *Yeung* (Anm. 182), S. 20; *Jesch, Thomas*, Das Steuersystem Hongkongs. Eine Einführung, in: Internationales Steuerrecht, 9. Jg. (2000), S. 353 ff.
[350] *Lee, Wing-Yee, Eliza*, The Political Economy of Public Sector Reform in Hong Kong: The Case of a Colonial-Developmental State, in: International Review of Administrative Sciences, Vol. 64 (1998), S. 625 [630]; *Flowerdew* (Anm. 9), S. 24.
[351] (Paragraph 160,1978-79 Budget), zit. bei *Tang* (Anm. 96), S. 40, 42.

Daß Hongkong über ausreichende Einnahmen trotz eines Niedrigsteuersystems verfügt, läßt sich mit der Aussage der so genannten Laffer-Kurve[352] erklären: Höhere Steuersätze verringern die Steuerbasis, da jene zugleich auch die ökonomische Aktivität verringern[353].

Donald Tsang forderte im Rahmen des Haushalts für 1996/97 von der Steuer- und Einnahmepolitik ähnliche Zielsetzungen[354]:

(1)     ein niedriges, einfaches und vorhersehbares Steuersystem beibehalten;

(2)     genug Einnahmen erzielen, um den bekannten Ausgabeverpflichtungen nachkommen zu können;

(3)     ein rigoros benutzerorientiertes Gebühren- und Abgabesystem aufrechterhalten und die Steuersätze niedrig halten;

(4)     eine angemessene Haushaltsreserve als Polster für zukünftige Eventualitäten bereithalten;

(5)     Steuerumgehung und -hinterziehung bekämpfen;

(6)     Konzessionen dort erteilen, wo sie am meisten gebraucht werden; und schließlich

(7)     die Auswirkungen der Inflation minimieren.

Eine generelle Einkommenssteuer existiert in Hongkong nicht. Das Einkommen wird von der *Business Income Tax*, der *Personal Income Tax* und der *Property Tax* erfaßt. Eine Mehrwertsteuer wie auch eine Kapitalertragssteuer existieren nicht[355]. Einkünfte, die in Ausübung einer selbständigen (Geschäfts-)Tätigkeit erzielt werden, unterliegen der *Business Income Tax*, für Unternehmen beträgt diese seit dem 1. April 1998 16 %, für Einzelpersonen 15 %. Verluste können mit kurzfristigen Gewinnen in darauffolgenden Jahren verrechnet werden. Die *Personal Income Tax* wird auf Arbeitseinkommen erhoben, wobei Gratifikationen, Abfindungen, etc. angerechnet werden[356]. Die progressive *Personal*

---

[352] Der US-Ökonom Arthur Laffer beschreibt hier eigentlich eine wissenschaftliche Trivialität. Bei einem Steuersatz von Null fallen keine Steuereinnahmen an. Wird der Steuersatz allmählich erhöht, steigen die Steuereinnahmen zuerst weiter überproportional an. Sie erhöhen sich dann langsamer bis zu einem Maximalpunkt, danach sinken sie.

[353] *Tang* (Anm. 96), S. 44.

[354] (Paragraph 47, 1996-97 Budget), zit. b. *Tang* (Anm. 185), S. 199.

[355] *Leung, Kwong Yiu*, Hong Kong Tax System and its Contribution to the Economic Success of Hong Kong (1998), S. 3.

[356] *Leung* (Anm. 355), S. 5.

*Income Tax* hat einen Satz von 2 – 17 % nach Abzug der Freibeträge (Kinder-freibeträge, Pflegefreibeträge, Hypothekenzinsen, etc.) und darf höchstens 15 % des Einkommens vor Abzug der Freibeträge ausmachen[357]. Die Grundeigentumssteuer beträgt 15 %. Neben diesen drei Hauptsteuern gibt es weitere, wie die *Stamp Duty*[358], die *Estate Duty*[359], die in Hongkong durchaus erwähnenswerte *Betting Duty*[360], u. a., welche aber insgesamt nicht ins Gewicht fallen.

Eine (nicht repräsentative) Umfrage 1998 hat erneut ergeben, daß 80 % der Be-fragten dem Steuersystem einen maßgeblichen Beitrag am wirtschaftlichen Er-folg Hongkongs zuschreiben[361].

## 3. Freier Handel und freier Geld- und Kapitalfluß[362]

Hongkong war seit jeher ein Freihafen, Zölle wurden lediglich auf bestimmte Importgüter wie Petroleum oder Alkohol erhoben. Dies sollte den Handel zwischen einer rohstoffarmen Stadt und dem Rest der Welt fördern. Auch die Wettbewerbsfähigkeit der in Hongkong produzierten Güter wurde so gestärkt. Einer Fehlallokation von Resourcen wurde so entgegengewirkt, welche sich meist ergibt, wenn ein von Einzelinteressen gesteuerter Lobbyismus protektionistischen Maßnahmen zum Durchbruch verhilft. Die Entwicklung Hongkongs als internationales Finanzzentrum wird durch die fehlende Kontrolle von Kapitalbewegungen gefördert[363].

## 4. Zu 100 % gestütztes monetäres System

Die notenausgebenden Banken dürfen kein Geld emitieren, ohne zuvor 100 % US-Dollar Gegenwert an den Wechselkursfonds der Regierung gezahlt zu ha-ben[364].

---

[357] *Leung* (Anm. 355), S. 6.
[358] Stempelsteuer auf Erlöse beim Aktien- und Immobilienverkauf sowie Pachtzinsen.
[359] Erbschaftssteuer, welche erst ab einem Vermögenswert von 7,5 Mio. HK$ anfällt, vgl. *Jesch* (Anm. 349), S. 356.
[360] Wettsteuer, deren hohes Aufkommen auf die Leidenschafter der Bevölkerung für Pferde-rennen zurückzuführen ist.
[361] *Leung* (Anm. 355), S. 35.
[362] *Yeung* (Anm. 182), S. 20.
[363] *Bobrowski* (Anm. 329), S. 75.
[364] *Jao, Y. C.*, Monetary and Financial Affairs, in: *Choi, Po-king/Ho, Lok-sang*, The Other Hong Kong Report 1993 (1993),S. 97.

66

Dieses selbstregulierende, von Fremdwährungen unabhängige System verhindert administrative Probleme und die Möglichkeit unbeholfener Interventionen. Eine Kontrolle durch eine (politisch beeinflußbare) Zentralbank findet bewußt nicht statt[365]. Drei, ursprünglich zwei Privatbanken, die *Hong Kong Bank*, eine Tochter der *HSBC Holdings*, und die *Standard Chartered Bank*, sowie seit Anfang 1993 die Hongkong-Filiale der 1905 gegründeten *Bank of China* geben die Währung im Namen der Regierung aus[366]. Das System stellt eine enorme Vertrauensquelle für Hongkongs Währung dar, dient damit wiederum dem Zufluß von Kapital und sonstigen Investitionen. Seit der Währungskrise im September 1983 wurde dazu der Hongkong-Dollar an den U.S.-Dollar[367] im Verhältnis US$ 1 = HK$ 7,8[368] gekoppelt, was sich als sehr erfolgreich erwiesen hat[369]. Wirtschaftliche Ereignisse in den USA haben somit freilich Auswirkungen auf die Geschehnisse in Hongkong[370] und das System bringt hohe Kosten mit sich[371]. Auch muß Hongkong als die kleinere Volkswirtschaft darauf achten, daß seine Inflationsrate jener der USA in etwa nahekommt[372]. Der Hongkong-Dollar ist Nachfolger des „Silver Mexican Dollar", des ersten legalen Zahlungsmittels der Kolonie[373]. Von 1935 bis 1972 existierte der „Pound Sterling Standard" mit einer entsprechenden 100%igen Reserve[374] (fester Wechselkurs: 16 HK$ = 1 £). 1972 wurde der HK-Dollar an den US-Dollar gekoppelt, in einem Verhältnis von 5,65 HK$ zu 1 US$. In der Zeit zwischen November 1974 und Oktober 1983 hatte Hongkong ein flexibles Wechselkurssystem[375]. Wegen der fehlenden

---

[365] *Luk* (Anm. 210), S. 10 f.; *Szczepanik* (Anm. 209), S. 19; die seit dem 1. April 1993 bestehende Hong Kong Monetary Authority (HKMA) kann letztlich nicht als solche bezeichnet werden, *Jao* (Anm. 364), S. 96 f.; etwas weitergehend aber wohl *Li, David K. P.*, Enter the Dragon, Hong Kong's Growing Role in World Finance, in: Columbia Journal of World Business, Vol. 30 (1995), S. 34 [37 ff.].
[366] *Huang* (Anm. 204), S. 100.
[367] Dies war praktischer, als einen Währungskorb zusammen-zustellen, *Bowring, Philip*, Pegged to the future, in: Far Eastern Economic Review vom 27. Oktober 1983, S. 56.
[368] Hongkongs damaliger Finanzminister, Sir John Bremridge, hielt HK$ 8 für eine zu glatte Zahl, siehe *Cottrell* (Anm. 7), S. 127 f.
[369] *Peebles, Gavin*, Hong Kong's Economy – An Introductory Macroeconomic Analysis (1988), S. 262; *Wu/Jao* (Anm. 188), S. 17 [21]; dies freilich um den Preis einer ausgeprägten Rezession im Falle eines starken US-Dollar, *Overholt* (Anm. 99), S. 162. Die Initiative zu einer solchen Kopplung geht wahrscheinlich zurück auf den Chef-Volkswirt der Fondsgesellschaft GT in Hongkong, John Greenwood, siehe *Cottrell* (Anm. 7), S. 124 ff., *Bowring* (Anm. 367), S. 56; schon 1877 schlug die Chamber of Commerce vor, den „American Trade Dollar" zum offiziellen Zahlungsmittel zu erheben, vgl. *Endacott* (Anm. 1), S. 176.
[370] *Huang, Guobo*, The Linked Exchange Rate and Macroeconomic Policy, in: *Mole, David (ed.)*,Managing the new Hong Kong Economy (1996), S. 54 [57, 67].
[371] *Huang* (Anm. 370), S. 64.
[372] *Huang* (Anm. 370), S. 65.
[373] *Szczepanik* (Anm. 209), S. 19.
[374] *Huang* (Anm. 370), S. 55; *Szczepanik* (Anm. 209), S. 18; *Ho* (Anm. 179), S. 12, 15.
[375] *Chang, Denis*, The Basic Law of the Hong Kong Special Administrative Region: Economics and Norms of Credibility, in: Journal of Chinese Law, Vol. 2 (1988), S. 21 [26]; *Chau* (Anm. 197), S. 29.

Zentralbank[376] konnte der Geldfluß nicht effektiv kontrolliert werden und nahm mit der Inflation automatisch zu. Am bereits erwähnten „Schwarzen Samstag", dem 24. September 1983, stürzte der Wechselkurs innerhalb von 48 Stunden um 12,9 % herab - auf ein Verhältnis U\$ 1 = HK\$ 9,6. Für die Zukunft käme zur Berücksichtigung der Rolle der Volksrepublik China auch die Bindung an einen Währungskorb, in dem US-Dollar und der chinesische Renminbi enthalten sind, in Frage. Auch Milton Friedman gab 1998 die Prognose ab, daß China eine Dollar-Bindung innerhalb von zwei Jahren nach der Rückgabe Hongkongs aufheben werde[377], was sich aber nicht bewahrheiten sollte. Dies würde auch einen erheblichen Verwaltungsaufwand mit sich bringen, zumal das gegenwärtige System gut funktioniert[378]. Ein wirkliches Problem ist die mangelnde Transparenz im Bankensektor. Um das Vertrauen der Bevölkerung nicht zu erschüttern und Instabilitäten zu vermeiden, werden Informationen über Kreditrückstellungen, innere Reserve, Bonitätsrisiken, etc. der einzelnen Banken zurückgehalten[379].

## 5. Wandel zu einer aktiveren Rolle

Zusammenfassend schlug Sir Philip Hadden-Cave, früherer Sekretär der Finanzen und oberster Sekretär, den Begriff *„positive non-interventionism"* statt des vielstrapazierten und zu passiven *„laissez-faire"*[380] zur Umschreibung dieser Wirtschaftsordnung vor[381]. Im Gegensatz zu einer völlig unregulierten Wirtschaft könne sich seiner Auffassung nach unter gewissen Umständen nämlich die Notwendigkeit für Interventionen ergeben[382]. Dies sei zum einen der Fall bei privatisierten Unternehmungen der öffentlichen Versorgung, um sicherzustellen,

---

[376] *Peebles* (Anm. 369), S. 263.
[377] Paradise Lost, Far Eastern Economic Review vom 23. Februar 1995.
[378] *Huang* (Anm. 370), S. 68.
[379] *Huang* (Anm. 370), S. 74.
[380] *Williamson, Caroline J.*, A One-country, Two-system Formula in the China of 1999, in: International Social Science Review, Vol. 64 (1989), 153 [154]; *Peebles* (Anm. 369), S. 262; *Endacott* (Anm. 1), S. 121.
[381] *Luk* (Anm. 210), S. 10; *Jao* (Anm. 117), S. 111 [113]; *Welsh, Frank*, A History of Hong Kong (1993), S. 460; *Jayawickrama, Nihal*, Economic, Social and Cultural Aspects, in: *Wesley-Smith, Peter/Chen, Albert H. Y. (eds.)*, The Basic Law and Hong Kong's Future (1988), S. 231 [234]; *Chau* (Anm. 197), S. 9; *Lee* (Anm. 350), S. 625 [628]; *McLaren* (Anm. 83), S. 5; *Yu, Tony Fu-Lai*, Entrepreneurship and Economic Development in Hong Kong (1997), S. 5; *Campbell, David*, Economic Ideology and Hong Kong's Governance Structure After 1997, in: *Wacks, Raymond (ed.)*, Hong Kong, China and 1997. Essays in Legal Theory (1993), S. 87 [89 f.]. Der Begriff „non-interventionism" wird im übrigen auch für die Wirtschaftspolitik des späteren Deng Xiaoping verwandt, siehe *Naughton, Berry*, Deng Xiaoping: The Economist, in: The China Quarterly, Vol. 135 (1993), S. 491 [510 f.].
[382] *Sung* (Anm. 338), S. 156.

68

daß diese lediglich einen quasi-wettbewerblichen Gewinn erwirtschaften können, zum anderen, wenn ganze Industriezweige in Bedrängnis geraten oder über
ihre Verhältnisse wachsen, wie etwa der Aktienmarkt. Der stellvertretende Ge-
neraldirektor des *Industry Department*, Ricky Fung, brachte die Haltung der
Hongkonger Regierung auf die Formel „minimum intervention, maximum
support"[383].

Hongkongs freie Wirtschaftsordnung läßt sich auf die Zeit zurückführen, in der
der Freihafen die dominierende Rolle innehatte und es Auftrag der Regierung
war, eine „marktfreundliche" Umgebung zu schaffen, welche Kaufleute aus der
ganzen Welt anlockte. Der offensichtliche Erfolg der Wirtschaft Hongkongs im
Rahmen eines solchen, nicht-interventionistischen, Systems schließt Nachteile
nicht aus. Soziale Ungerechtigkeit[384] und unzureichende Maßnahmen der sozialen Fürsorge sind Folge vor allem des Niedrigsteuersystems. Die Unternehmen
stehen gerade in Krisensituationen ohne staatliche Hilfe da, Profitdenken und
Spekulationslust werden geschürt.

Dies erkennend, hat die Regierung Hongkongs seit den 70er und 80er Jahren zu
einer aktiveren Rolle in den komplizierten Geflechten der Wirtschaftsordnung
gefunden[385]:

Insbesondere wurde der öffentliche Wohnungsbau verstärkt[386], die relativ niedrigen Mieten stellen eine Durchbrechung der Marktmechanismen dar. Insgesamt
stellen die 1954 geschaffene *Hong Kong Housing Authority* und deren privat-
rechtliche Tochter, die *Hong Kong Housing Society*, 45 % der vorhandenen etwa
1,9 Millionen Wohnungen[387]. Auch wurde Firmen Grund abseits der üblichen
öffentlichen Auktionen zur Verfügung gestellt, bevorzugt, wenn die Wirtschaft
vor Ort von deren Produkten in besonderer Weise profitieren konnte.

Im Bildungssektor, der hier ebenfalls privat organisiert ist, wurde freie Ausbildung bis zum *„junior secondary level"* zugesichert[388]. 1971 wurde erstmals die
sechsjährige und 1979 dann die neunjährige[389] Grundschulpflicht eingeführt. 90
% der Kinder in der entsprechenden Altersgruppe besuchen eine weiterführende
Schule[390] und 20 % des Jahresetats wandte die Regierung 1994 für Bildung und

---

[383] *Davies, Simon*, Emphasis on Productivity – Industrial Development, in: Financial Times,
Survey vom 4. Mai 1993, S. 6.
[384] Eine Definition ist nicht Aufgabe der vorliegenden Darstellung.
[385] *Chan* (Anm. 252), 11 [15]; siehe im einzelnen auch *Peebles* (Anm. 369), S. 262; *Jao*
(Anm. 117), S. 111 [113]; *Liu* (Anm. 182), S. 583 [591]; *Scott* (Anm. 157), S. 255.
[386] *Mole* (Anm. 207), S. 3; *Blundell, Chris*, Housing: Getting the Priorities Right, in: *Mole,
David*, Managing the new Hong Kong Economy (1996), S. 108 ff.; *Yeung* (Anm. 182), S. 24;
*Sung* (Anm. 338), S. 157.
[387] *Blundell*, Housing, S. 109; *Yu* (Anm. 381), S. 161.
[388] *Chau* (Anm. 197), S. 29; *McLaren* (Anm. 83), S. 5; *Sung* (Anm. 338), S. 157.
[389] *Fan, Rita*, Expectations and Challenges in School Education, in: *Wang, Gungwu/Wong,
Sui-lun*, Hong Kong's Transition. A Decade After the Deal (1995), S. 72 f.
[390] *Patten, Christopher*, Hongkongs Zukunftsaussichten, in: EA, Bd. 49 (1994), S. 299.

Ausbildung auf[391]. Nach wie vor niedrig im Gesamtumfang, stellen die gestiegenen Sozialausgaben[392] doch einen Versuch der Regierung dar, die Einkommensunterschiede etwas auszugleichen. Der Aufbau einer staatlichen Altersversorgung *(Mandatory Provident Fund)* wurde mittlerweile ebenfalls abgeschlossen. Auch versucht die Regierung zunehmend, Kontrollmechanismen in den Bereichen Transport, Verkehr und Finanzwesen zu etablieren[393]. Busunternehmen wurden nunmehr im Franchise-System geführt, auch die Taxi-Gebühren wurden kontrolliert[394]. Den Erfordernissen des Umweltschutzes kann sich die Regierung ebenfalls nicht länger verschließen[395]. Die Regierungspolitik fördert auf der Angebotsseite die Wachstumsfaktoren Infrastruktur, Technologie und Humankapital, auf der Nachfrageseite die Exportwirtschaft. Landwirtschaft und Fischerei erhalten Subventionen in Form von zinsvergünstigten Krediten und technischen Dienstleistungen[396]. Angesichts des steigenden Wettbewerbsdrucks in den traditionellen Exportindustrien und der international nicht mehr wettbewerbsfähigen Infrastruktur begann die Regierung, ihre auf institutionelle Unterstützung beschränkte Politik zu modifizieren. So hat sie sich in den zurückliegenden Jahren verstärkt der Forschungsförderung zugewandt. Für die Kapitalbeteiligung an neu gegründeten Technologie-firmen steht ein Fonds von 200 Mio. HK$ bereit. Erstmalig wird so eine Forschungsförderung aus öffentlichen Mitteln bereitgestellt und ein Schritt in die Richtung aktiver Industriepolitik unternommen[397]. Bereits seit 1974 existiert die *Independent Commission Against Corruption (ICAC)*, welche direkt an den Gouverneur Hongkongs berichtete. Diese erwies sich als sehr effizient in der Bekämpfung der Korruption unter Beamten[398] und ermöglichte es, in Hongkong eine auf Leistung mehr denn auf Beziehungen basierende Gesellschaftsordnung zu etablieren[399]. Später wurde der Aufgabenkreis auf den Privatsektor ausgedehnt, was in der Tat zu einer Kostensenkung für die Geschäftswelt führte. Mittlerweile kommen die meisten Beschwerden aus dem Privatsektor einschließlich Finanzdienstleistungen, Handel und Immobilien[400]. Kritiker wenden sich gegen die weitgehend unkontrollierten Befugnisse der

---

[391] Soviel waren es allerdings auch schon im Haushaltsjahr 1973/74, der Anteil lag nie unter 14 %, *Fan* (Anm. 389), S. 72 [84].
[392] *Lee* (Anm. 350), S. 625 [631]; *Mole* (Anm. 207), S. 3; im Schnitt liegen diese bei 8 % der gesamten öffentlichen Ausgaben.
[393] *Yu* (Anm. 381), S. 161.
[394] *Mole* (Anm. 207), S. 3.
[395] *Mole* (Anm. 207), S. 12; *Weggel* (Anm. 10), S. 54; *House of Commons*, Foreign Affairs Committee, Hong Kong, Volume II, Minutes of Evidence with Appendices (1989), S. 374.
[396] *Bobrowski* (Anm. 329), S. 82 f.
[397] *Davies* (Anm. 383), S. 6.
[398] *Chau* (Anm. 197), S. 28; *McLaren* (Anm. 83), S. 6.
[399] *Han, Anna M.*, Hong Kong's Economy under Chinese Rule: Prosperity and Stability, in: Southern Illinois University Law Journal, Vol. 22 (1998), S. 325 [335].
[400] *Kommission der Europäischen Gemeinschaften*, Erster Jahresbericht der Europäischen Kommission über das Besondere Verwaltungsgebiet Hongkong (1999), S. 7.

*ICAC*[401]. Ob diese ihre Rolle langfristig wird behaupten können, bleibt abzuwarten[402]. Der Namensbestandteil „Independent" jedenfalls wurde, den Vorgaben des Basic Law[403] entsprechend, mittlerweile abgeschafft[404].

---

[401] *Overholt* (Anm. 99), S. 154.

[402] *Lai, Edwin L.-C.*, The Economic Implications of the Reunification of Hong Kong with China, in: Vanderbilt Journal of Transnational Law, Vol. 30 (1997), S. 735 [740].

[403] Artikel 57 Satz 1 BL: „A Commission Against Corruption shall be established in the Hong Kong Special Administrative Region."

[404] *Han* (Anm. 399), 325 [335].

# Kapitel III.
## Eingliederung Hongkongs in den Bereich der Souveränität der Volksrepublik China

### A. Chinesisches Rechtsverständnis

Welche Bedeutung einer Festschreibung von Regeln, etwa auch im Rahmen einer Wirtschaftsverfassung zukommt, hängt entscheidend davon ab, inwieweit diese Regelungen auch justitiabel sind. Der Gedanke, wirtschaftliche Beziehungen durch Einführung juristischer Prinzipien und Spielregeln zu steuern, nötigenfalls herangezogen von den Gerichten in streitigen Verfahren, läuft der Erfahrung der meisten Chinesen zuwider.
Konfuzianischer Tradition entspricht ein auf Moral und Ritual basierender Verhaltenskodex, allgemein verkündete Gesetze wurden abgelehnt, dem Kaiser gebührte auf Grund seiner Machtposition Gehorsam[1]. Individuelle Rechte werden nur über die Zugehörigkeit zur Volksgemeinschaft gewährt[2]. So wurde beispielsweise in der Volksrepublik China während der Zeit von 1957 bis 1965 die Masse der Zivilstreitigkeiten durch „Schlichtungskomitees" entschieden - an Stelle einer unabhängigen Justiz. Eine solche wurde als kapitalistisches Instrument zur Besitzstandswahrung und Unterdrückung der Arbeiterklasse angesehen[3]. Auch wenn Artikel 126 der Chinesischen Verfassung (CV) von 1982 eine unabhängige Justiz vorsieht, unterstellt Artikel 128 CV den Obersten Volksgerichtshof dem Nationalen Volkskongress und seinem Ständigen Komitee.
Auch während der Kulturrevolution[4] und der Herrschaft der Viererbande[5] 1966 - 1976 stand die chinesische Regierung dem Recht, Anwälten und Gerichten überwiegend feindlich gegenüber. 1979 hat die Volksrepublik China diverse Versuche unternommen, ein System der „Rule of Law" zu etablieren, es blieb jedoch bisher bei einer „Rule by Law"[6]. Man bedient sich rechtlicher Regelun-

---

[1] Leung, Jared, Concerns over the Rule of Law and the Court of Final Appeal in Hong Kong, in: ILSA Journal of International and Comparative Law, Vol. 3 (1997), S. 843 [861].
[2] Davis, Michael C., Anglo-American Constitutionalism with Chinese Characteristics, in: The American Journal of Comparative Law, Vol. 36 (1988), S. 761 [765].
[3] Hsu, Berry F. C., Judicial Development of Hong Kong on the Eve of 1 July 1997, in: Chan, Ming K./Postiglione, Gerard A., The Hong Kong Reader: Passage to Chinese Sovereignty (1996), S. 79; Ghai, Yash P., Hong Kong's New Constitutional Order, Second Edition (1999), S. 84, dehnt dies auch auf Recht und Verfassung aus.
[4] Cheung, Johnny K. W., Basic Law of Hong Kong and Business Investors After 1997, in: The Comparative Law Yearbook of International Legal Studies, Vol. 18 (1996), S. 195 [199].
[5] Siehe hierzu Hsü, Immanuel C. Y., China without Mao: The Search for a New Order (1982), S. 24 f.
[6] Jordan, Ann D., Lost in the Translation: Two Legal Cultures, the Common Law Judiciary and the Basic Law of the Hong Kong Special Administrative Region, in: Cornell International Law Journal, Vol. 30 (1997), S. 335 [338]; im Ergebnis auch Ghai, Yash P., The Rule of Law

gen zur Durchsetzung politischer Ziele statt das Gesetz als Leitinstanz anzuer-
kennen. Für den chinesischen Sprachraum stellt sich zudem das Problem, inwieweit die Bedeutung der *Common Law*-Rechtstermini durch die Übersetzung
eine Abwandlung erfahren[7] oder sich jedenfalls an der bereits vorhandenen
Terminologie stoßen[8].

In der Volksrepublik China existiert keine Gewaltenteilung zwischen Legislative, Judikative und Exekutive[9], mithin fehlt eine unabhängige Kontrollinstanz.
Die Judikative wird zudem im Sinne des politischen Interesses der Regierung
eingesetzt[10]. Gerichte im westlichen Sinn gibt es nicht, die „Richter" sind Beamte ohne besondere Ausbildung[11] bzw. unkündbare Stellung[12]. Teilweise wird
angezweifelt, daß man das volksrepublikanische System überhaupt als „rechtlich" bezeichnen kann, der Terminus „disziplinatorisch" sei treffender[13]. Es handele sich um eine autoritäre Struktur der Machtausübung und ihrer Kontrolle,
vergleichbar den Eltern und Lehrern, welche Kinder erziehen oder Armeeoffi-
zieren, welche Untergebenen Befehle erteilen[14]; mithin um einen Gegenpol zum
schiedsrichterlichen Rechtssystem westlicher Prägung.

## B. Chinesisches Verfassungsverständnis

Von besonderem Interesse ist vorliegend die Stellung der Verfassung im
Rechtsverständnis der Volksrepublik China. Die 1988 und 1993 geänderte Verfassung von 1982 ersetzte trotz weiterer Vorgänger im Grunde genommen nur
jene erste Chinesische Verfassung von 1954[15], welche ihrerseits stark von den

---

and Capitalism: Reflections on the Basic Law, in: *Wacks, Raymond (ed.)*, Hong Kong, China
and 1997. Essays in Legal Theory (1993), S. 343 [353].

[7] Hierzu *Pasternak*, Volker, Chinesisch als Rechtssprache in Hongkong (1996), S. 37 ff.

[8] Siehe ebenfalls *Pasternak* (Anm. 7), S. 45 ff.

[9] Deng Xiaoping, zit. b. *Flowerdew, John*, The Final Years of British Hong Kong (1998), S.
142; *Ghai* (Anm. 3), S. 86.

[10] *Farny, Tobias*, Die Rückgabe Hong Kongs an die VR China (1997), S. 101; ähnlich
*Olivier, Marius*, PRC Sovereignty and Hong Kong SAR Autonomy: A View from the Out-
side, in: *Leung, Priscilla MF/Zhu, Guobin*, The Basic Law of the HKSAR: From Theory to
Practice (1998), S. 145 [163]; *Rabushka, Alvin*, A Free-Market Constitution for Hong Kong:
A Blueprint for China, in: The Cato Journal, Volume 8 (1988/89), S. 641 [646].

[11] *Ghai* (Anm. 3), S. 131.

[12] *Jordan* (Anm. 6), 335 [341 f.].

[13] *Stephens, Thomas B.*, Order and Discipline in China: The Shanghai Mixed Court 1911 – 27
(1992), verwendet durchgehend diesen Begriff.

[14] Ein vergleichbares Bild wählt *Cheung, Steven N. S.*, Economic Interactions: China vis-à-vis
Hong Kong, in: *Wang, Gungwu/Wong, Sui-lun*, Hong Kong's Transition, A Decade After the
Deal (1995), S. 98.

[15] *Benewick, Robert*, Towards a Developmental Theory of Constitutionalism: The Chinese
Case, in: Constitutional Transition: Hong Kong 1997 and Global Perspectives (1997), S. 3.

Konzepten und Strukturen der sowjetischen Verfassung von 1936 beeinflußt war[16]. Zwar gab es 1975 auch eine (relativ kurze) Verfassung, welche allerdings nur der Festschreibung der führenden Rolle der Kommunistischen Partei in ideologischen Leitsätzen diente[17]. Die Verfassung von 1978 betonte wieder mehr die Ziele der wirtschaftlichen Entwicklung und Stabilität[18] und nahm eine Korrektur der Verwerfungen der Kulturrevolution vor[19]. In deren Rahmen war der Staatschef Liu Shao-chi gegen den Wortlaut der noch geltenden Verfassung von 1954, welche ihm ein Verbleiben in Amt und Immunität zusicherte, vor ein illegales Gericht gebracht, formell seines Amtes enthoben und öffentlich verunglimpft worden[20]. Mao war ohnehin der Ansicht, daß man sich nicht mit „Händen und Füßen" an Gesetze binden dürfe, sondern dem Kampf gegen Konterrevolutionäre höhere Priorität zukomme[21]. Die Verfassung von 1978 bezog sich teilweise direkt auf Mao-Zitate[22]. Insgesamt fällt die Betonung der Präambel als Zielsetzung gegenüber den einzelnen Verfassungsnormen auf.

Die Chinesen sahen nach der Auffassung des Sozialwissenschaftlers Wang Shuwen den Hauptunterschied ihrer Verfassung zu den Verfassungen westlicher Herkunft im Festhalten an vier Prinzipien begründet: Steuern eines sozialistischen Kurses, der demokratischen Diktatur des Volkes, der Herrschaft der Kommunistischen Partei Chinas und dem Marxismus-Leninismus sowie der Gedanken Mao Zedongs[23].

Darüber hinaus wurde der Verfassung aber wenig Bedeutung beigemessen, Führung und Statut der Partei überragten sie[24]. Es wird angezweifelt, daß die Verfassung überhaupt im Rahmen einer richterlichen Entscheidung bemüht werden könnte[25], zumal die chinesische Verfassung nicht nur normative, sondern auch

---

[16] *Ghai* (Anm. 3), S. 87; *Goodstadt, Leo*, China's New Constitution: Maoism, Economic Change and Civil Liberties, in: Hong Kong Law Journal, Vol. 8 (1978), S. 287 [288, 291].

[17] *Ghai* (Anm. 3), S. 87; *Goodstadt* (Anm. 16), S. 287 [290]; *Benewick*, Towards a Developmental Theory, S. 3.

[18] *Ghai* (Anm. 3), S. 88.

[19] *Goodstadt* (Anm. 16), S. 287 [302].

[20] *Goodstadt* (Anm. 16), S. 287 [289].

[21] *Mao, Zedong*, Selected Works of Mao Tsetung, English Edition, Volume V (1977), S. 379 f.

[22] So z. B. Artikel 14 und 45 der chinesischen Verfassung von 1978.

[23] So auch die Präambel der chinesischen Verfassung, zit. b. *Tang Shuk-tak, Karen*, An Analysis of the Basic Law Consultative and Drafting Process (1990), S. 32.

[24] *Tang Shuk-tak* (Anm. 23), S. 33, 34; *Benewick*, Towards a Developmental Theory, S. 3.

[25] *Wang, Chenguang/Zhu, Guobin*, A Tale of two Legal Systems. The Interaction of Common Law and Civil Law in Hong Kong, in: Revue Internationale de Droit Comparé, Vol. 51 (1999), S. 917 [929].

viele politisch-deklaratorische Regelungen enthält[26], welche in die Zukunft weisen[27].


## C. Ein Land - zwei Systeme[28]


Der chinesischen Regierung geht es seit den frühen 80er Jahren um die Umsetzung dieser Formel, welche im Hinblick auf die Reintegration Hongkongs und Macaos sowie die angestrebte Wiedervereinigung mit Taiwan propagiert wird[29]. Die gegenwärtige Verfassung der Volksrepublik China erklärt die sozialistische Ideologie als bindend für das gesamte Land, ohne Ausnahmen für Sonderverwaltungszonen[30]. Die Präambel der Verfassung von 1982 spricht von dem Ziel, daß „das chinesische Volk aller Nationalitäten weiterhin an der Diktatur des Volkes festhalten und den sozialistischen Weg weiterbeschreiten werde". Artikel 1 deklariert: „Das sozialistische System ist das grundlegende System der Volksrepublik China.". Chinas Sozialismus basiert auf den Grundlagen des Marxismus-Leninismus und den Auffassungen Maos, durchgesetzt durch die Kommunistische Partei Chinas und dem höchsten Organ der Staatsmacht, dem Nationalen Volkskongreß[31].
Artikel 6 verdeutlicht noch einmal, daß die von der Verfassung ins Auge gefaßte Form des Sozialismus unvereinbar mit Hongkongs kapitalistischer Wirtschafts-

---

[26] *Tang Shuk-tak* (Anm. 23), S. 35 f.; *Rogers, John M.*, Anticipating Hong Kong's Constitution from a U.S. Legal Perspective, in: Vanderbilt Journal of Transnational Law, Vol. 30 (1997), S. 449 [456].

[27] *Wesley-Smith, Peter/Chen, Albert H. Y.*, The Basic Law and Hong Kong's Future (1988), S. 55.

[28] Im chinesischen Original: yige guojia, liangge zhidu oder yiguo liangzhi; diese griffige Formel wurde erstmals von Deng Xiaoping auf dem zwölften Parteitag der Kommunistischen Partei Chinas am 11. Januar 1982 benutzt, *Cheng, Joseph Y. S.*, The Draft Basic Law: Messages for Hong Kong People, in: *Chiu, Hungdah*, The Draft Basic Law of Hong Kong: Analysis and Documents (1986), S. 7 [52]; bereits in den 70er-Jahren benutzte sie für Taiwan, *Opitz, Peter J.*, Der Kampf um Hongkong, in: Zeitschrift für Politik, Bd. 45 (1998), S. 239 [243]; *Chang, David Wen-wie/Chuang, Richard Y.*, The Politics of Hong Kong's Reversion to China (1998), S. 21, 92; *Zhu, Guobin*, Redefining the central-local Relationship under the Basic Law – with special Reference to the Law on Regional National Autonomy, in: *Leung, Priscilla MF/Zhu, Guobin*, The Basic Law of the HKSAR: From Theory to Practice, (1998), S. 121 [124]; „liangzhi" bedeutet unzweifelhaft „zwei Systeme", „yiguo" kann neben „ein Land" auch „ein Staat" bzw. „eine Nation" bedeuten.

[29] *Zhu* (Anm. 28), 121 [124].

[30] *Clarke, William Stewart*, The Constitution of Hong Kong and 1997, in: *Jao, Y. C./Leung, Chi-Keung/Wesley-Smith, Peter/Wong, Su-Lun*, Hong Kong And 1997, Strategies for the Future (1987), S. 228; *Zhu* (Anm. 28), S. 121 [122].

[31] *Jayawickrama, Nihal*, „One Country, Two Systems" and the Law: Illusion or Reality?, in: McMillen, Donald H./DeGolyer, Michael E., One Culture, Many Systems (1993), S. 44.

form ist. Danach soll Basis der sozialistischen Wirtschaftsform der Volksrepublik China das Gemeineigentum an den Produktionsmitteln sein[32]. Dies alles ist gemäß Artikel 5 der Verfassung der Volksrepublik China bindend, wonach kein Gesetz, keine Verwaltungs- oder lokale Vorschriften bzw. Verordnungen im Widerspruch zur Verfassung stehen sollen.

Daß wegen der kapitalistischen Wirtschaftsform eine Ergänzung zur chinesischen Verfassung notwendig ist, wird vielfach bestritten[33]. Es wird darauf verwiesen, daß die Verfassung primär ein politisches Dokument sei und der politische Wille, daß Hongkong seine bisherige Wirtschaftsordnung beibehalten könne, hinreichend zum Ausdruck gekommen sei[34]. Die Interpretation der chinesischen Verfassung obliege, was auch Artikel 158 BL klarstelle, dem Ständigen Komitee des Nationalen Volkskongresses, einer politischen Institution, welche auch den (wirtschafts-)politischen Zielsetzungen gegenüber dem Wortlaut den Vorrang gebe. Die Gerichte Hongkongs sind sodann an die Interpretation des Ständigen Komitees gebunden[35]. Auch lasse es Artikel 31 zu, daß der Staat bei Bedarf Sonderverwaltungszonen errichte, deren System sich an den speziellen Erfordernissen vor Ort orientiere. Darüber hinaus sei Sozialismus ein historisches Stadium, innerhalb dessen auch ein Prozeß stattfinde, in dem das kapitalistische und das sozialistische System koexistieren[36]. China durchlaufe gerade die Phase des „Frühsozialismus", welche schätzungsweise noch 60 Jahre andauere[37]. Dem Hauptziel der vier Modernisierungen (in den Bereichen Landwirtschaft, Industrie, nationale Verteidigung und Wissenschaft) sei besser durch unterschiedliche Wirtschaftsformen gedient.

Bedenkt man, daß es sich bei diesen Äußerungen nur um eine aktuelle Parteilinie handelt und diese schon des öfteren radikal geändert wurde[38], so erscheint dies nicht unbedingt als tragfähige Grundlage für eine dauerhaft kapitalistische Wirtschaftsordnung Hongkongs. Die skeptischen Worte des Nobelpreisträgers Milton Friedman scheinen nicht unbegründet zu sein: „one country is one country and two systems are two systems.[39]" Mit dieser trivial anmutenden Aussage betont er, daß eine Koexistenz der beiden Systeme in einem Land problematisch und eine Konvergenz der beiden Systeme in Richtung einer kapitalistischen Wirtschaftsordnung unwahrscheinlich ist.

---

[32] *Jayawickrama* (Anm. 31), S. 44.

[33] *Clarke* (Anm. 30), S. 229.

[34] *Jayawickrama* (Anm. 31), S. 51.

[35] *Jayawickrama* (Anm. 31), S. 50 f.

[36] So der designierte Parteisekretär Zhao während des 13. Parteikongresses im Oktober 1987.

[37] Hierzu generell *Rosser, Nigel/Fenton, Anna*, Hurd Urged to Renegotiate Appeal Court, in: South China Morning Post vom 3. November 1987, S. 20; ähnlich *Cheng* (Anm. 28), 7 [56 f.].

[38] *Kuan, Hsin-Chi*, Chinese Constitutional Practice, in: *Chen, Albert H. Y./Wesley-Smith, Peter*, The Basic Law and Hong Kong's Future (1988), S. 60 f.

[39] Zit. n. *Lee, Chu-ming, Martin*, Business and the Rule of Law in Hong Kong, in: The Columbia Journal of World Business, Vol. 30 (1995), S. 29 [30].

Andererseits ist einleuchtend, daß die Volksrepublik China auf die Deviseneinnahmen ihrer kapitalistischen Enklaven angewiesen ist. So wird die Formel offiziell als fairer, vernünftiger, praktischer und wissenschaftlicher Vorschlag gelobt[40]. Man müsse sich die Vorzüge des Kapitalismus nutzbar machen, um das sozialistische System zu reformieren und die sozialistische materielle Sozialisation voranzutreiben. Vorausgesetzt wird damit immer, daß der Begriff „system" sich in bezug auf Hongkong auf das Wirtschaftssystem beschränkt, hinsichtlich der Volksrepublik China aber durchaus die gesamte politische Grundordnung und vor allem staatliche Souveränität in allen Angelegenheiten umfaßt[41]. Anderenfalls müßte man sich mit dem Gedanken auseinandersetzen, ob nicht die in Hongkong garantierte Meinungsfreiheit und das Demonstrationsrecht das sozialistische System erneuern könnten.

## D. Gemeinsame Erklärung von 1984

### I. Entstehung

Seit 1971 hatte Großbritannien seinen Status als Weltmacht aufgegeben und damit Bestrebungen einer Vormachtstellung in Ostasien[42]. Hinsichtlich der New Territories lief in absehbarer Zeit der am 9. Juni 1898 auf 99 Jahre geschlossene Pachtvertrag aus. Es galt, für das Jahr 1997 eine Regelung zu finden. 1979 stattete Murray MacLehose als erster Gouverneur Hongkongs der Volksrepublik China einen offiziellen Besuch ab[43]. Deng Xiaoping ließ ihn dabei wissen, daß sich Investoren keine Sorgen zu machen brauchten[44], da Hongkong eine wichtige Rolle in Chinas Modernisierungsplänen spiele. In diesem Jahrhundert und auch zu Beginn des nächsten werde Hongkong sein kapitalistisches System beibehalten, während China an seinem sozialistischen festhalte[45].

---

[40] Beijing Review vom 4. – 10. Januar 1988.

[41] *Ghai, Yash P.*, The Basic Law: A Comparative Perspective, in: *Wesley-Smith, Peter*, Hong Kong's Basic Law; Problems and Prospects (1990), S. 15.

[42] *Tang, James T. H./Ching, Frank*, Balancing the Beijing-London-Hong Kong „Three-Legged Stool", 1971 – 1986, in: *Chan, Ming K./Postiglione, Gerard A.*, The Hong Kong reader: passage to Chinese sovereignty (1996), S. 44.

[43] *McLaren, Robin*, Britain's Record in Hong Kong (1997), S. 13 f.; *Tang/Ching* (Anm. 42), S. 46; *Tang Shuk-tak* (Anm. 23), S. 2; *Tsang, Steve*, Hong Kong, An Appointment with China (1997), S. 83 ff.

[44] Zit. n. *Boasberg, Thomas*, One Country, One-and-a-half Systems: The Hong Kong Basic Law and ist breaches of the Sino-British Joint Declaration, in: Wisconsin International Law Journal, Vol. 10 (1993), S. 282 [289]; *Tang Shuk-tak* (Anm. 23), S. 13.

[45] *McLaren* (Anm. 43), S. 14.

Im November 1979 besuchte der damalige chinesische Premierminister Hua Guofeng sein britisches Pendant, Margaret Thatcher in London, 10, Downing Street. Hier wurde erstmals die Formel von „Stabilität und Wohlstand" geprägt, welche in Zukunft in Diplomatenkreisen eine wichtige Rolle spielen sollte[46]. Premier Zhao Ziyang erklärte gegenüber Humphrey Atkins, dem stellvertretenden Außenminister, daß Hongkong ein Freihafen bleiben werde und auch den Status eines Handels- und Finanzzentrums beibehalten werde[47]. Als die britische Regierung 1982 das bevorstehende Ende des Pachtvertrages von 1898 über die an Kowloon angrenzenden New Territories herannahen sah, bemühte sie sich zur Wahrung eigener Interessen um Verhandlungen mit der Volksrepublik China[48]. Es war absehbar, daß die Insel Hongkong mit dem Gebiet von Kowloon aber ohne die New Territories nicht überlebensfähig sein würde, da sich dort der Flughafen und maßgebliche Industriebetriebe sowie Wasserversorgung und landwirtschaftliche Betriebe befanden[49]. Margaret Thatcher, voller Selbstvertrauen nach dem Sieg im Falkland-Krieg[50], traf sich im September 1982 in Peking mit Zhao Ziyang und dem Vorsitzenden der Kommission für militärische Angelegenheiten, Deng Xiaoping. China bestand darauf, die Souveränität über Hongkong zurückzuerlangen[51], sicherte jedoch Schritte zur Gewährleistung der wirtschaftlichen Prosperität zu[52]. Insgesamt war der Besuch ein Mißerfolg, da sich Frau Thatcher in bezug auf die bestehenden Verträge unnachgiebig zeigte[53]. Am 9. März 1983 äußerte sich Sir Percy Cradock erstmals dahingehend, daß der Premierminister dem Parlament die Übertragung der Souveränität hinsichtlich der Insel Hongkong und Kowloon bis zur Boundary Street empfehlen könne, wenn die Verhandlungen für die Bevölkerung Hongkongs eine akzeptable Vereinbarung erbringe[54]. Großbritannien wollte damit auch eine Reihenfolge auf der Agenda vorgeben. Deng Xiaoping vertrat hierzu vor den Abgeordneten Hongkongs zum Nationalen Volkskongress die Ansicht, daß nach Klärung der Frage, wie es nach 1997 weitergehe, ohnehin zur Souveränität nicht mehr viel zu sagen sei[55]. Die Briten verwiesen auf die Bedeutung weiterhin enger Verbindun-

---

[46] *Cottrell, Robert*, The End of Hong Kong. The Secret Diplomacy of Imperial Retreat (1993), S. 62.
[47] *McLaren* (Anm. 43), S. 16.
[48] *Kwok, John K.*, The Hong Kong Special Administrative Region under „One Country, Two Systems": Design for Prosperity or Recipe for Disaster?, in: New York Law School Journal International, Vol. 15 (1994), S. 107 [113 f.].
[49] *Gornig, Gilbert H.*, Hongkong. Von der britischen Kronkolonie zur chinesischen Sonderverwaltungszone (1998), S. 84.
[50] *Boasberg* (Anm. 44), S. 282 [292].
[51] Diese Position stand als unverhandelbar fest, *Tang Shuk-tak* (Anm. 23), S. 63 f.
[52] *Boasberg* (Anm. 44), S. 282 [290].
[53] *Flowerdew* (Anm. 9), S. 32 ff.; *Tanigaki, Mariko*, Hong Kong after the Reversion – Possible Changes of the Political and Economic Systems, in: *Onishi, Yasuo*, One Country Two Systems, China's Dilemma (1997), S. 35 [42].
[54] *Cottrell* (Anm. 46), S. 102 f.; *McLaren* (Anm. 43), S. 19.
[55] *Cottrell* (Anm. 46), S. 106 f.

gen zu Hongkong, sollte dessen globale Bedeutung beibehalten werden. Sie gingen ursprünglich davon aus, daß eine Verlängerung der auslaufenden Pachtverträge betreffend die New Territories über 1997 hinaus um weitere 15 Jahre möglich sein werde[56]. Von vornherein klar war, daß allein das Kerngebiet Hongkongs ohne die Kowloon-Halbinsel, Stonecutters Island und die New Territories nicht lebensfähig ist[57]. Die Briten verfolgten zwei Ziele im Rahmen der Verhandlungen: Erstens strebte das Vereinigte Königreich danach, die Sicherheit der Einwohner Hongkongs zu gewährleisten. Zweitens sollte das Vertrauen der Investoren in das Gebiet aufrechterhalten werden[58]. Am Ende des Besuchs der britischen Premierministerin stand ein gemeinsames Kommunique, in dem beide Länder „darin übereinkommen, über diplomatische Kanäle Gespräche einzuleiten [...] mit dem gemeinsamen Ziel, die Stabilität und den Wohlstand Hongkongs aufrechtzuerhalten"[59]. Die Bevölkerung Hongkongs war an jenen Gesprächen weder als Partei noch beratend beteiligt[60]. So fanden auch Delegierte des *Legislative Council*, welche im Mai 1984 nach London reisten, mit ihren Vorschlägen zur zukünftigen Verfassung Hongkongs bei der britischen Regierung kein Gehör[61]. Lediglich die inoffiziellen Mitglieder des *Executive Council* wurden hinsichtlich der Verhandlungen auf dem Laufenden gehalten. Inwieweit so das Recht auf Selbstbestimmung gewahrt wird, welches Artikel 1 der Charta der Vereinten Nationen, sowie jeweils Artikel 3 der Internationalen Pakte über wirtschaftliche, soziale und kulturelle Rechte und über bürgerliche und politische Rechte, welche auch Großbritannien unterzeichnet hat, garantieren, ist nicht ersichtlich[62]. Großbritannien versuchte zunächst durch eine sachli-

---

[56] *Destexhe, Jean-François*, Hong Kong and 1997: The Facts, in: *Menski, Werner*, GEMS No. 2, Coping with 1997, The Reaction of the Hong Kong People to the Transfer of Power (1995), S. 17 [21]; *Boasberg* (Anm. 44), S. 282 [289].

[57] *Leung* (Anm. 1), S. 843 [845]; *Hook, Brian*, From Repossession to Retrocession: British Policy towards Hong Kong 1945 – 1997 (1997), S. 1 [19]; *Boasberg* (Anm. 44), 282 [292]; *Tang Shuk-tak* (Anm. 23), S. 12 f.; diese Ansicht vertrat der gerade verabschiedete Gouverneur Sir Alexander Grantham bereits 1958, vgl. *Wesley-Smith, Peter*, The Future of Hong Kong: Not What It Used To Be, in: Vanderbilt Journal of Transnational Law, Vol. 30 (1997), S. 421 [436].

[58] *Henderson, John H.*, The Reintegration of Hong Kong into the People's Republic of China: What it Means to Hong Kong's Future Prosperity, in: Vanderbilt Journal of Transnational Law, Vol. 28 (1995), S. 503 [513 f.].

[59] *Chiu, Hungdah*, Introduction, Hong Kong: Transfer of Sovereignty, in: Case Western Reserve Journal of International Law, Vol. 20 (1988), S. 1; *van Kemenade, Willem*, China AG, Maos Utopie und die Macht des Marktes (1997), S. 102.

[60] *Odrich, Peter*, Basic Law Hongkong, in: Jahrbuch des Öffentlichen Rechts der Gegenwart, Bd. 39 NF (1990), S. 617 [618]; *Schwinum, Ulf*, Die Ansätze zur Demokratisierung der Kronkolonie Hongkong seit der sino-britischen Gemeinsamen Erklärung von 1984 bis zur Übernahme Hongkongs durch die Volksrepublik China 1997 (1998), S. 33; *Tsang, Steve*, Realignment of Power: The Politics of Transition and Reform in Hong Kong, in: *Li, Pang-kwong*, Political Order and Power Transition in Hong Kong (1997), S. 46; *Boasberg* (Anm. 44), S. 282 [293]; *Ghai* (Anm. 41), S. 1 [4 f.].

[61] *Boasberg* (Anm. 44), S. 282 [293].

[62] *Boasberg* (Anm. 44), S. 282 [300].

che Beschreibung von Rechts- und Finanzsystem Details der zukünftigen Verwaltung zu klären, worauf die chinesische Seite ablehnend reagierte, man wollte doch zunächst die Frage der Souveränität geklärt wissen[63]. Ab November kamen die Gespräche dann voran. Großbritannien legte zu einzelnen Themen Arbeitspapiere vor, die sehr detailliert waren und von den Chinesen nach einiger Kritik zur Grundlage von Ver-besserungsvorschlägen und Kommentaren gemacht wurden[64]. Diese wiederum hatten am 5. Dezember 1983 in der Hongkonger Zeitung „Ta Kung Pao" ihre „Zwölf Punkte" abdrucken lassen, welche die wesentlichen Verhandlungspositionen wiedergaben[65]. Erster und wichtigster Punkt war der Erhalt des kapitalistischen Wirtschaftssystems[66]. Die „Zwölf Punkte" fanden später auch als erstes Kapitel, „General Principles", Eingang in das Basic Law[67]. Ein Vertreter *der New China News Agency (Xinhua)*, der damaligen de facto-Botschaft der Volksrepublik China in Hongkong, wies im Januar 1984 noch einmal darauf hin, daß angestrebt sei, mit den Briten bis zum September 1984 zu einer Einigung zu gelangen. Anderenfalls aber werde die chinesische Regierung im Rahmen ihrer Jurisdiktion eine einseitige Regelung treffen[68]. Bei einem China-Besuch im April 1984 erklärte der britische Außenminister Sir Geoffrey Howe dann, daß es unrealistisch sei, von einer britischen Verwaltung Hongkongs nach 1997 auszugehen[69]. Nach zwei Jahren komplizierter Verhandlungen trafen das Vereinigte Königreich und die Volksrepublik China eine Übereinkunft, formell ratifiziert in der Gemeinsamen Erklärung über die Hongkong-Frage. Somit kam es nicht zu einer einseitigen Durchsetzung der chinesischen Politik[70]. Das chinesisch-britische Regierungsabkommen, das am 26. September 1984 paraphiert[71] und am 19. Dezember 1984 in Peking von den Regierungschefs Margaret Thatcher und Zhao Ziyang unterzeichnet wurde, ist nach beiderseitiger Ratifizierung durch die Parlamente am 27. Mai 1985 in

---

[63] *McLaren* (Anm. 43), S. 22.

[64] *McLaren* (Anm. 43), S. 25 f.

[65] *Flowerdew* (Anm. 9), S. 37. *Horlemann, Ralf,* Die Rückgabe Hongkongs und seine neue Verfassung. Grenzen der Autonomie (1999), S. 35, nennt erst den 27. Juni 1984 als erstmaligen Veröffentlichungstermin.

[66] *Horlemann* (Anm. 65), S. 151.

[67] *Ghai* (Anm. 3), S. 65.

[68] *Liu, Melinda,* Interview with Li Chuwen, Newsweek vom 23. Januar 1984, S. 48.

[69] *Tang Shuk-tak* (Anm. 23), S. 14.

[70] *Cottrell* (Anm. 46), S. 89; erstmals hatte der stellvertretende Vorsitzende des Nationalen Volkskongresses, Xi Zhongxun, am 1. November 1982 darauf hingewiesen, daß ein zeitlicher Rahmen von ein bis zwei Jahren einzuhalten sei, *Cottrell* (Anm. 46), S. 99; *Chang/Chuang* (Anm. 28), S. 22 f., 101. Der bestehende Zeitdruck wurde aber auch von britischer Seite nicht nur als Nachteil empfunden, siehe *McLaren* (Anm. 43), S. 20.

[71] *McDermott, John,* The „Rule of Law" in Hong Kong after 1997, in: Loyola of Los Angeles International and Comparative Law Journal, Vol. 19 (1997), S. 263 [265].

80

Kraft getreten[72]. Es handelt sich um einen verbindlichen völkerrechtlichen Vertrag, der bei den Vereinten Nationen registriert ist[73].

## II. Inhalt

### 1. Allgemeines

Die wichtigsten Punkte der aus mehr als 8.000 Worten[74] bestehenden Gemeinsamen Erklärung seien hier noch einmal wiedergegeben:

(1) Die Souveränität hinsichtlich der Insel Hongkong und Kowloon fällt zurück an die Volksrepublik China. Hongkong wird zu einer Sonderverwaltungszone innerhalb Chinas gem. Artikel 31 der chinesischen Verfassung[75] und wird einen hohen Grad an Autonomie"[76] genießen, abgesehen von Angelegenheiten des Äußeren und der Verteidigung.

(2) Das kapitalistische Wirtschafts- und Handelssystem wird nach der Dekolonisierung 1997 für weitere 50 Jahre beibehalten[77]. Das sozialistische System der Volksrepublik China wird nicht auf die Sonderverwaltungsregion Hongkong übertragen.

(3) Hongkong wird exekutive, legislative und unabhängige judikative Gewalt bis zur letzten Instanz verliehen[78].

---

[72] *OMELCO Standing Panel on Constitutional Development*, Report, On the Draft Basic Law (1988), S. 5.
[73] *Patten, Christopher*, Hongkongs Zukunftsaussichten, in: Europa-Archiv, Bd. 49 (1994), S. 299 [300]; *Cheng* (Anm. 28), S. 7 [65]; *Chiu, Hungdah*, Foreword in: *Chang, David Wenwie/Chuang, Richard Y.*, The Politics of Hong Kong's Reversion to China (1998), ix; *Cheung* (Anm. 4), S. 195 [197]; *McDermott* (Anm. 71), S. 263 [267]; *Pasternak* (Anm. 7), S. 198 f.; *McLaren* (Anm. 43), S. 27; *House of Commons*, Foreign Affairs Committee, First Report, Relations between the United Kingdom and China in the period up to and beyond 1997, Volume I (1994), xxxviii.
[74] Damit handelt es sich wohl um den zweitlängsten völkerrechtlichen Vertrag unter Beteiligung der Volksrepublik China, siehe *Hungdah*, Foreword, x.
[75] Artikel 31 CV lautet: „Der Staat kann, soweit notwendig, Sonderverwaltungsregionen bilden. Das in den Sonderverwaltungsregionen einzuführende System soll durch Gesetz festgelegt werden, welches der Nationale Volkskongress unter Berücksichtigung der besonderen Bedingungen erläßt."
[76] Gemeinsame Erklärung, Punkt 3 Absatz 2.
[77] Gemeinsame Erklärung, Punkt 3, Absätze 5, 12; Annex I, Abschnitt I, Absatz 1.
[78] Gemeinsame Erklärung, Punkt 3, Absatz 3; Annex I, Abschnitt I, Absatz 2; *Dietrich, Hans J.*, China und Hongkong nach 1997: „Ein Land – zwei Systeme", in: EA, 42. Jg. (1987),

(4) Das existierende System sozialer Sicherung bleibt unverändert. Die Freiheit der Rede, der Bewegung, der Presse, der Versammlung, des Streiks, der Religion, des Privateigentums und andere Freiheiten werden durch das Gesetz geschützt[79].

(5) Der Internationale Pakt über bürgerliche und politische Rechte, verkündet durch die Vereinten Nationen, zu dessen Unterzeichnern China nicht gehört, bleibt auf Hongkong anwendbar.

(6) Der Nationale Volkskongress der Volksrepublik China wird ein Grundgesetz („Basic Law") erlassen, welches die Gemeinsame Erklärung in Übereinstimmung mit der Verfassung der Volksrepublik China umsetzt[80].

(7) Die bisher in Hongkong gültigen Gesetze werden, so sie nicht dem Grundgesetz widersprechen, aufrechterhalten[81].

Auch gemäß Anlage I wurde darüber hinaus festgeschrieben, „daß nach Gründung des Sonderverwaltungsgebiets Hongkong das sozialistische System und die sozialistischen politischen Richtlinien nicht in Hongkong praktiziert und Hongkongs bisheriges kapitalistisches System und seine bisherige kapitalistische Lebensweise 50 Jahre unverändert beibehalten werden"[82]. Deng Xiaoping hat am 16. April 1987 vor der Grundgesetz-Kommission die Ansicht vertreten, daß selbst für weitere 50 Jahre (über 2047 hinaus) nicht die Notwendigkeit bestehe, Hongkongs kapitalistisches System zu ändern[83]. Dies ist durchaus realistisch und pragmatisch gedacht, bedenkt man die Aufgabe Hongkongs als (Devisen-)Einnahmequelle für die Volksrepublik China[84]. Um einen reibungslosen Übergang und eine effektive Umsetzung der Gemeinsamen Erklärung bis 1997 zu gewährleisten, wurde gem. Punkt 5 der Gemeinsamen Erklärung eine *Joint Liaison Group* gebildet. Die Reformbestrebungen Christopher Pattens führten 1993, nach 17 Treffen, aber zum Scheitern dieser Einrichtung[85].

---

S. 463 [465].
[79] Gemeinsame Erklärung, Punkt 3 Absatz 5.
[80] Gemeinsame Erklärung, Punkt 3 Absatz 12; Annex I, Abschnitt I, Absatz 1.
[81] Gemeinsame Erklärung, Annex I, Abschnitt II, Absatz 1.
[82] Siehe auch EA, 39. Jg. (1984), D 632.
[83] *Dietrich* (Anm. 78), S. 463 [465]; *Overholt, William H.*, China: The Next Economic Superpower (1993), S. 133; *Cheung* (Anm. 4), S. 195 [197].
[84] *Lemmerich, Christian*, Drehscheibe für den China-Handel, in: Zeitschrift für das gesamte Kreditwesen, Bd. 38 (1985), S. 442; *Dunn, Lydia*, Hong Kong after the Sino-British Declaration, in: International Affairs, Vol. 61 (1985), S. 197 [204]; *Lai, Edwin L.-C.*, The Economic Implications of the Reunification of Hong Kong with China, in: Vanderbilt Journal of Transnational Law, Vol. 30 (1997), S. 735 [741].
[85] *Chang/Chuang* (Anm. 28), S. 109; *Lam, Jermain T. M.*, Chinese Policy towards Hong Kong: Prevention of Peaceful Evolution, in: The Journal of East Asian Affairs, Vol. 12 (1998), S. 267 [269].

Im Juli 1993 wurde daher von chinesischer Seite das *Preparatory Working Committee* ins Leben gerufen[86]. Es sollte bis zum Zusammentreten des *Preparatory Committee* (gem. *Basic Law* Anfang 1996) über die Wahl des ersten Verwaltungschefs und die Notwendigkeit eines provisorischen *Legislative Council* beratschlagen[87]. Das *Preparatory Working Committee* wurde vermutlich vom chinesischen Präsidenten Jiang Zemin geführt, beteiligt waren auch Premierminister Li Peng und Außenminister Qian Qichen, sowie die beiden für Hongkong zuständigen ranghöchsten Funktionäre[88]. Seine 57 Mitglieder, davon 30 aus Hongkong, waren nicht repräsentativ für dessen gesellschaftliche Realität. Das Komitee tagte zwischen Juli 1993 und Dezember 1995 insgesamt sechsmal in etwa sechsmonatigem Abstand in Peking, ab Mai 1994 auch in Hongkong[89].

Im *Preparatory Committee*, das seine Arbeit im Januar 1996 mit 150 Mitgliedern plangemäß aufnahm und damit das *Preparatory Working Committee* ablöste, kam es später zum Streit über die Frage, ob der *Legislative Council* gewählt oder anderweitig zusammengesetzt werden sollte[90]. Dies sollte nach dem Willen der Chinesen bereits vor dem 1. Juli 1997 geschehen[91]. Auch sollte die *Bill of Rights* wegen Verstoßes gegen das *Basic Law* abgeschafft werden[92].

Schon sehr bald nach seiner Unterzeichnung verlor die Gemeinsame Erklärung an Bedeutung[93]. Die Kodifizierung der niedergelegten politischen Zielsetzung blieb ja ohnehin dem Entwurfskomitee für das Basic Law vorbehalten[94]. Die chinesische Seite war der Auffassung, daß das *Basic Law* lediglich die wesentlichen Inhalte der Gemeinsamen Erklärung wiedergeben sollte, jedoch keine Wort-für-Wort-Übertragung sein könne[95]. Obwohl es sich, wie festgestellt, um ein beidseitig ratifiziertes internationales Abkommen handelt, liegt doch eher eine Absichtserklärung denn ein bindender Vertrag mit klaren Verpflichtungen für beide Seiten vor. Inhaltlich handelt es sich ja auch primär um eine einseitige Erklärung seiner Politik durch die Volksrepublik China. Trotzdem bemerkenswert war, daß erstmalig nach dem Zweiten Weltkrieg im Rahmen eines frei ver-

---

[86] *Ghai* (Anm. 3), S. 78; *Horlemann* (Anm. 65), S. 88.
[87] *Chang/Chuang* (Anm. 28), S. 112.
[88] *McDermott* (Anm. 71), S. 263 [271].
[89] *Horlemann* (Anm. 65), S. 88.
[90] *Chang/Chuang* (Anm. 28), S. 120 f.
[91] *Feinerman, James V.*, Hong Kong Faces 1997 – Legal and Constitutional Issues, in: *Cohen, Warren I./Zhao, Li*, Hong Kong Under Chinese Rule – The Economic and Political Implications of Reversion (1997), S. 89.
[92] *Lam* (Anm. 85), S. 267 [277].
[93] *Kwok*, Design for prosperity, S. 107 [116].
[94] *Cheung* (Anm. 4), S. 195 [197].
[95] *Zhang, Youyu*, The Reasons for and Basic Principles in Formulating the Hong Kong Special Administrative Region Basic Law, and its Essential Contents and Mode of Expression, in: Journal of Chinese Law, Vol. 2 (1988), S. 5 [15 f.].

handelten Vertrages ein freies und ökonomisch hoch entwickeltes Gebiet an einen kommunistischen Staat übergeben wurde[96].

## 2. „Hoher Grad an Autonomie"[97]

Diese Formulierung wurde erstmalig von Sir Geoffrey Howe während einer Pressekonferenz am 13. April 1984 in Hongkong verwendet[98]. Ein „hoher Grad an Autonomie" bedeutet, daß die Bewohner Hongkongs in der Praxis von den Restriktionen des sozialistischen Staates verschont bleiben, dessen Teil sie sind. Hongkongs Autonomie kann unter politischen, ökonomischen und kulturellen Aspekten gesehen werden, welche alle drei die wirtschaftliche Zukunft des Landes beeinflussen[99]. Allerdings kennt das Völkerrecht keine allgemeingültige Definition des Begriffes „Autonomie"[100]. „Territoriale Autonomie" wird allgemein verstanden als Selbstregierung in bezug auf ein definiertes Gebiet unter der Gerichtsbarkeit des Hauptstaates[101]. Autonomie unterscheidet sich daher von Unabhängigkeit und reiner Selbstbestimmung. Zudem bedeutet ein „hoher Grad an Autonomie" jedenfalls eingeschränkte Autonomie[102]. Die Gegenansicht betont, daß der Grad der Autonomie Hongkongs beispiellos sei[103].

### a. Politische Autonomie

Der Grad an politischer Autonomie bestimmt sich nach dem Maß politischer Freiheit, welches die regionale Gewalt besitzt, um ihre eigenen Angelegenheiten

---

[96] *Wu, Yuan-Li/Jao, Y. C.*, The Economic Consequences of 1997, in: Case Western Reserve Journal of International Law, Vol. 17 (1988), S. 17 [18].

[97] Im chinesischen Original „gaodu zizhi".

[98] *Harris, Peter*, Hong Kong Confronts 1997: An Assessment of the Sino-British Agreement, in: Pacific Affairs, Vol. 59 (1986), S. 45 [51].

[99] *Shiu, Eric K.*, Hong Kong: Prospects of Autonomy Under Chinese Rule After 1997, in: Transnational Law, Vol. 3 (1990), S. 141 [158 – 161].

[100] *Cheng* (Anm. 28), S. 7 [36]; *Olivier* (Anm. 10), S. 146.

[101] *Chang, Denis*, The Basic Law of the Hong Kong Special Administrative Region: Economics and Norms of Credibility, in: Journal of Chinese Law, Vol. 2 (1988), S. 21 [36].

[102] *Cheng* (Anm. 28), S. 16; *Hsu* (Anm. 3), S. 70 f.; diese Ansicht vertritt auch Chinas führender Jurist, siehe *Zhang* (Anm. 95), S. 5 [9]. Dieser sieht eine chinesische Intervention als mögliche Reaktion auf überschießende Autonomiebestrebungen an. Damit ist das Fazit Martin Lees nicht ganz unberechtigt, der von einem „hohen Grad an Kontrolle" spricht, zit. b. *Wong, Jesse*, Beijing Toughens Line on Basic Law for Hong Kong, in: Asian Wall Street Journal Weekly vom 29. Januar 1990, S. 4.

[103] *Zhu* (Anm. 28), S. 121 [134].

zu regeln; je höher das Maß, desto höher der Grad an Autonomie[104]. Hierbei ist aber zu beachten, daß die Unabhängigkeit von Hongkongs Exekutive, Legislative und Judikative doch in erheblichem Maße eingeschränkt wurde, abgesehen von dem Souveränitätsvorbehalt in Angelegenheiten des Äußeren und der Verteidigung[105]. Das Ausmaß an Autonomie richtet sich zudem danach, wie die chinesische Verfassung interpretiert wird. In der Gemeinsamen Erklärung von 1984 hat auch die britische Regierung bestätigt, daß das Basic Law nicht im Widerspruch zur chinesischen Verfassung stehen darf[106]. Das ausschließliche Recht zur Auslegung der Verfassung der Volksrepublik China liegt aber wiederum bei der chinesischen Regierung[107]. Hongkongs „hoher Grad an Autonomie" bezieht sich primär auf die Nichteinmischung der Zentralregierung in wirtschaftliche Angelegenheiten. Hier sollte die Formel „Hong Kong people governing Hong Kong" verwirklicht werden[108]. Autonomie ist auch ohne parlamentarische Regierung möglich, wie das Beispiel des kolonialen Hongkongs selbst zeigt[109]. Nur seine „volle Autonomie" ermöglichte ihm z. B. am 23. April 1986 einundneunzigste vertragsschließende Partei des *General Agreement on Tariffs and Trade (GATT)* zu werden[110]. Vorher hatte Hongkong seit 1947 als Mitglied der britischen Delegation teilgenommen[111] und war Mitglied der für Entwicklungsländer zuständigen *United Nations Conference on Trade and Development (UNCTAD)*[112]. Die *GATT*-Mitgliedschaft Hongkongs[113] ist für die Volksrepublik China, welche seit 1984/85 einen Beobachterstatus besitzt[114], von hohem Nutzen, gelangt diese doch so indirekt in den Genuß von Zoll- und Handelspräferenzen[115]. Im *GATT*-Abkommen, wie auch in anderen Vertragsregelungen, sind

---

[104] *Cheng* (Anm. 28), S. 7 [36].

[105] *Tamanaha, Brian Z.*, Post-1997 Hong Kong: A Comparative Study of the Meaning of „High Degree of Autonomy", in: California Western International Law Journal, Vol. 20 (1989/90), S. 41 [57].

[106] Gemeinsame Erklärung, Annex I, Abschnitt I, Absatz 1.

[107] *Hsu, Berry F. C./Baker, Philip W.*, The Spirit of Common Law in Hong Kong: The Transition to 1997, in: University of British Columbia Law Review, Vol. 24 (1990), S. 307 [343], so auch die ausdrückliche Regelung in Artikel 158 BL.

[108] *Chang/Chuang* (Anm. 28), S. 13; chinesisch „gangren zhigang".

[109] *Cheng* (Anm. 28), S. 7 [39].

[110] *Shen, Jianming*, Cross-Strait Trade and Investment and the Role of Hong Kong, in: Wisconsin International Law Journal, Vol. 16 (1998), S. 661 [664 f.].

[111] *Shen* (Anm. 110), S. 661 [671].

[112] *Endacott, George Beer*, A History of Hong Kong, Second Edition (1974), S. 318.

[113] *Kommission der Europäischen Gemeinschaften*, Erster Jahresbericht der Europäischen Kommission über das Besondere Verwaltungsgebiet Hongkong (1999), S. 14.

[114] *Howell, Jude*, Foreign Trade Reform and Relations with International Economic Institutions, in: *Hudson, Christopher (ed.)*, The China Handbook, (1997), S. 173 [180].

[115] *Horlemann, Ralf*, Hongkong 1997. Systemwandel in rechtlicher und politischer Perspektive (1992), S. 131 f.

jedoch keinerlei Durchsetzungsmechanismen, die Hongkong für den Fall einer chinesischen Intervention schützen, vorgesehen[116].

Als Gründungsmitglied des *GATT*-Abkommens 1947 wurde China durch die nationalistische Regierung repräsentiert, bis diese im Sommer 1949 abgesetzt wurde und sich auf die Insel Taiwan zurückzog. Dort wurde für China der Austritt aus dem *GATT*-Abkommen erklärt[117]. 1999 sollte der Beitritt der Volksrepublik China zur *World Trade Organisation (WTO)*, dem im Januar 1995 etablierten *GATT*-Nachfolger, abgeschlossen werden, Probleme ergaben sich wegen der mangelnden Akzeptanz von Urheberrechts-Vorschriften[118]. Auch hohe Einfuhrzölle, z. B. auf Kraftfahrzeuge, Hindernisse für Dienstleistungsbetriebe und eine fehlende autonome Handelsschiedsgerichtsbarkeit erwiesen sich als Manko. Im Jahr 2000 konnten jedoch erhebliche Fortschritte erzielt werden. Hongkong ist ebenfalls *WTO*-Mitglied[119]. Die Mitgliedschaft ist unabhängigen Zollgebieten ebenso möglich wie souveränen Staaten[120].


**b. Ökonomische Autonomie und deren Kritik**


In wirtschaftlicher Hinsicht soll die Bewahrung des bisherigen ökonomischen Systems für Wohlstand und Stabilität sorgen[121]. Wie bereits erwähnt, hebt die Gemeinsame Erklärung hervor, daß für einen Zeitraum von 50 Jahren eine kapitalistische Wirtschaftspolitik praktiziert wird[122]. Hongkongs eigentliche und weitestgehende Autonomie besteht im ökonomischen Bereich[123]. Die Sonderverwaltungszone Hongkong sollte ihre Finanzen selbständig verwalten. Die Haushaltsvorlagen und Abschlußbilanzen sollten an die Zentrale Volksregierung übermittelt werden, diese sollte aber keine Steuern in Hongkong erheben dürfen[124]. Bei einer Umfrage der britischen Regierung unter der Bevölkerung

---

[116] *Han, Anna M.*, Hong Kong's Economy under Chinese Rule: Prosperity and Stability, in: Southern Illinois University Law Journal, Vol. 22 (1998), S. 325.

[117] *Shen* (Anm. 110), S. 661 [671].

[118] *Mrusek, Konrad*, Chinesisches Schneckentempo, in: FAZ vom 26. März 1999, S. 12.

[119] *Yahuda, Michael*, Hong Kong and China's Integration into the International Community, in: *Cohen, Warren I./Zhao, Li*, Hong Kong Under Chinese Rule – The Economic and Political Implications of Reversion (1997), S. 198 [209].

[120] *Dumbaugh, Kerry*, Hong Kong's Return to China, in: *Rioni, S. G. (ed.)*, Politics and Economics of Hong Kong (1997), S. 85 [115].

[121] *Ghai* (Anm. 3), S. 232.

[122] Dies hatte Ji Pengfei, Direktor des Hong Kong and Macao Affairs Office, einer Gruppe von Mitgliedern des District Boards u. a. aus den New Territories, schon während der Verhandlung versichert, siehe *Ma, Teresa*, Down to Brass Tacks, in: Far Eastern Economic Review vom 24. November 1983, S. 17 [18].

[123] Horlemann (Anm. 65), S. 151 f.

[124] Gemeinsame Erklärung, Annex I, Abschnitt V.

Hongkongs wurde die Gewährleistung eines unabhängigen Finanzwesens begrüßt[125]. Es wurde die Frage gestellt, ob Hongkong auch etwas zu den Verteidigungskosten beitragen müsse. Hinsichtlich der Berichtspflichten wurde die Sorge geäußert, daß dies Voraussetzung für Interventionen der Zentralen Volksregierung sein könne.

Insbesondere die Formulierung, wonach Hongkong eigenständig über seine Wirtschafts- und Handelspolitik entscheiden solle, ist ein Ausdruck wirtschaftlicher Autonomie[126]. Die Reaktionen aus Wirtschaftskreisen auf diese Regelung waren überwiegend enthusiastisch. Wirtschaftsleute und Industrielle sahen hierin die bestmögliche Basis für fortgesetztes wirtschaftliches Wachstum. Hongkongs neuer Status dürfe nicht die Einfuhr von Hochtechnologie behindern, welche nur in nicht-kommunistische Staaten eingeführt werden darf[127]. Auch wird Hongkong autorisiert, Handelsverbindungen mit sämtlichen Staaten und Regionen aufrechtzuerhalten bzw. einzugehen[128]. Die Tatsache, daß Hongkong seine Staatseinnahmen gegenüber der chinesischen Regierung nicht deklarieren muß[129] und diese in Hongkong keine Steuern erhebt[130], stärkt ebenfalls dessen Unabhängigkeit. Die Gemeinsame Erklärung isoliert Hongkong so von internen chinesischen Finanzstreitigkeiten[131]. Turbulenzen in der Weltwirtschaft wird durch einen freien Wechselkurs begegnet. Der Status Hongkongs als führendes Weltfinanzzentrum wird durch weiterhin intakte Finanzmärkte abgesichert[132].

Die Meinungen zu Abschnitt VII des Annex I in Bankkreisen waren ebenfalls durchgehend positiv. Der Währungsfonds sollte weiterhin aus einem gemischten Portfolio von Währungen und Währungsinstrumenten der führenden Finanzmärkte der Welt bestehen[133]. Geklärt werden sollte, welche Bank zur Ausgabe von Banknoten berechtigt sein soll und ob nicht doch eine Zentralbank vernünftiger sei.

Die Regelungen hinsichtlich Schiffahrt, Schiffsregister und Freihafen im Abschnitt VIII des Annex I führten zu keiner großen Diskussion in Hongkong. Sorge bereiteten allenfalls die Arbeitsmöglichkeiten für Hongkongs Seeleute nach 1997[134].

Die Freiheiten im Bereich Luftfahrt gem. Abschnitt IX des Annex I wurden als Bestandsgarantie *für Cathay Pacific Airways* in der bisherigen Form angesehen.

---

[125] *The Secretary of State for Foreign and Commonwealth Affairs by Command of her Majesty*, Arrangements for Testing the Acceptability in Hong Kong of the Draft Agreement on the Future of the Territory (I) Report of the Assessment Office (1984), S. 30.

[126] Gemeinsame Erklärung, Annex I, Abschnitt VI.

[127] *The Secretary of State* (Anm. 125), S. 31.

[128] Gemeinsame Erklärung, Annex I, Abschnitt VI.

[129] Gemeinsame Erklärung, Annex I, Abschnitt VII.

[130] Gemeinsame Erklärung, Punkt 3, Absatz 8.

[131] *Henderson* (Anm. 58), S. 503 [526].

[132] Gemeinsame Erklärung, Annex I, Abschnitt VII, Absatz 1.

[133] *The Secretary of State* (Anm. 125), S. 31.

[134] *The Secretary of State* (Anm. 125), S. 32.

Die Strecke nach Taiwan könne auch weiterhin bedient werden, da ein Übereinkommen mit *China Airlines* bestehe[135].
Auch die äußerst detaillierten Regelungen hinsichtlich der Grundpacht im Annex III fanden generelle Zustimmung[136]. Als problematisch wurde die Festlegung der jährlichen Pacht auf 3 % des steuerbaren Eigentumswertes angesehen, da dieser ständigen Schwankungen unterliege. Eine jährliche Obergrenze in Dollar sollte hier Abhilfe schaffen oder die Zahlung eines einmaligen Aufgeldes ermöglicht werden[137]. Insgesamt gab es eine Unzahl von Detailfragen[138]. Land aus der Mandschu-/Qing-Dynastie sollte zunächst an die ursprünglichen Eigentümer übertragen werden, bevor es Gegenstand einer Verpachtung wird[139]. Die Obergrenze des zu veräußernden Grundes von 50 Hektar p. a. wurde als wenig praktikabel angesehen. Die Einnahmen aus dem Landverkauf vor 1997 sollten zur Vermeidung von Steuererhöhungen ausschließlich zum Aufbau Hongkongs verwandt werden.

Kommentatoren sehen durch die für mindestens 50 Jahre fortgeführte kapitalistische Wirtschaftsordnung im wesentlichen zwei Effekte für das Wirtschaftsleben in Hongkong: Zum einen werde deutlich, daß die Verdienstmöglichkeiten durch den Übergang der Souveränität nicht beeinflußt werden. Zum anderen würden auch neue Investitionen gefördert, wenn sich herauskristallisiere, daß die finanziellen Rahmen-bedingungen unter chinesischer Herrschaft beibehalten werden.

### c. Kulturelle Autonomie

In kultureller Hinsicht sollen die soziale Ordnung und die Lebensbedingungen unverändert beibehalten werden[140]. Im speziellen werden die bisher genossenen Rechte und Freiheiten weiterhin geschützt. China verzichtet darauf, in die Rechte religiöser Organisationen und verwandter Einrichtungen einzugreifen[141]. Indem Hongkong so auch abseits ökonomischer Vorgaben lebenswert gehalten wird, verhindert man Emigration und Kapitalflucht[142].

---

[135] *The Secretary of State* (Anm. 125), S. 32.
[136] *The Secretary of State* (Anm. 125), S. 37.
[137] *The Secretary of State* (Anm. 125), S. 38.
[138] Nachzulesen in *The Secretary of State* (Anm. 125), S. 38.
[139] *The Secretary of State* (Anm. 125), S. 39.
[140] Gemeinsame Erklärung, Punkt 3, Absatz 5.
[141] Gemeinsame Erklärung, Annex I, Abschnitt XIII, Absatz 3.
[142] *Henderson* (Anm. 58), S. 503 [527].

# E. Basic Law als Grundgesetz Hongkongs nach dem 1. Juli 1997

## I. Entstehung

### 1. Allgemeines

Am 5. Dezember 1983 kündigte ein Artikel in Hongkongs kommunistischer Zeitung „Ta Kung Pao" für den September 1984 die Veröffentlichung eines *Basic Law* an[143]. Auch im Rahmen der Gemeinsamen Erklärung von 1984 war der Entwurf eines Grundgesetzes für die Sonderverwaltungszone Hongkong ja bereits in Aussicht gestellt. Am 10. April 1985, auf dem dritten Treffen des sechsten Nationalen Volkskongresses wurde von chinesischer Seite zu diesem Zweck das *Basic Law Drafting Committee (BLDC)* berufen, welches 59 Mitglieder aus Hongkong (23) und China (36) umfaßte[144]. Aus Hongkong waren hauptsächlich Geschäftsleute und führende Standesvertreter einzelner Berufsgruppen vertreten. Aus der Volksrepublik China kamen vier Mitglieder, die an dem Entwurf zur chinesischen Verfassung von 1982 mitgewirkt hatten und mit dem historischen Hintergrund zu Artikel 31 CV, welcher das Konzept „Ein Land, zwei Systeme" unterstützt, vertraut waren[145]. Am 18. Juni 1985 wurden auf dem elften Treffen des Ständigen Komitees des sechsten Nationalen Volkskongresses die Mitglieder bestätigt[146]. Den Vorsitz hatte Ji Pengfei inne, zugleich Direktor des *Hong Kong and Macao Affairs Office* beim Staatsrat der Volksrepublik China[147]. Am 1. Juli 1985 begann die Arbeit am *Basic Law*[148]. Als zeitlicher Rahmen für die Erarbeitung des *Basic Law* wurden fünf Jahre veranschlagt, die Ansichten der Bevölkerung sollten Eingang in den Entwurfsprozeß

---

[143] *Schwinum* (Anm. 60), S. 36.

[144] *Tang, Joseph Shu-Hung*, Fiscal Constitution, Income Distribution and the Basic Law of Hong Kong, in: Economy and Society, Vol. 20 (1991), S. 283 [283 f.]; *Henderson* (Anm. 58), 503 [528]; *Chiu* (Anm. 28), S. 1; *Li, Pang-kwong*, Executive and Legislature: Institutional Design, Electoral Dynamics and the Management of Conflicts in the Hong Kong Transition, in: *ders.*, Political Order and Power Transition in Hong Kong (1997), S. 53 [59]; *Boasberg* (Anm. 44), S. 282 [304]; *Secretariat of the Consultative Committee*, The Draft Basic Law of the Hong Kong Special Administrative Region for the Basic Law of the People's Republic of China (for Solicitation of Opinions), Introduction and Summary (1988), S. 1; *OMELCO Standing Panel* (Anm. 72), S. 5.

[145] Es handelte sich um Zhang Youyu, Hu Sheng, Xiao Wieyun und Xu Chungde, vgl. *Tang Shuk-tak* (Anm. 23), S. 77 f.

[146] *Secretariat* (Anm. 144), S. 1; *Tang Shuk-tak* (Anm. 23), S. 3.

[147] *Cheng* (Anm. 28), S. 7 [9]; *Tang Shuk-tak* (Anm. 23), S. 75.

[148] *Flowerdew* (Anm. 9), S. 56.

finden[149]. Am 18. Dezember 1985 richtete das *BLDC* daher ein *Basic Law Consultative Committee (BLCC)* in Hongkong ein[150], welches 180 Mitglieder umfaßte[151], einige davon waren auch Mitglieder des *BLDC*[152].

Die Aufgaben des *BLCC* waren es[153],

(1) in umfassender Weise Ansichten und Anregungen, welche das *Basic Law* betreffen, aus den verschiedenen gesellschaftlichen Gruppen zusammenzutragen[154] und diese an das *BLDC* weiterzugeben. Diese Ansichten und Anregungen werden auch an das Ständige Komitee des Nationalen Volkskongresses weitergegeben.

(2) vom *BLDC* zur Beratung herangezogen zu werden.

(3) die zusammengetragenen Ansichten und Anregungen für das *BLDC* abzugleichen, zusammenzufassen und zu analysieren.

Um dieser Aufgabe gerecht zu werden, wurde Hongkong zwischen dem 4. Januar und dem 5. Februar 1986 von einer *Survey Group* des *BLDC* besucht[155]. Am 21. Januar 1986 wurde Lu Ping, dem stellvertretenden Direktor des *Hong Kong and Macao Affairs Office* durch das österreichische Legislative Council-Mitglied Helmut Sohmen der Vorschlag unterbreitet, zunächst eine Gruppe internationaler Juristen mit einem Entwurf zum *Basic Law* zu beauftragen[156] - ohne Erfolg. Unter Prüfung der Berichte der sechs Diskussionsrunden des *BLCC* und Einbeziehung der Bevölkerungsansichten verfaßte das *BLDC* auf seiner zweiten Plenarsitzung den *„Draft of the Structure of the Basic Law"*[157].
Zur selben Zeit wurden fünf Untergruppen für spezielle Themengebiete geschaffen, welche die Regelungen der entsprechenden Kapitel im Basic Law entwerfen sollten. Die Gruppen waren zuständig für 1. das Verhältnis der Zentralgewalt zur Sonderverwaltungszone Hongkong, 2. Grundrechte und Pflichten der Bürger, 3. die politische Struktur, 4. die Wirtschaft und 5. Ausbildung, Wissenschaft, Technik, Kultur, Sport und Religion[158].

---

[149] *Secretariat* (Anm. 144), S. 1.
[150] *OMELCO Standing Panel* (Anm. 72), S. 6.
[151] Hungdah, Draft, S. 2; *Secretariat* (Anm. 144), S. 2; *Tang, Joseph Shu-Hung*, Fiscal Constitution and the Basic Law (Draft), of Hong Kong (1989), S. 1.
[152] *Cheng* (Anm. 28), S. 7 [10]; beide vereinigten Hongkongs einflußreichste Wirtschaftsmagnaten, siehe *Flowerdew* (Anm. 9), S. 59.
[153] *Secretariat* (Anm. 144), S. 2; *OMELCO Standing Panel* (Anm. 72), S. 6.
[154] *Tang Shuk-tak* (Anm. 23), S. 4.
[155] *Secretariat* (Anm. 144), S. 2.
[156] *Sohmen, Helmut*, Legislative Interlude, Hong Kong's Road to 1997 (1991), S. 13, 33.
[157] *Secretariat* (Anm. 144), S. 2.
[158] *Ghai* (Anm. 3), S. 58.

Für den Entwurf des Kapitels, welches die Wirtschaft betrifft, war *die Economy Special Subject Subgroup (ESSS)* verantwortlich[159]. Sie bestand aus 13 Mitgliedern[160], hiervon sieben aus Hongkong unter der Führung von Wong Po-yan[161] und sechs vom chinesischen Festland unter der Führung von Yong Long-gui. Das *BLCC* formierte ebenfalls acht Spezialgruppen, um jene Untergruppen effektiver beraten zu können. Es bildeten sich zudem zwei Interessengruppen: Die „Group of 89", welche die konservative Wirtschaftslobby vereinte, und das „Joint Committee for the Promotion of Democratic Government", welches die liberalen Kräfte hinter sich scharte[162].

Im Oktober 1989 wurden der Rechtsanwalt Martin Lee und der Vorsitzende des Lehrerverbandes, Szeto Hua, im Zusammenhang mit den Zwischenfällen auf dem Tiananmen-Platz und weiterer Kritik an der chinesischen Regierung wegen ungebührlicher Aktivitäten ausgeschlossen[163]. Zuvor waren sie im Juli 1989 in einem Namensartikel der chinesischen Volkszeitung der Sabotage der chinesischen Politik des "Ein Land - zwei Systeme" beschuldigt worden. Martin Lee und Szeto Hua hatten auch ein knappes Jahr zuvor als einzige *BLDC*-Mitglieder den Entwurf für eine nur zeitlich verzögerte demokratisch legitimierte Legislative zurückgewiesen[164] und waren auch unter den Mitgliedern Hongkongs umstritten[165]. Bereits im August 1986 hatte die *Business and Professional Group of the Basic Law Consultative Committee (BPG)* ein Manifest über die zukünftige politische Struktur entworfen. Ein starker *Chief Executive* und der Verzicht auf politische Parteien standen im Vordergrund[166].

Das *BLDC* war in seiner Arbeit an folgende Leitprinzipien gebunden:

(1) China wird Hongkong als Sonderverwaltungszone unter der Zentralen Volksregierung etablieren. Mit Ausnahme von Angelegenheiten der nationalen Verteidigung und des Auswärtigen erhält Hongkong einen hohen Grad an Autonomie.

---

[159] *Tang* (Anm. 144), S. 283 [284]; *Tang* (Anm. 151), S. 1 f.

[160] *Tang, Joseph Shu-Hung*, The Hong Kong Basic Law (Draft): The Political Economy of the Articles on Economy (1989), S. 35.

[161] Zusätzlich Cha Chi-ming, Louis Cha, Lau Wong-fat, Li Ka-shing, Sanford Yung und Fok Ying-tong.

[162] *Ghai* (Anm. 3), S. 60.

[163] *Flowerdew* (Anm. 9), S. 72; *Horlemann* (Anm. 65), S. 135; *Boasberg* (Anm. 44), S. 282 [311]; *Tsang* (Anm. 43), S. 153; Martin Lee nannte den Entstehungsprozeß des Basic Law später eine „ durch Peking kontrollierte Farce", siehe *ders.*, Written Testimony to the House Foreign Affairs Committee (1990), S. 2.

[164] *Flowerdew* (Anm. 9), S. 64.

[165] *Tang Shuk-tak* (Anm. 23), S. 79 f.

[166] *Flowerdew* (Anm. 9), S. 60.

(2) Kein sozialistisches System oder eine Politik des chinesischen Festlandes soll in der Sonderverwaltungszone Hongkong praktiziert werden.

(3) Die kapitalistische Lebensart in Hongkong soll unverändert beibehalten werden.

(4) Die Gesetze, die bisher in Hongkong Anwendung fanden, sollen in Kraft bleiben.

(5) Hongkong soll internationales Finanz- und Handelszentrum sowie Freihafen bleiben.

(6) All diese Prinzipien sollen im *Basic Law* festgeschrieben werden und dieses Gesetz soll nach dem 1. Juli 1997 für 50 Jahre in Kraft bleiben[167].

Das *Basic Law* sollte die bestehenden britischen Verfassungsinstrumente (*Letters Patent* und *Royal Instructions*) ersetzen[168]. Es wurde in chinesischer Sprache entworfen, eine offizielle englische Übersetzung existiert, bei Streitigkeiten über den Wortlaut ist aber die chinesische Fassung ausschlaggebend. Ein wesentliches Ziel war es, die bisherigen wirtschaftlichen Rahmenbedingungen festzuschreiben. Nach zwei Entwürfen (1988 und 1989) wurde das *Basic Law* vom Nationalen Volkskongress der Volksrepublik China am 4. April 1990 angenommen[169]. Hongkong war damit in der ungewöhnlichen Lage, eine komplette neue Verfassung sieben Jahre vor deren Inkrafttreten zu besitzen[170]. Das *Basic Law* litt an einem Legitimitätsdefizit, da die Bevölkerung es nicht nur als aufoktroyiert ansah, sondern auch befürchtete, daß die Volksrepublik China sich nach 1997 nicht daran halten werde[171]. Die Repräsentanten Hongkongs im Komitee fungierten lediglich als Alibivertreter, konnten sie bei politischer „Ungeeignetheit" doch jederzeit entfernt werden[172]. Die Geschehnisse des Mai und Juni 1989 weckten kurzfristig ein politisches Bewußtsein innerhalb der Bevölkerung Hongkongs und die Bereitschaft, für die eigene Freiheit zu kämpfen. Die Nie-

---

[167] *Lam* (Anm. 85), S. 267 [272].

[168] A. A. *Luthra, Tim G.*, Die Sonderverwaltungszone Hong Kong und das „Common Law". Zur Anwendbarkeit des „Common Law" in Hong Kong nach dem Souveränitätswechsel, in: VRÜ, Bd. 31 (1998), S. 456 [475]. Dieser stellt das Basic Law als „aliud" den bestehenden Regelungen gegenüber. Als Begründung führt er an, daß Hongkong zuvor Kolonie war und nunmehr Teil der Volksrepublik China ist. Inwieweit dies spezifische verfassungsrechtliche Regelungen einander unvergleichbar macht, läßt *Luthra* offen.

[169] *Henderson* (Anm. 58), S. 503 [528].

[170] *Cullen, Richard*, Capitalism with Chinese Characteristics, Hong Kong – Past, Present and Future, in: JÖR, Bd. 43 (1995), S. 709 [716].

[171] *Ghai* (Anm. 41), S. 1 [5].

[172] *Chan, Ming Kou*, Democracy Derailed: Realpolitik in the Making of the Hong Kong Basic Law, 1985 – 1990, in: *dies./Clark, David J. (eds.)*, The Hong Kong Basic Law: Blueprint for „Stability and Prosperity" under Chinese Sovereignty? (1991), S. 3 [9].

derschlagung der Studentenproteste am 4. Juni 1989 erzeugte in weiten Teilen der Bevölkerung Hongkongs Mißtrauen gegenüber der chinesischen Übermacht, so daß auch die Verabschiedung des *Basic Law* mit einer gewissen Gleichgültigkeit aufgenommen wurde. Artikel 23 BL schreibt vor, daß Hongkong Gesetze schaffen müsse, die „subversive Akte" gegen die Zentrale Volksregierung unter Strafe stelle. Nichts anderes waren aber nach Auffassung der chinesischen Machthaber die Solidaritätsbekundungen gegenüber den Studenten und der Demokratiebewegung[173]. Für die chinesische Führung hingegen war das *Basic Law* ein großer Sieg für China, ein „schöpferisches Meisterwerk" mit historischer wie internationaler Bedeutung „für die gesamte Menschheit"[174]. Abgesehen davon kann, da die Volksrepublik China und Hongkong nach der Rückgabe Hongkongs rechtlich einen einzigen Staat darstellen, nur die 1982 erstellte nationale Verfassung der Volksrepublik China als Verfassung für das vereinigte China gelten, was noch näher zu erläutern sein wird. Das Basic Law bildet die Grundlage zur Lösung aller Konflikte über die zukünftige Verwaltung Hongkongs[175]. Für die Bevölkerung Hongkongs stellt es, zusammen mit der Gemeinsamen Erklärung von 1984, die einzige formelle Absicherung der gegenwärtigen Wirtschafts- und Sozialstruktur dar. Der Entstehungsprozeß des *Basic Law* war von chinesischer Seite hinsichtlich der Anzahl der Entwürfe und deren Fertigstellung vorgegeben[176].

## 2. Erster Entwurf 1988

Nach mehr als zwei Jahren Entwurfsarbeit veröffentlichte das *BLDC* auf seiner sechsten Plenarsitzung eine Anzahl von Entwürfen der verschiedenen Kapitel[177]. Der erste Entwurf des *Basic Law*, verabschiedet auf der siebten Plenarsitzung des *BLDC* vom 26. - 28. April 1988[178], wies die Idee eines direkt gewählten *Legislative Council* der Sonderverwaltungszone zurück, der Volksbefreiungsarmee wurde die Stationierung in Hongkong erlaubt, der Nationale Volkskongress Chinas wurde authorisiert, jedes vom *Legislative Council* der Sonderverwaltungszone verabschiedete Gesetz wieder aufzuheben. Dem Nationalen Volkskongress wurde das Recht übertragen, das Basic Law auszulegen, verboten

---

[173] *Jayawickrama (Anm.* 31), S. 47; *Chan, Ming Kou*, Hong Kong: Colonial Legacy, Transformation and Challenge, in: *Skidmore, Max J. (ed.),* The Future of Hong Kong, The Annals of the American Academy of Political and Social Science, Vol. 547 (1996), S. 11 [20].

[174] *Chan* (Anm. 172), 28.

[175] *Farny* (Anm. 10), S. 71.

[176] Vgl. *Roberti, Mark*, The Fall of Hong Kong, China's Triumph and Britain's Betrayal (1994), Kapitel 18, S. 211 – 222.

[177] *Secretariat* (Anm. 144), S. 3.

[178] Benannt „Draft Basic Law for Solicitation of Opinions"; *Secretariat* (Anm. 144), S. 3.

wurde jede Handlung, welche geeignet war, die nationale Einheit zu unterminieren oder die chinesische Regierung zu stürzen. Dieser wurde das Recht zuerkannt, den Ausnahmezustand über Hongkong zu verhängen[179].

Für die Diskussion des „Draft Basic Law" waren fünf Monate (Mai – September 1988)[180] und jeweils fünf Phasen vorgesehen, wobei sich diese Phasen an den Untergruppen des BLDC orientieren sollten. Die Untergruppen zu den einzelnen Spezialgebieten hatten sich dann im November 1988 in Guangzhou getroffen, um die Kritik einzuarbeiten[181]. Das BLCC verteilte 925.000 Kopien des Draft Basic Law unter der Bevölkerung Hongkongs, eine Wanderausstellung wurde eingerichtet[182]. Insgesamt gab es etwa 70.000 öffentliche Eingaben[183], die zu 100 Änderungen führten[184].

## 3. Zweiter Entwurf 1989

Am 27. Februar 1989 wurde nach einer Resolution des Ständigen Komitees des Nationalen Volkskongresses von China ein zweiter Entwurf[185] für das Basic Law veröffentlicht. Er enthielt gegenüber dem ersten Entwurf besagte gut 100 Korrekturen[186]. Dieser Entwurf verdeutlichte, daß der oberste Repräsentant der Sonderverwaltungszone nicht direkt gewählt werden würde und daß auch die Zahl der direkt gewählten Mitglieder des Legislative Council der Sonderverwaltungszone nur 27 % der Gesamtzahl ausmachen solle[187]. Änderungen waren hinsichtlich des Verhältnisses der Zentralregierung zu Hongkong vorgenommen worden[188]. Für die Diskussion des zweiten Entwurfs war wieder eine fünfmonatige Periode bis zum 31. Juli 1989 vorgesehen[189]. Es gab nur noch 6.300 Eingaben der Bevölkerung[190], die zu 24 Revisionen führten[191].

---

[179] Lam, Jermain T. M., The Future of Hong Kong under Communist China, in: The Journal of East Asian Affairs, Vol. 10 (1996), S. 116 [120].
[180] OMELCO Standing Panel (Anm. 72), S. 6; Tang Shuk-tak (Anm. 23), S. 101.
[181] Tang (Anm. 160), S. 10.
[182] Sida, Michael, Hong Kong towards 1997. History, Development and Transition (1994), S. 259.
[183] Boasberg (Anm. 44), S. 282 [309, 312]; Ghai (Anm. 3), S. 60; Sida (Anm. 182), S. 259.
[184] Ghai (Anm. 3), S. 59.
[185] Benannt „Basic Law (Draft)".
[186] Chung, Sze-Yuen, What Has Gone Wrong during the Transition?, in: Wang, Gungwu/Wong, Sui-lun, Hong Kong's Transition. A Decade After the Deal (1995), S. 1 [10].
[187] Lam (Anm. 179), S. 116 [120].
[188] Boasberg (Anm. 44), S. 282 [310].
[189] Office of Members of The Executive and Legislative Councils Hong Kong, Comments on the Basic Law (Draft) (1989), S. 1.
[190] Boasberg (Anm. 44), S. 282 [312].
[191] Ghai (Anm. 3), S. 59; Ko, Siu Wah, Welcoming Remarks, „Knowing One Country, Realizing Two Systems" (1999), S. 1.

Im August 1989 forderte der Sekretär für allgemeine Aufgaben der Regierung Hongkongs, Barrie Wiggham, öffentlich tiefgreifende Änderungen des Basic Law-Entwurfs von 1989[192]. Er forderte die chinesische Regierung auf, keine Truppen der Volksbefreiungsarmee in der Sonderverwaltungszone zu stationieren und riet China, die für 1990 geplante Verkündung des Basic Law zu verschieben. Ein Sprecher des chinesischen Außenministeriums bezeichnete Wigghams Äußerungen als Einmischung in Chinas innere Angelegenheiten[193]. Die Forderungen wurden als dem Geist der Gemeinsamen Erklärung zuwiderlaufend und die Stabilität Hongkongs zerstörend eingeschätzt[194]. Trotzdem wurde am 4. September 1984 der Beratungszeitraum für den zweiten Entwurf um drei Monate bis zum 31. Oktober 1989 ausgedehnt[195].

## 4. Dritter Entwurf 1990

Am 16. Februar 1990 wurde der dritte Entwurf des Basic Law vom BLDC verabschiedet[196]. Die endgültige Version[197] wurde sodann auch während der dritten Sitzung des siebten Nationalen Volkskongresses der Volksrepublik China am 4. April 1990 angenommen und noch am selben Tag vom Präsidenten der Volksrepublik China, Yong Shangkun, verkündet[198].

## II. Inhalt

### 1. Allgemeines

Das Basic Law umfaßt im wesentlichen den Inhalt der Gemeinsamen Erklärung von 1984, welcher in einer Art Nachkommentierung ergänzt wurde[199]. Es versieht die Sonderverwaltungszone mit der Zuständigkeit für alle eigenen Angele-

---

[192] Siehe South China Morning Post vom 15. August 1989.

[193] Siehe China Daily (Peking) vom 19. August 1989.

[194] Lam (Anm. 179), S. 116 [121].

[195] Office of Members of The Executive and Legislative Councils Hong Kong, Comments, S. 1.

[196] King, Ambrose Y. C., „One Country, Two Systems": An Idea on Trial, in: Wang, Gungwu/Wong, Sui-lun, Hong Kong's Transition, A Decade After the Deal (1995), S. 104 [117].

[197] Benannt „Basic Law of the Hong Kong Special Administrative Region".

[198] Tang (Anm. 144), S. 283 [284]; Hsu (Anm. 3), S. 70.

[199] Weggel, Oskar, Taiwan, Hongkong (1992), S. 175.

genheiten, außer jenen, die die Außenpolitik und die Verteidigung betreffen. Grundlage ist das Konzept des „through train" (benannt nach der direkten Zugverbindung zwischen Hongkong und Guangzhou), wonach kapitalistisches System und Lebensart unter Aufrechterhaltung des bestehenden Rechtssystems den 30. Juni 1997 unverändert „passieren" sollten[200]. Hongkong sollte weiter seine eigene, frei konvertierbare Währung behalten, eigene Personalausweise ausgeben, weiterhin Finanzhoheit besitzen und seine eigene Einwanderungspolitik betreiben. Der Volksrepublik China ist es untersagt, in Hongkong Steuern zu erheben oder Teile von dessen Steuereinnahmen abzuschöpfen. Hongkong wurde insgesamt die Beibehaltung seines Rechtssystems zugesagt[201].

## 2. Justiz

Die im wesentlichen einzige Änderung[202] in bezug auf justitielle Angelegenheiten war, daß notwendigerweise der Rechtsweg zum Justizausschuß des Staatsrates in London (The Judicial Committee of the Privy Council), der höchsten Berufungsinstanz, beschnitten und durch ein eigenes oberstes Appellationsgericht, den Court of Final Appeal[203], in Hongkong ersetzt wurde[204]. In diesem durfte von den insgesamt fünf Richtern nur ein nicht ortsansässiger aus dem anglo-amerikanischen Rechtskreis (als Garant der „Common Law"-Tradition) an der Urteilsfindung mitwirken[205]. Diese Regelung stieß auf lebhafte Kritik und wurde in der englischen Presse als Rückkehr zur Politik vor 1992 abgelehnt[206]. Als problematisch wurde angesehen, daß staatliche Handlungen von der Juris-

---

[200] Jordan, Kelly, Doing Business in Hong Kong from 1 July, in: New Zealand Law Journal, Vol. 1 (1997), S. 9; unter diesem Motto war auch geplant, daß die 1995 gewählten Mitglieder des Legislative Council ursprünglich über 1997 hinaus im Amt bleiben sollten, siehe House of Commons (Anm. 73), xxxv; Wang, Gungwu/Wong, Siu-lun, Preface, in: Hong Kong's Transition. A Decade After the Deal (1995), ix; Ghai (Anm. 3), S. 63 f.

[201] Ghai (Anm. 41), S. 1 [9].

[202] Artikel 81 Absatz 2 BL.

[203] Siehe hierzu, Leung (Anm. 1), passim.

[204] Geregelt in Artikel 81 und 82 BL.

[205] DeLisle, Jacques/Lane, Kevin P., Cooking the Rice without Cooking the Goose – The Rule of Law, the Battle over Business and the Quest for Prosperity in Hong Kong after 1997, in: Cohen, Warren I./Zhao, Li (eds.), Hong Kong Under Chinese Rule – The Economic and Political Implications of Reversion (1997), S. 31 [43]; Feinerman (Anm. 91), S. 81; dieses Mindestmaß an Flexibilität wird allerdings begrüßt und u. a. auch auf die Rolle Hongkongs als führendes Finanzzentrum zurückgeführt, siehe Fung, Daniel R./Wong, Peter H. H., Constitutional Law and Litigation in the First Year of the Hong Kong SAR: Past Trends and Future Developments, in: Hong Kong Law Journal, Vol. 28 (1998), S. 336 [337].

[206] Chang/Chuang (Anm. 28), S. 177 f.

diktion ausgenommen waren[207]. Dies eröffnet der Exekutive einen rechtsfreien Raum. Zwar galt selbiges auch schon für den *Privy Council* und ist gerade bei Autonomieregelungen allgemein üblich[208], hier wurde der Begriff „*acts of state*" aber von den Richtern selbst in einer sehr engen Weise ausgelegt[209]. In Hong Kong war hierfür der Chief Executive zuständig, auch dieser hatte sich aber an die bisher ergangene „*Common Law*"-Rechtsprechung zu halten. Der Außenminister der Volksrepublik China, Qian Qicheng betrachtet in einer weitgehenden Interpretation alle Maßnahmen, welche die Beziehungen zwischen Zentralregierung und Sonderverwaltungsregion betreffen, als den „*acts of state*" zuzurechnende Handlungen der Exekutive[210].

### 3. Chief Executive als Spitze der Regierung

Die Essenz des *Basic Law* ist die Gewährung von Autonomie, um Kontinuität zu erzielen, nicht hingegen Unabhängigkeit oder ein erweitertes Spektrum an Möglichkeiten[211]. Die Volksrepublik China will sicherstellen, daß politische Experimente und damit eine eventuelle Spaltung des Landes vermieden werden. Demokratie wird allenfalls als Langzeit-Prinzip akzeptiert[212]. Bezüglich der Struktur der Regierung Hongkongs übernimmt das *Basic Law* einige der von den Briten 1984 in Kraft gesetzten Änderungen; dies gilt z. B. für den seit September 1991 bestehenden *Legislative Council*. Die Regierung liegt insgesamt zwischen den Modellen eines (britischen) Kabinetts und eines Nationalen Volkskongresses wie in der Volksrepublik China[213]. Der Regierungschef der Sonderverwaltungszone Hongkong, wird, wie ehedem der Gouverneur, nicht in direkter Wahl bestimmt, seine Berufung obliegt dem Wahlkomitee, welches sich schwerpunktmäßig aus Vertretern des Handels, der ständischen Berufs-vertretungen, aus früheren Politikern und Hongkong-Chinesen mit Verbindungen zur Volksrepublik zusammensetzt[214]. Auch für die zweite (2002) und dritte Amtsperiode (2007) soll der *Chief Executive* (Verwaltungsdirektor) von einem 800 Mitglieder umfassenden Wahlkollegium bestimmt werden[215]. Erst danach kann mit

---

[207] *DeLisle/Lane* (Anm. 205), S. 43 f.; *Feinerman* (Anm. 91), S. 81; *Dumbaugh*, Hong Kong's Return, S. 98; *Olivier* (Anm. 10), S. 163.
[208] *Leung* (Anm. 1), S. 843 [852 f.]; *Tamanaha* (Anm. 105), S. 41 [54 f.].
[209] *Feinerman* (Anm. 91), S. 83; *Ghai* (Anm. 3), S. 320; seit etwa 1970 wurde nicht mehr darauf zurückgegriffen, *McDermott* (Anm. 71), S. 263 [276].
[210] *Horlemann* (Anm. 65), S. 132.
[211] *Cullen* (Anm. 170), S. 718.
[212] *Ghai* (Anm. 41), S. 11.
[213] *Xiao, Wie-yun*, Successful Implementation and Prospects of the Basic Law of the HKSAR (1999), S. 2.
[214] *Cullen* (Anm. 170), S. 718; *Jayawickrama* (Anm. 31), S. 52.
[215] *Tang Shuk-tak* (Anm. 23), S. 105.

einer Zwei-Drittel-Mehrheit des *Legislative Council* und dem Einverständnis des *Chief Executive* das Procedere verändert werden. Die Mitglieder des Wahlkomitees rekrutieren sich zu je einem Viertel aus der Wirtschaft, den freien Berufen[216], sozialen und karitativen Einrichtungen und den politischen Vertretungsgremien. Der *Chief Executive* steht an der Spitze der Regierung (Artikel 43 Absatz 1 BL), Gesetze des *Legislative Council* bedürfen seiner Zustimmung (Artikel 76 BL). Gem. Artikel 50 BL kann der *Chief Executive* den *Legislative Council* auflösen, dieser ihn aber ebenfalls gem. Artikel 52 Nummer 2, 3 BL zum Rücktritt zwingen. Insgesamt verfügte der *Chief Executive* über eine große Machtfülle[217]. Er ist formal der Zentralen Volksregierung wie der Sonderverwaltungszone Hongkong gegenüber verantwortlich.

Am 11. Dezember 1996 wurde der Reeder Tung Chee-hwa, der das Vertrauen der Regierung in Peking genießt[218], zum *Chief Executive* bestimmt. Er war Garant für eine Fortführung der Politik des *„positive non-interventionism"*[219]. Das Wahlkollegium bestand aus nur 400 politisch wohlgesonnenen Hongkonger Männern und Frauen[220]. Tung wurde 1938 in Shanghai geboren. Seine Ausbildung hatte er in Großbritannien erhalten, dazu etwa zehn Jahre in den USA gearbeitet. Mitte der 80er Jahre hatte die Volksrepublik China sein nahezu bankrottes Schiffahrtsimperium *Orient Overseas Container Line*[221] mit 120 Millionen Dollar, vermittelt durch Tungs Förderer Henry Fok und ausgekehrt durch ein festland-chinesisches Unternehmen, unterstützt[222]. In seinem Wahlprogramm hat sich Tung für „Glaube an Ordnung und Stabilität; Betonung von Pflichten gegenüber der Gemeinschaft anstatt Rechten des einzelnen; Bevor-zugung von Kooperation vor offener Konfrontation"[223] ausgesprochen, sicherlich richtungsweisende Aussagen. Die Betonung dieser asiatischen Werte ist allerdings aufgrund der herausgehobenen Bedeutung und Beachtung, welcher der Rückkehr Hongkongs auf dem chinesischen Festland beigemessen wird, zu relativeren[224]. Solche Aussagen haben auch die Aufgabe, dort Vertrauen zu schaffen.

---

[216] Eine nur unzureichende Übersetzung des im Annex I, Satz 2, gewählten Begriffs „The Professions".
[217] *Cheng* (Anm. 28), 7 [73 f.]; *Ghai* (Anm. 41), S. 12, siehe im einzelnen die Aufzählung des Artikel 48 Basic Law.
[218] Dies wurde als eine wichtige Voraussetzung für das Amt angesehen, siehe *Lee* (Anm. 163), S. 3.
[219] *Lam* (Anm. 85), S. 267 [283].
[220] *Davis, Michael C.*, Constitutionalism in Hong Kong: Politics versus Economics, in: Journal of International Economic Law, Vol. 18 (1997), S. 157 [174].
[221] *Nanto, Dick K.*, China and Hong Kong: Chinese Views, in: *Rioni, S. G. (ed.)*, Politics and Economics of Hong Kong (1997), S. 63 [67].
[222] *Van Kemenade* (Anm. 59), S. 143 f.; *Flowerdew* (Anm. 9), S. 187.
[223] *Tung, Chee-hwa*, Building a 21st Century Hong Kong Together (1996), S. 10; siehe auch *Yeung, Chris*, Tung in a Legal Tangle, in: South China Morning Post vom 25. Januar 1997, S. 17.
[224] *Horlemann* (Anm. 65), S. 145.

Hinsichtlich der Aufgabenstellung von *Executive Council* (Artikel 54 ff. BL) und *Legislative Council* (Artikel 66 ff. BL) haben sich keine berichtenswerten Änderungen ergeben. Bei den Wahlen zum *Legislative Council* am 24. Mai 1998 ergab sich eine Wahlbeteiligung von 53 %[225], der bis dahin höchste in Hongkong erreichte Wert.

## 4. Zur Einordnung des Basic Law und zum Begriff der Verfassung

### a. Allgemeines

Inwieweit die noch zu untersuchenden Regelungen des *Basic Law* hinsichtlich der Wirtschaft Bindungswirkung haben, hängt auch mit der Hierarchieeebene zusammen, auf der sich das *Basic Law* bewegt. Die Rechtsprechung behandelte es von Anfang an als Verfassung der Sonderverwaltungszone Hongkong[226].

Die Bezeichnung des *Basic Law* mit all seinen Regelungen als „Mini-Verfassung"[227] der Sonderverwaltungszone Hongkong weist eigentlich in eine falsche Richtung[228].

Beim *Basic Law* handelt es sich nicht um die höchste, letzthin verbindliche Rechtsquelle[229]; das *Basic Law* wird legitimiert lediglich durch die Verfassung der Volks-republik China[230], welche schon für sich leicht Änderungen unterzo-

---

[225] *Ching, Frank*, Are Hong Kong People Ruling Hong Kong?, Implementation of the Sino-British Joint Declaration, 1997 – 1998, in: *Chow, Larry Chuen-ho/Fan, Yiu-kwan*, The Other Hong Kong Report 1998 (1999), S. 1 [20]; *Xiao* (Anm. 213), S. 2 f.

[226] Court of Appeal, HKSAR v Mai Wai Kwan David & Others (1997) CA, Reservation of Question of Law No 1 of 1997, 29 July 1997.

[227] So *Patten* (Anm. 73), S. 299 [301]; *Chiu, Hungdah*, Introduction, in: ders., The Draft Basic Law of Hong Kong: Analysis and Documents (1986), S. 8; Ji Pengfei, zit. n. *Cottrell* (Anm. 46), S. 132; *Chang/Chuang* (Anm. 28), S. 65; *Lam* (Anm. 85), S. 267 [268]; *Leung* (Anm. 1), S. 843 [847, 863]; *Nanto* (Anm. 221), S. 67; *Zhu* (Anm. 28), S. 121 [131]; *Rabushka* (Anm. 10), S. 641 [643]; ausführlicher hierzu *Jordan* (Anm. 6), S. 335 [350 ff.]. Auch die Regierung selbst verwendet aber diesen Begriff, so etwa im Grußwort von Anson Chan, in: „Hongkong: Neue Ära, neue Gelegenheiten", Sonderbeilage zur FAZ vom 14. Juni 2000.

[228] Zur Kritik aus chinesischer Sicht siehe *Zhang* (Anm. 95), S. 5 [7], dort wird auch darauf verwiesen, daß die Volksrepublik China ein zentralistischer Staat sei und somit keine föderale Verfassung Hongkongs in Frage komme, wie sie z. B. die Länder der Bundesrepublik Deutschland besitzen; aus anglo-amerikanischer Sicht *McDermott* (Anm. 71), S. 263 [267].

[229] *Henderson* (Anm. 58), S. 503 [529].

[230] Nach chinesischer Auffassung handelt es sich daher nur um nationales Recht, *Wang, Guiguo*, Mechanism and Principles Pertinent to the Basic Law Interpretation, in: *Leung, Priscilla MF/Zhu, Guobin*, The Basic Law of the HKSAR: From Theory to Practice (1998),

gen werden kann[231]. Trotzdem wird sichergestellt, daß viele bisher geltende Gesetze Hongkongs nach dem Übergang der Souveränität in Kraft bleiben, sofern sie nicht im Widerspruch zum *Basic Law* stehen[232]. Nationale Gesetze der Volksrepublik China sollen hingegen nicht zur Anwendung kommen[233].

Freilich fehlt es auch an einem feststehenden Verfassungsbegriff. Verkürzt kann man als Verfassung jene Rechtsnormen, welche die Grundordnung des Staates festlegen, bezeichnen. Findet in Hongkong eine Begriffsdiskussion hierzu bisher nicht statt[234], so hat sich auch in Deutschland jedenfalls bisher keine Definition durchsetzen können[235].

### b. Definitionen des Verfassungsbegriffs

Carl Schmitts dezisionistischer Verfassungsbegriff unterschied die Verfassung als Akt der Gesamtentscheidung über Art und Form der politischen Einheit[236] vom Verfassungsgesetz und nimmt letzterem somit seinen Charakter politischer Entscheidung. Formulierungen wie „die Staatsgewalt geht vom Volke aus" hatten für Schmitt keinen verfassungsgesetzlichen Charakter[237]. Auf den sehr engen Begriff Schmitts ist hier nicht näher einzugehen, da er keine Anhaltspunkte dafür bietet, was positiv eine Verfassung an Kernelementen enthalten muß.

---

S. 41 [46].
[231] Allgemein hierzu *Kuan* (Anm. 38), passim.
[232] Artikel 8 BL, der Gesetzgebung steht es danach auch frei, die bisherigen Gesetze abzuändern oder zu ergänzen.
[233] Artikel 18 BL, ausgenommen hiervon sind die grundlegenden Regelungen betreffend nationale Symbole, Staatsgebiet, Staatsbürgerschaft, Diplomatenstatus und Immunität, vgl. Annex III. Dies gilt nicht im Kriegszustand oder bei Gefahren für die nationale Sicherheit, Artikel 18 Absatz 4 BL. Es bleibt zu hoffen, daß diese Einschränkungen sich nicht im Sinne einer Selbstzensur auf Gesetzgeber, Angehörige der Verwaltung und Rechtsprechung auswirken, vgl. *Davis* (Anm. 220), S. 157 [165].
[234] Erste Vorschläge von US-amerikanischer Seite finden sich bei *Rogers* (Anm. 26), S. 449 ff. Dieser schlägt drei Definitionen für den Begriff „Verfassung" vor: (1) Eine Konstitution der aktuellen politischen Machtverteilung, (2) Ein schriftliches Dokument und (3) Richtlinien für Rechtsstreitigkeiten. Angesichts dessen kann eine Diskussion hier unterbleiben, zumal eine Entscheidung für den Begriffe nicht getroffen wird.
[235] *Stern, Klaus*, Das Staatsrecht der Bundesrepublik Deutschland, Band I, Grundbegriffe und Grundlagen des Staatsrechts, Strukturprinzipien der Verfassung, 2. Auflage (1984), S. 69.
[236] Verfassungslehre (1928), S. 20 ff.
[237] (Anm. 236), S. 24.

Rudolf Smend sieht die Verfassung als rechtliche Ordnung des Prozesses staatlicher Integration[238]. Der Sinn dieses Prozesses sei die immer neue Herstellung der Lebenstotalität des Staates. Die Verfassung sei daher die gesetzliche Normierung einzelner Seiten dieses Prozesses. Es sei auch völlig normal, daß die Verfassungen ihren Gegenstand nur schematisch und nur in Einzelpunkten erfassen können. Diesem recht weit gefaßten Begriff steht es nicht entgegen, auch das Basic Law Hongkongs als Verfassung zu bezeichnen. Wenn Hongkong auch nicht volle Autonomie genießt, so werden doch die wesentlichen staatliche Institutionen in ihrem Verhältnis zueinander definiert.

Konrad Hesse sieht die Verfassung als rechtliche Grundordnung des Gemeinwesens[239]. Sie bestimme die Leitprinzipien, nach denen politische Einheit sich bilden und staatliche Aufgaben wahrgenommen werden sollen. Sie regele Verfahren der innersozialen Konflikt-bewältigung wie der politischen Einheitsbildung und biete den Rahmen der rechtlichen Gesamtordnung. Insgesamt sei sie mit Hollerbach „ [...] der grundlegende, auf bestimmte Sinnprinzipien ausgerichtete Strukturplan für die Rechtsgestalt eines Gemeinwesens, in der dieses als politisches existiert und seinen geschichtlichen Auftrag zu erfüllen sucht"[240]. Hesse hebt hervor, daß die Verfassung die Grundlinien rechtlicher Gesamtordnung, nicht nur des staatlichen Lebens im engeren Sinn, normiert. Somit seien auch die Grundlagen des bürgerlichen Lebens, wie etwa das Eigentum oder die Grundsätze des Arbeits- und Soziallebens im Rahmen der Verfassung geordnet[241]. Auch diese, etwas detailliertere Begriffsbestimmung steht einer Einordnung des Basic Law als Verfassung nicht entgegen.

Nur auf den ersten Blick einschlägig sind noch Herbert Krügers Ausführungen über „subkonstitutionelle Verfassungen"[242]. Krüger nimmt hier zum Ausgangspunkt wieder die Frage, ob sich aus dem Grundgesetz eine bestimmte Wirtschaftsverfassung ablesen lasse und bezeichnet als subkonstitutionelle Verfassungen diejenigen Ordnungen, die sich selbst Verfassungen nennen, sich aber von den Staatsverfassungen auf den ersten Blick dadurch unterscheiden, daß sie nicht die Allgemeinheit, die Nation oder wie immer man die politische Ganzheit nennen will, sondern einen besonderen, eigenartigen Lebensbereich dieser

---

[238] Verfassung und Verfassungsrecht, Staatsrechtliche Abhandlungen und andere Aufsätze, 2. Auflage (1968), S. 119 [189].

[239] Grundzüge des Verfassungsrechts der Bundesrepublik Deutschland, 20. Auflage (1999), S. 10; ders., in: *Benda, Ernst/Maihofer, Werner/Vogel*, Hans-Jochen, Handbuch des Verfassungsrechts, 2. Auflage (1994), S. 7 f.

[240] *Hollerbach, Alexander*, Ideologie und Verfassung, in: *Maihofer, Werner*, Ideologie und Recht (1968), S. 37 ff [46].

[241] *Hesse*, in: *Benda/Maihofer/Vogel* (Anm. 239), , S. 8.

[242] DÖV 1976, 613 ff.

Ganzheit verfassen. Als Beispiele hierzu bezieht sich Krüger insbesondere auf die Betriebsverfassung[243]. Hongkongs *Basic Law* dagegen behandelt unter Ausnahme von Außen- und Verteidigungspolitik nahezu alle relevanten Belange des Gemeinwesens, so daß keine lediglich „subkonstitutionelle" Verfassung vorliegt.

Insgesamt stehen der Bezeichnung des *Basic Law* als Verfassung keine zwingenden Einwände entgegen. Dies ist aber insbesondere auf die Tatsache zurückzuführen, daß die hier untersuchten Definitionen vom Begriff des Gemeinwesens statt des Staates ausgehen, so daß eine Untersuchung der Staatsgewalt im Sinne der Drei-Elemente-Lehre Gustav Jellineks[244] hier unterbleiben kann[245].

### III. Bindungswirkung und Interpretation[246]

Gem. Artikel 158 BL steht dem Ständigen Komitee des Nationalen Volkskongresses die Interpretation des *Basic Law* zu[247]. Entsprechend der chinesischen Verfassungspraxis heißt dies, daß das Ständige Komitee jederzeit „legislative" (oftmals wohl auch politisch motivierte) Interpretationen abgeben kann und Hongkongs Institutionen daran gebunden sind. Trotzdem können auch die Gerichte Hongkongs im Rahmen ihrer richterlichen Entscheidung Bestimmungen des *Basic Law* interpretieren, ohne das Ständige Komitee zu konsultieren, es sei denn, folgende Voraussetzungen sind gegeben:

(1) der Fall bedarf der Interpretation von Bestimmungen, welche Angelegenheiten betreffen, die im Bereich der Verantwortung der Zentralen Volksregierung liegen oder die Beziehungen zwischen den zentralen Autoritäten und der Sonderverwaltungszone betreffen,

---

[243] DÖV 1976, S. 613 [616, 618].

[244] Allgemeine Staatslehre, 3. Auflage, Neudruck (1922), S. 342.

[245] *Johnson, Eric*, Hong Kong after 1997: A Free City?, in: German Yearbook of International Law, Vol. 40 (1997), S. 383 [396], welcher Hongkong als Freie Stadt i.S.d. Völkerrechts einordnet, scheint aber alle drei Elemente für die Sonderverwaltungszone als vorhanden anzusehen.

[246] Siehe hierzu auch *Boasberg* (Anm. 44), S. 282 [345] und sehr ausführlich *Ghai* (Anm. 3), Kapitel 5, S. 189 ff.

[247] Pessimisten sahen hiermit das Ende der „Rule of Law" besiegelt, vgl. *Pendleton, Michael*, The day the rule of law died, in: South China Morning Post vom 26. Mai 1999, zit. b. *Wang/Zhu* (Anm. 25), S. 917 [942]. Berücksichtigt man das chinesische Rechts- und Verfassungsverständnis, so erscheint diese Befürchtung nicht völlig unbegründet.

(2) die Interpretation beeinflußt die gerichtliche Entscheidung und

(3) die Entscheidung des Gerichts ist nicht appellationsfähig.

Insgesamt handelt es sich hinsichtlich der Kompetenzen um eine eher unklare Regelung,[248]. Hier dürfte auch der Schwerpunkt der Interpretationsarbeit liegen[249]. Da Artikel 84 BL den Gerichten Hongkongs gestattet, für zu fällende Urteile andere Präzedenzfälle der „Common Law"-Rechtsprechung heranzuziehen und Artikel 92 BL das Richteramt auch Bewerbern anderer Länder jener Rechtsprechung öffnet, ist es einer Ansicht nach folgerichtig, daß auch das Basic Law in Übereinstimmung mit den Prinzipien des „Common Law" interpretiert wird[250]. Andere Stimmen wollen zusätzlich die Erfahrungen der kodifikatorischen Rechtstradition der Volksrepublik China einfließen lassen[251]. Das Ständige Komitee hingegen interpretiert das Basic Law, wenn die Gerichte ihm eine Sache gem. Artikel 158 BL übergeben und wenn

(1)     gem. Artikel 17 BL Gesetze der Sonderverwaltungszone nicht im Einklang mit den Vorgaben des Basic Law betreffend die Verantwortlichkeit der zentralen Autoritäten oder das Verhältnis zwischen den zentralen Autoritäten und der Region stehen (die Gesetze können dann für ungültig erklärt werden),

(2)     es gem. Artikel 18 BL Gesetze der Volksrepublik der Liste des Annex III hinzufügen will, so es sich um Verteidigungs- und auswärtige Angelegenheiten bzw. Angelegenheiten außerhalb der Autonomie der Region handelt,

(3)     wenn es gem. Artikel 160 BL Gesetze außer Kraft setzen will, welche mit dem Basic Law nicht vereinbar sind.

Vor Abgabe einer Interpretation zieht das Ständige Komitee das „Committee for the Basic Law of Hong Kong Special Administrative Region ('Basic Law Committee')" zur Beratung heran[252]. Dessen zwölf Mitglieder, von denen sechs aus Hongkong stammen müssen, befassen sich mit der Implementierung der Artikel 17, 18, 158 und 159 BL.

---

[248] Vgl. *Cheung* (Anm. 4), S. 195 [205].
[249] *Leung, Priscilla MF/Zhu, Guobin (eds.)*, Introduction, The Basic Law of the HKSAR: From Theory to Practice (1998), xi; *Wang* (Anm. 230), S. 43.
[250] *Chan, Johannes M. M.*, Principles of Interpretation of the Basic Law: A Preliminary Enquiry, (1998), S. 9.
[251] *Wang* (Anm. 230), S. 48.
[252] *Wang* (Anm. 230), S. 45.

## IV. Änderungen und Ergänzungen

Theoretisch kann die Volksrepublik China das *Basic Law* beliebig ändern und ergänzen. Zwar schreibt Artikel 159 BL hierfür normalerweise einen umfangreichen Beratungsprozeß unter Einbeziehung der betroffenen Parteien vor[253]. Artikel 5 der chinesischen Verfassung läßt keine Gesetze, Verwaltungsvorschriften oder Satzungen zu, die im Widerspruch zur chinesischen Verfassung stehen. Somit könnte der Nationale Volkskongress Artikel 5 CV als „Trumpfkarte"[254] benutzen, um das *Basic Law* nach Belieben zu verändern. Man würde dann Regelungen mit der Begründung verwerfen, daß die chinesische Verfassung andere Inhalte vorschreibe. Artikel 62 CV gibt zudem dem Nationalen Volkskongreß die Macht, grundlegende Statuten zu ändern. Im öffentlichen Recht versteht man darunter das von bestimmten Körperschaften im Rahmen ihrer Zuständigkeit gesetzte Recht. Unklar ist, ob auch der Nationale Volkskongreß sich an eine so enge Definition hält und nicht das *Basic Law* unter den Begriff „Statut" subsumiert.

1997 wurde ein unabhängiges, nach rechtsstaatlichen Maßstäben urteilendes Gericht - der *Privy Council* -, durch ein kommunistisches Staatsorgan, welches keinerlei Praxis in Sachen Verfassungsinterpretation besitzt[255], - den Nationalen Volkskongress - ersetzt[256]. Auch ein Verstoß gegen die Grundsätze der Gemeinsamen Erklärung würde somit lediglich zu einem völkerrechtlichen Problem. Die Gerichte besitzen keine Überprüfungskompetenz mehr. Eine Überprüfung von Gesetzen durch die Judikative ist in China bisher weitgehend unbekannt, so daß viele Garantien des Grundgesetzes leerlaufen könnten[257].

## V. Rang innerhalb des chinesischen Verfassungssystems

Daß auch das *Basic Law* grundsätzlich als Verfassung bezeichnet werden kann, wurde bereits festgestellt. Auf höchster Gesetzesebene ist aber die Verfassung der Volksrepublik China angesiedelt[258]. Das *Basic Law* der Sonderverwaltungs-

---

[253] *Xiao* (Anm. 213), S. 4 f.
[254] *Cheung* (Anm. 4), S. 195 [207].
[255] *Wang* (Anm. 230), S. 47.
[256] *Horlemann* (Anm. 115), S. 91.
[257] *Odrich* (Anm. 60), S. 619.
[258] *Gornig, Gilbert H.*, Hongkong (Anm. 49), S. 142; *Cheng* (Anm. 28), S. 7 [12].

zone Hongkong untersteht dieser[259] und ist somit insgesamt ein Gesetz der zweithöchsten Stufe[260]. Auch in der Volksrepublik China dürfen Gesetze niederen Ranges nicht im Gegensatz zu einem höherrangigen Gesetz stehen[261]. Offensichtlich ist, daß nicht alle Vorschriften des im übrigen sehr viel textreicheren[262] Basic Law mit der Verfassung der Volksrepublik China im Einklang stehen[263].

Artikel 1 der chinesischen Verfassung legt fest: "Die Volksrepublik China ist ein sozialistischer Staat unter der demokratischen Diktatur des Volkes, der von der Arbeiterklasse geführt wird und auf dem Bündnis der Arbeiter und Bauern beruht."
Hierzu im Gegensatz steht Artikel 5 des Basic Law: „Das sozialistische System und die entsprechende Politik finden in der Sonderverwaltungsregion Hongkong keine Anwendung und das bisherige kapitalistische System und die entsprechende Lebensform werden für 50 Jahre beibehalten."

Auch die chinesische Pflicht zur Familienplanung läßt sich mit dem Recht auf freiwillige Geburten der Bürger von Hongkong nicht vereinbaren.

Fraglich ist, ob diese Widersprüche mit der chinesischen Verfassung im Einklang stehen. Einerseits erlaubt Artikel 31 ja dem Staat die Einrichtung von Sonderverwaltungszonen, deren Grundordnung vom Nationalen Volkskongress unter Berücksichtigung der örtlichen Gegebenheiten festzulegen ist[264]. Andererseits verbietet Artikel 5 Absatz 2, 4 der Chinesischen Verfassung Gesetze, welche im Widerspruch zur Verfassung stehen. Auch schreibt Artikel 33 Absatz 2 vor, daß alle Bürger der Volksrepublik China vor dem Gesetz gleich seien.
Als Lösung bietet sich zumindest an, den Vorrang des Artikels 31 der chinesischen Verfassung deutlicher herauszustellen[265]. Das kapitalistische System könnte in einer Präambel bestätigt werden. In einem gesonderten Kapitel der

---

[259] Chan (Anm. 250), S. 4; Lin, Feng, Bill of Rights, The Basic Law and Judicial Review, in: Leung, Priscilla MF/Zhu, Guobin, The Basic Law of the HKSAR: From Theory to Practice (1998), S. 241 [254].

[260] Olivier (Anm. 10), S. 160; a. A. Jayawickrama, Nihal, Time to court the issue: China's Constitution has no legal basis here, in: Hong Kong Standard vom 30. Juli 1997, zit. b. Wang/Zhu (Anm. 25), S. 917 [935]. Dieser hält die chinesische Verfassung in Hongkong für nicht anwendbar, da es sich um zwei völlig verschiedene Systeme handele. Jayawickrama übersieht aber, daß das Basic Law ja gerade als lex specialis eine Vielzahl der der Sonderverwaltungszone gerecht werdenden Ausnahmeregelungen enthält.

[261] Cheng (Anm. 28), S. 7 [12].

[262] Tang Shuk-tak (Anm. 23), S. 47.

[263] Siehe nur Artikel 1 Absatz 1, Artikel 25 und 49 Absatz 2 der Verfassung der Volksrepublik China einerseits und Artikel 5 und 37 BL andererseits; Cottrell (Anm. 46), S. 189; Chiu (Anm. 73), xiii; Chan (Anm. 250), S. 4.

[264] Chan (Anm. 250), S. 4 f.

[265] Gornig (Anm. 49), S. 145; Yeung, Chris, Chief Justice lists potential Conflict Areas, in: South China Morning Post vom 10. Juni 1988, S. 5.

chinesischen Verfassung sollten dann Lösungen für Konfliktfälle bereitgestellt werden[266].

## VI. Weitere Entwicklung Hongkongs seit dem 1. Juli 1997

1997 hatte zunächst ein Berufungsgericht entschieden, daß Hongkongs Gerichte keine Rechtsprechung über vom Nationalen Volkskongress verabschiedete Gesetze ausüben dürfen. Eine andere Auffassung vertrat der *Court of Final Appeal* in bezug auf die Zusammenführung von auf dem Festland geborenen Kindern mit den in Hongkong lebenden Eltern[267]. Er beansprucht das Recht, Gesetze des Festlandes auf die Vereinbarkeit mit dem *Basic Law* zu überprüfen[268]. Darüber hinaus seien bestehende Vereinbarungen zwischen Großbritannien und der Volksrepublik China nicht mehr anzuwenden, wenn sie im Widerspruch zum *Basic Law* stehen. Die Volksrepublik China wandte sich entschieden gegen diese Auffassung.

Im August 1998 griff die Regierung Hongkongs durch massive Aktienkäufe ein, als es in Hongkong zu rapiden Kursverlusten nicht nur der im Hang-Seng-Index zusammengefaßten Werte kam. Dies geschah jedoch ohne Einflußnahme der Zentralregierung[269]. Anders herum gesehen kann Hongkong nicht darauf vertrauen, auf die Finanzreserven des Festlandes zurückgreifen zu können. Die Zentralregierung akzeptiert auch, daß alle finanziellen Transaktionen zwischen den beiden Gebieten auch nach der Übergabe als international behandelt werden[270]. Investitionen der Unternehmen Hongkongs auf dem Festland gelten ebenfalls als ausländische Investitionen. Zur Verbesserung der Standortqualität dient u. a. das „*Airport Core Programme*". In Flughafennähe soll ein neuer Stadtteil mit im Jahr 2011 etwa 200.000 Einwohnern entstehen.

Daß der Drang der Bevölkerung nach demokratischen Reformen sich Raum schaffen würde, bestätigte sich nicht: Bei der ersten Wahl in Hongkong seit der Rück-kehr zu China hat die prochinesische „Demokratische Allianz für die Verbesserung Hongkongs" im November 1999 einen Sieg errungen. Neu besetzt wurden die *Urban Councils*, die Wahlbeteiligung lag bei etwa 36 Prozent[271].

Empfindlich zeigte sich Hongkong nur, wenn es um die Bedrohung der wirtschaftlichen Freiheit ging. Die Äußerung eines Pekinger Funktionärs, wonach Hongkong nicht mit taiwanesischen Unternehmern Geschäfte machen solle, die

---

[266] Gornig (Anm. 49), S. 145.
[267] Enter the Children, The Economist vom 6. Februar 1999, 60 f.
[268] Gerichtsurteil über Aufenthalt von Kindern vom Festland, CHINA aktuell 1999, S. 127.
[269] *Yam, Joseph*, Implementation of Financial Policy in the HKSAR (1999), S. 5.
[270] *Yam* (Anm. 269), S. 8.
[271] Prochinesische Partei gewinnt Wahl, FAZ vom 30. November 1999.

sich für eine Unabhängigkeit Taiwans einsetzen, wurde scharf zurückgewiesen. „Wir glauben an freie Märkte und eine freie Wirtschaft", ließ sich Anson Chan, die Verwaltungschefin zitieren[272].

---

[272] Kontinuität gewahrt, FAZ vom 16. Juni 2000.

# Kapitel IV.
## Hongkong als Sonderverwaltungsregion in der Volksrepublik China

## A. Begriff der Sonderwirtschaftszone

Um einen höheren Effektivitätsgrad beim Anziehen von ausländischem Kapital, hier insbesondere auch jenem der Auslandschinesen, zu erreichen, wurden Sonderwirtschaftszonen errichtet, welche losgelöst von den bestehenden Institutionen die Anforderungen der ausländischen Investoren besser befriedigen konnten. Im März 1980 kündigte der ständige Ausschuß des fünften Nationalen Volkskongresses die Errichtung von drei Sonderwirtschaftszonen in der Provinz Guangdong, nämlich Shenzhen, Zhuhai und Shantou an[1]. Sie unterstehen formell der Führungsgruppe für Sonderwirtschaftszonen und ausländische Investitionen beim Staatsrat, welche allerdings nur koordinierende Aufgaben wahrnimmt[2]. Die Hauptarbeit leisten die Provinzregierungen. Die Idee, mit der Schaffung von Wirtschaftssonderzonen *(jingji, tequ)* durch eine bevorzugte Behandlung (die Reduzierung der Einkommenssteuer, der Verzicht auf Zollerhebungen) ausländische Investitionen zu fördern, ist nicht neu. Es wird geschätzt, daß weltweit etwa sechzig Nationen vergleichbare Sonderzonen eingerichtet haben[3]. Ihre Förderung gilt meist der Industrie. Im Gegensatz hierzu gilt die Förderung der chinesischen Sonderzonen auch landwirtschaftlichen Aktivitäten und dem Tourismus. Die Zugeständnisse können hier auch förderungswürdigen Projekten außerhalb der Grenzen der Sonderzone zukommen, solange sie sich innerhalb der Grenzen des Bezirks befinden. Deng Xiaoping zufolge sind die Sonderwirtschaftszonen „Schaufenster, ein Fenster der Technologie, des Managements, des Wissens sowie der Außenpolitik. Mit dem Betreiben der Sonderwirtschaftszonen sind wir in der Lage, Technologie einzuführen, Wissen zu erlangen und Management-Know-How zu erwerben."[4]
Das wesentliche Charakteristikum der Sonderwirtschaftszonen jedenfalls chinesischer Prägung[5] ist die von den übrigen Regionen abweichende Wirtschaftsge-

---

[1] *Cheng, Tong Yung*, The Economy of Hong Kong, Revised Edition (1977/82), S. 369.
[2] *Wall, David*, Special Economic Zones in China, The Administrative and Regulatory Framework (1991), S. 5.
[3] *Cheng* (Anm. 1), S. 370; so etwa hat die Russische Föderation im Königsberger Gebiet eine Sonderwirtschaftszone Kaliningrad geschaffen. Die Umsetzung wird aber bisher relativ inkonsequent betrieben, siehe *Gornig, Gilbert H.*, Das nördliche Ostpreußen gestern und heute (1995), S. 178.
[4] *Deng, Xiaoping*, Construct a Socialism with Chinese Characteristics, Second Edition (1987), S. 41 (in chinesisch).
[5] International wird der Begriff für eine Vielzahl unterschiedlich strukturierter Zonen benutzt, vgl. *Gornig* (Anm. 3), S. 164.

setzgebung, insbesondere mit Hinsicht auf Steuervorteile für ausländische Investoren, flexible Arbeitsmarktbestimmungen und eine liberalere, unbürokratischere Verwaltung[6]. Hinzu kommen niedrige Landnutzungskosten, Zollbefreiung auf importierte Anlagen und Komponenten sowie erleichterte Gewinnrepatriierung[7]. Zudem dürfen Unternehmen, die moderne Technologie transferieren, einen Teil ihrer Produktion auf dem chinesischen Binnenmarkt absetzen[8]. Als Hauptanreiz für Investitionen wirken jedoch die extrem niedrigen Löhne, die z. B. in Guangdong nur ein Siebtel des Hongkonger Niveaus erreichen[9].

Xu Dixin, ein führender Ökonom in der chinesischen Regierung, hat festgehalten, welche Funktion die Sonderwirtschaftszonen ausüben sollen[10]:

(1) Die Sonderwirtschaftszonen wurden geschaffen als Brücken, um ausländisches Kapital und fortschrittliche Technologien[11] einzuführen. Dies geschah in einem Prozeß der Produktzirkulation. In den Joint Ventures mit chinesischen und ausländischen Investitionen in den speziellen Zonen können die Chinesen aktuelle Techniken und wissenschaftliche Methoden des Managements erlernen.

(2) Während regionaler Wettbewerb im Rest des Landes die chinesischen Unternehmen eher daran hindert, Produktion und Management zu optimieren, ist zum Wohl der Entwicklung der Gesamtwirtschaft zwingend davon auszugehen, daß Wettbewerb innerhalb der Sonderwirtschaftszone und zwischen den Sonderwirtschaftszonen und Hongkong bzw. Macao, die Sonderwirtschaftszonen begünstigt. Es versetzt sie in die Lage, ihre Produktion an die Marktnachfrage anzupassen, ihre Warenqualität zu verbessern, neue Produkte zu entwickeln und die Produktionskosten zu senken.

---

[6] Zu den rechtlichen Rahmenbedingungen für die einzelnen Sonderwirtschaftszonen siehe *Bolz, Klaus/Lösch, Dieter/Pissulla, Petra*, Freihandels- und Sonderwirtschaftszonen in Osteuropa und in der VR China (1990), passim.
[7] *Yuan, Ying-Dong*, Intentions, Interpretations and Deterrence Failure: Mainland China's Entry into the Korean War reexamined, in: Issues & Studies, Vol. 29 (1993), S. 73 [89].
[8] *Crane, George T.*, The Political Economy of China's Special Economic Zones (1990), S. 80.
[9] *Bobrowski, Thilo*, Wirtschaftliche Entwicklungsperspektiven Hong Kongs (1994), S. 104.
[10] *Xu, Dixin*, China's Special Economic Zone, in: Beijing Review, Number 50 (1981), S. 14 – 17.
[11] *Sun, Ru*, The Conception and Prospects of the Special Economic Zones in Guangdong, in: Chinese Economic Studies, Vol. 14 (1980), S. 68 [77].

(3) Die Sonderwirtschaftszonen werden eine beachtliche Menge an Fremdwährung durch Förderung der Exportproduktion erwirtschaften[12]. Mit diesen Zonen dringen Teile des ausländischen Kapitals, der Technologie und der Maschinen auch in andere Teile des Landes vor.

(4) Die Sonderwirtschaftszonen sollen weiterhin als Laboratorien im Rahmen der chinesischen Wirtschaftsreformen[13] und als Schulen zur Erlernung der Marktmechanismen[14] dienen. Von den Sonderwirtschaftszonen wird auch erwartet, Arbeitsmöglichkeiten für die arbeitslose Jugend in den ländlichen Gegenden zu schaffen.

Mit der Konzeption verfolgt die chinesische Führung im wesentlichen zwei Zielsetzungen: In ökonomischer Hinsicht soll in geographisch definierten Gebieten eine marktwirtschaftliche Vorgehensweise getestet werden. Weiterhin sollen die Sonderwirtschaftszonen eine Brückenfunktion für den Import von ausländischem Kapital, Technologie und Management-Know-How[15] übernehmen und gleichzeitig ein Standort für exportorientierte Produktionsbetriebe sein[16]. Für das Ziel der wirtschaftlichen Modernisierung werden regionale Ungleichgewichte in Kauf genommen[17]

Den Investoren bieten die Sonderwirtschaftszonen verschiedene konkrete Vorteile: An erster Stelle stehen solche steuerlicher Art. Investoren werden hier mit höchstens 15 % gegenüber 30 % in der Volksrepublik China außerhalb der Sonderwirtschaftszonen besteuert[18]. Die Volksrepublik China garantiert, daß alle „Vermögenswerte, Gewinne, andere wohlerworbenen Rechte und Interessen gesetzlich geschützt werden", wodurch sichergestellt wird, daß allen Investoren „vorteilhafte Investitionsbedingungen in einem stabilen wirtschaftlichen Um-

---

[12] Der Gewinn, was Fremdwährungen anbelangt, beträgt schon jetzt etwa 6 Milliarden US$, angeblich genug um etwa 40 % des chinesischen Bedarfs an harter Währung abzudecken; siehe auch *Jao, Y. C.*, Dependence is a two-way Street, in: Far Eastern Economic Review vom 20. Januar 1983.
[13] *Gupta, S. G.*, Chinese Special Economic Zones: An Introductory Summary, in: *ders.*, China's Economic Reforms, Role of Special Economic Zones and Economic and Technological Development Zones (1996), xii; diese Funktion wurde auch für die russischen Sonderwirtschaftszonen hervorgehoben, siehe *Gornig* (Anm. 3), S. 165.
[14] Hier sah schon Milton Friedman größte Defizite, zurückzuführen auf die jahrzehntelange sozialistische Praxis, siehe *Friedman, Milton/Friedman, Rose*, Free to Choose. A Personal Statement (1980), S. 85.
[15] *Sun* (Anm. 11), S. 68 [77].
[16] *Bobrowski* (Anm. 9), S. 104.
[17] *Morgan*, in: *Romich, Manfred F.*, Wirtschaftsreform und gesellschaftliche Entwicklung: China im zweiten Jahrzehnt nach Mao (1991), S. 75.
[18] *Henderson, John H.*, The Reintegration of Hong Kong into the People's Republic of China: What it Means to Hong Kong's Future Prosperity, in: Vanderbilt Journal of Transnational Law, Vol. 28 (1995), S. 503 [539]; *Schryen, Rainer*, Hong Kong und Shenzhen, Entwicklungen, Verflechtungen und Abhängigkeiten (1992), S. 100 f.

feld" zugestanden werden[19]. Unternehmen, welche sich in einer Sonderwirt-schaftszone angesiedelt haben, müssen für Produktionsmittel keine Einfuhrzölle abführen[20]. Gewinne, welche aus in einer Sonderwirtschaftszone reinvestierten[21] Geldern resultieren, werden teilweise von der Einkommenssteuer befreit[22]. Ein zweiter Vorteil ist, daß in der Sonderwirtschaftszone erzielte Gewinne straflos ausgeführt werden dürfen. So konnten zumindest früher Schwierigkeiten mit Chinas Parallelwährungssystem umgangen werden[23]. Schließlich genossen in den Sonderwirtschaftszonen angesiedelte Unternehmen Vorteile in bezug auf die Gewinnung von Arbeitskräften. Spezielle Dienstlei-stungsunternehmen empfahlen Arbeitskräfte an die angesiedelten Unternehmen weiter, wobei diese aber auch eigene Arbeitskräfte einstellen konnten. Durch vorabgeschlossene Arbeitsverträge konnten die Arbeitgeber vor Errichtung einer Fabrik ihre Arbeitskosten genau kalkulieren[24]. Den Lokalregierungen wurde außerdem das Recht gewährt, Exporterlöse selbst einzubehalten und in den Aus-bau der eigenen Infrastruktur zu investieren, welche zusätzlich durch staatliche Haushaltsmittel gefördert wurde[25]. Kritik an den Sonderwirtschaftszonen blieb nicht aus. Im wesentlichen wurde seit 1995 kritisiert, daß diese für zunehmende regionale Spannungen und Korruption verantwortlich seien, dem marktwirtschaftlichen Prinzip eines fairen Wettbewerbs Hohn sprechen und eine Mitgliedschaft in der *WTO* ohnehin unvereinbar mit Sonderwirtschaftszonen sei[26].

---

[19] *Shiu, Eric K.*, Hong Kong: Prospects of Autonomy Under Chinese Rule After 1997, in: Transnational Law, Volume 3 (1990), S. 141 [174 f.].

[20] *Shiu* (Anm. 19), 175; *Schryen* (Anm. 18), S. 100.

[21] Dies sind Gewinne, welche ihrerseits durch den Einsatz von in der Sonderwirtschaftsregion erwirtschafteten Finanzmitteln erzielt wurden.

[22] *Shiu* (Anm. 19), 176; *Schryen* (Anm. 18), S. 101.

[23] *Henderson* (Anm. 18), S. 539; zu den Fortschritten in dieser Hinsicht siehe China's New Unified Exchange Rate System, Hang Seng Economic Monthly (January 1994); Outlook for the Renminbi Exchange Rate, a.a.O., (February 1995).

[24] *Henderson* (Anm. 18), S. 540.

[25] *Schüller, Margot*, Wirtschaftsintegration zwischen dem chinesischen Festland und Hongkong und Taiwan, in: CHINA aktuell, November 1994, S. 1130 [1132].

[26] *Onishi, Yasuo*, China's Conversion to a Market Economy and Problems with the Return of Hong Kong and Unification of China and Taiwan, in: *ders.*, One Country Two Systems, China's Dilemma (1997), S. 1 [7].

## B. Freihandels- und Exportverarbeitungszonen als Vorläufer der Konzeption der Sonderwirt-schaftszonen[27]

Bei Freihandels- und Exportverarbeitungszonen handelt es sich um territorial klar abgegrenzte Areale innerhalb eines Staatsgebietes, die zur Ankurbelung der eigenen Wirtschaft besondere Vergünstigungen anbieten[28]. Die sogenannten Freihandelszonen gibt es seit Beginn des 18. Jahrhunderts. Sie wurden an den Haupthandelswegen der Schifffahrtslinien errichtet und gewährten zollfreie Im- und Exporte. Meist entstanden diese Zonen in der Nähe eines Hafens, so auch Singapur und Hongkong, welche seit 1819 bzw. 1841/42 einen Freihafenstatus innehaben. Dort wurden keinerlei Handelszölle erhoben.

Eine Weiterentwicklung der Freihandelszonen stellen die Exportverarbeitungszonen dar, welche in den 70er Jahren unseres Jahrhunderts in Asien auftauchten. Diese wurden einerseits als isolierte Industrieareale für ausländische Unternehmen (z. B. Indonesien), andererseits als Katalysatoren einer insgesamt exportorientierten Wirtschaft (z. B. Malaysia, Südkorea) angesehen[29].

Beide Modelle verfolgten jedoch gleiche Zielsetzungen:

(1) Einführung ausländischen Kapitals

(2) Vergrößerung des Exporthandels

(3) Schaffung von Arbeitsplätzen und Produktions-
standorten

(4) Import fortschrittlicher Technologie

(5) Einführung moderner Managementmethoden

(6) Nutzung lokaler Rohstoffe

Insgesamt stützen sich alle Exportverarbeitungszonen auf ein Maßnahmenbündel, welches enthält: Steuervergünstigungen, zollfreie Ein- und Ausfuhr, günstiger Landerwerb sowie freier Devisenfluß[30]. Wesentlich für die Attraktivität der

---

[27] Hiervon geht auch *Wall* (Anm. 2), iv, aus.

[28] *Schryen (Anm.* 18), S. 102; *Groth, Martin*, Die Bedeutung der Sonderwirtschaftszonen für den chinesischen Reformprozess, in: *Seeger, Adrian/Theisen, Christian*, Hongkong. Eine Bilanz (2000), S. 25 [29].

[29] *Schryen* (Anm. 18), S. 103.

[30] *Schryen* (Anm. 18), S. 104.

Exportverarbeitungszonen ist auch die große Verfügbarkeit billiger Arbeitskräfte.

Die asiatischen Exportverarbeitungszonen unterscheiden sich in wesentlichen Punkten von den chinesischen Sonderwirtschaftszonen[31]:

(1) Bei den asiatischen Exportverarbeitungszonen liegt naturgemäß eine stärkere Einbindung in die Binnenwirtschaft vor, da hier kein Systembruch zu überwinden ist[32]. Die Sonderwirtschaftszonen agieren isoliert vom sonstigen Territorium.

(2) Bei den Sonderwirtschaftszonen handelt es sich daher auch um multisektorale Experimente, während das Augenmerk der Exportverarbeitungszonen auf der Förderung einer exportorientierten Industriewirtschaft ruht.

(3) Die Sonderwirtschaftszonen sind viel größer als die Exportverarbeitungszonen.

(4) In den chinesischen Sonderwirtschaftszonen müssen sich die Investoren auch selbst an den Kosten der Infrastruktur beteiligen. Diese Verpflichtung entfällt für die Exportverarbeitungszonen.

(5) Dafür ist es den Unternehmen in den Sonderwirtschaftszonen erlaubt, ihre Waren auch ins Binnenland zu verkaufen, während die Exportverarbeitungszonen eben nur einen Export zulassen.

(6) Die Konzeption hins. der Sonderwirtschaftszonen verfolgt einen eher langfristigen Ansatz, während die Exportverarbeitungszonen meist auf kurzfristige Beschäftigungs- und Devisenerfolge setzen.

---

[31] *Schryen* (Anm. 18), S. 105; a. A. ohne weitere Erläuterung *Ki, Joseph*, Hong Kong Investments in China's Special Economic Zones (Shenzhen and Shekou), Benefits and Problems (1984), S. 2.
[32] So auch *Wall* (Anm. 2), S. 1.

## C. Chinesische Modernisierungspolitik
in wirtschaftlicher Hinsicht seit Oktober 1978

### I. Frühe Bemühungen Chou En-lais und
Deng Xiaopings

Die Idee der Modernisierung im kommunistischen China besteht seit langem. In den 50er Jahren hatte die Volksrepublik China zunächst eine Kommandowirtschaft nach sowjetischem Vorbild eingeführt[33]. 150.000 chinesische Techniker und Arbeiter wurden hierzu in der UdSSR ausgebildet[34]. Die Stahl- und Schwerindustrie wurde zu Lasten von Landwirtschaft und Dienstleistungsgewerbe gefördert. Es gelang aber nicht, den Lebensstandard der Bevölkerung zu heben[35]. Im Gegenteil brachte der „Große Sprung nach vorn" mit seinen Landwirtschaftskommunen und industriellen Großprojekten einen erheblichen Produktivitätsrückgang mit sich[36]. 1964 gelobte Premierminister Chou En-lai, China in ein machtvolles und wohlhabendes Land noch vor dem Jahr 2000 zu verwandeln; dieser Plan und das eher abstrakte Ziel der „vier Modernisierungen" wurde durch die folgende Kulturrevolution zunächst vereitelt. Mao Zedong setzte auf wirtschaftliche Autarkie, was enorme Zusatzkosten mit sich brachte[37]. Deng freilich, der zunächst in seinem Entwurf für einen Fünf-Jahres-Plan die Wiedergenesung der Landwirtschaft in den Mittelpunkt stellte, ließ nach der Intervention Maos durch sein Sekretariat einen weiteren Entwurf fertigen, der Aufrüstung und Förderung der Schwerindustrie betonte[38]. 1975 griff Chou En-lai seinen Plan wieder auf und konkretisierte ihn dahingehend, daß die Modernisierungen auf den vier Feldern der Landwirtschaft, der Industrie, der Verteidigung und der Technologie stattfinden sollten[39]. Hintergrund war auch, daß das Wirtschaftswachstum während der zweiten Hälfte der Kulturrevolution (1966 – 1976) rückläufig war[40]. Unter der Oberaufsicht seines Stellvertreters Deng

---

[33] *Shirk, Susan L.*, The Political Logic of Economic Reform in China (1993), S. 24.

[34] *Sun, Ru*, The China-Hong Kong Connection, The Key to China's Open-Door Policy (1991), S. 5.

[35] *Shirk* (Anm. 33), S. 28.

[36] Zu den Zahlen in den einzelnen Wirtschaftssektoren siehe *Campbell, David,* , Economic Ideology and Hong Kong's Governance Structure After 1997, in: *Wacks, Raymond (ed.)*, Hong Kong, China and 1997, Essays in Legal Theory (1993), S. 87 [98].

[37] *Campbell* (Anm. 36), S. 100.

[38] *Naughton, Berry*, Deng Xiaoping: The Economist, in: The China Quarterly, Volume 135 (1993), S. 491 [495].

[39] *Cheng* (Anm. 1), S. 364; *Boreham, Gordon F.*, China's Decade of Economic Reforms, in: International Perspectives, November/December 1987, S. 22; *van Kemenade, Willem*, China AG, Maos Utopie und die Macht des Marktes (1997), S. 25.

[40] *Nolan, Peter/Ash, Robert F.*, China's Economy on the Eve of Reform, in: The China Quarterly, Volume 135 (1993), S. 980 [981].

Xiaoping wurde im selben Jahr ein Zehn-Jahres-Plan (1976-1985) zur wirtschaftlichen Entwicklung entworfen, welcher nach dem Sturz Dengs ebenfalls zunächst unrealisiert blieb.

## II. Endgültige Abkehr von der maoistischen Wirtschaftspolitik

Mit dem Tod Mao Zedongs im September 1976 und der folgenden Verhaftung der „Viererbande" im Oktober 1976 wurde Deng rehabilitiert. Im Rahmen des Fünften Nationalen Volkskongresses vom Februar und März 1978 wurde Dengs Plan nunmehr zum Acht-Jahres-Plan angepaßt. Auf der dritten Plenartagung des elften Zentralkomitees der Kommunistischen Partei Chinas vom 18. bis 22. Dezember 1978 war es zur endgültigen Absage an die maoistische Wirtschaftspolitik gekommen[41]. An die Stelle von zentraler Planung, radikaler Umgestaltung der Produktionsverhältnisse und revolutionärer Massenbewegungen traten unter der Ägide Dengs Reformen, die der Modernisierung, dem Markt und der individuellen Initiative dienen sollten. Die angestrebten Wachstumsraten (für die Industrie 10 %, für die Landwirtschaft zwischen 4 und 5 %) und die geplanten Technologie-Investitionen waren jedoch viel zu ehrgeizig bemessen, so daß mit der zweiten Sitzung des fünften Nationalen Volkskongresses 1979 ein moderaterer Drei-Jahres-Plan (1979-1981) verabschiedet wurde, der eine Konsolidierung der bisherigen Entwicklung bringen und eine nachhaltige Weiterentwicklung fördern sollte[42]. Die neue chinesische Führung verabschiedete sich somit von einer Politik der geschlossenen Tür und gestand sich ein, daß nur durch eine Kooperation mit anderen Nationen der Zugang zu neuen Technologien sichergestellt werden kann. Der Außenhandel wurde forciert, Tourismus wurde nicht mehr nur unter dem Aspekt der Völkerfreundschaft gesehen, allgemein waren ausländische Investitionen nunmehr willkommen. Sollten diese nicht ausreichen, war auch eine öffentliche Verschuldung nunmehr nicht undenkbar. Der Zugang zu den nationalen Rohstoffquellen wurde Ausländern nicht mehr verweigert, um ihre Entwicklung sicherzustellen[43]. Es war eine bemerkenswerte Depolitisierung im sozialen, kulturellen und intellektuellen Bereich zu verzeichnen und die totale Reglementierung der maoistischen Ära wurde aufgegeben. Ein verspätetes Bewußtsein für die Bedeutung von Wissen, Technologie, Ausbildung und die Rolle der Intellektuellen in Chinas Modernisierungsprogramm konnte sich ent-

---

[41] *Opitz, Peter J.*, Der Kampf um Hongkong, in: Zeitschrift für Politik, Bd. 45 (1998), S. 239 [243]; *Gälli, Anton/Franzen, J.*, Die Familie des großen Drachen, Band I: Die VR China, Hongkong, Macao und Taiwan auf dem Weg zu „Großchina"? (1995), S. 83; *Naughton* (Anm. 38), S. 491 [500]; *Bokeloh, Bettina*, Rechtliche Grundlagen der chinesischen Aktiengesellschaften (1998), S. 4.
[42] *Cheng* (Anm. 1), S. 365.
[43] *Cheng* (Anm. 1), S. 366.

115

wickeln[44]. Die vor 1949 ausgeübte Tradition, vielversprechenden Studenten Aufenthalte an ausländischen Hochschulen zu ermöglichen, insbesondere in den Vereinigten Staaten von Amerika, ist wiederbelebt worden[45]. Bei einem Treffen mit ausländischen Gästen am 26. November 1979 sagte Deng[46]: „Die Behauptung, nach der die Marktwirtschaft auf den Kapitalismus beschränkt ist, ist definitiv inkorrekt. Warum sollte sich der Sozialismus nicht mit der Marktwirtschaft befassen? Bereits in der feudalen Gesellschaft gab es eine noch unterentwickelte Marktwirtschaft. Auch der Sozialismus kann eine Marktwirtschaft verwirklichen."[47] Ab April 1982 wurde diskutiert, die chinesische Verfassung um den jetzigen Artikel 31 zu ergänzen, welcher die Schaffung von Sonderverwaltungsregionen ermöglicht[48]. Im Mai 1984 erließ der Staatsrat die „Vorläufigen Bestimmungen zu einem weiteren Schritt zur Ausdehnung der Entscheidungsmacht der Staatsunternehmen". Diese durften nunmehr nach Erfüllung des Plansolls für den Marktbedarf produzieren und diesen Überschuß auch selbst veräußern[49]. Ebenfalls 1984 wurde das Festpreissystem gelockert. Der Preis für bestimmte Waren und Güter bestimmte sich nun durch eine Mischung aus Verwaltungsvorschriften und Markteinflüssen[50]. Im Juni 1985 gab Deng die Demobilisierung von einer Million Soldaten und eine lange Liste von Umsetzungen in den militärischen Führungsrängen bekannt. Im September 1985, bei einem Treffen des Zentralkomitees der Kommunistischen Partei und einer speziell einberufenen Nationalkonferenz wurden 131 alte Posteninhaber in den Ruhestand versetzt und junge und besser ausgebildete Kader, welche als Dengs Protegés bekannt waren, in das Politbüro und das Zentralkomitee befördert[51]. Mit einer Änderung der Chinesischen Verfassung von 1982 im Jahr 1988 wurde erstmals der Privatsektor der Wirtschaft in Artikel 18 der chinesischen Verfassung auch gesetzlich anerkannt[52], wenn auch aus ideologischen Gründen nicht dem Wortlaut nach. Auch im achten Fünf-Jahres-Plan (1991-1995) und im Zehn-Jahres-Programm für den Rest des Jahrhunderts wurde die Modernisierung als strategisches Ziel

---

[44] *Jao, Y. C.*, Hong Kong's Future as a Free Market Economy, in: Issues & Studies, Vol. 22 (1986), S. 111 [128].
[45] *Jao* (Anm. 44), S. 111 [128]; *House of Commons*, Foreign Affairs Committee, First Report, Relations between the United Kingdom and China in the period up to and beyond 1997, Volume I, Report together with the Proceedings of the Committee, (1994), lxxx; aktuell bestätigt, siehe CHINA aktuell 1999, Festhalten an Politik des Auslandsstudiums, S. 118 f.
[46] Zit. n. *Geng, Yuxin*, China Turns to Market Economy, Beijing Review vom 9. – 15. November 1992, S. 4.
[47] Hierzu paßt auch das vielzitierte Wort Dengs, wonach es egal sei, ob eine Katze schwarz oder weiß sei, solange sie Mäuse fange, zit. b. *Campbell* (Anm. 36), S. 101.
[48] *Cottrell, Robert*, The End of Hong Kong, The Secret Diplomacy of Imperial Retreat (1993), S. 73.
[49] *Bokeloh, Bettina* (Anm. 41), S. 6.
[50] *Gupta, S. G.*, Chinese Economic Reforms: Features, Performance and Prospects, in: *ders.*, China's Economic Reforms, Role of Special Economic Zones and Economic and Technological Development Zones (1996), S. 1 [4].
[51] *Jao* (Anm. 44), S. 111 [128 f.].
[52] *Ghai, Yash P.*, Hong Kong's New Constitutional Order, Second Edition (1999), S. 93 f.

durch das Zentralkomitee der Kommunistischen Partei Chinas bestätigt[53]. Im
März 1991 legte Ministerpräsident Li Peng in einer Rede auf der nationalen Ar-
beitskonferenz besondere Betonung auf drei Ziele: „Die nochmalige Verdopp-
lung des Bruttosozialprodukts von 1980 bis zur Jahrhundertwende, die Anhebung des Lebensstandards des Volkes auf das Niveau eines bescheidenen Wohlstands und der Aufbau einer sozialistischen, geplanten Warenwirtschaft, die
Planwirtschaft mit Marktregulierung verbindet".[54]
Diese Ziele konnten auch annähernd erreicht werden. Das Bruttosozialprodukt
hat sich zwischen 1978 und 1999 etwa vervierfacht.
Der vierzehnte Nationale Kongress der Kommunistischen Partei Chinas legte
sich 1992 darauf fest, daß die Reform der chinesischen Wirtschaftsstruktur auf
die Schaffung einer „sozialistischen Marktwirtschaft" abzielt[55]. Mittlerweile
werden nur noch die Preise von sechs Produkten - Getreide, Baumwolle, Tabak,
Rohseide, Tee und Bauholz - staatlich festgesetzt, wobei sich die Preise nahe an
Marktpreisen orientieren. Die Anzahl der Produkte, welche einer Preiskontrolle
unterlagen, reduzierte sich von 732 auf 89[56]. Während einer Inspektionsreise
durch Südchina 1992 äußerte sich Deng Xiaoping zur Wirtschaftsordnung Chinas folgendermaßen[57]: „Das wesentliche Unterscheidungskriterium zwischen
Sozialismus und Kapitalismus ist nicht, ob der Schwerpunkt auf Planwirtschaft
oder bloßer Marktregulierung liegt. Sowohl Planwirtschaft als auch Marktregulierung sind ökonomische Werkzeuge." Deng trat freilich niemals für eine bestimmte ökonomische Vision oder ein Wirtschaftssystem ein[58]. Er nannte aber
die Politik der Reformen und der Öffnung den einzigen Ausweg für China und
drohte Gegnern mit Konsequenzen[59].

In den einzelnen Wirtschaftssektoren wurden verschiedene Maßnahmen ergriffen, um die Planvorgaben zu erreichen:
Im Rahmen eines „Systems der vertraglichen Verantwortlichkeit" war es
Industrieunternehmen erlaubt, 10 % ihrer Gewinne einzubehalten. Sie bekamen
gewisse Mitspracherechte bei der Auswahl ihrer Produkte, ein Ermessen bei der
Herstellung neuer Produkte und bei der Produktion und dem Absatz von Waren
nach der Erfüllung der festgesetzten Produktionsquoten, weiterhin gab es gewisse Freiheiten bei dem Erwerb von Land, dem Einsatz von Arbeitskraft und
Kapital und in der Personalpolitik. Wettbewerb zwischen den Unternehmen
wurde auf der Basis von „Zusammenarbeit und wechselseitiger Unterstützung"

---

[53] *Horlemann, Ralf,* Hongkong 1997, Systemwandel in rechtlicher und politischer Perspektive
(1992), S. 126 f.
[54] *Li, Peng,* Beijing Review Nr. 24, 1991, S. 10.
[55] *Geng,*(Anm. 46), S. 4; *Bokeloh* (Anm. 41), S. 15 f.; von einer marktorientierten Wirtschaft
spricht Yam, Joseph, Implementation of Financial Policy in the HKSAR (1999), S. 7.
[56] *Gupta* (Anm. 50), S. 4.
[57] Zit. n. *Geng* (Anm. 46), S. 4.
[58] *Naughton* (Anm. 38), S. 491.
[59] *Ho, Henry C. Y.,* The State of the Economy, in: *Choi, Po-king/Ho, Lok-sang,* The Other
Hong Kong Report 1993 (1993), S. 16.

gefördert[60]. Dieser Politikwechsel erlaubte es den meisten chinesischen Unternehmen, wie profitmaximierende Unternehmen in einer modernen Marktwirtschaft zu agieren und das System der „eisernen Reisschale" mit lebenslanger Beschäftigungsgarantie aufzugeben.

Auch in der Landwirtschaft wurden die „Volkskommunen" der späten 50er Jahre abgeschafft und das Staatsmonopol auf den Kauf und Absatz landwirtschaftlicher Erzeugnisse aufgehoben[61]. Preise richten sich nunmehr weitgehend nach Angebot und Nachfrage. Die Landwirte können auf dem ihnen als Quasi-Eigentum zugewiesenen Grund nach freier Wahl anbauen und die Ernte vermarkten[62]. Auch konnte für jeweils fünfzehn Jahre (verlängerbar) der zugewiesene Grund durch Pacht oder Vererbung übertragen werden. Folgt man offiziellen chinesischen Zahlen, hat sich der Gesamtertrag seit 1978 um 9 %, das Pro-Kopf-Einkommen um 14,8 % pro Jahr erhöht. 1992 wurde in der Landwirtschaft landesweit ein dreigliedriges System nationaler Handelszentren, regionaler Großhandelsmärkte und offener lokaler Märkte eingeführt[63].

Auch gab es Staatsanleihen und seit 1990 in Shanghai und 1991 in Shenzhen öffentlich gehandelte Aktienanteile der staatlichen Unternehmen; eine Mehrheit mußte jedoch in öffentlicher Hand und mindestens 65 % des privaten Aktienbesitzes im Inland verbleiben. So konnte Management-Verantwortung abgegeben werden, ohne auf Kontrollmöglichkeiten zu verzichten. Im Dezember 1993 gab die Regierung einen Plan bekannt, wonach das Finanzsystem reformiert werden sollte, Die *People's Bank of China* sollte in eine originäre Zentralbank umgewandelt werden[64], auch dies ein entscheidender Schritt in Richtung Marktwirtschaft.

Mit der dritten Verfassungsänderung seit 1982 wurden im März 1999 auf der zweiten Plenartagung des neunten Nationalen Volkskongresses die Rolle des nicht-staatlichen Sektors der Wirtschaft („sozialistische Marktwirtschaft"), der Schutz des „nicht-staatlichen Eigentums" und die „Herrschaft der Gesetze" formal verankert[65]. Die Vorschläge für die Verfassungsänderung wurden innerhalb der Zentrale der Kommunistischen Partei auf der Grundlage der Beschlüsse des fünfzehnten Parteitages und nach umfassenden Konsultationen ausgearbeitet und Ende Januar an den Ständigen Ausschuß des Nationalen Volkskongresses weitergeleitet. Der Ständige Ausschuß legte die Vorschläge dem Plenum des

---

[60] *Boreham* (Anm. 39), S. 22.

[61] *Van Kemenade* (Anm. 39), S. 367; *Shirk* (Anm. 33), S. 38.

[62] *Van Kemenade* (Anm. 39), S. 26; *Shen, George*, A Challenging Decade for the Business Community: A Productivity Perspective, in: *Wang, Gungwu/Wong, Sui-lun (eds.)*, Hong Kong's Transition, A Decade After the Deal (1995), S. 46; *Rabushka, Alvin*, A Free-Market Constitution for Hong Kong: A Blueprint for China, in: The Cato Journal, Vol. 8 (1988/89), S. 641 [645].

[63] *Gupta* (Anm. 50), S. 1 [4].

[64] *House of Commons* (Anm. 45), xii.

[65] *Thielbeer, Siegfried*, China will mehr Marktwirtschaft, FAZ vom 16. März 1999; ausführlich *Heilmann, Sebastian*, Politische Grenzen der Wirtschafts- und Verfassungsreform, in: CHINA aktuell, März 1999, S. 267 ff.

Nationalen Volkskongresses vor, welches die sechs Verfassungszusätze *("xianfa xiuzheng'an")* verabschiedete.

Artikel 5 der chinesischen Verfassung wurde um folgenden einleitenden Absatz ergänzt:

*„Die Volksrepublik China praktiziert eine auf Gesetze gestütze Regierung und errichtet einen sozialistischen Rechtsstaat. "*

Artikel 6 Absatz 2 liest sich nun:

*„Im Anfangsstadium des Sozialismus hält das Land an einem grundlegenden Wirtschaftssystem fest, in dem das Gemeineigentum dominiert, sich aber verschiedene Eigentumsformen nebeneinander entwickeln, und es hält an einem Verteilungssystem fest, in dem die Verteilung nach Arbeitsleistung dominiert, aber verschiedene Verteilungsmethoden nebeneinander existieren. "*

Artikel 11 erhielt ergänzend folgenden Wortlaut:

*„Die an den Rahmen der gesetzlichen Bestimmungen gebundenen, nicht auf Gemeineigentum beruhenden Wirtschaftssektoren der Individualwirtschaft und der Privatwirtschaft sind wichtige Bestandteile der sozialistischen Marktwirtschaft. Der Staat schützt die gesetzmäßigen Rechte und Interessen der Individual- und Privatwirtschaft. Der Staat praktiziert gegenüber der Individual- und Privatwirtschaft Anleitung, Aufsicht und Regulierung. "*

Bisher stand das Gemeineigentum in der Volksrepublik China im Vordergrund. Generell wurde in China die Schaffung eines zusätzlichen nicht-staatlichen Sektors betrieben[66], während z.b. in den Reformstaaten Osteuropas der bisher staatliche Sektor privatisiert wurde. Dieser Weg wurde nicht zuletzt gewählt, um soziale Instabilitäten zu vermeiden[67].

Der neunte Fünf-Jahres-Plan (1996 – 2000) und die langfristige Zielplanung für das Jahr 2010, welche auf der vierten Plenarsitzung des achten Nationalen Volkskongresses im März 1996 verabschiedet wurden, bestätigten den Übergang von einer Planwirtschaft zu einer „sozialistischen Marktwirtschaft" und die Verlagerung von einem „extensiven" auf ein „intensives" Wirtschaftswachstum[68]. Privateigentum bestand neben dem Kollektiveigentum. Erfolgreiche, technologieorientierte Unternehmen wurden in ihrer Entwicklung gefördert.

---

[66] *Shirk* (Anm. 33), S. 15 f.
[67] *Han, Anna M.*, Hong Kong's Economy under Chinese Rule: Prosperity and Stability, in: Southern Illinois University Law Journal, Vol. 22 (1998), S. 325 [331].
[68] *Onishi* (Anm. 26), S. 1 [3].

## D. Vier ursprüngliche Sonderwirtschaftszonen in der Volksrepublik China[69]

### I. Allgemeines

Seit 1978 hat China versucht, ausländisches Kapital und Technologien anzuziehen, indem vier Sonderwirtschaftszonen (von März 1979 bis Mai 1980 Sonderexportzonen genannt) an der Südküste errichtet, im April 1984 vierzehn Küstenstädte[70] und das gesamte Küstengebiet ausländischem Kapital geöffnet und verschiedenste Vorhaben der „wirtschaftlichen Gesetzgebung" erlassen wurden[71]. Im August 1980 wurden die Sonderwirtschaftszonen Shenzhen, Zhuhai und Shantou auf der fünfzehnten Sitzung des Ständigen Komitees des Nationalen Volkskongresses offiziell ernannt[72]. Die Sonderwirtschaftszone Xiamen in der Provinz Fujian wurde vom Staatsrat im Oktober 1980 offiziell anerkannt[73]. Chinas Küstenregionen sollte zuerst das Privileg zukommen, „reich zu werden"[74]. Die Idee hierzu ging auf einen Vorschlag des damaligen chinesischen Transportministers Ye Fei zurück, der nach einer Auslandsreise im Herbst 1978 der *China Merchants Steam Navigation Co. Ltd. (CMSN)* empfahl, ihre Aktivitäten in Hongkong und Macao für den Aufbau der Industriezone Shekou in Shenzhen einzusetzen[75]. Im Januar 1979 errichtete der Staatsrat hierzu eine industrielle Exportzone in Shekou[76]. Xi Zhongxun und Yang Shangkun, die lo-

---

[69] Später wurde Hainan zur Provinz ernannt (1988) und der neue Bezirk Pudong kam hinzu. Die Insel Hainan genoß schon seit 1983 einen Autonomiestatus, der über jenen der Sonderwirtschaftszonen hinausging, *Sun* (Anm. 34), S. 9. Die Errichtung weiterer Zonen wird durch den entsprechenden Bedarf an Land, welches der Landwirtschaft dann fehlt, von China als schwierig angesehen, siehe *Gupta* (Anm. 13), xvi.

[70] Diese sind Dalian (Dairen), Qinhuangdao, Tianjin (Tientsin), Yantau (Chefoo), Qingdao (Tsingtau), Lianyungang, Nantong, Shanghai, Ningbe, Wenzhou, Fuzhou, Guangzhou (Kanton), Zhanjiang, Beihai (Pakhol). Sie sollten selbständig über joint-venture-Projekte der Größenordnung von 5 – 10 Mio. US$, Tianjin und Shanghai bis 30 Mio. US$ entscheiden dürfen, *Chu, D. K. Y.*, The Special Economic Zones and the Problem of Territorial Containment, in: *Jao, Y. C./Leung, Chi-Keung*, China's Special Economic Zones, Policies, Problems and Prospects (1986), S. 21 [35]. Die joint-venture-Projekte wurden durch steuerliche und sonstige Vergünstigungen gefördert. 1992 wurde Peking zur fünfzehnten offenen Stadt mit den entsprechenden Sonderrechten ernannt.

[71] *Jao* (Anm. 44), S. 111 [128]; *van Kemenade* (Anm. 39), S. 235.

[72] Zuvor hatte der fünfte Volkskongress der Provinz Guangdong auf seiner zweiten Sitzung im Dezember 1979 einen gleichlautenden Beschluß gefaßt, vgl. *Sun* (Anm. 11), S. 68.

[73] *Chan Morgan, Maria*, Decentralization in China: The Special Economic Zones as Legacy of an Unresolved Policy Dilemma, in: *Romich, Manfred*, Wirtschaftsreform und gesellschaftliche Entwicklung: China im zweiten Jahrzehnt nach Mao (1991), S. 75 [85].

[74] *Han* (Anm. 67), S. 325 [327]; *Naughton* (Anm. 38), S. 491 [501].

[75] *Schryen* (Anm. 18), S. 95.

[76] *Sun* (Anm. 34), S. 11.

kalen Führer Guangdongs, brachten im April 1979 mit Ihrer Bitte um wirtschaftliche Unterstützung Deng Xiaoping dazu, die Schaffung von „Sonderzonen" anzuregen[77]. Der Druck anderer Lokalregierungen führte dazu, daß über die vier ursprünglichen Sonderwirtschaftszonen hinaus weitere Städte entlang der Ostküste und unzählige andere Wirtschaftszonen von der außenwirtschaftlichen Öffnung profitieren konnten. Die Provinz Guangdong konnte ab Mitte der 80er Jahre den Großraum um die Sonderwirtschaftszonen Shenzhen, Zhuhai und Shantou als „Offene Wirtschaftszone Perlflußdelta" deklarieren, die ab 1987 von 17 auf 28 Städte und Kreise erweitert wurde[78]. Der Hang zu mehr Dezentralisierung im Gefolge der Öffnungspolitik hat Guangdong begünstigt[79], hier lief der größte Teil der wirtschaftlichen Interaktion zwischen der Volksrepublik China und Hongkong ab, nicht zuletzt begünstigt durch den gemeinsamen Dialekt. Bereits 1984 wurden in Guangzhou und Zhanjiang Wirtschafts- und Technologieentwicklungszonen gegründet. Anfang der 90er Jahre kamen offene Wirtschaftszonen in den Städten Shaoguan, Meizhou und Heyuan hinzu[80]. Seit ihrer Errichtung haben die Sonderwirtschaftszonen in der Tat Milliarden von Dollar ausländischer Investitionen und hochentwickelte ausländische Technologie angezogen[81]. In politischer und rechtlicher Hinsicht folgen die Zonen dem Hongkonger Modell. So übernimmt beispielsweise die Sonderwirtschaftszone Hainan zu großen Teilen dessen Wirtschaftsgesetzgebung[82], ebenso Shenzhen[83].

## II. Shenzhen

Unter den Sonderwirtschaftszonen ist Shenzhen mit 327,5 qkm die größte, die vom Wirtschaftsvolumen bedeutendste und die Hongkong am nächsten liegende[84]. Zur Vorbereitung auf seine Funktion als Sonderwirtschaftszone wurde Shenzhen 1979 zu einer Stadt mit Selbstverwaltung aufgewertet[85]. Schwerpunkt der Shenzhener Zone sollte die industrielle Fertigung sein[86], wobei innerhalb der Sonderzone Shenzhen die auf der Halbinsel Nantou gelegene Stadt Shekou für

---

[77] *Naughton* (Anm. 38), S. 491 [509].
[78] *Schüller* (Anm. 25), S. 1130 [1133].
[79] *Kuan, Hsin-Chi*, Hong Kong and Guangdong: Greater China or Greater Hong Kong? (1994), S. 9.
[80] *Schryen* (Anm. 18), S. 87 f.
[81] *MacIntyre, Thomas S.*, Impact of the Sino-British Agreement on Hong Kong's Economic Future, in: Journal of Comparative Business and Capital Market Law, Vol. 7 (1985), S. 197 [200].
[82] *Bobrowski* (Anm. 9), S. 175.
[83] *Van Kemenade* (Anm. 39), S. 256.
[84] *Opitz* (Anm. 41), S. 239 [243].
[85] *Cheng* (Anm. 1), S. 369; *Chan Morgan* (Anm. 73), S. 75 [91]; *Sun* (Anm. 11), S. 68 [69].
[86] *Ki* (Anm. 31), S. 9.

121

die Schwerindustrieentwicklung zuständig ist[87]. Dort wird vor allem für den Export nach Hongkong und Südostasien gefertigt[88]. Vor Beginn der chinesischen Öffnungspolitik war Shenzhen, trotz seiner günstigen geographischen Lage als Tor Südchinas, eine unbedeutende Kleinstadt mit mangelhafter Infrastruktur[89]. Mittlerweile ist das Pro-Kopf-Einkommen der 3,5 Millionen-Einwohner-Metropole mehr als doppelt so hoch wie jenes in der restlichen Volksrepublik China[90]. Investoren aus Hongkong haben beim Bau einer neuen Stadt, Luohu, mitgeholfen, welche den Eingang nach Shenzhen von Hongkong aus bildet[91]. Dort befinden sich Verwaltungsgebäude, Einkaufszentren und Hotels. Hongkongs Position in der Sonderwirtschaftszone Shenzhen ist allgemein dominierend, stammen doch etwa 80 % der ausländischen Investitionen (etwa 2.500 Projekte) von dort[92]. Shenzhen wird so teilweise als Satellitenstadt Hongkongs bezeichnet[93]. Shenzhen hat die Funktion einer politischen und wirtschaftlichen Pufferzone zwischen Hongkong und dem chinesischen Hinterland[94].

Die Ertragssteuer ist mit 15 % um 1,5 % niedriger als in Hongkong[95], auch die Grundpacht, welche an die chinesische Verwaltung zu entrichten ist, ist im Vergleich zu Hongkong extrem niedrig angesiedelt. Auch die Lohnkosten sind dort 3 - 4 mal höher. Es sind aber andererseits auch einige Unzulänglichkeiten zu verzeichnen[96]: So besteht keine Rechtssicherheit, sich überlagernde bürokratische Strukturen behindern den Kaufmann. Auch sind die Arbeiter undisziplinierter als in Hongkong und die Infrastruktur ist unzureichend ausgebaut. Schmuggel, betrügerische Warenlieferungen, Bestechung, Unterschlagung und Devisenspekulation sind ein immer häufiger auftretendes Phänomen[97]. Die wichtigsten Industriezweige sind Textilien, Baumaterialien, Elektronik, Uhren

[87] Cheng (Anm. 1), S. 370; Sun (Anm. 11), 68 [71]; Ki (Anm. 31), S. 12.
[88] Ki (Anm. 31), S. 12.
[89] Vgl. Wong, Kwan-Yiu/Cai, Ren-Qun/Chen, Han-Xin, Shenzhen: Special Experience in Development and Innovation, in: Yeung, Yue-Man/Hu, Xu-Wei, China's Coastal Cities: Catalysts for Modernization (1992), S. 264 [265].
[90] Han, Anna M., Hong Kong's Basic Law: The Path to 1997, Paved with Pitfalls, in: Hastings International and Comparative Law Review, Vol. 16 (1993), S. 321 [337].
[91] Sun (Anm. 11), S. 68 [69].
[92] Farny, Tobias, Die Rückgabe Hong Kongs an die VR China (1997), S. 218; Shiu (Anm. 19), S. 177; Jao (Anm. 44), S. 111 [127].
[93] Vgl. verschiedene Studien in Jao, Y. C./Leung, C. K., China's Special Economic Zones: Policies, Problems and Prospects (1986); Jao (Anm. 44), S. 111 [127]; ähnlich Overholt, William H., China: The Next Economic Superpower (1993), S. 123; Seeger, Adrian/Theisen, Christian, Einführung in die Thematik, in: Hongkong. Eine Bilanz (2000), S. 11 [15].
[94] Kung, Kai-Sing, James, The Origins and Performance of China's Special Economic Zones, in: The Asian Journal of Public Administration, Vol. 7 (1985), S. 199; Overholt (Anm. 93), S. 122.
[95] Groth, Martin, Die Bedeutung der Sonderwirtschaftszonen für den chinesischen Reformprozess, in: Seeger, Adrian/Theisen, Christian, Hongkong. Eine Bilanz (2000), S. 25 [36].
[96] Cheng (Anm. 1), S. 372.
[97] Boreham (Anm. 39), 22.

und Lebensmittel. Seit 1991 hat die lokale Regierung Maßnahmen zur Verbesserung der Infrastruktur und der Investitionsbedingungen unternommen. Der bestehende Wertpapiermarkt wurde ausgeweitet, ein zollfreier Markt für Rohstoffe eingerichtet und zwei Industriedistrikte an der Grenze zu Hongkong geschaffen, die keinen Zollkontrollen für den Außenhandel unterliegen[98]. 1996 war der Umsatz auf dem Aktienmarkt bereits höher als in Hongkong[99]. Die Sonderwirtschaftsszone Shenzhen wurde vom übrigen Teil der politischen Gemeinde mit einem 50 km langen elektrischen Zaun aus Eisenpfählen und starkem Maschendraht, gekrönt von Stacheldraht, abgegrenzt[100]. Zudem ist ausländischen Unternehmen der Bau von Wohn- und gewerblichen Immobilien gestattet. Shenzhen entwickelte sich von den Sonderwirtschaftszonen am erfolgreichsten[101], was an der unmittelbaren Nähe zum Wirtschaftszentrum Hongkong wie auch an der wirtschaftlichen Komplementarität zur Kronkolonie lag[102]. Ein weiterer Vorzug war die Möglichkeit, Produktionsstätten in Shenzhen von Hongkong aus leiten zu können.

Der Erfolg Shenzhens wird teilweise als Garant dafür gesehen, daß auch Hongkong als Sonderverwaltungsregion weiterhin wirtschaftlich erfolgreich sein wird[103].

## III. Zhuhai

Die Küstenstadt Zhuhai, die im März 1979 zur Stadt mit Selbstverwaltung[104] und 1980 zur Sonderwirtschaftszone erklärt wurde, befindet sich in unmittelbarer Nähe zur portugiesischen Kolonie Macao. Sie erhielt, verglichen mit Shenzhen, wesentlich weniger Unterstützung von der Provinz- bzw. Zentralregierung[105]. Zur Zeit der Errichtung beschränkte sich die Sonderwirtschaftszone auf 6,8 qkm. Der mittlere und westliche Teil des Gebietes sollte der Industrie- und Tourismus-Entwicklung dienen, während der östliche Teil den Immobilien, Hotels und dem Handel vorbehalten bleiben sollte[106]. Errichtet wurde dort auch Jiuzhou Harbour, welcher die Verbindung zu Hongkong darstellt und noch am erfolg-

[98] *Bobrowski* (Anm. 9), S. 107.
[99] *Nanto, Dick K.*, China and Hong Kong: Chinese Views, in: *Rioni, S. G. (ed.)*, Politics and Economics of Hong Kong (1997), S. 84.
[100] *Van Kemenade* (Anm. 39), S. 238; dessen Beseitigung stand freilich auch schon zur Diskussion, *Kuan* (Anm. 79), S. 12.
[101] *Sun* (Anm. 34), S. 11; *Ki* (Anm. 31), S. 4.
[102] *Opitz, Peter J.*, Hongkong – „Tiger" auf Abruf? (1997), S. 13; *Wong/Cai/Chen* (Anm. 89), S. 284 f.
[103] *Henderson* (Anm. 18), S. 540 f.
[104] *Chu* (Anm. 70), S. 28.
[105] *Chu* (Anm. 70), S. 28.
[106] *Chu* (Anm. 70), S. 28.

reichsten in der Anziehung ausländischen Kapitals war[107]. Die erfolgreichsten Projekte waren Hotel- und Tourismuskomplexe sowie die *Xiangzhou Woollen and Weaving Factory*, sämtlich außerhalb der Kernzone angesiedelt. Die industrielle Fertigung beschränkte sich auf Kleinunternehmen[108]. Nach mehrfachen Erweiterungen[109] umfaßt die Sonderwirtschaftszone 121 qkm[110]. Auffällig ist im Gegensatz zu Shenzhen ebenfalls, daß viel Wert darauf gelegt wird, die einheimische Bevölkerung nicht mit den Errungenschaften der Sonderwirtschaftszone in Berührung kommen zu lassen[111].

## IV. Shantou

Shantou war die kleinste der vier ursprünglichen Sonderwirtschaftszonen[112]. Shantou war im Gegensatz zu Shenzhen und Zhuhai eine etablierte Küstenstadt mit einer längerfristigen Exporttradition[113]. Sie umfaßte zur Gründung lediglich ein Gebiet von 1,6 qkm. Bezieht man allerdings das tatsächlich genutzte Gebiet, dem der Sonderstatus zugutekommt, ein, so war das Gebiet um den Faktor 14 größer[114]. Auch eine von Peking genehmigte Öl-Raffinerie mußte außerhalb des Kerngebietes entstehen.

## V. Xiamen

Obwohl Xiamen nach einer Literaturauffassung als einzige der vier Ursprungssonderzonen auf nennenswerte Handelstraditionen zurückblicken kann[115], verlief die Entwicklung dort schleppend. Xiamen war trotzdem etwas erfolgreicher in der Kapitalbeschaffung als Shantou[116]. Das Ursprungsgebiet umfaßte 2,5 qkm[117]. Man setzte hier auf Hochtechnologie-Investitionen aus Taiwan, was sich aber

---

[107] *Chu* (Anm. 70), S. 29.
[108] *Crane* (Anm. 8), S. 68.
[109] Siehe auch *Chu* (Anm. 70), S. 30 f.
[110] *Fong, Mo-Kwan Lee*, The Development of Zhuhai Special Economic Zone: An Appraisal (1985), S. 9.
[111] *Chu* (Anm. 70), S. 31.
[112] *Chu* (Anm. 70), S. 31.
[113] *Crane* (Anm. 8), S. 68.
[114] *Chu* (Anm. 70), S. 32.
[115] *Van Kemenade* (Anm. 39), S. 241.
[116] *Crane* (Anm. 8), S. 69.
[117] *Chu* (Anm. 70), S. 33.

erst ab 1988, also ein Jahr nach Aufhebung des Reiseverbotes auf das Festland, realisieren ließ[118]. Von da an genossen taiwanesische Investoren Vorzugsbedingungen in Xiamen[119]. 50 % der Bevölkerung Taiwans von 21 Millionen Menschen stammen aus dem südlichen Teil der Provinz Fujian, dessen größte Stadt Xiamen ist[120]. 1991 kamen ein Drittel der Auslandsinvestitionen in Xiamen aus Taiwan[121]. Die Regierung Taiwans sieht allerdings Investitionen größeren Umfangs als Gefahr für die Stabilität der eigenen Wirtschaft an[122].

## E. Begriff der Sonderverwaltungsregion im Unterschied zur Sonderwirtschaftszone

Zumindest für die Sonderwirtschaftszone Shenzhen läßt sich sagen, daß ihre Errichtung auch dazu dienen sollte, die damalige Regierung Hongkongs davon zu überzeugen, daß es die Volksrepublik China mit den wirtschaftlichen Reformen ernst meint[123]. Insofern ist die Sonderwirtschaftszone Vorläufer der Sonderverwaltungsregion und sollte der Führung Hongkongs ein mögliches Modell der Interaktion demonstrieren.

Hongkong besitzt den Status einer Sonderverwaltungsregion. Diesen Begriff erfand man sicherlich auch, um das Verhältnis zwischen der Volksrepublik China und Hongkong nicht weiter spezifizieren zu müssen. Eine Analogie zu international anerkannten Begriffen wie Protektorat, Provinz, Bundes- oder allierter Staat scheidet somit aus[124].

Der Grad an Autonomie der Sonderverwaltungsregion ist höher anzusetzen als jener der Sonderwirtschaftszonen[125]. Teilweise wird von Hongkong als „super Chinese economic zone" gesprochen[126]. Die Autonomie Hongkongs umfaßt Wirtschaft, Politik und Recht und wird nicht eingeschränkt durch sozialistische Politik und Hegemonie der Partei. Die Sonderwirtschaftszonen sind hingegen

---

[118] *Van Kemenade* (Anm. 39), S. 244 f.; *Wu, Changqi*, Hong Kong and Greater China – An Economic Perspective, S. 116; *Onishi* (Anm. 26), S. 1 [8].

[119] *Freund, Elizabeth M.*, Growing Interdependence: Economic Relations Between China and Taiwan, in: *Hudson, Christopher (ed.)*, The China Handbook (1997), S. 59 [62].

[120] *Van Kemenade* (Anm. 39), S. 280; siehe zur engen Verbindung *auch Yeung, Yue-Man/Hu, Xu-Wie*, Conclusions and Synthesis, in: *dies.*, China's Coastal Cities: Catalysts for Modernization (1992), S. 307 [308].

[121] *Freund* (Anm. 119), S. 59 [63].

[122] *Freund* (Anm. 119), S. 59 [64 f.].

[123] *Osborne, Michael*, China's Special Economic Zones (1986), S. 86.

[124] *Lee, Tahirih V.*, Mixing River Water and Well Water: The Harmonization of Hong Kong and PRC Law, in: Loyola University of Chicago Law Journal, Vol. 30 (1999), S. 627 [644].

[125] *Ghai* (Anm. 52), S. 117.

[126] *Ghai, Yash P.*, The Economic Provisions of the Basic Law, in: *Wesley-Smith, Peter*, Law Lectures for Practicioners (1997), S. 287 [288].

ausschließlich Mittel zur Durchsetzung des sozialistischen Modernisierungsprogramms[127] durch die Zentralgewalt.
Im übrigen sind kaum Unterschiede zwischen der Sonderverwaltungsregion und der Sonderwirtschaftszone vorhanden.

## F. „Special Administrative Region" Hongkong

Hongkong hatte, verglichen mit den anderen Provinzen, für die Volksrepublik China schon immer besondere Bedeutung, wobei drei Funktionen im Vordergrund stehen:

## I. Finanzierung

Im Mittelpunkt stand die Rolle als Finanzier der chinesischen Reformen[128]. Von 1979 bis 1992 wurden drei Fünftel aller ausländischen Direktinvestitionen in China durch die Unternehmer Hongkongs getätigt[129]. Der Hauptanteil der Direktinvestitionen aus Hongkong floss in die chinesische Industrie, 1997 waren dies etwa 55 %. Die Herstellungskosten insbesondere bei lohnintensiven Produkten sind durch den Anstieg der Lohn- und Immobilienkosten stark angestiegen, was diese Entwicklung erklärt. Zudem ist Hongkong auch der einzige Zugang zu den westlichen Kapitalmärkten für die chinesische Wirtschaft.

---

[127] Artikel 1 der Bestimmungen über Sonderwirtschaftszonen in der Provinz Guangdong von 1980, zit. b. Ghai (Anm. 52), S. 118.
[128] Chung, Jae Ho/Lo, Shiu-hing, Beijing's Relations with the Hong Kong Special Administrative Region: An Inferential Framework for the Post-1997 Arrangement, in: Pacific Affairs, Vol. 68 (1995), S. 167 [168]; Lemmerich, Christian, Drehscheibe für den China-Handel, in: Zeitschrift für das gesamte Kreditwesen, Bd. 38 (1985), S. 442 [444]; Wu (Anm. 118), S. 122.
[129] Chau, Leung Chuen, Hong Kong, A Unique Case of Development (1993), S. 21; Chang, Denis, The Basic Law of the Hong Kong Special Administrative Region: Economics and Norms of Credibility, in: Journal of Chinese Law, Vol. 2 (1988), S. 21 [42] nennt zwei Drittel für den Zeitraum 1979-1985; ähnlich Opitz (Anm. 41), S. 239 [245]; Gälli/Franzen (Anm. 42), S. 92; Liang, Yu-ying, Hong Kong's Role in Communist China's Economic Development Strategy, in: Issues & Studies, Vol. 24 (1988), S. 120 [127]; Pepper, Suzanne, China and Hong Kong: The Political Economy of Reunification, in: Hudson, Christopher (ed.), The China Handbook (1997), S. 41 [49]; Kuan (Anm. 79), S. 9; diese Entwicklung verlief in den Jahren der politischen Ungewißheit für Hongkong 1982 – 1985 auch umgekehrt, die chinesische Regierung sorgte hier für Kapitalzufluß, Overholt (Anm. 93), S. 135 f.; siehe auch Shen, George, China's Investment in Hong Kong, in: Choi, Po-king/Ho, Lok-sang (eds.), The Other Hong Kong Report 1993 (1993), passim.

## II. Handel

Hongkong ist, seit 1993 nach Japan, auch der größte Handelspartner der Volksrepublik[130]. Chinas Anteil an Hongkongs Exporten belief sich auf 33 % im Jahre 1994, sein Anteil an Hongkongs Importen machte 1994 36 % aus. Problematisch ist bei diesen Daten der Anteil der sogenannten Re-Exporte, bei denen Produkte vorzugsweise aus der Volksrepublik China nach Hongkong eingeführt werden, um sodann ohne weiteren prägenden Herstellungsprozeß in ein weiteres Drittland exportiert zu werden. Die Bewertung dieser Produkte unterscheidet sich von „normalen" Exportprodukten. Eine möglichst geringe Bewertung und Besteuerung der in der Volksrepublik China hergestellten Waren ermöglicht einen höheren Gewinntransfer nach Hongkong. Dort fallen niedrigere Steuern an und der Gewinn schlägt in einer voll konvertierbaren Währung zu Buche[131].

## III. Vermittlung

Als dritte Besonderheit kam Hongkongs Rolle als Mittelsmann in Sachen Rohstoffhandel und Dienstleistungsvermarktung (inklusive Finanzdienstleistungen, Tourismus und Unternehmensberatung)[132] hinzu, ganz abgesehen von der Rolle des Freihafens[133]. Die Hälfte der in Hongkong ansässigen ausländischen Anwaltskanzleien beriet 1984 auch im Chinahandel[134]. Auch die verkehrstechnische Verbindung zwischen Taiwan und der Volksrepublik China über Hongkong ist hier zu nennen. Die Vermittlerrolle Hongkongs hatte zumindest bisher einen weiteren politischen Vorteil. Mittels der bereits erwähnten Re-Exporte konnte die chinesische Regierung in Handelsgesprächen die Zahlen für die Exporte nach unten korrigieren, während die Importstatistiken höher angesetzt werden konnten[135]. Die Zahlen für den Export wurden Hongkong zugerechnet. Auf diese Art und Weise ließ sich sogar ein chinesisches Handelsbilanzdefizit errechnen.

Betrachtet man diese Vorteile, so war es nahezu zwingend für die Volksrepublik, auch nach dem Übergang die liberale Wirtschaftsordnung der Enklave bei-

---

[130] Noch 1990 waren es in der Reihenfolge der Bedeutung die USA, Japan, Hongkong, Deutschland, Taiwan, die UdSSR und Südkorea, vgl. *Sung, Yun-wing*, Economic Integration of Hong Kong and Guangdong in the 1990s, in: *Chan, Ming K./Postiglione, Gerard A. (eds.)*, The Hong Kong Reader: Passage to Chinese Sovereignty (1996), S. 182 [194].
[131] *Wu* (Anm. 118), S. 122.
[132] Siehe hierzu *Sung* (Anm. 130), S. 196 ff; *Wu* (Anm. 118), S. 123.
[133] *Chung/Lo* (Anm. 128), S. 168 f.; *Lemmerich* (Anm. 128), S. 442 [444].
[134] International Trade News (Intertrade), die führende chinesische Wirtschaftszeitung, berichtete dies im Oktober 1984.
[135] *Farny* (Anm. 92), S. 217.

zubehalten. Hierbei sollten aber demokratische Bestrebungen mit Verweis auf konfuzianische Lehren zurückgedrängt werden. Vorrang der Gruppe vor dem Individuum, von Autorität vor Liberalismus, Verantwortung vor Rechten, dazu Werte wie Harmonie, gegenseitige Unterstützung, Ordnung und Anerkennung von Hierarchien sollten als asiatische Werte propagiert werden[136], die einer effizienten Wirtschaftsstruktur nicht entgegenstehen. Die Sonderverwaltungsregion Hongkong verfügt über eine unabhängige Finanzordnung und ein unabhängiges Steuersystem. Darüber hinaus kann sie ihre finanziellen Mittel komplett für eigene Zwecke einsetzen, ohne Abgaben an die Zentralregierung zu leisten (Artikel 106 und 108 BL).

Ob dies immer so bleiben wird, ist hingegen fraglich. Die Einbindung des politisch instabilen Hongkong in Chinas maritime Strategie könnte die Stationierung weiterer Truppen erforderlich machen, deren Unterhaltung zumindest teilweise der Sonderverwaltungsregion Hongkong auferlegt werden würde[137]. Weiterhin könnte eine Intervention durch die Unfähigkeit der lokalen Regierung, die Kosten für den neuen Flughafen und das System der sozialen Sicherung in Griff zu bekommen, gefördert werden. Hier speziell könnte bei einem defizitären Haushalt die Rückzahlung von 5 Milliarden HK$-Obligationen für den Flughafenbau gefährdet werden.

## G. Zur Idee einer „Großchinesischen Wirtschaftsgemeinschaft"

Das Konzept des „Ein Land - zwei Systeme" war ursprünglich als Modell für Taiwan gedacht[138]. Auch jetzt geht man auf chinesischer Seite davon aus, daß ein erfolgreiches Modell „Sonderverwaltungsregion Hongkong" es Taiwan schwermacht, eine Wiedervereinigung unter noch großzügigeren Bedingungen abzulehnen[139].

---

[136] *Davis, Michael C.*, Constitutionalism in Hong Kong: Politics versus Economics, in: Journal of International Economic Law, Vol. 18 (1997), S. 157 [183].
[137] *Chung/Lo* (Anm. 128), S. 172.
[138] Siehe *Wu, An-chia*, Can The Hong Kong Settlement Serve as a Model for Taiwan?, in: *Chiu, Hungdah/Jao, Y. C./Wu, Yuan-Li*, The Future of Hong Kong: toward 1997 and beyond (1987), S. 155; *Tsang, Steve*, Maximum Flexibility, Rigid Framework: China's Policy Towards Hong Kong and Its Implications, in: Journal of International Affairs, Vol. 49 (1996), S. 413 [421]; *Opitz* (Anm. 41), S. 239 [243].
[139] *Lai, Edwin L.-C.*, The Economic Implications of the Reunification of Hong Kong with China, in: Vanderbilt Journal of Transnational Law, Vol. 30 (1997), S. 735 [737].

# I. Taiwan

Taiwan ist einer der wichtigsten Handelspartner Hongkongs. Flug- und Schiffahrtslinien steuern von Hongkong aus Taiwan an. Auch fungiert Hongkong für Taiwanesen als Basis für Treffen mit Verwandten vom Festland[140]. Taiwan, das sich auch selbst als Teil des einen China sieht[141], hat im Gegensatz zu Hongkong eine geraume Zeit der Unabhängigkeit und Eigenregierung genossen.

Um das Jahr 1000 erreichten die ersten Chinesen die Insel, 1430 nahm der kaiserliche Hof zum ersten Mal Notiz von Taiwan, bedingt durch einen Bericht des Admirals Cheng Ho, der aufgrund widriger Windverhältnisse dort hatte Station machen müssen[142]. Im 16. Jahrhundert wohnten bereits etwa 25.000 Chinesen auf der Insel. Im 17. Jahrhundert war Taiwan von einigen holländischen Händlern der „Vereinigten Oostindischen Compagnie", die von hieraus ihren Japan-Handel betrieb, und polynesischen Ureinwohnern bewohnt[143]. 1661 schon wurde die Herrschaft der Holländer durch den chinesischen Händler Koxinga beendet[144]. Die Mandschu-/Qing-Dynastie regierte die Insel seit 1683[145]. Die chinesische Immigration nach Taiwan begann gegen Ende des 19. Jahrhunderts. Taiwan wurde diverse Male kolonialisiert und 1895 im Friedensvertrag von Shimonoseki – unbesetzt - auf alle Zeiten an Japan abgetreten[146]. Am 9. Dezember 1941 erklärte China alle Verträge zwischen Japan und China für ungültig. Auf der Kairo-Konferenz von 1943 bestätigten die Vereinigten Staaten von Amerika, Großbritannien und China, daß Japan alle von China vereinnahmten Gebiete zurückgeben müsse. Im Oktober 1945 ergriff China Besitz von Formosa (portugiesisch „die Wunderschöne") und regiert es bis zum Juni 1949 als Provinz[147]. Sodann floh Tschiang Kai-schek auf die Insel und installierte eine neue

---

[140] *Clough, Ralph,* Taiwan's Relationship with Hong Kong, in: *Feldman, Harvey/Kau, Michael Y. M./Kim, Ilpyong J.,* Taiwan in a Time of Transition (1988), S. 223.

[141] *Shen, Jianming,* Cross-Strait Trade and Investment and the Role of Hong Kong, in: Wisconsin International Law Journal, Vol. 16 (1999), S. 661 [663].

[142] *Gourlay, Walter F.,* Hong Kong and Taiwan: The Colonial Heritage, in: *Williams, Jack F.,* The Future of Hong Kong and Taiwan (1985), S. 13.

[143] *Weggel, Oskar,* Taiwan, Hongkong (1992), S. 18 f.

[144] *Gourlay* (Anm. 142), S. 14.

[145] *Gourlay* (Anm. 142), S. 14.

[146] *Gornig, Gilbert H.,* China und Korea als Gegenstand der Beratungen auf den Konferenzen von Kairo, Teheran, Jalta und Potsdam, in: *Meissner, Boris/Blumenwitz, Dieter/ Gornig, Gilbert H. (Hrsg.),* Das Potsdamer Abkommen, III. Teil: Rückblick nach 50 Jahren (1996), S. 103.

[147] *Weng, Byron S.,* The Legal Status of Taiwan, in: *Leng, Shao-chuan/Chiu, Hungdah,* Law in Chinese Foreign Policy: Communist China & Selected Problems of International Law (1972), S. 125; *Gornig* (Anm. 146), S. 103 [118].

Regierung[148], als Fortführung der *Republic of China (ROC)*[149]. Nach dem Ausbruch des Korea-Krieges (1950 – 1953) versprachen die Vereinigten Staaten, Formosa zu verteidigen[150]. Seit diesem Zeitpunkt hat die Republik China jeden Versuch einer Wiedervereinigung mit der Volksrepublik China standhaft zurückgewiesen. Die Festlandchinesen, die Taiwan nun regierten, waren bei der Urbevölkerung wegen ihres berechnenden, ausbeuterischen Wesens äußerst unbeliebt[151]. Bis 1965 erhielt Taiwan aus den USA großzügige Militär- und Wirtschaftshilfe[152]. Im Oktober 1971 wurde Taiwan aus den Vereinten Nationen verbannt, nach und nach folgte das Ende der diplomatischen Anerkennung durch eine Vielzahl von Staaten[153]. Ende 1978 folgte auch der Bruch der diplomatischen Beziehungen mit Washington und die Aufkündigung des Verteidigungspaktes[154]. Am 13. März 1979 freilich erließ der US-Kongreß den *„Taiwan Relations Act"*, nach dem Taiwan in jeder Hinsicht wie ein Quasi-Staat behandelt werden sollte[155]. Auch eine erneuerte „US-Sicherheitsgarantie" wurde gegeben[156].

Am 1. Mai 1991 verkündete Präsident Lee Teng-hui das offizielle Ende der „Periode der nationalen Mobilisierung zur Unterdrückung der kommunistischen Rebellion", die die Aufrechterhaltung des Bürgerkriegszustandes seit 1947 bedeutet hatte[157]. In diesem Jahr wurde auch eine friedliche Wiedervereinigung mit China als Ziel festgelegt, diese sollte sich in drei Phasen, gegenseitiger Austausch, gegenseitiges Vertrauen und Zusammenarbeit sowie schließlich Verhandlungen mit dem Ziel Wiedervereinigung, abspielen[158]. Zeiträume wurden nicht genannt.

Deng Xiaopings politische Konzeption des „Ein Land – zwei Systeme" dient dem vorrangigen nationalen Ziel der Wiedervereinigung mit Taiwan und seiner

---

[148] *Gourlay* (Anm. 142), S. 22.
[149] *Maguire, Keith*, The Rise of Modern Taiwan (1998), S. 1.
[150] *Weggel* (Anm. 143), S. 32.
[151] *Weggel* (Anm. 143), S. 31 f., erst 1972 konnten auch gebürtige Taiwanesen politische Spitzenämter bekleiden.
[152] *Van Kemenade* (Anm. 39), S. 160.
[153] Siehe hierzu die Übersicht bei *Kau, Michael Y. M.*, Taiwan and Beijing's Campaigns for Unification, in: *Feldman, Harvey/Kau, Michael Y. M./Kim, Ilpyong J. (eds.)*, Taiwan in a Time of Transition (1988), S. 175 [188].
[154] *Cottrell* (Anm. 48), S. 59; Großbritannien hatte bereits 1971 seine offizielle Repräsentation in Taiwan geschlossen, siehe *Tang, James T. H./Ching, Frank*, Balancing the Beijing-London-Hong Kong „Three-Legged Stool", 1971 – 1986, in: *Chan, Ming K./ Postiglione, Gerard A.*, The Hong Kong reader: passage to Chinese sovereignty (1996), S. 46.
[155] *Kau* (Anm. 153), S. 175 [180].
[156] *Kau* (Anm. 153), S. 175 [190].
[157] *Van Kemenade* (Anm. 39), S. 174; *Weggel* (Anm. 143), S. 33.
[158] *Chang, David Wen-wie/Chuang, Richard Y.*, The Politics of Hong Kong's Reversion to China (1998), S. 202; die oppositionelle Demokratische Fortschrittspartei tritt nach wie vor für die Unabhängigkeit Taiwans ein, *House of Commons* (Anm. 45), xxiii.

Bevölkerung von 19 Millionen Menschen[159]. Die Regierung in Taipeh steht diesem Modell seit jeher negativ gegenüber und spricht, wenn überhaupt von „Ein Land – zwei Regierungen" oder „Ein Land – zwei Gebiete", was wiederum von der Regierung der Volksrepublik China nicht akzeptiert wird[160]. Die bei Mao Zedongs Machtübernahme 1949 dorthin ausgewichene Kuomintang[161]-Regierung hat von der chinesischen Regierung bereits 1981 ein Autonomieangebot („Die neun Punkte") erhalten, welches als Konzession sogar die Beibehaltung der taiwanesischen Streitkräfte vorsah[162] und ebenfalls die Beibehaltung des wirtschaftlichen Systems im Rahmen einer Sonderverwaltungsregion. Auch dieses wurde aber bisher nicht angenommen[163]. Andererseits hat sich die Pekinger Führung das Recht zu einer militärischen Intervention in Taiwan für den Fall vorbehalten, daß dieses sich für unabhängig erklärt[164]. Die Regierung Taiwans besteht nunmehr weitgehend aus von der Insel abstammenden Politikern, die ursprüngliche Militärdiktatur wurde durch ein Mehrparteien-System ersetzt[165]. Diese Entwicklung stärkt den Willen zur Eigenständigkeit.

Bis Ende der 70er Jahre hatte die Volksrepublik China eine Politik der wirtschaftlichen Autarkie mit weitgehendem Verzicht auf Außenhandel und ausländische Investitionen verfolgt, was auch für die Nachbarregionen galt. Erst mit der veränderten Außenwirtschaftspolitik auf dem Festland und damit einhergehender Öffnung der taiwanesischen Regierung im Wirtschaftsverkehr wurden die Bedingungen jedenfalls für ein Wiederaufleben der wirtschaftlichen Beziehungen geschaffen[166]. Nach der sino-britischen Gemeinsamen Erklärung von 1984 hat die Volksrepublik versucht, Taiwan von dem „Hongkong-Modell" zu überzeugen[167]. Deng Xiaoping versprach Taiwan noch bessere Bedingungen[168]. 1987/88 wurden in Taiwan erstmalig wieder Besuche auf dem Festland zugelassen, wenn auch nur in Ausnahmefällen (erkrankte Verwandte, Begräbnisse)[169].

---

[159] *Horlemann* (Anm. 53), S. 125.

[160] *Schüller* (Anm. 25), S. 1130 [1135]; *van Kemenade* (Anm. 39), S. 171.

[161] Nationalistische Partei Chinas.

[162] Autonomieangebot vom 30. September 1981 des damaligen Vorsitzenden des Ständigen Komitees des Nationalen Volkskongresses und amtierenden Präsidenten der Volksrepublik China, Marschall Ye Jianying, siehe *Cottrell* (Anm. 48), S. 65; die taiwanesische Armee umfaßt etwa 310.000 Mann, siehe auch *van Kemenade* (Anm. 39), S. 169 f.

[163] Taiwans Präsident Chiang Ching-kuo erklärte am 29. März 1986: „Der kommunistische Plan ‚Ein Land – zwei Systeme' ist aus vielerlei offensichtlichen Gründen heraus zum Scheitern verurteilt."; zit. n. *Dietrich, Hans J.*, China und Hongkong nach 1997: „Ein Land – zwei Systeme", in: EA, 42. Jg. (1987), S. 463, Fußnote 2; *Cottrell* (Anm. 48), S. 65.

[164] *Schubert, Gunter*, Taiwan – die chinesische Alternative, Demokratisierung in einem ostasiatischen Schwellenland (1986 – 1993) (1994), S. 337 f.

[165] *House of Commons* (Anm. 45), lxxxviii.

[166] *Schüller* (Anm. 25), S. 1130 [1132].

[167] *Kau* (Anm. 153), S. 175 [183]; *Clough* (Anm. 140), S. 223 [227 f.].

[168] Rede vor der Zentralen Beratungskommission der Kommunistischen Partei Chinas, wiedergeben in: People's Daily vom 1. Januar 1985.

[169] *Shen* (Anm. 141), S. 661 [682]

Ebenfalls seit 1987/88 darf ein indirekter Handel mit dem Festland über Drittge-biete betrieben werden[170], seit 1990 dürfen Unternehmen zu Geschäftsabschlüs-sen auf das Festland reisen[171]. Im März 1994 wurde in der Volksrepublik China ein Gesetz zum Schutz der Investitionen aus Taiwan erlassen[172]. Es kann freilich nicht den Status eines bilateralen Investitionsschutzabkommens für sich bean-spruchen, da Taiwan als chinesische Provinz betrachtet wird[173]. Im Januar 1995 veröffentlichte Jiang Zemin einen Vortrag[174], in dem ebenfalls auf den Weg wirtschaftlichen Austauschs verwiesen wird; es sei ausgeschlossen, daß chinesi-sche Soldaten gegeneinander kämpfen. Mittlerweile ist es taiwanesischen Investoren sogar erlaubt, ihr Kapital in beliebige Projekte zu investieren, wogegen andere ausländische Investoren sich auf zur weiteren Entwicklung auserko-rene Industriezweige beschränken müssen[175]. Auch Taiwan selbst investiert er-hebliche Summen auf dem Festland[176]. Dies war ohne weiteres möglich. 1987 war Taiwan „Sparweltmeister"[177] und Ende 1992 hatte Taiwans „Central Bank of China" die höchsten ausländischen Devisenreserven aller Zentralbanken der Welt[178]. Nicht wenige taiwanesische Investoren tarnten sich nach wie vor als Hongkonger Unternehmer oder suchen sich solche als Partner für Investitionen, um der Kontrolle der eigenen Regierung zu entgehen[179].

Nach seiner Wiederwahl trat Lee Teng-hui in seiner Inaugurationsrede vom 20. Mai 1996 für eine Stärkung des politischen Dialogs mit China ein[180]. Er versicherte damals, daß Taiwan nicht den Weg der Unabhängigkeit beschreiten werde. Er sei auch zu einem Besuch in China bereit, um in einen Meinungsaus-tausch mit der Führung der Kommunistischen Partei Chinas einzutreten, der eine neue Dimension der gegenseitigen Zusammenarbeit und Verständigung eröffnen und Frieden, Stabilität und Wohlstand in der asiatisch-pazifischen Region sichern solle[181]. Die chinesische Führung reagierte hierauf ablehnend. Im Juli

---

[170] *Kau* (Anm. 153), S. 175 [185].

[171] *Freund* (Anm. 119), S. 59 [61].

[172] *Wu, Yu-Shan*, Mainland China's Economic Policy toward Taiwan: Economic Needs of Unification Scheme?, in: Issues & Studies, Vol. 30 (1994), S. 29 [36]; *Shen* (Anm. 141), S. 661 [666].

[173] *Schüller* (Anm. 25), S. 1130 [1134].

[174] Continued Struggle for Acceleration of the Great Task of Unification of the Fatherland, in: People's Daily vom 31. Januar 1995.

[175] *Shen* (Anm. 141), S. 661 [665].

[176] Seit 1989 hat sich Taiwan zum zweit- bzw. drittgrößten Investor nach Hongkong und evtl. den Vereinigten Staaten entwickelt, siehe *House of Commons* (Anm. 45), vii; *Sung* (Anm. 130), S. 183; *Freund* (Anm. 119), S. 59 [63].

[177] *Weggel* (Anm. 143), S. 128.

[178] *House of Commons* (Anm. 45), ixvi.

[179] *Overholt* (Anm. 93), S. 137; *Shen* (Anm. 141), S. 661 [678]; *Freund* (Anm. 119), S. 59 [63].

[180] *Freund* (Anm. 119), S. 59 [65].

[181] *Nakagawa, Yoshio*, Present Status and Future Prospects of the Relationship Between China and Taiwan – Reaching Toward Reconciliation, in: *Onishi, Yasuo*, One Country Two Systems (1997), S. 50.

1999 beschrieb Lee die Beziehungen Taiwans zur Volksrepublik China als die zwischen zwei Staaten, was die Krisenstimmung zwischen den beiden wieder verstärkte[182]. Sein Nachfolger Chen Shui-bian forderte ebenfalls die Unabhängigkeit Taiwans[183], hielt jedoch nicht mehr an der umstrittenen Definition von den „speziellen Beziehungen zwischen zwei Staaten" fest[184].

Eine Übertragung des Hongkong-Modells auf Taiwan erscheint nicht erstrebenswert bzw. unrealistisch[185]:
Hongkong war an den völkerrechtlichen Verhandlungen zwischen Großbritannien und China nicht beteiligt, so daß ein hoher Grad an Autonomie und Selbstverwaltung eher auf dem Papier erreicht denn faktisch abgesichert wurde[186]. Somit hat Taiwan eine wesentlich bessere Ausgangsposition als Hongkong, da es für sich selbst verhandeln kann[187].
Auch würde eine Vereinigung Taiwans mit dem Festland sicherheitspolitische Interessen der USA berühren[188]. Taiwan ist durch seine Insellage auch hinsichtlich der Versorgung unabhängiger vom chinesischen Festland. Auch eine starke Armee und die diplomatische Anerkennung durch eine Reihe von Staaten stärken eine taiwanesische Verhandlungsposition[189].
Als zukunftsträchtiges Modell für Taiwan wurde von deutscher Seite eine Rückkehr in den chinesischen Staatsverband auf der Grundlage zunächst einer Wirtschaftsgemeinschaft, sodann einer Konföderation vorgeschlagen[190].

## II. Macao

Das an die Volksrepublik China und die zwei Inseln Taipa und Coloane grenzende, nur 15,5 Quadratkilometer große Macao mit einer Bevölkerung von etwa 450.000 Einwohnern war bereits 1557 vom Kaiser des „Reiches der Mitte" den Portugiesen als Dank für und zur weiteren Abwehr der Piraten[191] überlassen

---

[182] *Schneppen, Anne*, Wahlkampf im Schatten Pekings, FAZ vom 27. November 1999, S. 12.
[183] *Scholz, Rupert S.*, Ausblick auf eine chinesische Konföderation, FAZ vom 6. Mai 2000, S. 12.
[184] Versöhnliche Signale aus Peking an Taiwan, FAZ vom 10. Mai 2000.
[185] *Scholz* (Anm. 183), S. 12.
[186] *Horlemann* (Anm. 53), S. 125.
[187] *Horlemann* (Anm. 53), S. 125.
[188] *Scholz* (Anm. 183), S. 12.
[189] *Horlemann* (Anm. 53), S. 126.
[190] *Scholz* (Anm. 183), S. 12.
[191] Hierbei handelte es sich häufig um Holländer und Briten, siehe *Haubrich, Walter*, Das Ende eines Kolonialreiches, FAZ vom 17. Dezember 1999, S. 8.

worden[192]. Diese gründeten dort eine Handelsniederlassung. Zum Ende des 16. Jahrhunderts lebten etwa 900 Portugiesen in Macao[193]. Die Portugiesen brachten Seide aus Guangzhou nach Macao, um diese an Japan weiterzuverkaufen. 1622 versuchten die Niederländer, Macao einzunehmen, was mißlang[194]. In direkter Folge wurde 1623 Francisco Mascarenhas erster Captain-Major Macaos, im wesentlichen mit militärischen Kompetenzen. Von der bisher herrschenden Händler-Plutokratie wurde er gewalttätig empfangen[195]. Am 5. Juli 1762 wurden auf Geheiß Portugals alle Jesuiten Macaos festgenommen und auf Schiffen nach Lissabon verschleppt, was Macao auch wirtschaftlich großen Schaden zufügte[196]. 1839 kamen die Briten unter Captain Charles Elliot nach Macao, mußten aber auf Anweisung von Gouverneur Silveira Pinto am 26. August des Jahres wieder aufbrechen, da China mit einer Einnahme Macaos drohte[197]. 1846 wurde Macao unter Gouverneur João Ferreira do Amaral zum Freihafen erklärt[198]. 1887 nutzte Portugal Chinas Schwäche nach dem Opiumkrieg, um sich dauerhaft die Rechtsprechungsgewalt in Macao übertragen zu lassen. 1928 kündigte die Kuomintang-Regierung in Nanking diese Vereinbarung einseitig auf, versicherte aber in Zusatzvereinbarungen zu einem neuen Abkommen, Macao weiterhin als Gebiet unter der territorialen Souveränität Portugals zu betrachten[199]. Macao ist wirtschaftlich von Hongkong abhängig, Tourismus und Casinos sind die Hauptwirtschaftszweige[200]. China lehnte 1974/75 das Angebot Portugals nach der „Nelkenrevolution" ab, im Zuge der demokratischen Revolution in Lissabon Macao aufzugeben[201]. Chinas Führer fürchteten, durch eine übereilte Wiedererlangung das Vertrauen in Hongkong zu untergraben, dessen Status jedenfalls nicht vor einer erfolgreichen Wiedervereinigung mit Taiwan angegriffen werden sollte[202]. Trotz einer Jahrhunderte während Anwesenheit der Por-

---

[192] *Endacott, George Beer*, A History of Hong Kong, Second Edition (1974), S. 4; *Kolonko, Petra*, Ein reibungsloser Übergang, FAZ vom 17. Dezember 1999, S. 8; *Usellis, William R.*, The Origin of Macao (1958), S. 14, 19, 45 ff., der allerdings auch auf Zweifel hieran hinweist. Eine dauerhafte Zession erfolgte erst 1887.
[193] *Guillen-Nuñez, Cesar*, Macau (1984), S. 8.
[194] *Guillen-Nuñez* (Anm. 193), S. 16 ff.
[195] *Guillen-Nuñez* (Anm. 193), S. 19.
[196] *Guillen-Nuñez* (Anm. 193), S. 35.
[197] *Guillen-Nuñez* (Anm. 193), S. 42.
[198] *Guillen-Nuñez* (Anm. 193), S. 44.
[199] *Ptak, Roderich*, Im Schatten Hongkongs: Macau auf dem Weg nach China, in: *Bös, Gunther/Ptak, Roderich (Hrsg.)*, Hongkong, Macau, Südchina: Wandel und Wachstum (1999), S. 93.
[200] *Chang/Chuang* (Anm. 158), S. 19.
[201] Der chinesische Ministerpräsident Tschou En-lai sagte dem damaligen portugiesischen Außenminister Mário Soares: „Macao wird zu China zurückkommen, wenn wir das wollen, nicht wenn Portugal es uns anbietet.", zit. b. *Haubrich* (Anm. 191), S. 8.
[202] *Chan, Ming Kou*, Hong Kong: Colonial Legacy, Transformation and Challenge, in: *Skidmore, Max J. (ed.)*, The Future of Hong Kong, The Annals of the American Academy of Political and Social Science, Vol. 547 (September 1996), S. 11 [13]; *Wesley-Smith, Peter*, The

tugiesen wurde erst 1976 unter Mitwirkung der örtlichen Bevölkerung Macaos verfassungsrechtlicher Status im *Estatuto Orgânico de Macau* festgelegt[203]. Danach stand der Gouverneur an der Spitze der Exekutive und wurde von sieben Staatssekretären und einem Beratergremium unterstützt. Daneben existierte als Gesetzgebungsorgan die *Assembleia Legislativa*. Einige ihrer Mitglieder wurden vom Volk gewählt, andere wurden vom Gouverneur und wieder andere von lokalen Wirtschafts- und Interessenverbänden bestimmt[204]. Änderungen waren der Gesetzgebenden Versammlung von Macao vorbehalten, sodaß die portugiesische Regierung lediglich Vorlagen der Körperschaften Macaos ratifizieren konnte. Im Juni 1986 begannen Verhandlungen zwischen der Volksrepublik China und Portugal.

Die nur noch rein administrativen Rechte der Portugiesen wurden mit der sino-portugiesischen „Gemeinsamen Erklärung" vom 13. April 1987 am 20. Dezember 1999 beseitigt[205]. Ähnlichkeiten mit der sino-britischen Gemeinsamen Erklärung sind unverkennbar. Es fehlen jedoch die vielen wirtschaftsverfassungsrechtlichen Teilregelungen der Hongkong betreffenden Erklärung[206]. Interessanterweise wird auch nur für 50 Jahre das bestehende ökonomische System garantiert, von einem kapitalistischen System (Annex I, Abschnitt I der Gemeinsamen Erklärung Hongkong betreffend) ist nicht die Rede. Der portugiesische Banco Nacional Ultramarino wird in Zusammenarbeit mit der Bank von China bis zum Jahr 2010 das Recht zur Emission der Banknoten in der lokalen Währung, „Pataka" genannt, behalten[207]. Ebenfalls mit der Übergabe der Verwaltung an die Volksrepublik China trat das Lei Básica in Kraft, welches dem Basic Law ähnelt[208].

Im Mai 1999 wurde Edmund Ho, ein Bankier aus Macao, zum Verwaltungschef der „Sonderverwaltungsregion Macao" bestellt[209]. Gewählt wurde er durch eine von Peking zusammengesetzte, 300 Repräsentanten Macaos umfassende Wahlversammlung.

---

Future of Hong Kong: Not What It Used To Be, in: Vanderbilt Journal of Transnational Law, Vol. 30 (1997), S. 421 [445].

[203] *Williamson, Caroline J.*, A One-country, Two-system Formula in the China of 1999, in: International Social Science Review, Vol. 64 (Autumn 1989), S. 153.

[204] *Ptak* (Anm. 199), S. 95.

[205] *Dietrich* (Anm. 163), S. 463.

[206] *Chang/Chuang* (Anm. 158), S. 24.

[207] *Haubrich* (Anm. 191), 8.

[208] *Ptak* (Anm. 199), S. 95.

[209] *Kolonko* (Anm. 192), S. 8.

# Kapitel V.
# Die Wirtschaftsverfassung[1]
# der Sonderverwaltungsregion Hongkong

## A. Begriff der Wirtschaftsverfassung

Nachdem die faktischen Bedingungen für eine wirtschaftliche Tätigkeit in der Volksrepublik China wie auch in Hongkong sowie der Wandel des Umfeldes dargestellt wurden, gilt es nun, die rechtliche Verankerung der zugrundeliegenden wirtschaftlichen Prinzipien im Rahmen der Verfassung zu untersuchen. Zunächst ist zu klären, was unter den Begriff „Wirtschaftsverfassung" fällt.

Über den Begriff der „Wirtschaftsverfassung" konnte in der wissenschaftlichen Diskussion in der Bundesrepublik bisher keine Einigung erzielt werden[2]. Die verschiedenen Meinungen sollen daher kurz skizziert werden[3].

## I. Wirtschaftsverfassung als Systementscheidung

Nach einer Auffassung, welche dem Begriff der „Wirtschaftsordnung" nahesteht, bedeutet eine Wirtschaftsverfassung mit einer „Gesamtentscheidung über Art und Form des wirtschaftlich-sozialen Kooperationsprozesses"[4] die

---

[1] Die direkte Übertragung ins Englische findet sich nur bei *Ledic, Michèle*, Hong Kong's Economy under the Draft Basic Law, in: Hong Kong Law Journal, Vol. 18 (1988), S. 421 [424]: „[...] First the Basic Law is meant to be not just a political constitution, but to some degree also an economic constitution."; *Rabushka* spricht von einer „free-market constitution", siehe A Free-Market Constitution for Hong Kong: A Blueprint for China, in: The Cato Journal, Vol. 8 (1988/89), S. 641 [649]; diesen Begriff nimmt auch *Wong, Richard Y. C.*, Freedom and Reform in Asian-Pacific Economies, in: The Cato Journal, Vol. 8 (1988/89), S. 653 [655], auf.
[2] Vgl. *Mestmäcker, Ernst-Joachim*, Mitbestimmung und Vermögensverteilung. Alternativen zur Umverteilung von Besitzständen, in: *ders.*, Recht und Ökonomisches Gesetz. Über Grenzen von Staat, Gesellschaft und Privatautonomie (1984), S. 175 - 194.
[3] Nicht diskutiert werden soll hier der Begriff „Wirtschaftsverwaltung" als „Zustand einer Volkswirtschaft" (*Rittner, Fritz*, Wirtschaftsrecht, 2. Aufl. (1987), S. 25), da hier kein juristischer Erkenntnisgewinn zu erwarten ist. Um eine Verknüpfung wirtschafts- und rechtswissenschaftlicher Erkenntnisse bemüht sich die ökonomische Analyse des Rechts, vgl. hierzu z. B. *Assmann, Heinz/Kirchner, Christian/Schanze, Erich*, Ökonomische Analyse des Rechts, 2. Aufl. (1993), passim. Diese unterzieht die Leistungsfähigkeit des Rechts mit den Mitteln der ökonomischen Theorie einer kritischen Beurteilung anhand des Maßstabes einer optimalen Ressourcenallokation.
[4] *Böhm, Franz*, Wettbewerb und Monopolkampf. Eine Untersuchung zur Frage des wirtschaftlichen Kampfrechts und zur Frage der rechtlichen Struktur der geltenden Wirtschafts-

Grundentscheidung für ein in sich geschlossenes Wirtschaftssystem[5]. Ob eine solche damit überhaupt oder gar auf normativer Ebene existiert, bleibt offen. Wirtschaftsverfassung nach diesem Verständnis hat vielmehr pragmatischen Charakter[6]. Eine zunächst richtungsweisende Entscheidung erlaubt auf der Ebene der Rechtsbildung wie der Rechtsanwendung, mit den Steuerungsmechanismen des wirtschaftlichen Gesamtgefüges vereinbare und seine Funktionsfähigkeit tragende Lösungen bei der Kreation derjenigen privat- und öffentlichrechtlichen Normen zu entwickeln, die in einem funktionalen Zusammenhang mit dieser ökonomischen Ordnung stehen[7]. Als die beiden Extremformen sind hier die Zentralverwaltungswirtschaft bzw. Planwirtschaft und die (reine) Marktwirtschaft bzw. Verkehrswirtschaft zu nennen[8].

## II. Materielle Wirtschaftsverfassung

Andere Auffassungen setzen ein positivrechtliches Verständnis des Begriffes voraus. Wirtschaftsverfassung in einem weiteren Sinn ist demzufolge zu verstehen als die Gesamtheit der für die Ordnung des Wirtschaftslebens eines Staates grundlegenden Normen, unabhängig von der Normenhierarchie auf der Ebene des Verfassungs- oder einfachen Gesetzesrechtes[9]. Auszuscheiden sind hierbei von vornherein „interne Institutionen", d. h. von den Wirtschaftssubjekten selbst kreiertes und sanktioniertes Recht[10]. Für diese Auffassung stellt sich das Problem, aus der Vielzahl von Normen jene von grundlegendem Charakter auszusondern und diese in sinnvoller Weise einem gemeinsamen Zweck unterzuord-

ordnung (1933), S. 107, hierbei beruft sich *Böhm* ausdrücklich auf Carl Schmitt und dessen Verfassungslehre, dessen rechtspositivistischer Dezisionismus ansonsten nicht dem Programm der Freiburger Schule entspricht; *Eucken, Walter*, Die Grundlagen der Nationalökonomie, 8. Auflage (1940/65), S. 52.
[5] Vgl. *Zacher, Hans F.*, Aufgaben einer Theorie der Wirtschaftsverfassung, in: *Scheuner, Ulrich*, Die staatliche Einwirkung auf die Wirtschaft (1971), S. 549 [564].
[6] *Veelken, Winfried*, Wirtschaftsverfassung im Systemvergleich, in: RabelsZ 55 (1991), S. 463 [464].
[7] Vgl. *Mestmäcker, Ernst-Joachim*, Wirtschaftsordnung und Staatsverfassung, in: *ders.*, Recht und ökonomisches Gesetz, Über Grenzen von Staat, Gesellschaft und Privatautonomie (1984), S. 33 [33 f.].
[8] *Mussler, Werner*, Die Wirtschaftsverfassung der Europäischen Gemeinschaft im Wandel (1998), S. 17; *Luong, Minh Tuan*, Wirtschaftsverfassungsrecht im Wandel (1999), S. 4 ff.
[9] Vgl. dazu *Rittner* (Anm. 3), S. 29; *Fikentscher, Wolfgang*, Wirtschaftsrecht, Band II: Deutsches Wirtschaftsrecht (1983), S. 24; *Rinck, Gerd/Schwark, Eberhard*, Wirtschaftsrecht, Wirtschaftsverfassung, Kartellrecht, Wettbewerbsrecht, Wirtschaftsverwaltung, 6. Auflage (1986), S. 21.
[10] *Mussler* (Anm. 8), S. 19.

nen[11]. Zudem wird der Eindruck erweckt, als ob dem gesellschaftlichen Zusammenhang „Wirtschaft" ein ähnlich geschlossener auch auf der normativen Ebene gegenüber stünde[12].

## III. Formelle Wirtschaftsverfassung

Eine Wirtschaftsverfassung im engeren Sinne beschränkt sich auf die politische Verfassung als Summe der verfassungsrechtlichen Gestaltelemente der Ordnung des Wirtschaftslebens. Über Existenz und Konnex solcher Regelungen ist damit auch hier noch keine Aussage getroffen, hierzu bedarf es vielmehr der Verfassungsinterpretation[13]. Diese Interpretation des Begriffs „Wirtschaftsverfassung" darf unter den Juristen als „herrschend" bezeichnet werden[14].

## IV. Ablehnung des Begriffs

Eine vierte Auffassung lehnt den Begriff „Wirtschaftsverfassung" schlichtweg ab. Er wecke die Vorstellung einer eigenständigen Größe neben der politischen Verfassung, eine Vorstellung, die auf einer überholten Antithese von Staat und Gesellschaft beruhe[15]. Die Berechtigung der Frage nach den verfassungsrechtlichen Grundsätzen für die Gestaltung der Wirtschaftsordnung wird aber auch von dieser Auffassung bejaht, so daß es sich gegenüber dem Verständnis der Wirtschaftsverfassung im formellen Sinne um eher terminologische Differenzen handelt[16].

[11] *Zacher* (Anm. 5), S. 549 [562 f.].
[12] *Schmidt, Reiner*, Öffentliches Wirtschaftsrecht, Allgemeiner Teil (1990), S. 70.
[13] *Veelken* (Anm.6), 463 [465].
[14] *Mussler* (Anm.8), S. 19.
[15] *Ehmke, Horst*, Wirtschaft und Verfassung, Die Verfassungsrechtsprechung des Supreme Court zur Wirtschaftsregulierung (1961), S. 7 ff., 55; *Scheuner, Ulrich*, Einführung, in: *ders.*, Die staatliche Einwirkung auf die Wirtschaft (1971), S. 9 [21 ff.]; *Jarass, Hans D.*, Wirtschaftsverwaltungsrecht und Wirtschaftsverfassungsrecht, 2. Auflage (1984), S. 81.
[16] *Veelken* (Anm.6), S. 463 [466].

## V. Abgrenzung zum Wirtschaftssystem
und der Wirtschaftsordnung

Der Begriff „Wirtschaftsverfassung" ist grundsätzlich von der wirtschaftswis-senschaftlichen Kategorie des „Wirtschaftssystems" bzw. der „Wirtschaftsord-nung"[17] zu unterscheiden.

Die Wirtschaftsverfassung umfaßt nach dem bisher Gesagten allenfalls die Ge-samtheit der für das gesellschaftliche Wirtschaften verbindlichen Rechtsregeln. Die Wirtschaftsordnung schließt die Wirtschaftsverfassung ein, umfaßt aber auch informelle Regeln, die im Gewohnheitsrecht, den Konventionen und Sitten angelegt sind und das Verhalten der Wirtschaftssubjekte prägen[18]. Die Wirt-schaftsordnung ist eine Teilordnung der Gesellschaftsordnung[19].

Die Gesamtheit von Wirtschaftsordnung und den daraus resultierenden ökono-mischen Verhaltensweisen bildet sodann das „Wirtschaftssystem"[20].

## VI. Zwischenergebnis

In dieser Arbeit sollen die verfassungsrechtlichen Regelungen des *Basic Law* für die Wirtschaftsordnung Hongkongs untersucht werden, so daß hier vom Begriff der Wirtschaftsverfassung im engeren, formellen Sinn auszugehen ist. Dieser scheint auch sonst am sinnvollsten zu sein, da eine Verfassung praktischerweise als Inkorporation eines festgelegten Normengefüges gedacht werden sollte.

## B. Theoretische Grundlagen einer
liberalen Wirtschaftsverfassung

Bevor nun die einzelnen Regelungen des *Basic Law* untersucht werden sollen, ist abseits von der deutschen Begrifflichkeit einer Wirtschaftsverfassung auf das volkswirtschaftliche Modell einzugehen, daß einer solchen Wirtschaftsverfas-sung als Mittel zur Erzielung bestimmter gesamtwirtschaftlicher Effekte im Sinne einer liberalen Wirtschaftsdoktrin zugrunde liegt. Hierbei sollen insbe-sondere die Ideen James Buchanans auf ihre Bedeutung für eine liberale Wirt-schaftsverfassung untersucht werden.

---

[17] Vgl. z. B. *Leipold, Helmut*, Wirtschafts- und Gesellschaftssysteme im Vergleich, 5. Auflage (1988), passim.
[18] *Streit, Manfred E.*, Theorie der Wirtschaftspolitik, 4. Auflage (1991), S. 24, 31.
[19] *Luong* (Anm. 8), S. 3.
[20] *Streit* (Anm. 18), S. 42 f.

# I.  Liberalismus

Der Liberalismus begreift die Gesellschaft als Gesamtheit aller Individuen, denen aber, im Unterschied zu anderen Entwürfen, die absolute Priorität zukommt[21]. Freiheitsrechte dienen dazu, dem Einzelnen diesen Individualismus als höchstes Gut zu sichern. Nur jemand, der freie Entscheidungen treffen könne, dürfe sich als moralisches Wesen fühlen. John Rawls fordert folgerichtig vom liberalen Staat, daß er sich gegenüber verschiedenen Entwürfen „des Guten" neutral zu verhalten habe[22].

Dieser liberale Entwurf deckt sich durchaus nicht immer mit dem klassischen demokratischen Ideal Athens, welches sich durch Vertrauen in die politisch aktiven, zur Gesellschaft zusammengeschweißten Massen(-versammlungen) auszeichnet[23]. Dieses Ideal findet man aber, wie die bisherige Untersuchung zeigt, auch in Hongkong nicht verwirklicht.

# II.  Wirtschaftliche Freiheit als philosophische Grundlage

Schon im England des 12. und 13. Jahrhunderts war privates Eigentum durch behördliche Erlasse und das common law unter Schutz gestellt.

Mit der Veröffentlichung von John Locke's „The Second Treatise on Civil Government" wurde die Tradition individueller ökonomischer Freiheit begründet. Drei Begriffe sind für Locke zentral: Individuelle Freiheit, Privateigentum und eine begrenzte Regierung[24]. Insbesondere diese garantiere dem Einzelnen, nicht seiner natürlichen Rechte beraubt zu werden. Locke war der Ansicht, daß das Recht auf Eigentum im „Naturzustand" existierte und es Aufgabe der Regierung sei, dieses adäquat zu schützen. Das konkrete Eigentumsrecht resultiere aus der Verbindung eines Objekts mit der menschlichen Arbeitsleistung[25].

Im 17. Jahrhundert hob Sir William Blackstone, einer der führenden englischen Juristen, die Bedeutung rechtlich garantierter, individueller ökonomischer Freiheit hervor, um dem staatlichen Enteignungs- und Steuerwesen Einhalt zu gebieten.

---

[21] *Allan, James*, Liberalism, Democracy and Hong Kong, in: Constitutional Transition: Hong Kong 1997 and Global Perspectives, Volume 1 (Seminar 1 – 5) (1997), S. 1.

[22] A Theory of Justice (1972), passim.

[23] *Allan* (Anm. 21), S. 3 f.

[24] *The Consultative Committee for the Basic Law of the Hong Kong Special Administrative Region of the People's Republic of China*, Consultation Report Vol. 2 – Reports on Special Issues – (1989), S. 254.

[25] *Chen, Albert H. Y.*, The Basic Law and the Protection of Property Rights, in: Hong Kong Law Journal, Vol. 23 (1993), S. 31 [37].

Ein gutes Jahrhundert später ging Adam Smith (1723 – 1790) in seiner „Inquiry into the Nature and Causes of the Wealth of Nations" aus dem Jahre 1776 noch einen Schritt weiter, indem er die Behauptung aufstellte, daß für eine freie und gedeihende Wirtschaftsordnung Privateigentum, freies Unternehmertum und ein freier marktwirtschaftlicher Wettbewerb unerläßlich seien. Seinem Prinzip der „invisible hand" zufolge stellt sich in einer Gesellschaft mit einer gerade die Anarchie verhindernden staatlichen Gewalt ein soziales Gleichgewicht und allgemeine Wohlfahrt ein, wenn alle Glieder ihre eigenen, durch Selbsterkenntnis legitimierten Interessen verfolgen. Hongkongs Gouverneur Christopher Patten wies gut 200 Jahre später gerne auf den britischen Ursprung der freien Marktwirtschaft eines Adam Smith hin[26]. Der Staat in Hongkong beschränkt sich weitgehend auf die klassischen, bereits von Adam Smith beschriebenen Funktionen staatlicher Tätigkeit[27]. Eine Privilegierung bestimmter Industriezweige und „industriepolitische" Interventionen fehlen in Hongkong. Auch Adam Smith aber setzte sich nicht für eine reine laissez-faire-Gesellschaft ein[28], sondern sah es z. B. als zwingend an, den ärmeren Schichten ein Grundmaß an Bildung zukommen zu lassen[29] bzw. auch bestimmte öffentliche Anstalten und Einrichtungen zu gründen bzw. zu unterhalten[30].

David Ricardo wies 1817 in seiner grundlegenden Untersuchung „On the Principles of Political Economy and Taxation" nach, daß nur ein freier internationaler Handel den Volkswirtschaften Kostenvorteile bringen kann. Er propagierte die nationale Spezialisierung und den freien Wettbewerb.

Nach dem Zweiten Weltkrieg erhöhten die demokratischen Regierungen in Europa und Amerika ihre öffentlichen Ausgaben nachhaltig, diese immer intensiveren Eingriffe in die Wirtschaftsordnung führten zu Haushaltsdefiziten[31]. In den vergangenen Jahrzehnten verlor die Bevölkerung immer mehr das Vertrauen in eine demokratische Kontrolle der Regierung und die Begriffe der begrenzten Regierung, des ausgeglichenen Haushalts und einer Niedrigsteuerpolitik gewannen wieder an Bedeutung.

---

[26] *Flowerdew, John*, The Final Years of British Hong Kong (1998), S. 209.
[27] *Wisniewski, Marco*, Die wirtschaftlichen Aussichten Hongkongs vor dem Hintergrund der politischen Eingliederung in die VR China (1995), S. 16.
[28] *Recktenwald, Horst Claus*, Geschichte der Politischen Ökonomie (1971), S. 79 f.
[29] *Malloy, Robin Paul*, Adam Smith and the Modern Discourse of Law and Economics, in: *ders./Evensky, Jerry*, Adam Smith and the Philosophy of Law and Economics (1994), S. 120 f.
[30] Zit. b. *Stober, Rolf*, Wirtschaftsverwaltungsrecht, 10. Aufl. (1996), S. 51.
[31] *The Consultative Committee* (Anm. 24), S. 254.

## III. „Constitutional Economics" des James Buchanan

Für Hongkongs extrem liberale Wirtschaftsordnung lassen sich als geistige Vorläufer die US-Theoretiker der „Constitutional Economics" um deren Pionier[32] James Buchanan heranführen[33]. Deren Doktrin fußt auf der, wiederum Adam Smith folgenden[34], klassischen liberalen Theorie (Friedrich August von Hayek[35], Milton Friedman[36]), wonach sich die Funktion des Staates darauf beschränkt, günstige Rahmenbedingungen für das Funktionieren eines freien Marktes zu schaffen[37]. Dies gelinge durch den Schutz der Rechte des Einzelnen, insbesondere des Eigentumsrechts. Marktwirtschaftliche Systeme seien insgesamt gekennzeichnet durch die Privatautonomie der Wirtschaftssubjekte, die Selbstkoordination durch Tausch über den Markt und die wechselseitige Selbstkontrolle durch Wettbewerb[38]. Im Gegensatz hierzu stehe das Keynes'sche Modell eines Marktes, auf dem der Staat in das Gefüge von Angebot und Nachfrage eingreife, um Konjunkturschwankungen einzuebnen[39]. Keynes weist darauf hin[40], daß in den Werken von Smith und Ricardo niemals die Rede von einer laissez-faire-Politik der Regierung sei, diese also durchaus frei sei, in den Wirtschaftskreislauf einzugreifen. Daran wurde kritisiert, daß eine Intervention das Problem nur verschärfe und den Markt aus seinem Gleichgewicht bringe[41]. Ein solches Modell billige dem Staat eine entscheidendere Rolle zu; dies führe zu exzessiven Staatsausgaben und lege den Marktakteuren zusätzliche Bürden auf. Die Neigung zu staatlicher Verschwendungssucht nehme mit dem Grad demokratischer Freiheit des politischen Systems zu[42], da sich die Politiker der

---

[32] *Tang, Joseph Shu-Hung*, Fiscal Constitution and the Basic Law (Draft) of Hong Kong (1989), S. 3.

[33] *Tang, Joseph Shu-Hung*, The Hong Kong Fiscal Policy: Continuity or Redirection?, in: *Li, Pang-kwong*, Political Order and Power Transition in Hong Kong (1979), S. 187 [225]; *Ghai, Yash P.*, The Rule of Law and Capitalism: Reflections on the Basic Law, in: *Wacks, Raymond*, Hong Kong, China and 1997, Essays in Legal Theory (1993), S. 343 [344 f.].

[34] *Malloy* (Anm. 29), S. 130.

[35] DieVerfassung der Freiheit, 3. Aufl. (1991).

[36] Zus. m. *Friedman, Rose*, Free to Choose. A Personal Statement (1980).

[37] *Ghai, Yash P.*, Hong Kong's New Constitutional Order, Second Edition (1999), S. 233; *ders.*, The Economic Provisions of the Basic Law, in: *Wesley-Smith, Peter*, Law Lectures for Practicioners, 1997 (1997), S. 287 [289].

[38] Vgl. hierzu *Streit* (Anm.18), S. 50 ff.

[39] *Buchanan, James M.*, Constitutional Economics (1991), S. 92.

[40] Zit. b. *Sung, Yun-wing*, The Hong Kong Development Model and ist Future Evolution: Neoclassical Economics in a Chinese Society, in: *Jao, Y. C./Mok, Victor/Ho, Lok-sang (eds.)*, Economic Development in Chinese Societies: Models and Experiences (1989), S. 155.

[41] *Ghai* (Anm.37), S. 233.

[42] *Buchanan* ist in der Tat der Ansicht, daß die Demokratie ihre eigenen Grenzen bereits überschritten hat, Constitutional Imperatives for the 1990s: The Legal Order for a Free and Productive Economy, in: *Anderson, Annelise/Bark, Dennis L.*, Thinking About America, The United States in the 1990s (1988), S. 253 [255].

142

öffentlichen Unterstützung durch freigebige Verteilung öffentlicher Mittel versicherten[43], was u. a. Inflation und Haushaltsdefizite mit sich bringe[44]. Der einzige Weg, dem entgegenzuwirken, sei es, ein Erfordernis ausgeglichener Haushalte in der Verfassung festzuschreiben und damit die Ausgaben der Regierung zu begrenzen[45]. Nicht ausreichend sei, einen ausgeglichenen Haushalt im Rahmen eines Konjunkturzyklus oder nur bei Vollbeschäftigung zu fordern. Da ein Konjunkturzyklus in seinem Verlauf nicht prognostizierbar sei, werde die Inkaufnahme von Defiziten geradezu gefördert[46]. Buchanan schließt daraus, daß der ausgeglichene Haushalt im Rahmen eines Haushaltsjahres erzielt werden müsse[47].

Die Kopplung an die Vollbeschäftigung vernachlässige die Inflationsgefahren[48]. Auch die Steuersätze müßten um der Voraussehbarkeit willen dauerhaft in einer Verfassung niedergelegt werden, damit der Staat als Hobbes'scher Leviathan[49] nicht nach eigenem Gusto maximalen Zugriff auf das Vermögen des Bürgers nehmen könne[50]. Friedrich August v. Hayek sprach sich zudem gegen einen progressiv ansteigenden Steuersatz aus, da die damit einhergehende Umverteilung des Einkommens unverhältnismäßig sei[51]. Ein Beispiel für die Festschreibung eines Steuerhöchstsatzes war im Juni 1978 die Proposition 13 in Kalifornien, wo mit einer Zwei-Drittel-Mehrheit der Wähler der Höchststeuersatz für Grundeigentum auf höchstens 1 % des Marktwertes festgelegt wurde[52]. Auch Buchanan spricht sich für die Festschreibung von Steuerhöchstsätzen in der Verfassung aus[53]. Die Erhöhung der Steuern abhängig zu machen von der Zunahme der Staatseinnahmen oder des Bruttosozialprodukts auf einer bestimmten Jahresgrundlage wurde allerdings als zu kompliziert angesehen[54].

Noch strengere Verfechter der Buchanan'schen Lehren forderten zusätzlich für Hongkong die generelle Festschreibung einer Niedrigsteuerpolitik in der Verfassung, da ansonsten durch Steuererhöhungen ausgeglichene Haushalte erzeugt werden könnten[55]. Um die staatliche Vernunft im Umgang mit den öffentlichen Finanzen zu fördern, sollten verfassungsrechtliche Vorschriften eine vernünftige

---

[43] *The Consultative Committee* (Anm.24), S. 255; *Ghai* (Anm.37), S. 287 [289].
[44] *Buchanan* (Anm.39), S. 100; *ders.* (Anm.42), S. 261.
[45] *Brennan, Geoffrey/Buchanan, James M.*, The Power to Tax, Analytical Foundations of a Fiscal Constitution (1980), S. 203; *Buchanan* wirft auch der Reagan-Regierung in den Vereinigten Staaten vor, dies angekündigt, aber nicht umgesetzt zu haben, siehe Anm. 39, S. 4.
[46] *Tang* (Anm.32), S. 3 f.
[47] Democracy in Deficit (1977), S. 149.
[48] *Tang* (Anm.32), S. 4.
[49] Brennan und Buchanan gehen von diesem nur zur Verdeutlichung ihrer Theorie aus, siehe (Anm. 45), S. 204.
[50] *Brennan/Buchanan* (Anm. 45), S. 190.
[51] *V. Hayek* (Anm. 35), S. 387 ff.
[52] *Brennan/Buchanan* (Anm. 45), S. 196.
[53] (Anm. 42), S. 256, 262.
[54] *Brennan/Buchanan* (Anm.45), S. 201.
[55] *Ghai* (Anm.37), S. 233.

Währungspolitik festschreiben, so daß die Regierung nur Geld in Umlauf bringen könne, wenn dem eine entsprechende Währungsreserve gegenüberstehe[56]. Auch sollte die Möglichkeit der Regierung, in das Lohn- und Preisgefüge einzugreifen, beschränkt werden. Buchanan stützt diese Forderungen auf seine Forschung über die Wirtschaft der Vereinigten Staaten von Amerika[57]. Er traut einer frei gewählten Regierung nicht zu, Konjunkturschwankungen stabilisieren zu können, solche würden durch staatliche Interventionen eher noch gefördert. In den Vereinigten Staaten habe es einst eine ungeschriebene Fiskalverfassung der ausgeglichenen Haushalte gegeben, welche durch die Keynes'ianische Politik aufgehoben worden sei[58]. Diese müsse wieder eingeführt werden – diesmal aber in klaren Regeln festgelegt. Buchanan vertritt bildhaft die Ansicht, daß ein gutes Spiel mehr durch gute Spielregeln als durch gute Spieler gefördert wird[59]. Die volkswirtschaftliche Theorie Buchanans kann und soll an dieser Stelle keiner Kritik unterzogen werden[60]. Ihre ansatzweise Darstellung ist aber Ausgangspunkt zum besseren Verständnis der folgenden Kapitel.

## IV. Zwischenergebnis

Mit John Locke's „The Second Treatise on Civil Government" wurde die Tradition individueller ökonomischer Freiheit begründet. Im 17. Jahrhundert nahm William Blackstone diese Gedanken auf und hob die wirtschaftliche Freiheit als Mittel zur Beschränkung des staatlichen Enteignungs- und Steuerwesens hervor. In Hongkong berief man sich aber maßgeblich auf die Ideen eines Adam Smith, der für ein wirtschaftliches Gedeihen Privateigentum, freies Unternehmertum und einen freien marktwirtschaftlichen Wettbewerb zu Prämissen erhob.

Der für Hongkong maßgebliche Ansatz einer liberalen Wirtschaftsordnung stellt die individuelle Freiheit, das Privateigentum und eine begrenzte Regierung in den Vordergrund. Die US-Theoretiker der „*Constitutional Economics*" fordern

---

[56] *Ghai* (Anm.37), S. 233.
[57] Auch Wong Po-yan, maßgebliches Mitglied der ESSS des BLDC, verwies auf die Regelungen in den Verfassungen amerikanischer Bundesstaaten, um die Notwendigkeit für Hongkong zu begründen, siehe *Tang* (Anm.32), S. 12. Allerdings erwiesen sich die Regelungen in diesen Verfassungen in Sachen Ausgabenbegrenzung als wenig effektiv. Die entsprechenden Ausgabenmaxima wurden faktisch schnell zu –minima, *Tang*, a.a.O., S. 16.
[58] *Brennan/Buchanan* (Anm.45), S. 203.
[59] *Tang* (Anm.32), S. 6.
[60] Es gibt durchaus Untersuchungen, die zeigen, daß ein – allerdings moderater – Wohlfahrtsstaat (16 – 17 % Anteil des öffentlichen Sektors) dem wirtschaftlichen Wachstum förderlich sein kann, siehe *McCallum, John/Blais, Andre*, Government, Special Interest Groups and Economic Growth, in: Public Choice, Vol. 54 (1987), passim.

daher, das Erfordernis ausgeglichener Haushalte in der Verfassung festzuschreiben und damit die Ausgaben der Regierung zu begrenzen.

## C. Formelle Wirtschaftsverfassung der Sonderverwaltungsregion Hongkong

### I. Allgemeine Grundlagen

Bei einer eine prinzipiell marktwirtschaftliche Wirtschaftsordnung inkorporierenden Verfassung liegt der Schwerpunkt wirtschaftsverfassungsrechtlicher Regelungen in der Manifestation wirtschaftlicher Freiheitsrechte. Soweit dagegen der Wirtschaftsprozeß einer staatlichen Lenkung und Kontrolle unterfallen soll, wird die politische Verfassung die entsprechenden Zuständigkeitsentscheidungen enthalten. Darüber hinaus sind i.d.R. Kernbestimmungen über die Organisation des staatlichen Wirtschaftsprozesses enthalten[61]. Zwischen diesen beiden Grundtypen sind verschiedenste Abstufungen wirtschaftsverfassungsrechtlicher Positionen einer politischen Verfassung zu finden, welche das unterschiedliche Ausmaß einer Anreicherung oder Modifizierung der markt- oder planwirtschaftlichen Wirtschaftsordnung widerspiegeln[62].

Hongkong stellt den seltenen Typus einer nahezu rein marktwirtschaftlichen Wirtschaftsordnung[63] dar, insofern finden sich im Rahmen der nun zu untersuchenden Artikel des *Basic Law* vorwiegend wirtschaftliche Freiheitsrechte, welche dort viel Raum einnehmen[64]. Normen, die den Schutz der Arbeitnehmer bezwecken, wurden auf Anraten des Wirtschafts- und Industriesektors nicht in das Kapitel über die Wirtschaft aufgenommen[65]. Regelungen, welche den Staat betreffen, existieren nur insoweit, als dieser daran gehindert werden soll, das freie Spiel der wirtschaftlichen Kräfte zu beeinflussen[66]. Die dahingehenden Rege-

---

[61] *Badura, Peter*, Grundprobleme des Wirtschaftsverfassungsrechts, in: JuS 1976, S. 205.

[62] *Veelken* (Anm. 6), S. 463 [468].

[63] Dies stellt auch *Horlemann* fest, der aber zu weit geht, wenn er davon spricht, daß sich die freie Marktwirtschaft Hongkongs durch die „Abwesenheit jeglicher Beschränkungen" auszeichnet, siehe Die Rückgabe Hongkongs und seine neue Verfassung. Grenzen der Autonomie (1999), S. 152.

[64] *Odrich, Peter*, Basic Law Hongkong, in: JÖR, Bd. 39 NF (1990), S. 617 [619]; *Li, David K. P.*, Enter the Dragon, Hong Kong's Growing Role in World Finance, in: Columbia Journal of World Business, Vol 30 (1995), S. 34 [38]; dies wurde als einzigartig unter den nationalen Verfassungen bezeichnet, siehe *Rabushka* (Anm.1), S. 641 [644].

[65] *Tang* (Anm. 32), S. 18.

[66] So war in der Basic Law Structure (Draft) die Formulierung „Die Regierung der Sonderverwaltungsregion Hongkong darf keine wirtschaftlichen Aktivitäten entfalten." vorgesehen, vgl. *The Consultative Committee for the Basic Law of the Hong Kong Special Administrative*

lungen sind allerdings äußerst streng gehalten. So wird Hongkongs Fähigkeit, sich wandelnden Umständen flexibel anzupassen, durch die Erfordernisse an einen ausgeglichenen Haushalt und eine Niedrigsteuerpolitik eingeschränkt[67].

Insgesamt dienen die wirtschaftlichen Regelungen des *Basic Law* nach Ghai[68] vier Grundzwecken, nämlich jenen 1. das Wirtschaftssystem der Sonderverwaltungsregion Hongkong von jenem des Festlandes zu trennen[69], 2. einen Rahmen für das Funktionieren eines kapitalistischen Marktes zu bilden, 3. Hongkongs Rolle als internationales Handels-, Transport- und Finanzzentrum zu bewahren und 4. die Schlüsselelemente der *„Constitutional Economics"* zu verankern.

Schon Max Weber hat erkannt, daß ein rationales ökonomisches System wie der Kapitalismus auch eine rationale Rechtsordnung benötigt[70], um den Kriterien der Voraussehbarkeit und Berechenbarkeit zu genügen, welche eine auf Austausch von Gütern basierende Marktwirtschaft benötigt. Insbesondere klare Regelungen hinsichtlich des Privateigentums förderten den wirtschaftlichen Austausch[71]. Weber sah das Eigentum ebenso wie die Vertragsfreiheit als naturrechtlich legitimiert an[72]. Eine unabhängige, auch von faktischen äußeren Zwängen befreite Gerichtsbarkeit sei allerdings ebenfalls erforderlich, um Rechtssicherheit zu gewährleisten. Die Akzeptanz der *„Rule of Law"* in Hongkong, eine unabhängige Gerichtsbarkeit und der Schutz des Eigentums als oberstes wirtschaftliches Postulat in Hongkong entsprachen diesem Idealbild eines rationalen ökonomischen Systems.

Weber sah allerdings auch die Unpersönlichkeit und soziale Ungebundenheit, ausgeglichen durch juristische Bindungen, als ein Wesenselement des Kapitalismus an, was dem konfuzianischen Paternalismus mit seiner Betonung von Hierarchie und Familieneinbindung eher fremd ist[73]. Im Sektor der Kleinindustrie z. B. werden in Hongkong noch heute Kredite über persönliche Kontakte vergeben und Verträge auch größeren Ausmaßes nur mündlich abgeschlossen[74]. Bei Investitionen in amtlich notierte Aktiengesellschaften kommt es nicht auf die Bewertung des Unternehmens an sich, sondern auf die dahinterstehende Familiengruppe an[75].

---

*Region, Special Group on Finance, Business, and Economy*, Final Report on Finance, Taxation, Monetary System, and Principles of the Economic System (1987), S. 2. Man versprach sich hiervon eine Stärkung des öffentlichen Vertrauens.

[67] *Han, Anna M.*, Hong Kong's Basic Law: The Path to 1997, Paved with Pitfalls, in: Hastings International and Comparative Law Review, Vol. 16 (1993), S. 321.

[68] *Ghai* (Anm. 37), S. 234; *ders.*, Constitutional Law, in: *Shombing, Judith*, Annual Survey of the Law, 1990 – 1991 (1992), S. 181 [192]; *ders.* (Anm.37), S. 287 [290].

[69] Was schon heute angesichts der wechselseitigen Investitionen unrealistisch erscheint, *Ghai* (Anm.37), S. 243.

[70] *Ghai* (Anm.37), S. 39; *ders.* (Anm.33), S. 343 [348].

[71] *Ghai* (Anm.33), S. 343 [349]; so auch *Rabushka* (Anm.1), S. 641 [645].

[72] *Weber, Max*, Wirtschaft und Gesellschaft, 5. Auflage (1990), S. 498.

[73] *Ghai* (Anm.33), S. 343 [357 f.].

[74] *Ghai* (Anm.33), S. 343 [358].

[75] *Ghai* (Anm.33), S. 343 [359].

Die Vereinbarungen in Kapitel 5 des Basic Law, die das Wirtschaftssystem betreffen, entsprechen weitestgehend den wirtschaftlichen Rahmenbedingungen, die seit jeher in Hongkong Geltung haben[76]. Großen Einfluß auf die Formulierung der Regelungen hatten auch die Theorien Buchanans, welche geradezu als Huldigung des faktisch vorhandenen Wirtschaftssystems begriffen wurden[77]. Für deren Übertragung auf Hongkong hatte sich Lam Hong-che stark gemacht. 1986 verwies er in einem Aufsatz über „Constitutional Economics"[78] darauf, daß es absolut essentiell sei, der Regierung der Sonderverwaltungsregion Hongkong die Möglichkeit zu nehmen, Haushaltsdefizite zu erwirtschaften, um so zu verhindern, daß Steuererhöhungen notwendig werden. Dies sei von größtem Schaden für die Wirtschaft Hongkongs.

Die „Constitutional Economics" fordern allerdings auch eine demokratische Entscheidung über die Fiskalverfassung[79], was in Hongkong nicht möglich war.

Kernpunkte der Wirtschaftsverfassung sind der Schutz privaten Eigentums (Artikel 6 und Artikel 105 BL)[80] und die Beibehaltung eines eigenen, von der Volksrepublik China unabhängigen Finanz- und Währungssystems (Artikel 112 BL). Danach wird keine Devisenkontrolle eingeführt und der Hongkong-Dollar bleibt weiter frei konvertierbar. Hierin liegt ein Hauptunterschied zur strikten Devisenkontrolle der Volksrepublik China und der Nicht-Konvertierbarkeit des Renminbi[81]. Die Artikel 107 und 108 BL, welche den ausgeglichenen Haushalt und die Niedrigsteuerpolitik betreffen, sind die kontroversesten Regelungen im die Wirtschaft betreffenden Kapitel[82]. Sie gewährleisten, daß die Regierung von Aufgabenspektrum und Größe her unbedeutend bleibt, was bedeutet, daß Erwirtschaftung und Verwendung von Einkommen der privaten Hand überlassen bleibe[83]. Der Inhalt dieser beiden Artikel unterscheidet sich aber kaum von den

---

[76] Chang, Denis, The Basic Law of the Hong Kong Special Administrative Region: Economics and Norms of Credibility, in: Journal of Chinese Law, Vol. 2 (1988), S. 21 [35].

[77] Ghai (Anm.37), S. 233 f.

[78] Hong Kong Economic Journal vom 4. November 1986.

[79] Brennan, Geoffrey/Buchanan, James M., The Reason of Rules: Constitutional Political Economy (1989), S. 134.

[80] Ghai (Anm.37), S. 434; Chen, Albert H. Y., The Basic Law and the Protection of Property Rights, in: Hong Kong Law Journal, Vol. 23 (1993), S. 31 [49]; Ghai (Anm.68), S. 181 [192]; The Consultative Committee for the Basic Law of the Hong Kong Special Administrative Region, Special Group on Finance, Business, and Economy, Opinions on Chapter 5 „The Economy of the HKSAR" of the Draft (August 1987) of the Basic Law (passed by the Executive Committee on 4 November 1987), in: Reports of Meetings and Seminars of various Special Groups and Sub-Groups of the Consultative Committee , Introduction; Horlemann (Anm.63), S. 152.

[81] Rabushka (Anm.1), S. 641 [648].

[82] Tang, Joseph Shu-Hung, Fiscal Constitution, Income Distribution and the Basic Law of Hong Kong, in: Economy and Society, Vol. 20 (1991), 283; ders. (Anm.32), Abstract, S. 2; sie waren allerdings schon sehr früh als notwendig angesehen worden, siehe Ta Kung Pao vom 10. November 1986.

[83] Rabushka (Anm.1), S. 641 [647].

die Finanzverwaltung betreffenden Regelungen in den *Colonial Regulations*[84]. Die *Economy Special Issues Subgroup* des *Basic Law Drafting Committee* formulierte diese beiden Artikel im Angesicht einer zunehmenden Demokratrisierung. Demokratische Politiker, so nahm man an, würden die Sozialausgaben erhöhen[85]. Dem Schutz des für eine moderne kapitalistische Wirtschaft essentiellen[86] geistigen Eigentums dienen die Artikel 139 und 140 BL. Trotz der umfangreichen die Wirtschaftsordnung betreffenden Regelungen[87] bleiben einige Regelungslücken[88]. Möglichkeiten der staatlichen Intervention waren von jeher gegeben: Die *Trade Boards Ordinance* ermöglicht die Einführung von staatlich fixierten Lohnstandards, die *Essential Commodities Reserves Ordinance* erlaubt die Preisfestsetzung für bestimmte Güter. Auch hat die chinesische Regierung eine Vielzahl von Möglichkeiten zum Eingriff in das Wirtschaftssystem, ohne zunächst entsprechende Gesetzesvorlagen schaffen zu müssen[89]. Trotzdem genießt die Sonderverwaltungsregion Hongkong einen Grad an wirtschaftlicher Autonomie, über den wenige andere autonome Gebiete verfügen[90].

## II. Einschlägige Normen des Basic Law

Im folgenden sollen die über das gesamte *Basic Law* verteilten Regelungen, welche die Wirtschaft betreffen, insbesondere in bezug auf ihre Entstehung untersucht werden. Hierzu wird im wesentlichen die jeweilige Diskussion zum ersten und zweiten Entwurf[91] wiedergegeben und analysiert. Es folgt eine historische Einordnung anhand der bisherigen Erkenntnisse.

---

[84] *Tang, Joseph Shu-Hung*, Reforming Hong Kong's Fiscal System, in: *Mole, David*, Managing the New Hong Kong Economy (1996), S. 35 [48].

[85] *Tang, Joseph Shu-Hung*, The Hong Kong Fiscal Policy: Continuity or Redirection?, in: *Li, Pang-kwong*, Political Order and Power Transition in Hong Kong (1997), S. 187 [224].

[86] *Ghai* (Anm.37), S. 287 [291].

[87] Was durchaus als für eine Verfassung unüblich angesehen wurde, vgl. *Yam, Joseph*, Implementation of Financial Policy in the HKSAR (1999), S. 3.

[88] *Cheung, Johnny K. W.*, Basic Law of Hong Kong and Business Investors After 1997, in: The Comparative Law Yearbook of International Legal Studies, Vol. 18 (1996), S. 195 [211 f].

[89] *Farny, Tobias*, Die Rückgabe Hong Kongs an die VR China (1997), S. 81. A. A. *Horlemann* (Anm. 63), der sich darauf beschränkt, festzustellen, daß das Wort „Zentralregierung" in Kapitel 5 des Basic Law nur selten vorkomme.

[90] *Hannum, Hurst/Lillich, Richard B.*, The Concept of Autonomy in International Law, in: *Dinstein, Yoram (ed.)*, Models of Autonomy (1991), S. 244 ff.

[91] Zum Wortlaut weiterer Entwurfsfassungen des die Wirtschaft betreffenden Kapitels siehe *Tang, Joseph Shu-Hung*, The Hong Kong Basic Law (Draft): The Political Economy of the Articles on Economy (1989), S. 11 – 20.

## 1. Artikel 5 BL [Kapitalistisches System]

*„Das sozialistische System und die entsprechende Politik finden in der Sonderverwaltungsregion Hongkong keine Anwendung, und das bisherige kapitalistische System und die entsprechende Lebensform werden für 50 Jahre beibehalten."*[92]

### a. Entstehung

Die Formulierung fand sich in leicht veränderter Form im Abschnitt 6 des Annex I der Gemeinsamen Erklärung[93]. Auch die *Basic Law Structure (Draft)* von 1986 nahm diese als *Clause (1)* des Entwurfs der zuständigen Gruppe des Entwurfskomitees für ein Kapitel 5 des Basic Law auf.

Auch Artikel 4 des ersten Entwurfs (EE) stieß bereits in seiner Intention auf allgemeine Zustimmung. Vorbehalte bezogen sich darauf, daß eine klare Abgrenzung zum sozialistischen System Chinas unmöglich sei, welches mittlerweile ebenfalls kapitalistische Elemente aufweise[94]. Die begriffliche Unterscheidung sei rein ideologischer Natur und einer Verfassung wegen ihrer Unklarheit unangemessen[95]. Viele westliche Staaten praktizierten eine sozialistische Politik, obwohl das System im wesentlichen kapitalistisch sei[96]. Wichtiger sei es, das „Privateigentum[97] an Produktionsmitteln" und den „freien Wettbewerb" abzusichern[98].
Auch wurden Befürchtungen geäußert, daß den Investoren mit der Festlegung auf weitere 50 Jahre Kapitalismus keine hinreichende Beruhigung verschafft werden könne[99]. Die Nennung einer Zahl könne zudem als zeitliches Limit aufgefaßt werden[100]. Zu bedenken wurde gegeben, daß auch das kapitalistische

---

[92] Übersetzung der einzelnen Artikel durch den Verf.

[93] *Special Group on Finance* (Anm.66), S. 3.

[94] *The Consultative Committee for the Basic Law of the Hong Kong Special Administrative Region of the People's Republic of China*, The Draft Basic Law of the Hong Kong Special Administrative Region of the People's Republic of China (for Solicitation of Opinions), Consultation Report, Volume 5 – General Report on the Articles (1988), S. 42, 43.

[95] *The Consultative Committee* (Anm.94), S. 47, 49.

[96] *The Consultative Committee* (Anm.94), S. 44.

[97] *The Consultative Committee* (Anm.94), S. 43, 49.

[98] *The Consultative Committee* (Anm.94), S. 49.

[99] *The Consultative Committee* (Anm.94), S. 42; *Tang Shuk-tak, Karen*, An Analysis of the Basic Law Consultative and Drafting Process (1990), S. 67.

[100] *The Consultative Committee* (Anm.94), S. 44; im Ergebnis ähnlich *Olivier, Marius*, PRC Sovereignty and Hong Kong SAR Autonomy: A View from the Outside, in: *Leung, Priscilla*

149

System sich wandeln könne und müsse[101], wenn die Regierung z. B. höhere Steuern durchsetzen wolle[102]. Der Kommunismus sei jedenfalls unerwünscht, da ein soziales Fortkommen unmöglich sei, wenn jedermann die gleiche Entlohnung zusteht, unabhängig davon, ob er überhaupt irgendeiner Tätigkeit nachgeht[103]. Diese Auffassung steht in ihrer Überspitzung für die wettbewerbsgeprägte Grundhaltung der Bevölkerung Hongkongs.

Die entgegengesetzte Ansicht wollte es der Bevölkerung Hongkongs überlassen, schon vor Ablauf von fünfzig Jahren ein sozialistisches System zu etablieren[104]. Allgemein wurde kritisiert, daß keine Aussage über die Zeit nach Ablauf der 50 Jahre getroffen wird[105]. Schließlich wurde noch auf den Gegensatz zu Artikel 24 der chinesischen Verfassung hingewiesen, welcher den Staat verpflichte, dekadente kapitalistische Vorstellungen zu bekämpfen[106].

Unter der „bisherigen Lebensform", welche Artikel 5 BL beibehalten will, können wohl die staatsbürgerlichen und kulturellen Freiheiten des Kapitel 3, die nichtpolitische Aufgabe der Bezirksorganisationen (Kapitel 5, Abschnitt 5), die Funktion der beratenden Körperschaften gem. Artikel 65 BL und die begrenzte Möglichkeit von Ausländern, im öffentlichen Dienst tätig zu werden, verstanden werden[107]. Ein auch nur einigermaßen feststehender Gehalt kann dem Begriff nicht entnommen werden.

## b. Historische Einordnung

Die Regelung des Artikel 5 BL steht in der Tradition der seit jeher vorherrschenden Wirtschaftspolitik Hongkongs. Bereits die liberalen Hongkonger Wirtschaftsreformer Sir Kai Ho Kai und Hu Li-yüan hatten zum Ende des 19. Jahrhunderts das kapitalistische Wirtschaftssystem als Modell für ganz China propagiert. Faktisch bestanden zu keiner Zeit Zweifel an einem Festhalten am kapitalistischen System. Auch Deng Xiaoping versicherte bereits 1979 dem damaligen Gouverneur Hongkongs, daß dieses sein kapitalistisches System in diesem Jahrhundert und auch zu Beginn des nächsten beibehalten werde. So wurde es dann auch in der sino-britischen Gemeinsamen Erklärung festgehalten. 1987 ging Deng sogar so weit, daß auch für weitere 50 Jahre (über 2047 hinaus) nicht die

*MF/Zhu, Guobin*, The Basic Law of the HKSAR: From Theory to Practice (1998), S. 145 [156].
[101] *The Consultative Committee* (Anm.94), S. 45, 47 ff.
[102] *The Consultative Committee* (Anm.94), S. 44.
[103] *The Consultative Committee* (Anm.94), S. 44.
[104] *The Consultative Committee* (Anm.94), S. 45.
[105] *The Consultative Committee* (Anm.94), S. 49 f.
[106] *The Consultative Committee* (Anm.94), S. 51.
[107] *Ghai, Yash P.*, The Basic Law: A Comparative Perspective, in: *Wesley-Smith, Peter*, Hong Kong's Basic Law, Problems and Prospects (1990), S. 15.

Notwendigkeit bestehe, vom kapitalistischen System Abstand zu nehmen. Auch das *BLDC* hatte zur Vorgabe seiner Entwurfstätigkeit, daß die kapitalistische Lebensart in Hongkong unverändert beibehalten werden sollte, was in der vorliegenden Regelung umgesetzt wurde.

## 2. Artikel 6 BL [Privateigentum]

*„Die Sonderverwaltungsregion Hongkong schützt das Privateigentum in Übereinstimmung mit dem Recht."*

### a. Entstehung

Der Artikel 6 EE enthielt zunächst noch die weitergehende Regelung des jetzigen Artikel 105 BL. Daran wurde die Möglichkeit der Regierung zur Enteignung – wenn auch gegen Entschädigung – kritisiert[108]. Auch wurde darauf hingewiesen, daß der Eigentumsbegriff zum einen auch geistiges Eigentum und die menschliche Schaffenskraft umfasse und zum anderen das negative Eigentumsrecht, andere von jeglicher Nutzung auszuschließen, erfaßt werden müsse[109]. Dies war noch im Entwurf der *Special Group on Finance, Business, and Economy* in der *Basic Law Structure (Draft)* vom 22. April 1986 mit der Formulierung „insbesondere immaterielle Güter wie Wissen, Franchise-Lizenzen, Urheberrechte, Patente, etc." enthalten[110]. Im Zentrum der Kritik stand die Formulierung, wonach die Entschädigung sich nach dem tatsächlichen Wert des Eigentums" zu bemessen habe. Ein solcher sei nicht feststellbar[111] und die Formulierung führe nur zu unnötigem Streit[112]. Überdies sei bisher eine gewisse Überkompensation durchaus üblich gewesen, was nunmehr als ungesetzlich angesehen werden müsse[113].

Die jetzige Regelung läßt sich in ihrer Breite nur als Auftrag an den Gesetzgeber verstehen, in seiner Tätigkeit dem Privateigentum zu größtmöglicher Verwirklichung zu verhelfen[114]. Die Gerichte seien zudem aufgefordert, Gesetze, welche klar gegen den Kerngehalt des Artikels 6 BL verstoßen, für unanwendbar zu er-

---

[108] *The Consultative Committee* (Anm.94), S. 55.
[109] *The Consultative Committee* (Anm.94), S. 56.
[110] *Special Group on Finance* (Anm.66), S. 3; siehe hierzu die jetzigen Regelungen der Artikel 139 und 140 BL.
[111] *The Consultative Committee* (Anm.94), S. 58, 60.
[112] *The Consultative Committee* (Anm.94), S. 57.
[113] *The Consultative Committee* (Anm.94), S. 58.
[114] *Chen* (Anm.25), S. 31 [56].

klären. Hierfür biete sich aber der speziellere Artikel 105 BL an[115], welcher nunmehr die Entschädigung bei Entzug regelt.

#### b. Historische Einordnung

Im England des 12. und 13. Jahrhunderts war das Privateigentum durch behördliche Erlasse und das *„Common Law"* unter Schutz gestellt. John Locke gab dem Privateigentum ebenfalls eine zentrale Stellung in seinem Werk. Bereits Adam Smith sah in seiner „Inquiry into the Nature and Causes of the Wealth of Nations" von 1776 die Gewährleistung des Privateigentums als unerläßlich an. Hongkongs Gouverneur Christopher Patten berief sich in vielen Reden auf die Tradition Adam Smiths. Auch Max Weber sah klare Regelungen hinsichtlich des Privateigentums als förderlich für den wirtschaftlichen Austausch an. All diese theoretischen Vorläufer konnten ihre Vorstellungen in Artikel 6 BL verwirklicht sehen, wobei der Verfassungstext in Hongkong von einer entsprechenden konsequenten Umsetzung begleitet wird.

### 3. Artikel 33 BL [Berufsfreiheit]

*„Die Einwohner Hongkongs genießen das Recht der freien Berufswahl."*

#### a. Entstehung

Diese Regelung befand sich bereits als Artikel 32 wortgleich im ersten Entwurf zum *Basic Law*. Es wurde jedoch auch die Notwendigkeit gesehen, Verpflichtungen des Staates aufzunehmen, die eine freie Berufswahl zusätzlich unterstützen, wie z. B. Maßnahmen der Arbeitsbeschaffung und Umschulung[116]. Auch gesonderte Bestimmungen zum Schutz der Straßenhändler sowie der Gewerkschaften und der werdenden Mütter sollten aufgenommen werden[117].

Betont wurde, daß niemandem die staatliche Unterstützung versagt werden dürfe, weil er nicht bereit sei, einer Arbeit nachzugehen, welche nicht seiner be-

---

[115] *Chen* (Anm.25), S. 31 [58].
[116] *The Consultative Committee* (Anm.94), S. 310.
[117] *The Consultative Committee* (Anm.94), S. 311.

152

ruflichen Qualifikation entspricht[118]. Diese Regelung erscheint vor dem Hintergrund einer extrem wirtschaftsliberalen Ordnung erstaunlich.

**b. Historische Einordnung**

Insgesamt fügt sich die Regelung zur Berufsfreiheit des Artikel 33 BL in das Gesamtbild einer Ordnung, in der die Freiheit des Individuums höchste Priorität genießt. In geschichtlicher Perspektive finden sich jedoch kaum explizite Stellungnahmen zur Berufsfreiheit in Hongkong.

**4. Artikel 105 BL [Eigentumsgarantien]**

*„Die Sonderverwaltungsregion Hongkong soll, in Übereinstimmung mit den Gesetzen, die Rechte der Einzelnen und der juristischen Personen betreffend den Erwerb, die Nutzung, die Veräußerung und Vererbung von Eigentum schützen, sowie deren Anspruch auf Vergütung für eine rechtmäßige Entziehung.*

*Eine solche Vergütung soll dem tatsächlichen Wert des Eigentums zum betreffenden Zeitpunkt entsprechen, frei konvertierbar sein und ohne unzulässige Verzögerung gezahlt werden.*

*Das Eigentum an Unternehmen und Investitionen von außerhalb der Region sollen unter dem Schutz der Gesetze stehen."*

**a. Entstehung**

Dieser Artikel ist von spezieller Bedeutung für ausländische Investoren, da kurz nach der Machtübernahme durch die chinesischen Kommunisten 1949 ausländischer Unternehmensbesitz entschädigungslos konfisziert wurde[119]. Abschnitt 6 des Annex I der Gemeinsamen Erklärung war Vorbild dieser Regelung. Sie findet sich sodann in Artikel 104 des zweiten Entwurfs (ZE). Er verbindet Elemente der Artikel 6 und 117 EE. Jedoch wurde die Formulierung des Artikels 117 EE gestrichen, die lautete: „Die Sonderverwaltungsregion Hongkong soll

---

[118] *The Consultative Committee* (Anm.94), S. 312.
[119] *Cheung* (Anm.88), S. 195 [202].

an einer Politik des freien Außenhandels und freier außenwirtschaftlicher Beziehungen festhalten." Hiergegen wandte sich die Kritik am Zweiten Entwurf[120]. Der freie Handel stärke die Fähigkeit der Wirtschaft, sich an weltweit veränderte Rahmenbedingungen anzupassen, gleich ob in Aufschwungs- oder Rezessionsphasen. Beschränke man den freien Handel in einer Rezession, so sei es der Wirtschaft nicht möglich, Aufschwungphasen voll zu nutzen. Auf lange Sicht gefährde ein solcher Eingriff Wohlstand und Wachstum. Schließlich würden auch individuelle wirtschaftliche Freiheiten beschnitten.

Weiterhin wurde gefordert, die Verpflichtung des *Legislative Council* festzuschreiben, im Bedarfsfall Gesetze zum Schutz des Privateigentums zu verabschieden[121]. Die Entwurfsformulierung „Das Eigentum an Unternehmen und die Investitionen von außerhalb der Region sollen unter dem Schutz der Gesetze stehen." wurde kritisiert, da bei den Menschen der Eindruck entstehen könnte, auch Gewinne oder Verluste, welche aus diesen Investitionen resultieren, seien rechtlich abgesichert[122].

Die Spezifizierung in Absatz 2 hinsichtlich der Festsetzung der Vergütung ermöglicht es den Gerichten, bei sich widersprechenden Regelungen in staatlichen Gesetzen die entsprechenden Regelungen für unanwendbar zu erklären[123]. Daß eine Vergütung nach der Verfassung in jedem Fall zu zahlen ist, muß vorausgesetzt werden[124]. Die Regelung in Absatz 1 verweist hier ja nur auf die Gesetze außerhalb des *Basic Law*. Die Regelung war speziell für die Entziehung durch den Staat bei entsprechender Notwendigkeit (Straßen- und Flughafenbau, militärische Erfordernisse) vorgesehen, was auch die chinesische Auffassung bestätigte[125]. Ob von dem entsprechenden Eigentumsbegriff auch geistiges Eigentum, Rechtsansprüche auf Geldzahlungen und das Recht auf Zuerkennung bestimmter Berufszugangs- und -ausübungszertifikate erfaßt wird, ist fraglich, der in der maßgeblichen chinesischen Fassung des *Basic Law* verwandte Begriff „zhengyong" gibt dieses nicht her[126]. Als Erklärung für die Formulierung „tatsächlicher Wert" im Absatz wurde herangeführt, daß die Volksrepublik China

---

[120] *The Consultative Committee for the Basic Law of the Hong Kong Special Administrative Region of the People's Republic of China*, Consultation Report, Volume 2 – Reports on Special Issues – (1989), S. 258.

[121] *The Consultative Committee for the Basic Law of the Hong Kong Special Administrative Region of the People's Republic of China*, Consultation Report, Volume 1, Report on the Consultation on the Basic Law (Draft), Collection of views of the Special Groups of the Consultative Committee for the Basic Law regarding the Basic Law (Draft), Collection of views of the Special Group on Economy of the Consultative Committee for the Basic Law regarding Chapter V of the Basic Law (Draft), S. 151.

[122] *The Consultative Committee* (Anm.121), S. 152.

[123] *Chen* (Anm.25), S. 31 [59].

[124] *Chen* (Anm.25), S. 31 [59 f.].

[125] *Wang, Shuwen*, An Introduction to the Basic Law of the Hong Kong Special Administrative Region, S. 252 – 75, zit. b. *Chen* (Anm.25), S. 31 [61].

[126] *Chen* (Anm.25), S. 31 [62].

den Verweis auf einen „Marktwert" nicht habe akzeptieren können. Angesichts des fünfzigjährigen Verzichts auf die Anwendung sozialistischer Politik erscheint diese Erklärung nicht zwingend[127]. So bleibt leider ungeklärt, was mit dem „tatsächlichen Wert" gemeint ist. Eventuell ist hier auf einen Substanz- bzw. Materialwert abzustellen. Aussagen hierzu finden sich bisher nicht. Eine Sozialbindung des Eigentums ist nicht im *Basic Law* verankert[128].

## b. Historische Einordnung

Artikel 105 BL ergänzt die Reglungen des Artikel 6 BL. Auf die entsprechenden Ausführungen zum theoretisch-philosophischen Hintergrund in historischer Perspektive sei an dieser Stelle verwiesen.

## 5. Artikel 106 BL [Unabhängiges Finanzsystem]

*„Die Sonderverwaltungsregion Hongkong soll über ein unabhängiges Finanzwesen verfügen.*

*Die Sonderverwaltungsregion Hongkong soll Ihre Finanzeinnahmen ausschließlich für eigene Zwecke verwenden, diese dürfen nicht an die Zentrale Volksregierung ausgehändigt werden.*

*Die Zentrale Volksregierung darf in der Sonderverwaltungsregion Hongkong keine Steuern erheben. "*

## a. Entstehung

Artikel 106 BL gibt im wesentlichen Punkt 3, Absatz 8 und Annex I, Abschnitt V der Gemeinsamen Erklärung wieder[129]. Seine ersten beiden Sätze entsprechen dem Artikel 104 EE. Schon in der Kritik zum ersten Entwurf wurde darauf hingewiesen, daß ein unabhängiges Finanzwesen für die Sonderverwaltungsregion

---

[127] *Chen* (Anm.25), S. 31 [62].

[128] *Horlemann* (Anm.63), S. 152.

[129] *Scheuer, Martin P.*, Die Rechtslage von Hongkong und Macau nach den „Gemeinsamen Erklärungen" vom 19. Dezember 1984 und 13. April 1987 (1993), S. 140.

155

lebenswichtig sei[130]. Dies stehe aber im Widerspruch zu den (nunmehr in Artikel 107 BL niedergelegten) Prinzipen, welche eine einnahmeorientierte Haushaltspolitik betreffen. In der Kritik zum ersten Entwurf wird die Formulierung „für eigene Zwecke" als mißverständlich angesehen, da es damit auch als verboten angesehen werden könne, Drittinstitutionen mit finanziellen Mitteln auszustatten, wie z. B. die *Asian Development Bank*[131].
Verbesserungswünsche gingen vor allem dahin, einen bestimmten Betrag (0,01 % bzw. 3 %) der Steuereinnahmen an die Zentrale Volksregierung abzuführen, um der verwaltungstechnischen Verbundenheit der beiden Regierungen Ausdruck zu verleihen[132]. Ein Vorschlag ging unter Hinweis auf das umfassende chinesische Sanierungsprogramm und die in den letzen Jahren nicht nachlassenden Naturkatastrophen (Dürre, Erdbeben) sogar so weit, Hongkong zur jährlichen Abführung von 30 % seiner Bruttoeinnahmen an die Zentrale Volksregierung zu verpflichten. Für den Fall finanzieller Schwierigkeiten könne man sich mit der Zentralen Volksregierung in Verbindung setzen, um eine Reduktion oder Befreiung zu vereinbaren. Clause (1) der Section 1 (2) der Basic Law Structure (Draft) übernahm diese Regelung im Annex I, Abschnitt V der Gemeinsamen Erklärung betreffend das Steuererhebungsverbot[133].
Auch wurde schon am dies wieder aufnehmenden ersten Entwurf kritisiert, daß Hongkong keine Steuern an die Zentrale Volksregierung abführen müsse (Artikel 106 Abs. 2 EE)[134]. Hongkong sei ein Teil Chinas und der Zentralen Volksregierung komme die Aufgabe zu, die Sonderverwaltungsregion Hongkong zu verteidigen[135]. Es gebe bisher auch keinen Präzedenzfall für eine Regionalregierung, welche keine Steuern an die Zentrale Volksregierung abführe, wobei Hongkong zudem in Sachen wirtschaftlicher Entwicklung ein höheres Niveau erreicht habe[136]. Eine Übernahme finanzieller Verpflichtungen stehe einem „hohen Grad an Autonomie" und dem *„One Country, Two Systems"*-Prinzip nicht entgegen. Für den Fall ökonomischer Instabilität oder finanzieller Krisenlagen solle die Unterstützung der Zentralen Volksregierung zugesichert werden[137]. In der positiven Kommentierung durch das Beratungskomitee wurde gefordert, daß auch für andere Organe und insbesondere die Regionalregierungen der Volksrepublik China, ein Steuererhebungsverbot festgeschrieben werden sollte[138]. In der internationalen Diskussion wurde hingegen trotzdem befürchtet, daß die fiskali-

---

[130] *The Consultative Committee* (Anm.94), S. 705.
[131] *OMELCO Standing Panel on Constitutional Development*, Report, On the Draft Basic Law (1988), S. 27.
[132] *The Consultative Committee* (Anm.94), S. 706.
[133] *Special Group on Finance* (Anm.66), S. 5.
[134] *The Consultative Committee* (Anm.94), S. 703, 718.
[135] *The Consultative Committee* (Anm.94), S. 718.
[136] *The Consultative Committee* (Anm.94), S. 718.
[137] *The Consultative Committee* (Anm.94), S. 707.
[138] *The Consultative Committee* (Anm.94), S. 718.

sche Unabhängigkeit langfristig nicht aufrechterhalten werden kann[139]. Sowohl die Währungsreserve könnte die Volksrepublik China bei eigenen Einnahmerückgängen in Anspruch nehmen wie auch den Unternehmen Hongkongs höhere Steuern auferlegen, um ein Abwandern chinesischer Unternehmen dorthin zu unterbinden[140]. Zwei voneinander vollkommen unabhängige Finanzsysteme habe es nur zu Zeiten der Konföderationsherrschaft gegeben[141]. Nach der Eingliederung Hongkongs und Macaos nach 1999 besteht eine solche in China aber nicht. Die Regelung bevorzuge die Sonderverwaltungsregion Hongkong gegenüber den nationalen autonomen Gebieten der Volksrepublik China, welche ihre Finanzen zwar auch selbst verwalten dürften, jedoch Steueranteile an die Zentralregierung abführen müßten[142]. Artikel 106 Abs. 3 BL ist letztlich eine spezielle Ausprägung des in Artikel 22 Abs. 1 BL niedergelegten allgemeinen Nichteinmischungsgrundsatzes, welcher neben der Zentralen Volksregierung u. a. auch den nationalen autonomen Gebieten untersagt, sich in die Angelegenheiten der Sonderverwaltungsregion einzuschalten.

Letztlich konnten sich jene Vertreter der Wirtschaft durchsetzen, die gegen eine teilweise Abführung der Steuereinnahmen an die Volksrepublik China votierten. Die chinesische Regierung wird sich hieran aller Wahrscheinlichkeit nach auch halten, will sie Taiwan doch mit dem entsprechenden Modell einer umfassenden Autonomie einen Anreiz für die Wiedervereinigung bieten.

**b. Historische Einordnung**

1870 wurde Hongkong aus der britischen Finanzaufsicht entlassen und erhielt bereits damit einen hohen Grad an finanzieller Autonomie. Bis 1958 bedurfte es jedoch noch der Zustimmung für seine jährlichen Haushaltspläne und für Sonderausgaben von einiger Relevanz. Danach erhielt die Regierung vollständige finanzielle Autonomie. Trotzdem fanden die Maßgaben der *Colonial Regulations* im Rahmen der Finanzpolitik weiterhin bis zum Erlaß der eigenen *Public Finance Ordinance 1983* durch den *Legislative Council* Beachtung. Im

---

[139] *Boasberg, Thomas*, One Country, One-and-a-half Systems: The Hong Kong Basic Law and ist breaches of the Sino-British Joint Declaration, in: Wisconsin International Law Journal, Vol. 10 (1993), S. 282 [328].

[140] *Lai, Edwin L.-C.*, The Economic Implications of the Reunification of Hong Kong with China, in: Vanderbilt Journal of Transnational Law, Vol. 30 (1997), S. 735 [740 f.].

[141] *Zhu, Guobin*, Redefining the central-local Relationship under the Basic Law – with special Reference to the Law on Regional National Autonomy, in: *Leung, Priscilla MF/Zhu, Guobin*, The Basic Law of the HKSAR: From Theory to Practice (1998), S. 121 [134].

[142] *Zhu* (Anm.141), S. 121 [136].

Februar 1998 wurde dann ein Doppelbesteuerungsabkommen zwischen dem
*Finance Bureau* der Sonderverwaltungsregion Hongkong und der Staatsver-
waltung der Volksrepublik China geschlossen[143].

## 6. Artikel 107 BL [Haushaltsgrundsätze]

*„Die Sonderverwaltungsregion Hongkong soll bei der Aufstellung ihres Haus-*
*halts dem Prinzip folgen, die Ausgaben im Rahmen der Einnahmen zu halten*
*und bestrebt sein, ein fiskalisches Gleichgewicht zu erreichen, Defizite zu ver-*
*meiden und den Haushalt im Einklang mit der Wachstumsrate des*
*Bruttoinlandsproduktes zu halten."* [144]

### a. Entstehung

### aa. Streit um eine Obergrenze
für den öffentlichen Sektor

Die Regelung des Artikel 107 BL hat als einzige überhaupt keinen Ansatz in der
Gemeinsamen Erklärung[145], sie wurde auf Drängen der Wirtschaft Hongkongs
aufgenommen.
Wong Po-Yan, Mit-Einberufender der Sachgebietsuntergruppe Wirtschaft des
Entwurfskomitees zum Basic Law, sprach sich bei dem Treffen 1986 in
Shenzhen dafür aus, daß im Basic Law klar zum Ausdruck gebracht werden
sollte, daß die Ausgaben der Sonderverwaltungsregion Hongkong 20 % des
Bruttoinlandsprodukts nicht übersteigen sollen[146]. Mit anderen Worten sollten 20
% die Obergrenze für die relative Größe des öffentlichen Sektors sein[147]. Folgt
man den Sitzungsprotokollen, so war Zweck dieses Schrittes, die Ausgaben täti-
genden Stellen der Regierung der Sonderverwaltungsregion zu zwingen, den

---

[143] *Ghai* (Anm.37), S. 235.

[144] Zum Wortlaut der vorangegangenen Entwurfsfassungen siehe *Tang* (Anm.32), S. 9 – 11.

[145] *Boasberg* (Anm.139), 282 [328].

[146] Zwei Jahre zuvor hatte er sich für 15 % als angemessene Größe ausgesprochen, siehe
*Tang, Joseph Shu-Hung*, Fiscal Legislation and Financial Control in Hong Kong (1993),
S. 22 Fn. 19.

[147] *Tang, Joseph Shu-Hung*, The Draft Basic Law of Hong Kong and the Constitutional Constraints on Budgetary Expenditure and Revenue, in: Bulletin of the International Bureau of
Fiscal Documentation, November 1988, S. 479; *Tang* (Anm.91), S. 3; 18 % werden bisher
tatsächlich nicht überschritten, siehe *McLaren, Robin*, Britain's Record in Hong Kong (1997),
S. 5.

158

fortschreitenden Anstieg der relativen Größe des öffentlichen Sektors in Schranken zu halten und die Fähigkeit der gewählten Mitglieder des Legislativrates der Sonderverwaltungsregion zu ungebundenen Ausgaben zu begrenzen[148]. Wong Po-Yan argumentierte, daß ein solcher Artikel die fiskalische Stabilität der Regierung garantieren und die Wirtschaft von Störungen durch exzessive Sozialausgaben isolieren könne[149]. Ein anderer Beteiligter schlug sogar eine Höchstgrenze von 15 % für die relative Größe des öffentlichen Sektors vor[150]. Die Frage nach der angemessenen relativen Größe des öffentlichen Sektors läßt sich nicht eindeutig beantworten. Ist er zu groß, werden die eng bemessenen Mittel des privaten Sektors verdrängt und Ineffizienz generiert. Ist er zu klein, wird keine hinreichende Infrastruktur zur Verfügung gestellt, um die wirtschaftliche Entwicklung zu fördern. Wong Po-Yans Vorschlag hinsichtlich einer Obergrenze von 20 % war nicht ohne historische Präzedenz: Im Finanzhaushalt für das Haushaltsjahr 1976/77 schlug Finanzminister Sir Philip Haddon-Cave ebenfalls eine Obergrenze von 20 % vor. Er sah die ökonomische Wachstumsrate durch die Aktivitäten des öffentlichen Sektors gefährdet[151]. Für das Haushaltsjahr 1980/81 und auch im weiteren unter den Bedingungen einer höher entwickelten Wirtschaft sah er jedoch nicht mehr die Nowendigkeit für eine Obergrenze, man solle nur sorgfältig die Konsequenzen starker Zunahmen wie Rückgänge bedenken[152]. Sir John Brembridge, Sir Philips Nachfolger, war eher besorgt über die allgemeine Tendenz des Wachstums der Ausgaben, denn über die relative Größe des öffentlichen Sektors. Für ihn persönlich gab es keine Gesetze der Logik, welche eine bestimmte Prozentzahl vorschrieben[153]. Diesen Standpunkt vertrat im wesentlichen auch Piers Jacobs, der Nachfolger von Sir John, welcher darauf hinwies, daß es weder möglich noch wünschenswert sei, eine unter den volatilen Verhältnissen der Wirtschaft Hongkongs allgemeingültige Prozentzahl zu fixieren[154]. Die Ansicht von Jacobs kann als Antwort der Regierung auf Wongs Vorschlag der 20 %igen Höchstgrenze angesehen werden[155]. Ende 1986 äußerte sich ein hoher Regierungsvertreter Pekings gegenüber Xinhua negativ zu der Möglichkeit, eine 20%ige Obergrenze praktisch umzusetzen[156]. Unter Berücksichtigung des negativen Widerhalls in der Öffentlichkeit und der technischen Schwierigkeiten bei der Anwendung hat dann auch die

---

[148] *Lee, Wing-Yee, Eliza*, The political economy of public sector reform in Hong Kong: The case of a colonial-developmental state, in: International review of administrative sciences, Vol. 64 (1998), S. 625 [633].

[149] *Tang* (Anm.91), S. 3.

[150] *Tang* (Anm.147), S. 479; *ders.* (Anm.84), S. 35 [51].

[151] 1976/77 Financial Budget, Finance Branch, Hong Kong Government, S. 210.

[152] 1980/81 Financial Budget, Financial Branch, Hong Kong Government, S. 92.

[153] 1982/83 Financial Budget, Financial Branch, Hong Kong Government, S. 24 –25; *Tang* (Anm.91), S. 29.

[154] 1987/88 Financial Budget, Financial Branch, Hong Kong Government, S. 41.

[155] *Tang* (Anm.147), 482.

[156] *Tang* (Anm.91), S. 8.

159

*ESSS* des *Basic Law Drafting Committee* während der Sitzung in Guangzhou am 12. Juni 1987 Wongs Vorschlag abgelehnt.

## bb. Erfordernis ausgeglichener Haushalte

Schon bald danach ging man dazu über, nur noch von einem ständigen Gleichgewicht zu reden, welches durch den Finanzhaushalt gewahrt werden sollte. Bei der Sitzung im August 1987 in Beijing wurde dann auch der Satz aufgenommen, wonach prinzipiell die Wachstumsrate der Haushaltsausgaben und -einnahmen der Sonderverwaltungsregion jene des Bruttoinlandsprodukts nicht übersteigen soll. Diese Regelung schlug die *Special Group on Finance, Business, and Economy* vor, ohne eine bestimmte Verhältniszahl zu nennen[157]. Bei der Sitzung im Dezember 1987 in Guangzhou wurde dann noch der Satz angefügt, wonach dies über eine zusammenhängende Zahl von (Fiskal-)Jahren zu gelten habe. Eine solche Klausel sollte die Übernahme einer wohlfahrtsstaatlichen Politik in Hongkong vermeiden[158].

Aus dem Wortlaut ging nicht hervor, ob an diesem Prinzip für jedes einzelne Fiskaljahr festgehalten werden sollte. Somit war dieser Satz offen für Interpretationen der Regierung und des Obersten Appellationsgerichtshofes der Sonderverwaltungsregion sowie des Ständigen Komitees des Nationalen Volkskongresses der Volksrepublik China. In einer Radiodiskussion über das Wirtschaftskapitel im ersten Entwurf des *Basic Law*[159] wies Wong explizit darauf hin, daß der Zweck des ersten Satzes von Artikel 105 EE darin liege, die Regierung der Sonderverwaltungsregion daran zu hindern, einen defizitären Haushalt vorzulegen. Von den 43 Finanzhaushalten Hongkongs zwischen 1946/47 und 1988/89 waren 21 defizitär, 21 überschüssig und einer ausgeglichen[160]. Es sei offenkundig, daß jeder Regierung fiskalische Instrumente an die Hand gegeben werden müssen, um zur Stabilisierung der Wirtschaft beizutragen. Wenn es auch auf den jeweiligen Grad ankommt, so würde doch ein Verbot defizitärer Haushalte der Regierung ein wichtiges fiskalisches Instrument entziehen[161].

Bei der Regelung eines grundsätzlichen Gleichgewichtes im ersten Entwurf handelte es sich mangels Angabe einer konkreten Zahl von Fiskaljahren um eine nicht durchsetzbare Absichtserklärung. Des weiteren ist nicht festzumachen, was unter einem „grundsätzliche[n] Gleichgewicht" zu verstehen ist. Ist ein „grund-

---

[157] *Special Group on Finance* (Anm.66), S. 4.
[158] *Tang* (Anm.147), S. 482.
[159] Radio Hong Kong, 23. Juni 1988.
[160] *Tang* (Anm.147), S. 483.
[161] *Tang* (Anm.147), S. 483.

sätzliches Gleichgewicht" ausreichend, um einen zufriedenstellenden Grad an fiskalischen Reserven aufrechtzuerhalten und wie wirkt es sich auf das Verhältnis von fiskalischen Reserven und Haushaltsgesamtausgaben aus?[162]

Artikel 107 BL kann als ein Verstoß gegen die Gemeinsame Erklärung gesehen werden[163]. Der hier verankerte Grundsatz, daß die Ausgaben nicht die Einnahmen übersteigen dürfen, läßt sich auf die Gemeinsame Erklärung nicht stützen. Diese legt vielmehr fest, daß die Sonderverwaltungsregion ihre finanziellen Angelegenheiten autonom regelt, einschließlich des Einsatzes seiner finanziellen Mittel, der Festlegung von Haushaltsplan und Budget. Der Verfassungsstatus der Haushaltsgrundsätze legt der Fiskalpolitik unnötige Beschränkungen auf und beeinträchtigt somit den Entwurf und die Verabschiedung angemessener Gesetze[164].

Daß die Regierung Hongkongs durch diese Bestimmung in ihrem Spielraum stark bedrängt werden kann[165], zeigt der bereits dargestellte Streit um den Neubau des Flughafens in Hongkong[166]. Die chinesische Seite beanspruchte hier bereits vor der Wiedereingliederung Hongkongs ein Mitspracherecht, da die Kosten in Höhe von etwa 16 Mrd. US-$ die staatliche Finanzreserve angreifen würde[167].

Der Wortlaut des Artikel 107 BL entspricht einer verkürzten Form des Artikel 105 EE. Er deckt sich auch mit den überarbeiteten Haushaltsrichtlinien für 1986/87[168]. In den Kommentaren zum ersten Entwurf wurde diese Regelung als Mindestabsicherung für die Einwohner Hongkongs und die Geschäftsleute[169] angesehen, die es den Machthabern unmöglich mache, hohe ausländische Darlehen zu erlangen, da so die Last vom Volk getragen werden müßte[170]. Sie solle beibehalten werden, da es sich um ein Grundprinzip der öffentlichen Finanzen in Hongkong handele. Der Regierung verbleibe ein weiter Spielraum in ihrer Finanzpolitik, der Grundgedanke der Regelung werde aber dazu beitragen, das Vertrauen des Wirtschaftssektors aufrechtzuerhalten.

Die Orientierung der Ausgaben an den Einnahmen stehe im Einklang mit den zukünftigen Bedürfnissen der Sonderverwaltungsregion Hongkong und hindere

---

[162] *Tang* (Anm.147), S. 483.

[163] *Scheuer* (Anm.129), S. 140.

[164] *Tang* (Anm.84), S. 35 [47].

[165] So *Tang Shuk-tak* (Anm.99), S. 49.

[166] *Tang*, Fiscal Policy, S. 187 [187 f.]; *The Consultative Committee* (Anm.121), S. 149.

[167] *Horlemann, Ralf*, Hongkong 1997, Systemwandel in rechtlicher und politischer Perspektive (1992), S. 89.

[168] *Tang* (Anm.84), S. 35 [47].

[169] Diese konnten freilich keine Einhaltung dieser Regelung einklagen, *Jordan, Ann D.*, Lost in the Translation: Two Legal Cultures, the Common Law Judiciary and The Basic Law of the Hong Kong Special Administrative Region, in: Cornell International Law Journal, Vol. 30 (1997), S. 335 [351].

[170] *The Consultative Committee* (Anm.94), S. 708.

die Regierung zudem daran, eine Hochsteuerpolitik zu betreiben, welche die Taschen der Einwohner leert und Investoren entmutigt. Zudem versetze sie die Sonderverwaltungsregion Hongkong in die Lage, ihren Wohlstand aufrechtzuerhalten[171]. Der Artikel stelle ein angemessenes System der *„Checks and Balances"* zwischen der Exekutive und der Legislative der Sonderverwaltungsregion Hongkong zur Verfügung. In einer durch das Volk gewählten politischen Struktur neige die Regierung zu defizitären Haushalten, da sie mehr Unterstützung erhalte, wenn sie die Steuerlast der Menschen nicht erhöhe[172]. Ein Weg, um dieser Tendenz Einhalt zu gebieten, sei es, das Erfordernis ausgeglichener Haushalte gesetzlich festzuschreiben[173]. Es sei davon auszugehen, daß Hongkongs Industrie- und Handelswachstum ein ausreichend hohes Steueraufkommen gewährleiste, um den Anstieg der Regierungsausgaben abzudecken und das ökonomische Gleichgewicht aufrechtzuerhalten.

Am ersten Entwurf wurde umfangreiche Kritik geübt: Die Ausübung einer solchen Politik halte die Regierung der Sonderverwaltungsregion Hongkong von dem Versuch ab, eine rationalere Verteilung der Güter und ein höheres Maß an sozialer Gerechtigkeit zu erreichen. Die Regierung werde daran gehindert, ihre Organisationsstruktur auszubauen. Dies sei Ausdruck des Argwohns der Zentralen Volksregierung, welche ihre eigene Autorität gefährdet sehe. Auch wurde es nicht nur positiv gesehen, daß die Fähigkeit der Regierung zur Emission von Schuldverschreibungen bzw. zur Beschaffung ausländischer Darlehen eingeschränkt werde. Langfristig lohnende ökonomische Aktivitäten (wie Sozialfürsorge) würden kurzfristig lohnenden ökonomischen Aktivitäten (wie Industrie und Handel) unterworfen, somit den langfristigen sozialen Investitionsprojekten unnötige Restriktionen auferlegt[174]. Zwar seien die Zielsetzungen des Artikels gut, die Vorschrift werde aber schwer umzusetzen sein. Auch sie verstoße gegen die Prinzipien eines hohen Grades an Autonomie, sowie des *„One Country, Two Systems"* und der Gemeinsamen Erklärung, welche festsetze, daß die Sonderverwaltungsregion Hongkong autonom über ihre finanziellen Ressourcen verfügen solle. Mit dem Artikel werde in negativer Hinsicht der Monopolstatus des Wirtschaftssektors in Hongkong festgeschrieben.

Die Kritiker verweisen auch darauf, daß Haushaltsdefizite zugelassen werden müßten, um die notwendigen Auslagen für Sozialfürsorge, öffentliche Gesundheit, Schulwesen und Infrastruktur sicherzustellen, die Wirtschaft zu beleben und ein ausgeglichenes ökonomisches Wachstum zu gewährleisten[175]. Schließlich hätten die meisten entwickelten Länder defizitäre Haushalte. Eine Regierung muß die öffentlichen Ausgaben benutzen, um die Wirtschaft zu beeinflussen, wie es auch die Regierung Hongkongs zwischen 1983 und 1984 getan habe,

---

[171] *The Consultative Committee* (Anm.94), S. 708.
[172] Diese Kritik wurde schon wiedergegeben bei: *Dunn, Lydia*, Hong Kong after the Sino-British Declaration, in: International Affairs, Vol. 61 (1985), S. 197 [202].
[173] *The Consultative Committee* (Anm.94), S. 709.
[174] *The Consultative Committee* (Anm.94), S. 709.
[175] *The Consultative Committee* (Anm.94), S. 710.

um Hongkong aus seiner wirtschaftlichen Rezession herauszuführen[176]. Kritisiert wird die im ersten Entwurf noch enthaltene Regelung, wonach das Haushaltsgleichgewicht „über eine Anzahl von Haushaltsjahren" erreicht werden solle. Damit werde es der Regierung auferlegt, den Haushalt für ein bestimmtes Jahr an den eines vorangegangenen Jahres anzupassen, auch wenn die wirtschaftlichen Rahmenbedingungen dies eigentlich nicht zulassen würden. Wong Po-Yan hatte vorgeschlagen, daß die Anzahl der Haushaltsjahre von einem Richter des *Hong Kong Common Law Court* festgelegt werden solle[177]. Dies wurde als naiv kritisiert, da der entsprechende Richter hierzu keine besondere Befähigung besitze.

### cc. Vorbild einzelner US-Staaten

Als Argument für ein in der Verfassung verankertes Haushaltsgleichgewicht wurden entsprechende Regelungen einzelner US-Staaten herangeführt[178]. Diese könnten aber aus mehreren Gründen nicht mit der Regelung Hongkongs verglichen werden: Die Regierung eines Einzelstaates verfüge nicht über ein unabhängiges Finanzwesen. Die Bundesregierung und die Regierung der Einzelstaaten teilten sich einige Steuereinnahmen. Neben der Zurverfügungstellung einiger wesentlicher hoheitlicher Dienste sei die Bundesregierung auch verpflichtet, der Regierung des Einzelstaates Unterstützung zu gewähren, wenn entsprechender Bedarf bestehe. Insofern sei der Einzelstaat durch die entsprechenden Verfassungsregelungen in seiner Handlungsfähigkeit nicht starr begrenzt[179]. In den meisten Einzelstaaten sei verfassungsmäßig festgelegt, daß die Bürger über Steuerangelegenheiten bzw. Angelegenheiten, welche die öffentlichen Ausgaben betreffen (darunter Genehmigung neuer Steuern und Festlegung der Höchstgrenze für Steuersätze und Ausgaben) per Referendum bestimmen können. Das *Basic Law* Hongkongs gebe den Einwohnern keine entsprechenden Kompetenzen. Die Bundesregierung sei verantwortlich für die Stabilisierung und Neuverteilung des Wohlstands, während die Staatsregierung für die Verteilung der meisten ihrer eigenen Geldmittel zuständig sei. Die Regierung der Sonderverwaltungsregion Hongkong sei hingegen für alle finanziellen Angelegenheiten verantwortlich. Dies beschränke ihre Fähigkeit, finanzielle Aktivitäten zu stabilisieren und Wohlstand neuzuverteilen. Das Beispiel der Vereinigten Staaten zeige, daß wirtschaftsbezogene Regelungen in den Staatsverfassungen keine wesentlichen Auswirkungen haben. Die Regierung eines Einzelstaates könne sol-

---

[176] *Han* (Anm.67), S. 321 [325-335].
[177] *Tang* (Anm.91), S. 23.
[178] *The Consultative Committee* (Anm.94), S. 710.
[179] *The Consultative Committee* (Anm.94), S. 711.

che Regelungen leicht umgehen und ihren Haushalt regulieren[180]. Auch das Beispiel der kalifornischen Staatsregierung zeige die Schwierigkeiten der praktischen Umsetzung solcher Regelungen.

### dd. Umsetzungsschwierigkeiten und weitere Kritik

Hongkong selbst hätte in der Vergangenheit ausschließlich defizitäre Haushalte gehabt, wurde von Kritikern weiter vorgetragen. Überschüsse hätten nur festgestellt werden können, nachdem die Bücher am Ende eines Fiskaljahres geschlossen wurden. Unter den Vorgaben dieses Artikels verstoße die Regierung gegen das *Basic Law*, wenn sie einen solchen Haushalt aufstellt[181]. Ein absolutes Gleichgewicht zwischen Ausgaben und Einnahmen könne ohnehin nicht erreicht werden. „Ausgeglichene Haushalte" sollte bedeuten, daß Haushalte eventuell Überschüsse produzieren könnten, wie es derzeit der Fall sei. Der Artikel sei zudem nur aufgenommen worden, da örtliche Industrielle und Geschäftsleute erpicht darauf seien, das mögliche Auftauchen „freier Mittagstische" zu verhindern, welche im Wege von Wahlagitation entstehen könnten. Zudem wollten sie das existierende gute Investitionsklima bewahren. Ein Artikel wie dieser, der den Vorlieben der Investoren Rechnung trage, könne den zugrundeliegenden Zielsetzungen nicht gerecht werden[182]. Auch beschneide der Artikel Sozialeinrichtungen in ihrer Entwicklung. Ausgaben für die soziale Wohlfahrt und Einrichtungen seien lebenswichtig und sollten orientiert am Wachstum des Bruttosozialprodukts erhöht werden. Jedenfalls sollten sie nicht erniedrigt oder willkürlich durchgebracht werden. Momentan durchlaufe Hongkong einen Entwicklungsprozeß hin zu einer kapital- und technologieintensiven Wirtschaft. Haushaltsdefizite seien zum gegenwärtigen Zeitpunkt kritisch.

Einige Kritiker wollten den gesamten Artikel gestrichen sehen, da es der Praxis vorbehalten bleiben sollte, angepaßt an die jeweilige Situation, finanzpolitische Maßnahmen zu ergreifen. Ein ausgeglichener Haushalt könne im Rahmen eines Wirtschaftsplanes oder eines parteipolitischen Manifestes propagiert werden, nicht aber in einer Verfassung[183].

Andere wollten aufgenommen wissen, daß die Regierung der Sonderverwaltungsregion Hongkong ihren eigenen Haushalt aufstelle[184]. Dies sollte die Flexibilität garantieren, die notwendig sei, um schwierige Perioden durchzustehen, in denen beispielsweise die Steuereinnahmen nicht ausreichen, um Infrastrukturprojekte und andere Versorgungseinrichtungen zu finanzieren. Auch sollte ein

---

[180] *The Consultative Committee* (Anm.94), S. 711.
[181] *The Consultative Committee* (Anm.94), S. 711.
[182] *The Consultative Committee* (Anm.94), S. 712.
[183] *Ledic* (Anm.1), S. 421 [422].
[184] *The Consultative Committee* (Anm.94), S. 713.

Passus ergänzt werden, wonach die Regierung der Sonderverwaltungsregion Hongkong prinzipiell bestrebt sein sollte, Haushaltsüberschüsse zu erzielen. Sollte dies nicht möglich sein, dürfe nur alle drei bis vier Fiskaljahre ein Haushaltsdefizit genehmigt werden. Dieses dürfe weiterhin 40 – 45 % des Gesamtüberschusses der letzen drei Fiskaljahre nicht übersteigen. Ein anderer Vorschlag ging dahin, festzulegen, daß die jährlichen Ausgaben die Einnahmen maximal um 2 % übersteigen dürften[185]. Auch dieser Vorschlag sah Haushaltsdefizite vor, welche in den nachfolgenden Jahren bereinigt werden sollten. Angeregt wurde auch die Bildung eines Rücklagenfonds für diesen Zweck. Die Kompetenz zur Genehmigung notwendig gewordener zusätzlicher Einnahmen wie Ausgaben wollte ein weiterer Vorschlag auf das Ständige Komitee des Nationalen Volkskongresses unter Beratung des für das Basic Law zuständigen Komitees übertragen wissen.

Weiterhin trat die Frage auf, ob diese Regelung, welche primär eine politische Richtlinie darstelle, nicht in den Annex zum Gesetzestext gehöre[186].

In den Anregungen zu den einzelnen Sätzen meldeten sich auch die Vertreter Keynesianischer Theorien zu Wort, welche erhöhte öffentliche Ausgaben in Rezessionsphasen nicht ausgeschlossen sehen wollten. Auch sei es unmöglich, in einer modernen Gesellschaft öffentliche Ausgaben, wie etwa jene für die öffentlich Bediensteten, das Bildungswesen, das Aufrechterhalten der öffentlichen Ordnung, welche im wesentlichen feststehen, an den aktuellen Einnahmen des Fiskaljahres auszurichten[187]. Hinsichtlich der Orientierung der Ausgabensteigerung an der Wachstumsrate des Bruttosozialprodukts wurde zu bedenken gegeben, daß diese Zahlen bisher erst mit zweijähriger Verspätung zur Verfügung stünden[188]. Dies zwinge die Regierung, ihren Haushalt äußerst konservativ zu kalkulieren. Zudem führten die ökonomischen Zyklen von Aufschwung und Rezession zu dem nachteiligen Ergebnis, daß es in bezug auf aktuelle ökonomische Entwicklungen meist zu irrationalen Eingriffen staatlicherseits komme. Bei vorausgegangener Rezession brächten die obligatorischen Kürzungen im Bereich der Sozialfürsorge die Gefahr sozialer Unruhen mit sich[189]. Auch wurde generell eingewandt, daß die Wachstumsrate der Haushaltseinnahmen und – ausgaben wie jene des Bruttosozialprodukts leicht durch die Wahl des Berechnungsverfahrens manipuliert werden könne.

Die Regelung lag mit ähnlichem Wortlaut als Artikel 106 ZE vor. An diesem wurde kritisiert, daß es der Regierung möglich sei, Steuererhöhungen vorzunehmen und diese Extraeinnahmen vollständig auszugeben, ohne gegen die Regelung zu verstoßen; die höheren Steuereinnahmen seien schließlich Teil des Bruttoinlandsprodukts. Auch die Formulierung „im Einklang mit" sei proble-

---

[185] *The Consultative Committee* (Anm.94), S. 714.
[186] *The Consultative Committee* (Anm.94), S. 714 f.
[187] *The Consultative Committee* (Anm.94), S. 715.
[188] *The Consultative Committee* (Anm.94), S. 716.
[189] *The Consultative Committee* (Anm.94), S. 717.

matisch[190]. Weltweit argumentierten Gelehrte und Regierungsvertreter, daß mit steigendem Pro-Kopf-Einkommen auch höhere Steuern zur relativen Stärkung des öffentlichen Sektors aufgebracht werden könnten. Folge man einer solchen Ansicht, so sei es der Regierung möglich, den Anteil des öffentlichen Sektors nach Belieben zu erhöhen. Die im ersten Entwurf enthaltene Koppelung der Ausgaben an die Wachstumsrate des Bruttoinlandsprodukts über eine Anzahl von Fiskaljahren sei eine effektive Ausgabenbegrenzung gewesen und daher wieder einzuführen. Eine Anknüpfung an einer Mehrzahl von Jahren sei erforderlich, da sehr oft die tatsächliche Wachstumsrate von der erwarteten abweiche[191]. Ein Kritiker sah die ökonomische Theorien, auf welchen die Niedrigsteuerpolitik und die Politik eines ausgeglichenen Haushalts fußten, von falschen Grundannahmen ausgehen[192]: Es sei unzutreffend, daß eine Verfassung das Hauptmittel sei, um die Regierung einer fiskalischen Kontrolle zu unterwerfen. Eine demokratische Gesellschaft könne andere Wege beschreiten, wie etwa Bürgerinitiativen der Steuerzahler in den USA zeigten. Auch könne man der Regierung Hongkongs nicht unterlegen, eine Politik der Einnahmenmaximierung zu betreiben. Ebenfalls sei es falsch, generell eine „lean administration" als erstrebenswert anzusehen, dies könne insbesondere nicht für Entwicklungsländer gelten.

Artikel 107 BL wird durch die Formulierung „fiskalisches Gleichgewicht" zum Träger der „Constitutional Economics" des James Buchanan[193]. Buchanan warnte freilich davor, die Ausgaben der Regierung an bestimmte Verhältniszahlen zu koppeln, da deren Wert von Experten ermittelt werden müßte, der Steuerzahler sich unter ihnen nichts vorstellen könne und es wenig theoretische Rechtfertigung für die Festschreibung eines bestimmten Zielwertes gebe[194].

## b. Historische Einordnung

Königliche Instruktionen vom 3. Juni 1843, die Finanzen betreffend, stellten das Erfordernis eines „Jahresplanes" bzw. eines Ausgabenhaushalts mit entsprechenden Verwirklichungsvorschlägen auf, welcher dem Legislative Council vorgelegt und öffentlich bekannt gemacht werden mußte. Es wurde schon damals die Regel aufgestellt, wonach die Regierung Ihrer Majestät erwartet, daß die Einnahmen vor Ort ausreichen, um alle Ausgaben der Regierung Hongkongs zu bestreiten. Betont wurde auch die Notwendigkeit der Beachtung strikter Sparsamkeitsregeln in jedem Ressort. Die Regierung Hongkongs hielt an der in

---

[190] *The Consultative Committee* (Anm.24), S. 258.
[191] *The Consultative Committee* (Anm.121), S. 150.
[192] *The Consultative Committee* (Anm.121), S. 150 f.
[193] *The Consultative Committee* (Anm. 24), S. 256.
[194] *Brennan/Buchanan* (Anm. 45), S. 200 f.

den *Colonial Regulations* festgelegten Politik eines ausgeglichenen Haushalts und einer großzügigen Rücklagenbildung auch nach der Entlassung in die finanzielle Unabhängigkeit 1958 fest. Die *Public Finance Ordinance* von 1983 legte dann eigenständig wesentliche Haushaltsgrundsätze fest. Eine der wesentlichen Forderungen Buchanans im Rahmen der „*Constitutional Economics*" war es, das Erfordernis ausgeglichener Haushalte in der Verfassung festzuschreiben und damit die Ausgaben der Regierung zu begrenzen. Diesem Postulat wurde mit der Formulierung des Artikel 107 BL entsprochen. Der Artikel erhält im wesentlichen den status quo Hongkongs und weicht nicht von der kolonialen Praxis ab[195].

### 7. Artikel 108 BL [Steuern]

„*Die Sonderverwaltungsregion Hongkong soll über ein unabhängiges Steuersystem verfügen.*

*Die Sonderverwaltungsregion Hongkong soll, mit Rücksicht auf die bisher in Hongkong praktizierte Niedrigsteuerpolitik, eigene Gesetze erlassen bezüglich Steuerarten, Steuersätzen, genereller Steuersenkungen, -ermäßigungen und -ausnahmen sowie anderer steuerlicher Belange.*" [196]

#### a. Entstehung

Von vornherein war unter den Angehörigen von Wirtschaft und Industrie des *BLCC* klar, daß das Steuersystem Hongkongs nicht als ein Instrument zur Umverteilung genutzt werden sollte[197]. Das Steuersystem sollte die Prinzipien des bestehenden Systems widerspiegeln, einfach und moderat hinsichtlich der Sätze für Einnahmen- und Gewinnsteuern[198].

Auch die Verpflichtung auf eine Niedrigsteuerpolitik in Artikel 108 Absatz 2 BL beschränkt die Handlungsfreiheit der Sonderverwaltungsregion Hongkong, da eine Steuerpolitik, die sich den jeweiligen ökonomischen Gegebenheiten an-

---

[195] *Horlemann* (Anm.63), S. 152.

[196] Zum Wortlaut der vorangegangenen Entwurfsfassungen siehe ebenfalls *Tang* (Anm.32), S. 9 – 11.

[197] *The Consultative Committee for the Basic Law of the Hong Kong Special Administrative Region, Special Group on Finance, Business, and Economy*, Minutes of the Seminar on Industry, Section 1.1.6, in: *dass.*, Report of the Seminar on Industry, S. 2, 4, zit. b. *Tang* (Anm.32), S. 17.

[198] *Tang* (Anm.91), S. 4.

paßt, weitestgehend ausgeschlossen wird[199]. Auch der Präsident von Hongkongs Taxation Institute vertrat die Ansicht, daß jede einschneidende Änderung bzw. Revision des existierenden Steuersystems der Vorschrift des Artikel 108 BL nicht gerecht werde[200].

Section 1 (2), Clause 2 des Vorschlags der entsprechenden Spezialgruppe zur Basic Law Structure (Draft) und sodann Artikel 107 EE verpflichteten die Sonderverwaltungsregion Hongkong zu einer solchen Niedrigsteuerpolitik. Die zustimmenden Meinungen sahen in dieser Festlegung eine Flexibilitätsgarantie für die Regierung Hongkongs[201]. Positive Auswirkungen einer solchen Politik seien die Gewinnung ausländischer Investoren, eine Garantie für Hongkongs Wohlstand sowie die Tatsachen, daß die Regierung an der Verschwendung öffentlicher Gelder gehindert werde, und daß die Regierung sich, abgesehen von einer Monopolkontrolle, jeglicher Eingriffe in den freien Wirtschaftsbetrieb enthalte; letzteres sei Hongkongs Erfolgsgeheimnis[202]. Es sei eine kluge Entscheidung, diesen Artikel in das Basic Law aufzunehmen, da in der westlichen Welt die allgemeine Tendenz bestehe, die Steuersätze zu erniedrigen. Innerhalb des Systems „Kapitalismus" fließe das Kapital in jene Gegenden mit hohen Profiten und niedrigen Steuerraten. Momentan mache der Interbankenhandel etwa 90 % aller Transaktionen auf Hongkongs Devisenmarkt aus. Wenn sich das Gerücht bewahrheite, wonach das gegenwärtige Niedrigsteuersystem abgeschafft werde, würden solche Transaktionen zweifellos anderenorts stattfinden. Kritisch wurde auch angemerkt, daß die Politik eines ausgeglichenen Haushaltes zu Steuererhöhungen führen könnte, welche im Gegensatz zu einer Niedrigsteuerpolitik stünden[203]. Die Kritik richtet sich insbesondere schon gegen den Begriff „Niedrigsteuerpolitik", welcher schwer zu greifen sei[204]. Hongkongs Attraktivität für Steuerzahler sei auch auf die Einfachheit des Steuersystems zurückzuführen. Mit der Festschreibung einer Niedrigsteuerpolitik sei die Regierung gezwungen, Steuerermäßigungen anzupassen bzw. neue Steuern einzuführen, wenn die Einkünfte erhöht werden müssen. Dies werde unerwünschte Nebeneffekte haben. Mit dem Festschreiben einer Niedrigsteuerpolitik werde auch ein Mißtrauen gegenüber Hongkongs Regierung zum Ausdruck gebracht, die so an zukünftigen Steuerreformen gehindert werde. Auch wird darauf hingewiesen, daß in Hongkong hohe Steuersätze eine strukturelle Notwendigkeit sein können, wie es schon jetzt bei der Lizenzgebühr für Kraftfahrzeuge der Fall sei, welche höher als in vielen anderen Staaten sei[205]. Auch müsse der mit steigendem Wohlstand einhergehende Bedarf an sozialer Fürsorge und öffentlicher Sicherheit gedeckt

---

[199] Horlemann (Anm.167), S. 90.

[200] Tang (Anm.84), 35 [48]; Tang (Anm.146), S. 28.

[201] The Consultative Committee (Anm.94), S. 720.

[202] The Consultative Committee (Anm.94), S. 720.

[203] The Consultative Committee (Anm.94), S. 721, 722.

[204] So auch Tang Shuk-tak (Anm.99), S. 48, welche den Begriff für erläuterungsbedürftig hält.

[205] The Consultative Committee (Anm.94), S. 721.

168

werden, man könne nicht nur an die oberen Gesellschaftsschichten denken[206]. Falsch sei die Annahme, daß ausländische Investoren ihr Kapital in andere Länder transferieren, wenn im *Basic Law* keine Niedrigsteuerpolitik festgeschrieben werde. Durch Forschungsergebnisse sei nachgewiesen, daß Investoren politische Stabilität, eine effektive Verwaltung, ein intaktes Rechtssystem, qualitativ hochwertige Arbeit und eine gute Infrastruktur für wichtiger halten als wirtschaftliche Anreize und eine Niedrigsteuerpolitik. Die Situation in Singapur sei ein Beispiel dafür. Auch Südkorea und Taiwan verfügten trotz hoher Steuersätze über wirtschaftlichen Wohlstand[207]. Durch eine Festlegung auf ein Niedrigsteuersystem würden indirekte Steuern gefördert, was zu vermeiden sei. Das bestehende Steuersystem sei zudem ebenfalls reformbedürftig. Es sollte die Einkommenssteuer gesenkt werden, um die Mittelklasse und die Berufstätigen zu entlasten, wogegen Gewinnsteuern erhöht werden sollten.

Die Niedrigsteuerpolitik wollten einige Kritiker präziser definiert sehen. Eine Niedrigsteuerpolitik könne niedrige Steuersätze, eine relativ schmale Besteuerungsbasis oder eine niedrige Anzahl von Besteuerungsobjekten bedeuten[208]. Es sollte festgeschrieben werden, daß der Einkommenssteuersatz in der Sonderverwaltungsregion Hong Kong z. B. 22,5 % nicht übersteigt[209]. Um Investoren zu beruhigen, wollte ein Kritiker einen generellen Steuersatz von 18 % für 50 Jahre festschreiben[210], ein weiterer Kritiker sprach sich für Steuersätze prinzipiell unterhalb von 20 % aus[211]. Bei einem Unternehmenssteuersatz von 16,5 %[212] könne sich eine Anhebung um 10 Prozentpunkte immer noch im Rahmen einer Niedrigsteuerpolitik bewegen[213]. Auch wenn ein Satz von 26,5 % im internationalen Vergleich als niedrig anzusehen ist, könnte eine Anhebung aber auch als Signal eines grundlegenden Politikwandels gedeutet werden, was für Hongkong nachteilige Auswirkungen haben würde.

Absatz 2 des Artikels 108 BL findet sich, was die gesetzliche Festschreibung der steuerrechtlichen Regelungen anbelangt, bereits in *Section 1 (2), Clause (3)* des *Basic Law Structure Draft* und dann in Artikel 108 EE wieder. Diese Regelung wurde dort als Möglichkeit begrüßt, die bisherige Steuerpolitik festzuschreiben. Ergänzend wurde angeregt, die Einführung neuer Steuern oder Erhöhung beste-

---

[206] *The Consultative Committee* (Anm.94), S. 721 f.
[207] *The Consultative Committee* (Anm.94), S. 723.
[208] *Chen, E. K. Y.*, The Policy of Low Taxation, Annex zu *Special Group on Finance*, Opinions on Chapter 5.
[209] *Chen* (Anm.208), schlägt dies unter Punkt 5 seiner Anmerkung vor, um unter Punkt 8 eine Obergrenze für Steuersätze abzulehnen.
[210] *The Consultative Committee* (Anm.94), S. 724.
[211] *The Consultative Committee* (Anm.94), S. 724; so wohl die allgemeine Meinung hinsichtlich einer Niedrigsteuerpolitik, siehe *Tang* (Anm.84), S. 35 [44].
[212] *Tang* (Anm.84), S. 35 [42]; zum 1. April 1998 fand eine Reduzierung auf 16 % statt, siehe *Leung, Kwong Yiu*, Hong Kong Tax System and its Contribution to the Economic Success of Hong Kong (1998), S. 3.
[213] *Han, Anna M.*, Hong Kong's Economy under Chinese Rule: Prosperity and Stability, in: Southern Illinois University Law Journal, Vol. 22 (1998), S. 325 [329].

169

hender Steuern an die Zustimmung einer Zwei-Drittel-Mehrheit der Mitglieder des *Legislative Council* zu binden[214]. Auch sollten im Falle eines Haushaltsüberschusses die Bürger von der Einkommenssteuer befreit werden und die Steuern auf Nahrungsmittel reduziert werden. Dies erhöhe den Lebensstandard einer breiten Öffentlichkeit. Bezüglich der steuerrechtlichen Regelungen trat die Frage auf, ob diese von der Zentralen Volksregierung oder von der lokalen Gesetzgebungskörperschaft erlassen werden sollten. Schon in der Kritik zum ersten Entwurf wurde angeregt, Artikel 108 EE mit Artikel 106 EE, also der Festschreibung eines unabhängigen Steuersystems für Hongkong, zu verschmelzen[215].

Artikel 108 BL steht mit seiner Bezugnahme auf die bisherige „Niedrigsteuerpolitik" ebenfalls in der Tradition der Buchanan'schen „*Constitutional Economics*".

Artikel 107 ZE sah, wie auch die endgültige Regelung, nur noch eine (lose) Orientierung an der bisherigen Niedrigsteuerpolitik vor, machte eine solche aber nicht mehr zur vorgeschriebenen Praxis[216]. Auch dies wurde kritisiert. Die Regierung könne nach Belieben Steuern erhöhen und diese höheren Einnahmen unbegrenzt ausgeben.


**b. Historische Einordnung**


Die niedrigen Steuersätze waren seit jeher ein Grund für ausländische Unternehmen, sich in Hongkong niederzulassen. Auch nach Ende des Zweiten Weltkriegs wurde weiterhin vermieden, eine generelle Einkommensteuer zu erheben. In bezug auf den Haushalt 1978/79 hob Sir Philip Haddon-Cave die Niedrigsteuerpolitik als wesentlich hervor. Investitionsentscheidungen dürften durch die Steuererhebung nicht beeinträchtigt werden.

Auch nach der Wiedereingliederung Hongkongs hat die chinesische Regierung Interesse an diesem „fiskalischen Konservatismus", um den zukünftigen Einfluß der Demokraten auf die Haushalts- und Steuerpolitik einzudämmen[217].

---

[214] *The Consultative Committee* (Anm.94), S. 726.
[215] *The Consultative Committee* (Anm.94), S. 727.
[216] *The Consultative Committee* (Anm.24), S. 259.
[217] *Horlemann* (Anm. 63), S. 153.

## 8. Artikel 109 BL [Internationales Finanzzentrum]

*„Die Regierung der Sonderverwaltungsregion Hongkong soll ein geeignetes ökonomisches und rechtliches Umfeld zur Verfügung stellen, um Hongkongs Status als internationales Finanzzentrum zu bewahren. "*

### a. Entstehung

Die Regelung ist, etwas unspezifischer, bereits als Artikel 109 EE vorhanden. Sie wurde in einigen Stellungnahmen als beibehaltungswürdig angesehen, da eine freie und offene Wirtschaft entscheidend für Hongkongs Existenz sei[218]. Die Hauptkritik bezog sich darauf, daß der Status eines internationalen Finanzzentrums dem Wettbewerb unterliege und dessen Aufrechterhaltung daher von der Regierung der Sonderverwaltungsregion Hongkong    nicht verlangt werden könne[219]. Werde eine andere Region attraktiver, sei es durch Änderungen in der Gesetzgebung, sei es durch gesteigerte Effizienz aufgrund schierer Größe, könne die Regierung hiergegen nichts tun, eine einseitige Statusgarantie sei daher unmöglich. Die Finanzindustrie werde nur durch stetig wachsende Produktion und Handel in Gang gehalten. Anderenfalls komme es zu Spekulationen und dem vernunftwidrigen Einsatz knapper Ressourcen. Insbesondere in Zeiten ernsthafter ökonomischer Rezession biete der Artikel keinerlei Notfallmaßnahmen. Voraussetzungen zur Statuserhaltung getreu dem Wortlaut des Artikels seien[220]:

(1) die gesetzmäßige Festschreibung der Währungs- und Finanzmanagement-Systeme, welche internationalen Standards genügen und objektiv sein müssen

(2) keine Devisenbewirtschaftung

(3) Stabilität des Hongkong-Dollars

(4) eine Niedrigsteuerpolitik

(5) ein offener Finanzmarkt und

(6) eine weitsichtige und umfassende Konjunkturanalyse.

---

[218] *The Consultative Committee* (Anm.94), S. 730.
[219] *The Consultative Committee* (Anm.94), S. 730.
[220] *The Consultative Committee* (Anm.94), S. 731.

Vorgeschlagen wurde auch, für den Fall einer Finanz- bzw. Währungskrise in der Sonderverwaltungsregion Hongkong die Zentrale Volksregierung zu sofortigen umfassenden Unterstützungsmaßnahmen zu verpflichten[221].
Auch die Kritik zum Artikel 108 ZE sah die Verpflichtung auf den Status als internationales Finanzzentrum als überflüssig an. So lange wie der freie Kapitalfluß und der freie Handel in Hongkong garantiert seien, so lange werde dieses Ziel auch faktisch erreicht[222]. Eine derartige Festlegung schaffe nur Begehrlichkeiten für andere (vermeintlich ebenso schützenswerte) Wirtschaftszweige.

**b. Historische Einordnung**

Die günstigen wirtschaftlichen Rahmenbedingungen haben es Hongkong ermöglicht, sich als drittgrößtes Finanzzentrum der Welt nach New York und London, jedenfalls gemessen an der Zahl der Institute, zu etablieren. Eine führende Rolle kam Hongkong auch im Bereich Fondsmanagement zu. Ebenfalls nach New York und London und neben Zürich war Hongkong drittgrößter Goldmarkt der Welt. Diese relativ günstige Ausgangsposition sollte Artikel 109 BL bewahren helfen.

**9. Artikel 110 BL [Währungs- und Finanzpolitik]**

*„Das Währungs- und Finanzsystem der Sonderverwaltungsregion Hongkong wird gesetzlich festgeschrieben.*

*Die Regierung der Sonderverwaltungsregion Hongkong formuliert eigenständig ihre Währungs- und Finanzpolitik, sichert das ungehinderte Funktionieren der Finanzwirtschaft und der Finanzmärkte und reguliert und überwacht diese in Übereinstimmung mit den Gesetzen. "*

---

[221] *The Consultative Committee* (Anm.94), S. 732.
[222] *The Consultative Committee* (Anm.24), S. 259.

## a. Entstehung

Zunächst findet sich der erste Teil des zweiten Absatzes als *Clause 2* der *Section 2* in der *Basic Law Structure (Draft)*. Artikel 110 EE erfaßte auch diese Regelung, sieht man von der umgekehrten Stellung der beiden Absätze ab.
In der Kritik zum ersten Entwurf wurde zu bedenken gegeben, daß momentan die Emission des Hongkong-Dollars wie die Festlegung des Zinssatzes und des Wechselkurses jedenfalls nicht „frei und offen" seien. Diese Formulierung war aber noch im Artikel 110 EE enthalten. Es trat daher die Frage auf, wie eine solche – nicht existente – Politik festgeschrieben werden könne. Zur Ergänzung der Regelung wurde angeregt, hochqualifizierte Techniker zum Drucken und Prägen von Hongkongs Währung anzuwerben und internationalen Ermittlungsgruppen beizutreten; dies diente als Vorsichtsmaßnahme gegen Währungsfälschungen[223].
In Artikel 109 ZE war auf die Festschreibung einer „freien und offenen" Währungs- und Finanzpolitik verzichtet worden. Daran wurde aber kritisiert, daß nur eine solche Politik zur Beseitigung einer Monopolisierung in den Finanzmärkten beitragen könne und daß es dadurch Unternehmen des Finanzdienstleistungssektors wie Banken und Kapitalverwaltern ermöglicht werde, innerhalb der Grenzen des Rechts frei zu konkurrieren, in dem sie z. B. bestimmte Kapitalverhältnisse decken[224]. Daher solle die künftige Regierung der Sonderverwaltungsregion sich eine solche Praxis zu eigen machen.

## b. Historische Einordnung

Die Gewährleistung eines unabhängigen Finanzwesens wurde schon im Anschluß an die Gemeinsame Erklärung begrüßt. Wirtschaftskreise sahen hierin die bestmögliche Basis für fortgesetzten wirtschaftlichen Wachstum. In Bankenkreisen wurde positiv aufgenommen, daß der Währungsfonds weiterhin aus einem gemischten Portfolio von Währungen und Währungsinstrumenten der führenden Finanzmärkte der Welt bestehen sollte. Aufgrund des positiven Echos bestand kein Grund, für das *Basic Law* wesentliche Änderungen vorzunehmen. Geklärt werden sollte lediglich, welche Bank zur Ausgabe von Banknoten berechtigt sein soll und ob nicht doch die Einführung einer Zentralbank sinnvoll sei.

---

[223] *The Consultative Committee* (Anm.94), S. 735.
[224] *The Consultative Committee* (Anm.24), S. 260.

## 10. Artikel 111 BL [Währungsumlauf]

### a. Entstehung

#### aa. Absatz 1

*„Der Hongkong-Dollar als gesetzliches Zahlungsmittel der Sonderverwaltungsregion Hongkong bleibt weiterhin im Umlauf."*

Mit der Ergänzung, daß der Hongkong-Dollar frei konvertierbar bleiben solle, entspricht Absatz 1 des Artikels 111 BL dem Artikel 114 EE. Gerade daran setzte aber Kritik an, da Hongkong dies nicht einseitig entscheiden könne; auch sei die Vorschrift mehrdeutig, da sie nicht sage, im Verhältnis zu welcher ausländischen Währung der Hongkong-Dollar frei konvertierbar sein soll[225]. Artikel 110 ZE enthielt eine solche Festlegung also nicht mehr und prompt wurde in der Kritik die Forderung nach der Festschreibung einer freien Konvertierbarkeit erneut laut[226]. Konvertierbarkeit habe dabei drei Bedeutungen: (1) Konvertierbarkeit in den US-Dollar bei einem festen Wechselkurs. Bei Aufnahme einer solchen Regelung in das *Basic Law* werde das derzeit praktizierte, gestützte System aufrechterhalten bzw. für 50 Jahre festgeschrieben; (2) Konvertierbarkeit des Hongkong-Dollars in den Fremdwährungsmarkt; und (3) keine Kontrolle der Fremdwährungen. All diese Bedeutungen müßten in den verschiedenen Teilen des Basic Law zum Ausdruck kommen. Weiterhin müsse die Regierung daran gehindert werden, Banknoten und Schuldverschreibungen zu emittieren, um ihre Ausgaben zu decken.

#### bb. Absätze 2, 3

*„Das Recht, Hongkongs Währung in Umlauf zu bringen, geht auf die Regierung der Sonderverwaltungsregion Hongkong über. In Umlauf gebrachte Währung Hongkongs muß zu 100 % durch einen Rücklagenfonds gedeckt sein. Das Verfahren hinsichtlich der Währungsausgabe und des Rücklagenfonds wird gesetzlich festgeschrieben.*

---

[225] *The Consultative Committee* (Anm.94), S. 743, 745.
[226] *The Consultative Committee* (Anm.24), S. 260.

174

*Die Regierung der Sonderverwaltungsregion Hongkong darf bestimmte Banken autorisieren, Hongkongs Währung mit gesetzlicher Genehmigung in Umlauf oder weiterhin in Umlauf zu bringen, nachdem sie sich vergewissert hat, daß jede Ausgabe von Währung auf vernünftigen Erwägungen beruht und die entsprechenden Vereinbarungen in Übereinstimmung mit dem Ziel einer Währungsstabilität stehen.* "

Die Absätze 2 und 3 des Artikels 111 BL lagen als Artikel 115 EE und zuvor als *Clause (3), Section 2* der *Basic Law Structure (Draft)* unter Rückgriff auf die Gemeinsame Erklärung vor. Insbesondere der zweite Teil des dritten Absatzes deckt sich wiederum mit den Überlegungen Buchanans[227].
Die in Absatz 2 Satz 2 niedergelegte 100 %-Deckung durch einen Rücklagenfonds wurde begrüßt, da Hongkong schon bisher grundsätzlich über einen solchen mit mehr als 100 % der ausgegebenen Währungssumme verfüge und der Hongkong-Dollar immer äußerst stabil gewesen sei. Es werde eine willkürliche Währungsausgabe verhindert, die Vorschrift könne die Inflation unter Kontrolle halten und das internationale Vertrauen in den Hongkong-Dollar aufrechterhalten[228]. Die Gegner einer solchen Regelung sahen das System der Währungsausgabe hierdurch zu sehr eingeschränkt. In einem freien Wettbewerb müsse ein Land eine stetige Versorgung mit Zahlungsmitteln auch ohne einen solche Währungsreserve gewährleisten können; die Akzeptanz einer Währung sei schließlich auch eher an den Wohlstand einer Region gebunden[229], an seine Handelsstruktur und das politische, ökonomische und soziale System.
Ein Kritiker forderte, daß die währungsemittierenden Banken des jetzigen Absatzes 3 in chinesischem Kapitaleigentum stehen, bzw. wenn dies nicht der Fall sei, der Kontrolle der *Bank of China* unterstehen sollten. Dies verhindere eine Situation, in der Hongkong seine wirtschaftliche Hoheitsmacht verliert und die währungsausgebende Stelle in die Hände von Ausländern fällt. Insgesamt wurde aber gesehen, daß das fehlende internationale Vertrauen in Hongkongs Währung einen Grund zur Besorgnis bildet, da der Renminbi (Yuan) noch nicht international akzeptiert wird und damit nicht zur Stützung des Hongkong-Dollars dienen könne.
Die Zahl eines genau zu 100 % gestützten Hongkong-Dollars wurde allerdings in Frage gestellt[230]. Zur Stabilisierung des Wechselkurses sei es von Zeit zu Zeit notwendig, Hongkong-Dollar zu kaufen wie zu verkaufen[231], so daß die Größe des Rücklagenfonds schwankend sei[232].

[227] *Buchanan* (Anm. 39), S. 47 ff., insbesondere S. 83 ff.
[228] *The Consultative Committee* (Anm.94), S. 744.
[229] *The Consultative Committee* (Anm.94), S. 745.
[230] *The Consultative Committee* (Anm.94), S. 747.
[231] *OMELCO Standing Panel* (Anm.131), S. 28.
[232] Dies war bisher der Fall, siehe *Tang* (Anm.91), S. 6 f.

Auch in der Kritik zu dem Artikel 110 Abs. 2 ZE wurde wieder die 100 %ige Deckung durch einen Rücklagenfonds gefordert[233]. Zuviel Leute hätten den 24. September 1983 vergessen, an dem der Hongkong-Dollar und mit ihm das gesamte Finanzsystem beinahe kollabiert wären, bis dann zu einem System der Bindung an den US-Dollar mit 100 %iger Währungsrücklage übergegangen wurde[234]. Experimente in anderen Ländern hins. der Rücknahme ausländischer Anteile zur Stützung ihrer heimischen Währung führten oftmals zu inflationärer Währungsemission, welche die Besitzer derselben belastete. Absolutes Vertrauen in Hongkongs Währung, welches dem Bedürfnis der Regierung, die Bedeutung seines Währungsemissionsmonopols zu erhalten, entspricht, könne nur durch einen zu 100 % durch ausländische[235] Werte gestützten Hongkong-Dollar erreicht werden[236]. Unter „ausländischer Stützung" seien auch andere Finanzwerte wie US-Schatzwechsel und -Schuldverschreibungen, mündelsichere Staatspapiere Großbritanniens, aber auch Gold zu fassen[237].

Im Gegensatz zur Kritik am Ersten Entwurf wurde der Wert „100 %" nicht mehr in Frage gestellt. Nur so sei das Vertrauen in eine mit US-Dollar, Deutscher Mark, Yen, u. ä. vergleichbare Währung gesichert. Weiche man von den 100 % ab, lasse das Vertrauen nach und die Monopolstellung der Regierung in Sachen Währungsemission verliere an Bedeutung. Auch bestehe die Möglichkeit, daß Überschüsse in der Währungsrücklage die Regierung dazu ermutigten, die Ausgaben zu erhöhen und auf Gebieten zu investieren, wo sie dies besser unterlassen hätte, etwa in festland-chinesische Schuldverschreibungen, um Peking zu gefallen[238].

Anzumerken bleibt, daß sich die 100 %ige Deckung zunächst nur auf Banknoten bezog. Erst ab 1. April 1999 waren auch alle Münzausgaben durch eine gleichwertige US-Dollar-Rücklage abgesichert[239].

Die Bindung an den US-Dollar zeigt, daß die chinesische Führung ihre patriotischen Bestrebungen zurückstellt, wenn wirtschaftliche Interessen dies opportun erscheinen lassen[240].

---

[233] *The Consultative Committee* (Anm.121), S. 149.
[234] *The Consultative Committee* (Anm.24), S. 260.
[235] Teilweise wurde auch gefordert, Hongkongs eigene Währung in den Fonds aufzunehmen, *The Consultative Committee* (Anm.121), S. 149.
[236] *The Consultative Committee* (Anm.121), S. 149.
[237] *The Consultative Committee* (Anm.24), S. 260.
[238] *The Consultative Committee* (Anm.24), S. 261.
[239] *Yam*, Implementation, S. 9.
[240] *Horlemann* (Anm. 63), S. 153.

## b. Historische Einordnung

Erstes legales Zahlungsmittel der Kolonie war der „Silver Mexican Dollar". Von 1935 bis 1972 existierte für den nachfolgenden Hongkong-Dollar der „Pound Sterling Standard", ebenfalls verbunden mit einer 100 %igen Rücklageverpflichtung. Ab 1972 wurde der Hongkong-Dollar an den US-Dollar gekoppelt. In der Zeit zwischen November 1974 und Oktober 1983 hatte Hongkong ein flexibles Wechselkurssystem. Seit der Währungskrise im September 1983 wurde der Hongkong-Dollar wieder an den US-Dollar gekoppelt – eine erfolgreiche, wenn auch teure Lösung, an der auch im Rahmen des *Basic Law* festgehalten werden sollte.

Auch die Regelung, wonach Währungsemissionen zwingend von einer Abgabe an den Wechselkursfonds der Regierung zu begleiten waren, existierte vor dem Basic Law. Die Währung wurde im Namen der Regierung von der *Hong Kong Bank*, einer Tochter der *HSBC Holdings* und der *Standard Chartered Bank*, sowie seit 1993 von der Hongkong-Filiale der *Bank of China* ausgegeben.

## 11. Artikel 112 BL [Finanzmärkte]

*„Ausländische Devisenbewirtschaftungspolitiken kommen in der Sonderverwaltungsregion Hongkong nicht zur Anwendung. Der Hongkong-Dollar ist frei konvertierbar. Märkte für Währungen, Gold, Wertpapiere, Futures und dergleichen bleiben erhalten.*

*Die Regierung der Sonderverwaltungsregion Hongkong soll den freien Kapitalfluss innerhalb, in die und aus der Region sicherstellen. "*

### a. Entstehung

Absatz 1 dieser Regelung war bis auf das Adjektiv „Ausländische" als Artikel 111 im ersten Entwurf vorhanden. Interessanterweise findet sich unter den zustimmenden Kommentaren auch ein solcher, welcher das Vertrauen der Investoren gestärkt und den freien Fluß von Waren und Kapital innerhalb, in die und aus der Sonderverwaltungsregion Hongkong erleichtert sah[241]. Letzteres fand dann ja als Absatz 2 Aufnahme in den Artikel 112 BL. Positiv wurde auch vermerkt, daß die Regierung Hongkongs keinerlei Devisenkontrolle durchführe, so

---

[241] *The Consultative Committee* (Anm.94), S. 736.

daß, anders als in China und Taiwan, hier ausländische Währungen frei gekauft und verkauft werden könnten. Würde dieser Artikel nicht aufgenommen, gäbe es keine Garantie mehr für ein weiteres Gedeihen der Wirtschaft. Ohnehin sei eine Kontrolle ausländischer Devisen unnötig, wenn Hongkongs Finanzmärkte in den nächsten 50 Jahren normal funktionieren. Auch sei die Bestimmung schon in der Gemeinsamen Erklärung enthalten und sollte daher übernommen werden. Auch wenn es vor 1972 eine Kontrolle ausländischer Devisen durch das *Foreign Exchange Control Bureau* gegeben habe, würde eine solche unter den derzeitigen Gegebenheiten niemand begrüßen. Die Aufzählung der zu erhaltenden Märkte wurde kritisiert, da eine derart spezifische Bestimmung die zukünftige Entwicklung des Finanzwesens beschränke[242]. Daher solle auch das Wort „etc." oder die Ergänzung „Rohstoffe und andere Edelmetalle"[243] eingefügt bzw. auf alle „Waren- und Finanzmärkte" verwiesen werden[244]. Die hier kritisierte Formulierung findet sich schon als *Clause (2)* der *Section 2* der *Basic Law Structure (Draft)*. Die Befürworter einer Devisenkontrolle verwiesen darauf, daß es in den Jahren um 1997 aufgrund der politischen Veränderungen zu Wechselkursspekulationen kommen könne. Die vorliegende Bestimmung stempele Hongkong zum Versager, welcher an der erwähnten Situation nichts ändern könne.

Der letzte Absatz des Artikels 112 BL war der ursprüngliche Artikel 112 EE. Es wurde angenommen, daß die Regelung den direkten Kapitalfluß zwischen der Sonderverwaltungsregion Hongkong und anderen Ländern erlaube, nicht hingegen aber jenen über einen anderen Teil Chinas in ein anderes Land[245]. Auch werde hier die Regierung für eine bloß moralische Verpflichtung haftbar gemacht, was ihr unnötigen Ärger, Hongkongs Finanzindustrie aber keine substantiellen Vorteile bringe. Die rechtliche Verpflichtung der Regierung, den freien Kapitalfluß zu garantieren, bringe nach der Systematik des „*Common Law*" ein korrespondierendes Recht des einzelnen Wirtschaftsteilnehmers mit sich, von der Regierung nicht durch gegenläufige Gesetze in seinen Interessen geschädigt zu werden[246]. Im Rahmen einer „*Judicial Review*" könne der einzelne dieses Recht in einem Prozeß gegen die Regierung geltend machen, was zu vermeiden sei. Ein weiterer Vorschlag wollte den freien Fluß auf rechtmäßig erworbenes Kapital beschränken.

---

[242] *The Consultative Committee* (Anm.94), S. 737.
[243] *The Consultative Committee* (Anm.121), S. 152.
[244] *The Consultative Committee* (Anm.94), S. 738.
[245] *The Consultative Committee* (Anm.94), S. 740.
[246] So *Henry Litton Q. C.* in seinem „Memorandum on Articles 111 and 114 of the Basic Law (Draft)"; *The Consultative Committee* (Anm.121), S. 154.

**b. Historische Einordnung**

Die Exportverarbeitungszonen als Vorläufer der Sonderwirtschaftszonen zählten zu ihren Förderungsmaßnahmen ebenfalls den freien Devisenfluß. In den Sonderwirtschaftszonen trat sodann das Problem der Devisenspekulation auf, was Hongkong aber nicht zu entsprechenden Kontrollmechanismen bewegen konnte. Hongkong steht damit auch im Gegensatz zur Volksrepublik China, wo seit jeher eine strikte Devisenkontrolle praktiziert wird und der Renminbi (Yuan) nicht frei konvertierbar ist.

**12. Artikel 113 BL [Währungsfonds]**

*„Der Währungsfonds der Sonderverwaltungsregion Hongkong soll von der Regierung der Region verwaltet und kontrolliert werden, in erster Linie um den Tauschwert des Hongkong-Dollar zu regulieren. "*

**a. Entstehung**

*Clause 4 (2)* der *Section 2* des Entwurfs der entsprechenden Spezialgruppe ist wortgleich[247]. Artikel 116 EE, welcher diese Regelung auch enthielt, wurde als mit der Gemeinsamen Erklärung vereinbar angesehen und als weitere Voraussetzung für den Bestand des internationalen Finanzzentrums Hongkong begriffen[248]. Die Gegenansicht kritisierte wiederum den Charakter als politische Vorschrift, da der Währungsfonds primär dazu diene, den Wechselkurs zu regulieren, diese Klausel solle daher gestrichen werden. Der Tauschwert des Hongkong-Dollars im Verhältnis zum US-Dollar könne schließlich auch durch Hongkong-Dollar-Ver- bzw. Ankäufe beeinflußt werden. Wenn der in diesem Artikel erwähnte Währungsfonds Teil von Hongkongs Devisenreserve sein soll, werde dies die Flexibilität der praktischen Umsetzung nachteilig beeinflussen[249]. Ein Vorschlag wollte die Regelung dahingehend ergänzt wissen, daß der Währungsfonds nicht der Devisenkontrolle der Zentralen Volksregierung unterfallen solle.

Zumindest solle die Regierung Hongkongs der Öffentlichkeit Rechenschaft über die Verwaltung des Währungsfonds schulden. Hierzu solle ergänzend festgelegt werden, daß Gewinn und Verlust, sowie die gesamte Bilanz des Währungsfonds

---

[247] *Special Group on Finance* (Anm.66), S. 3.
[248] *The Consultative Committee* (Anm.94), S. 749.
[249] *The Consultative Committee* (Anm.94), S. 749.

jährlich im Gesetzblatt zu veröffentlichen sind, um eine öffentliche Kontrolle zu erleichtern[250]. Alternativ könne dieser Bericht auch dem *Legislative Council* vorgelegt werden, er solle über die Verwaltungstätigkeit und das Vermögen des Fonds Aufschluß geben. Der Währungsfonds sei schließlich im öffentlichen Eigentum und die öffentliche Bekanntgabe der Vermögenswerte des Fonds trage dazu bei, spekulativen Druck auf den Hongkong-Dollar abzumildern. Eine Veröffentlichung stärke das Vertrauen der Allgemeinheit in die Fähigkeit der Regierung, die öffentlichen Finanzen zu verwalten, eine solche Praxis sei in allen fortschrittlichen Ländern Usus der Zentralbanken[251]. Weitere Kritik bezog sich auf die Verwendung der Gelder; es sollte festgeschrieben werden, daß diese ausschließlich der Sonderverwaltungsregion Hongkong, nicht der Zentralen Volksregierung, zustehen, dies auch für den Fall einer teilweisen bzw. vollständigen Liquidation des Fonds (und eines Transfers in einen anderen Regierungshaushalt).

In den Kommentaren zum gleichlautenden Artikel 112 ZE wurde darauf Wert gelegt, daß dieser als Hauptziel die Wahrung von Stabilität und Konvertibilität des Hongkong-Dollars festschreiben solle, was wichtiger sei, als den Tauschwert des Hongkong-Dollars zu regulieren.

Die Gelder des Fonds, gesetzlich geregelt in der Exchange Fund Ordinance, wurden 1987 auch zur Stützung kommerzieller Banken und der Hang-Seng-Index-Futures genutzt[252].

### b. Historische Einordnung

Zur historischen Einordnung siehe die Ausführungen unter B. II. 10. b.

### 13. Artikel 114 BL [Freihafen]

*„Die Sonderverwaltungsregion Hongkong soll den Status eines Freihafens aufrechterhalten und keinerlei Zölle erheben, soweit dies nicht anderweitig gesetzlich vorgeschrieben ist."*

---

[250] *The Consultative Committee* (Anm.94), S. 750.
[251] *The Consultative Committee* (Anm.94), S. 750.
[252] *Ghai* (Anm.37), S. 287 [294].

## a. Entstehung

Im Artikel 118 EE war diese Regelung noch in zwei Sätzen vorhanden. Neben der allgemeinen Zustimmung wurde kritisiert, daß der Artikel ein Widerspruch in sich selbst sei, da in Freihäfen niemals Zölle erhoben würden. Nur ausnahmsweise wurde für die Erhebung von Zöllen plädiert. Dies geschah aber mit der nahezu umgekehrten Argumentation, daß man gerade als Umschlagplatz für Güter aus aller Welt auf die Erhebung von Zöllen angewiesen sei[253]. Die Bedeutung der Entscheidung steht außer Frage, ist Hongkong doch der größte Containerhafen der Welt[254]. Wegen dieser Unstimmigkeiten kam letztlich die Anregung hinzu, den Terminus „Freihafen" legal zu definieren.

Bereits die gleiche Regelung war in Artikel 113 ZE enthalten. Dazu wurde die Formulierung „[...], soweit dies nicht anderweitig gesetzlich vorgeschrieben ist" angegriffen, welche der Regierung der Sonderverwaltungsregion Hongkong in bezug auf Zölle keinerlei Schranken weise. Die Formulierung solle daher heißen: „[...], außer solchen, welche zur Ausübung ihrer Inspektionsrechte absolut unerläßlich sind."

## b. Historische Einordnung

Gouverneur Henry Pottinger erklärte Hongkong am 16. Februar 1841 zum Freihafen. Lord Aberdeen, der britische Außenminister, wies Pottinger nochmals am 4. Januar 1843 an, Hongkongs Rolle als Freihafen zu stärken. Hongkong war also seit jeher ein Freihafen, Zölle wurden lediglich auf bestimmte Importgüter wie etwa Petroleum oder Alkohol erhoben. Der Freihafen-Status sollte den Handel zwischen einer an Rohstoffen und Bodenschätzen armen Stadt und dem Rest der Welt fördern. Auch die Wettbewerbsfähigkeit der vor Ort produzierten Güter wurde so gefördert. Ausländische Unternehmen sahen den gut verwalteten Freihafen als einen der Hauptanziehungspunkte Hongkongs in ökonomischer Hinsicht an. Der chinesische Premierminister Zhao Ziyang sicherte dem stellvertretenden britischen Außenminister Humphrey Atkins bereits im Vorfeld der Gemeinsamen Erklärung von 1984 zu, daß Hongkong ein Freihafen bleiben werde. Auch das *BLDC* hatte dies zu beachten, was seinen Niederschlag in Artikel 114 BL gefunden hat.

---

[253] *The Consultative Committee* (Anm.94), S. 756.
[254] *House of Commons, Foreign Affairs Committee*, Second Report, Hong Kong, Volume II, Minutes of Evidence with Appendices (1989), S. 372.

## 14. Artikel 115 BL [Politik des freien Handels]

*„Die Sonderverwaltungsregion Hongkong soll eine Politik des freien Handels weiterführen und den freien Verkehr von Gütern, immateriellem Besitz und Kapital sicherstellen."*

### a. Entstehung

Diese Absichtserklärung fand sich ähnlich, mit der Spezifizierung „Außenhandel", als *Clauses (1), (2)* der *Section 3* in der *Basic Law Structure (Draft)*[255]. Der Begriff „freier Außenhandel" wurde jedoch als obskur und nicht von ökonomischer Relevanz bezeichnet – ein weiteres Problem brachte die Formulierung „unsichtbares Kapital" mit sich, dessen freien Verkehr die *Basic Law Structure (Draft)* ebenfalls geschützt sehen wollte. Wenn man darunter geistiges Eigentum zu verstehen habe, könne der Regelung nicht zugestimmt werden, da dieses gerade Schutz und Registrierung vor Ort erhalten soll[256].
Eine ebenfalls fast gleichlautende Regelung trafen die Absätze 1 und 2 des Artikel 117 EE, welcher in seinem Absatz 3 zusätzlich Investitionen von außerhalb der Region noch einmal ausdrücklich unter gesetzlichen Schutz stellen wollte.
Der jetzige Regelungsgehalt fand schon in der Kritik zum ersten Entwurf wenig Zuspruch. Zwar trage der freie Handel als einer der Hauptfaktoren zu Hongkongs Wohlstand und Stabilität bei[257]. Ein freier Handel könne jedoch außerhalb ökonomischer Aufschwungphasen nicht unveränderlich beibehalten werden. Die Aufzählung, welche Artikel 115 Halbsatz 2 BL enthalte, mache moralische Verpflichtungen zu Staatsaufgaben; dies bringe nur Probleme für die Regierung mit sich und sei faktisch nutzlos.

### b. Historische Einordnung

Freihandelszonen gibt es seit Beginn des 18. Jahrhunderts. Sie wurden an den Haupthandelswegen der Schiffahrtslinien errichtet und gewährten zollfreie Im- und Exporte. Nachdem auf britischer Seite bis 1833 die *Honourable East India Company* das Handelsmonopol innehatte, setzten im Zusammenhang mit dem Opiumhandel Handelshäuser wie *Thomas Dent* und *Jardine Matheson* den Freihandel durch. Zu diesem Zweck hatten die Gebrüder Matheson bereits 1827 die

---

[255] *The Consultative Committee for the Basic Law of the Hong Kong Special Administrative Region, Special Group on Finance, Business, and Economy,* Final Report on the Policy regarding Industry and Commerce, Free Trade, and Fishery (1987), S. 1.
[256] *Special Group on Finance* (Anm.252), S. 1.
[257] *The Consultative Committee* (Anm.94), S. 752.

wöchentlich erscheinende Zeitung „Canton Register" gegründet, welche sich gegen das Monopol der East India Company und für das Prinzip des freien Handels einsetzte. Aus den Freihandelszonen entwickelten sich die Exportverarbeitungszonen, aus diesen wiederum die Sonderwirtschaftszonen. Diese waren die Vorläufer der Sonderverwaltungsregion, so daß das Basic Law in Artikel 115 BL auch in dieser Hinsicht nur die Kontinuität wahrt.

### 15. Artikel 116 BL [Rechtsstatus]

*„Die Sonderverwaltungsregion Hongkong ist ein Sonderzollgebiet.*

*Die Sonderverwaltungsregion Hongkong kann, unter Benutzung des Namens „Hong Kong, China" in einschlägigen internationalen Organisationen Mitglied werden und internationale Handelsabkommen unterzeichnen (einschließlich Vereinbarungen über Handelsbegünstigungen), wie etwa das General Agreement on Tariffs and Trade und Vereinbarungen über den internationalen Textilhandel.*
*Exportquoten, Meistbegünstigungstarife und andere vergleichbare Vereinbarungen, welche von der Sonderverwaltungsregion Hongkong erzielt werden, bzw. erzielt wurden und ihre Gültigkeit behalten, genießt ausschließlich die Region."*

#### a. Entstehung

Der erste Entwurf umfaßte in seinem Artikel 119 die ersten beiden Absätze dieser Norm. Zuspruch fand hier die Tatsache, daß Hongkong eigenständig Mitglied einschlägiger internationaler Organisationen und Unterzeichner von Handelsabkommen sein kann[258]; es wurde besonders Wert darauf gelegt, daß die von „Hong Kong, China" mit anderen Ländern getroffenen Vereinbarungen nichts mit jenen zwischen der Volksrepublik China und anderen Staaten gemein haben, mithin sich nicht gegenseitig beeinflussen[259]. Aus dieser Richtung kam auch der Vorschlag „Hong Kong, China" durch „Hong Kong" zu ersetzen. In der Tat ermöglicht diese Regelung der Sonderverwaltungsregion Hongkong, am System weltweiten Handels zu partizipieren, selbst wenn der Rest Chinas hieran kein

---

[258] So auch in der Kritik zum zweiten Entwurf, *The Consultative Committee* (Anm.121), S. 151. Gefordert wurde dies schon in der Kommentierung zur Basic Law Structure (Draft), siehe *Special Group on Finance* (Anm.252), S. 2.
[259] *The Consultative Committee* (Anm.94), S. 758.

Interesse mehr haben sollte[260] (bzw. die ausländischen Handelspartner kein Interesse mehr am Handel mit dem Festland). An den Formulierungen des Absatzes 1 wurde kritisiert, daß der Begriff „Sonderzollgebiet" in Hongkong nicht geläufig sei und daher eine erläuternde Anmerkung eingefügt werden sollte; besser noch sei es, einen weiterverbreiteten Begriff zu benutzen. Auch der beispielhaften Aufzählung der einschlägigen Abkommen in Absatz 2 mangele es an Verständlichkeit[261].

Die Formulierung wurde erstmals von der *Special Group on Finance, Business, and Economy* 1986 vorgeschlagen[262].

Absatz 3 des Artikels 116 BL war in gleicher Formulierung als Artikel 120 EE vorhanden. Als Verbesserung wurde von vielerlei Seite gefordert[263], ergänzend eine Formulierung aufzunehmen, wonach für den Fall, daß eine ausländische Regierung ihre Handelsvergünstigungen und Einfuhrkontingente für die Sonderverwaltungsregion Hongkong mit jenen für die Volksrepublik China vereinige, diese der Region die ihr zustehenden Anteile rückerstatten bzw. Erhöhungen wie Reduzierungen anteilig zurechnen müsse. Eine solche Formulierung stelle sicher, daß die Zentralgewalt die Exportquoten gerecht zuteile. Die Kritik sah auch die Notwendigkeit, zunächst herauszufinden, wie andere Länder ihre Exportquote für die Volksrepublik China und die Sonderverwaltungsregion Hongkong zu behandeln gedenken und entsprechende Abkommen mit den wichtigsten Ländern vor 1997 zu treffen. Auch wurde damals darauf hingewiesen, daß der Verkauf von Produkten der Hochtechnologie an kommunistische Staaten verboten sei. Da Hongkong im Rahmen seiner internationalen Geschäfte auf solche Produkte angewiesen sei, müsse durch gesetzliche Bestimmungen wie auch praktisch sichergestellt werden, daß aus dem Ausland gelieferte Hochtechnologie ausschließlich von der Sonderverwaltungsregion Hongkong genutzt und nicht in kommunistische Länder verbracht werde[264]; auch dies garantiere Hongkongs Wohlstand und Stabilität.

Hongkongs Exporteure der Textil- und Bekleidungsindustrie wünschten sich eine deutlichere Formulierung des Artikels, um die bestehenden Exportquoten Hongkongs auch nach 1997 sicherzustellen[265]; dieser Bitte wurde nicht entsprochen.

---

[260] *Shen, Jianming*, Cross-Strait Trade and Investment and the Role of Hong Kong, in: Wisconsin International Law Journal, Vol. 16 (1999), S. 661 [671].
[261] In der Tat erscheint die Auswahl etwas willkürlich. Hongkong ist darüber hinaus z. B. Mitglied der Weltbank, des Internationalen Währungsfonds, der Internationalen Arbeitsorganisation, der Weltorganisation für Geistiges Eigentum, der Asian Development Bank, etc.
[262] *Special Group on Finance* (Anm.252), S. 3, 2.3 (6).
[263] *The Consultative Committee* (Anm.94), S. 760 ff.
[264] *The Consultative Committee* (Anm.94), S. 761 f.
[265] So auch eine generelle Forderung, *The Consultative Committee* (Anm.121), S. 151.

## b. Historische Einordnung

Hongkong wurde am 23. April 1986 einundneunzigste vertragsschließende Partei des *GATT*-Abkommens. Die Mitgliedschaft ist unabhängigen Zollgebieten ebenso möglich wie souveränen Staaten. Durch die nunmehrige *WTO*-Mitgliedschaft Hongkongs gelangt die Volksrepublik China, welche seit 1984/85 einen Beobachterstatus besitzt, in den Genuß von Zoll- und Handelspräferenzen. Da diese Handelsabkommen selbst keine Schutz- bzw. Durchsetzungsmechanismen vorsehen, versucht Artikel 116 BL hier, den Status Hongkongs abzusichern. Hongkong hat seit 1997 eigenständig etwa 100 bindende bilaterale Abkommen mit etwa 50 Ländern abgeschlossen[266].

## 16. Artikel 117 BL [Herkunftszertifikate]

*„Die Sonderverwaltungsregion Hongkong kann eigene Herkunftszertifikate für Produkte ausgeben, welche in Übereinstimmung mit bestehenden Herkunftsgrundsätzen stehen. "*

### a. Entstehung

Die *Special Group on Finance, Business and Economy* schlug diesen Entwurf 1986 vor[267]. Ergänzt um die Formulierung, daß es sich um „ [...] vor Ort hergestellte [...]" Produkte handeln solle, lag diese Norm als Artikel 121 EE vor.
Schon damals wurde jedoch, neben der Zustimmung zur Stärkung Hongkongs als unabhängige Handelsregion Kritik an Implementationsfähigkeit und Substanzgehalt der Regelung laut: Der Artikel sei zu unbedeutend, um in das *Basic Law* aufgenommen zu werden[268].
Diese Ansicht verkennt jedoch, daß Hongkong hierdurch weiterhin wie ein separates Exportland behandelt wird, was der Sonderverwaltungsregion insbesondere bei dem mit Quoten belegten Textilexport zugute kommt[269].

---

[266] Drei Jahre nach der Rückkehr Hongkongs nach China, Das Prinzip „Ein Land, zwei Systeme" hat sich bewährt, in: Hongkong: Neue Ära, neue Gelegenheiten, Sonderbeilage zur FAZ vom 14. Juni 2000.
[267] *Special Group on Finance* (Anm.252), S. 3, 2.3 (7).
[268] *The Consultative Committee* (Anm.94), S. 763.
[269] *Horlemann* (Anm. 63), S. 154.

## b. Historische Einordnung

Weltweit ist es systemunabhängig üblich, Produkte mit einem Hinweis auf den Hersteller bzw. die Herstellungsregion zu versehen. Hierauf wollte die Volksrepublik China mit Blick auf die höhere Qualität der Hongkonger Produkte selbstverständlich nicht verzichten. Hatte doch bereits Xu Dixin, der seinerzeit führende Ökonom der chinesischen Regierung als eine wesentliche Funktion der Sonderwirtschaftszonen, jener Vorläufer der Sonderverwaltungsregion, die Verbesserung der Warenqualität und die Entwicklung neuer Produkte genannt.

## 17. Artikel 118 BL [Investitionsförderung]

*„Die Regierung der Sonderverwaltungsregion Hongkong soll ein ökonomisches und rechtliches Umfeld zur Verfügung stellen, um Investitionen, technologischen Fortschritt und die Entstehung neuer Industrien zu fördern."*

### a. Entstehung

Eine ähnliche Formulierung findet sich als *Clause (3)* der *Section 4* der *Basic Law Structure (Draft)*. Abgesehen davon, daß in Artikel 123 EE von der Förderung „industrieller Investitionen" die Rede war, deckt sich diese Norm auch mit Artikel 118 BL.

Die Regelung wurde als Richtschnur für die Regierungspolitik begrüßt. Andererseits schaffe sie für diese eine mißliche Lage bezogen auf die Frage, was genau zur Verwirklichung zu unternehmen sei; zudem sei die ökonomische Infrastruktur schwerlich einer gerichtlichen Kontrolle zu unterziehen. Auch ein Interpretationsversuch des Ständigen Komitees des Nationalen Volkskongresses würde als Einmischung in die inneren Angelegenheiten der Sonderverwaltungsregion Hongkong [und damit als völkerrechtliches Unrecht] angesehen werden, da Hongkongs „hoher Grad an Autonomie" betroffen sei. Ein Kritikpunkt sah mit der niedergelegten Industriepolitik die Gefahr von Markteingriffen und damit auch eines Anstiegs der Staatsausgaben verbunden. Unter dem Vorbehalt einer Niedrigsteuerpolitik sei es unfair und unangemessen, die Regierung um Beihilfen für eine bestimmte Branche zu bitten[270]. Aufgrund der begrenzten finanziellen Mittel sei die Regierung ohnehin gar nicht in der Lage, den Anforderungen dieses Artikels Genüge zu leisten und dürfe dafür dann nicht belangt

---

[270] *The Consultative Committee* (Anm.94), S. 771, 772.

werden. Wichtiger sei auch, jegliche Einflußnahme der Volksrepublik China zu verhindern, da eine solche das Vertrauen der Investoren unterminiere und Bemühungen der Sonderverwaltungsregion Hongkong zwecklos mache. Es wurde gefordert, diesen Artikel zu streichen, da er zurückgebliebene bzw. unerwünschte Branchen zu Klagen ermutige, falls diese verboten bzw. in ihrer wirtschaftlichen Tätigkeit beschränkt werden sollten[271].

Bereits Artikel 117 ZE verzichtete auf die Förderung „industrieller Investitionen". Dies wurde begrüßt, da der Regierung so kein Raum für interventionistische Industriepolitik verbleibe[272]. Es sei nicht Aufgabe des *Basic Law*, industrielle Planung zu fördern, welche ihr Scheitern in zentral geplanten bzw. staatlich gesteuerten Volkswirtschaften bewiesen habe. Industrielle Planung beraube den Einzelnen seiner wirtschaftlichen Freiheit. Die Entwicklung von Industrie und Wirtschaft solle den Kräften des Marktes überlassen bleiben, dies fördere den Wohlstand und bewahre individuelle Freiheit.

### b. Historische Einordnung

Bereits den Wirtschaftssonderzonen lag die Idee zugrunde, durch eine bevorzugte Behandlung (die Reduzierung der Einkommenssteuer, den Verzicht auf Zollerhebungen) ausländische Investitionen zu fördern. Auch für die Sonderwirtschaftszonen garantierte die Volksrepublik China, daß alle vermögenswerten Rechte gesetzlichen Schutz genießen, womit sichergestellt sei, daß allen Investoren vorteilhafte Investitionsbedingungen in einem stabilen wirtschaftlichen Umfeld zur Verfügung stehen.

Die Regierung gestaltete seit jeher die Steuersätze bewußt niedrig, strebte einen ausgeglichenen oder überschüssigen Haushalt an und vermied nach Möglichkeit eine Kreditaufnahme der öffentlichen Hand, um damit Kapital im Inland zu halten bzw. ausländische Investitionen und Kapital anzulocken. Auch hob Sir Philip Haddon-Cave als eine der Hauptzielsetzungen des Steuersystems in Hongkong im Rahmen des Haushalts für 1978/79 hervor, daß dieses sich in bezug auf Investitionsentscheidungen möglichst neutral darstellen müsse. Die Festschreibung der kapitalistischen Wirtschaftsordnung im Basic Law für weitere 50 Jahre sollte ebenfalls der Förderung von Investitionen dienen.

---

[271] *The Consultative Committee* (Anm.94), S. 772.
[272] *The Consultative Committee* (Anm.24), S. 261.

## 18. Artikel 119 BL [Wirtschaftsförderung]

*„Die Regierung der Sonderverwaltungsregion Hongkong formuliert eine geeig-
nete Politik, um die Entwicklung verschiedener Branchen wie Industrie, Handel,
Tourismus, Immobilien, Transport, öffentliche Versorgung, Landwirtschaft und
Fischerei zu fördern und zu koordinieren und den Schutz der Umwelt zu gewährleisten. "*

### a. Entstehung

Die Formulierung findet sich als *Clause (4), Section 4* der *Basic Law Structure
(Draft)*. Artikel 124 EE enthielt noch nicht den Passus „ [...] und den Schutz der
Umwelt zu gewährleisten", war ansonsten aber ebenso gleichlautend. Die
herausragende Stellung der Industrie in dieser Norm und auch in Artikel 118 BL
ist nachvollziehbar, da einflußreiche Industrielle dafür gesorgt hatten, daß sie
betreffende Regelungen überhaupt aufgenommen wurden[273].
Wiederum wurde kritisiert, daß nur einige Branchen erwähnt, die anderen über-
sehen worden seien[274]. Während der Entwurfsphase hätten Vertreter vieler Branchen und Berufe für ihre Interessen gestritten, dies könne sich ungünstig auf die
nicht vertretenen Gruppen auswirken. Unter Wiederholung der Kritik an Artikel
123 EE wurde die Umsetzung des Artikels durch die Regierung als faktisch unmöglich angesehen[275]. Der Begriff „geeignete Politik" wurde als zu unklar empfunden. Der Artikel liefere den einzelnen Branchen eine Grundlage, um direkt
Subventionen von der Regierung einzufordern. Begriffe wie „geeignete Politik",
„fördern" und „koordinieren" huldigten einer omnipotenten Regierung. Sie gingen nicht einher mit dem traditionellen Charakter der Wirtschaft Hongkongs und
seien der Stabilität nicht förderlich, da sie den Politikern eine Entschuldigung
dafür in die Hand gäben, für ihre wohlerworbenen Rechte zu kämpfen[276]. Die
Regierung sei so auch außer Stande, mit Eventualitäten wie einer überhitzten
Wirtschaft zurechtzukommen.
Als Ergänzung zum Wortlaut wurde schon in der Kritik zum ersten Entwurf gefordert, daß die dargelegte Politik nur unter Berücksichtigung der Wahrung des

---

[273] Ta Kung Pao vom 10. November 1986, gleiches gilt im übrigen für Landwirtschaft und
Fischerei, für welche sich die Clans der New Territories eingesetzt hatten. Obwohl der entsprechende Sektor nur 1 % des Bruttoinlandsprodukts ausmacht, konnte Lau Wong-fat als
Mitglied der ESSS deren Erwähnung durchsetzen.
[274] *The Consultative Committee* (Anm.94), S. 775.
[275] *The Consultative Committee* (Anm.94), S. 775.
[276] *The Consultative Committee* (Anm.94), S. 776.

Rechts der Einwohner und ihrer Abkömmlinge auf eine sichere und gesunde Umgebung umgesetzt werden solle[277].

Eine weitere Ergänzung sollte für den Fall einer Ausnahmesituation Notmaßnahmen der Regierung zur Kontrolle jeglichen Konsums festschreiben[278]. In der Vergangenheit habe Hongkong von solchen Notmaßnahmen wie der Mietregulierung oder der Rationierung von Nahrung und Wasser Gebrauch gemacht, um sich über schwierige Perioden hinwegzuhelfen.

Auch Artikel 118 ZE enthielt noch nicht den Umweltschutz als Zielsetzung. Auch hier wurde massive Kritik daran geübt, der Regierung die Macht zur Einmischung in die Wirtschaft und Lenkung rein privatwirtschaftlicher Aktivitäten zu gewähren. Dem Einzelnen müsse überlassen bleiben, welches Gewerbe er ausüben wolle, ohne hierbei gouvernementaler Koordinierung zu unterliegen[279].

## b. Historische Einordnung

Die Notwendigkeit staatlicher Interventionen setzte sich seit den 70er/80er Jahren unseres Jahrhunderts durch. Für privatisierte Unternehmen der öffentlichen Versorgung wurde dies anerkannt, um sicherzustellen, daß diese lediglich einen quasi-wettbewerblichen Gewinn erwirtschaften können. Auch in Bedrängnis geratene Industriezweige sollten unterstützt werden. Es wurde hierfür die Formel *„Minimum Intervention, Maximum Support"* geprägt. Die Regierungspolitik fördert auf der Angebotsseite die Wachstumsfaktoren Infrastruktur, Technologie und Humankapital, auf der Nachfrageseite die Exportwirtschaft. Landwirtschaft und Fischerei erhalten Subventionen in Form zinsgünstiger Kredite und technischer Dienstleistungen.

## 19. Artikel 120 – 123 BL [Grundpacht]

### Artikel 120

*„Alle Grundpachtverträge, welche vor der Gründung der Sonderverwaltungsregion Hongkong in Kraft getreten, abgeschlossen oder erneuert worden sind und über den 30. Juni 1997 hinausgehen und alle damit in Verbindung stehenden Rechte finden weiterhin Anerkennung und Schutz durch die Gesetze der Region. "*

---

[277] *The Consultative Committee* (Anm.94), S. 777.
[278] *The Consultative Committee* (Anm.94), S. 777.
[279] *The Consultative Committee* (Anm.24), S. 262.

## Artikel 121

*„Bei allen Grundpachtverträgen, welche im Zeitraum 27. Mai 1985 – 30. Juni 1997 abgeschlossen oder erneuert wurden, im ursprünglichen Vertrag keine Er-neuerungsklausel enthielten und über den 30. Juni 1997 hinausgehen, jedoch nicht nach dem 30. Juni 2047 auslaufen, ist der Pächter nicht verpflichtet, eine zusätzliche Prämie zum Stichtag 1. Juli 1997 zu zahlen; jedoch wird eine jährli-che Pacht im Gegenwert von 3 % des aktuellen steuerpflichtigen Eigentums-wertes erhoben. "*

## Artikel 122

*„In Fällen von Parzellen alter Grundstücksverzeichnisse, dörflicher Bauplätze, kleiner Häuser und ähnlichen ländlichen Besitzes, wo zum 30. Juni 1984 der Eigentümer abstammt oder in den Fällen kleiner Häuser der Pächter in der männlichen Linie abstammt von einer Person, welche 1898 Bewohner eines be-stehenden Dorfes in Hongkong war, soll die bisherige Pacht solange unverän-dert bleiben, wie das Eigentum jedem Eigentümer bzw. Pächter oder einem sei-ner Rechtsnachfolger in der männlichen Linie zusteht. "*

## Artikel 123

*„Wenn Grundpachtverträge ohne Erneuerungsoption nach Gründung der Son-derverwaltungsregion Hongkong auslaufen, sollen diese in Übereinstimmung mit den von der Zone selbst formulierten Gesetzen und Politiken stehen. "*

### a. Entstehung

Einer der Hauptgründe für die chinesisch-britischen Verhandlungen über die Zukunft Hongkongs war der Ablauf der Grundpachtverträge in den New Territo-ries am 1. Juli 1997. Die entsprechenden Artikel stellen einen Mechanismus zur Verfügung, mittels dessen Grundpachten bewilligt, festgelegt oder erneuert wer-den können, dies vor der Etablierung der Sonderverwaltungsregion Hongkong über den 30. Juni 1997 hinaus und unter dem zusätzlichen regionalen Schutz der damit zusammenhängenden Rechte[280].

Diese Regelungen, welche auf den spezifischen Gegebenheiten Hongkongs ba-sieren[281], werden nur im Zusammenhang dargestellt, da ihnen keine Kernaussage zur Wirtschaftsverfassung zu entnehmen ist.

---

[280] *Cheung* (Anm.88), S. 195 [202].

[281] Es gibt in Hongkong kein Eigentum an Grund und Boden, die Regierung ist einziger Ver-pächter und übt über das Land Office eine gewisse Kontrolle aus. Das Pachtrecht wird im

190

Sie sind erstmalig in den Artikeln 125 – 129 EE enthalten. Im wesentlichen ist festgelegt, daß die Regierung der Sonderverwaltungsregion Hongkong ihre eigene Politik hinsichtlich der Erschließung, der Verwaltung und der Nutzung von Grund und Boden betreibt (Artikel 125 EE). Die Regelung erfordere weitere Details, so wurde kritisiert, daß die bisherige Verwaltung von Gebäuden willkürlich erfolge[282]. Detailliert geregelt wird erwartungsgemäß die Fortdauer bzw. Verlängerung der Grundpacht über den 30. Juni 1997 hinaus (Artikel 126, 127 EE)[283]. Artikel 128 EE wurde begrüßt, da er die (Grund-)Eigentumsrechte der Ureinwohner der New Territories stärke, was mit den Vorgaben des Annex III der Gemeinsamen Erklärung konform gehe[284]. Daß deren Privilegien fortgeschrieben werden, kritisierte die Gegenseite. Ungleiche Behandlung verschiedener Tatbestände passe nicht mehr in die postkoloniale Ära der Gesetzgebung[285]. Dies gelte auch für die Bevorzugung der männlichen Abstammungslinien im Rahmen der Regelung. Artikel 129 EE gibt der Regierung die Möglichkeit, bei Auslaufen eines Pachtvertrages Verlängerungsgebühren zu erheben[286].

### b. Historische Einordnung

Aufgrund des Landmangels und der unklaren Rechtslage wurden Grundstücke (mit dem zugehörigen Inventar) in Hongkong seit jeher nur verpachtet. Diese Tatsache allein bereitete der Bevölkerung Hongkongs weniger Probleme als die exorbitant hohen Pachtzinsen. Hieran konnte der Gesetzgeber in einer freien Marktwirtschaft allerdings nur bedingte Korrekturen vornehmen. Schon die äußerst detaillierten Regelungen hins. der Landpacht im Annex III der Gemeinsamen Erklärung fanden generelle Zustimmung. Diese gingen mit Änderungen in das Basic Law ein.

---

Regelfall auf Auktionen meistbietend versteigert, Ausnahme ist der Bedarf von Krankenhäusern und Schulen.

[282] *The Consultative Committee* (Anm.94), S. 780.

[283] Nach 1959 wurden nur noch Pachtverträge abgeschlossen, die drei Tage vor dem 30. Juni 1997 ausliefen.

[284] *The Consultative Committee* (Anm.94), S. 783.

[285] *The Consultative Committee* (Anm.94), S. 783 f.

[286] *The Consultative Committee* (Anm.94), S. 785.

## 20. Artikel 124-127 BL [Schifffahrt]

### Artikel 124

*„Die Sonderverwaltungsregion Hongkong hält am bisher in Hongkong prakti-*
*zierten System der Schiffsverwaltung und der die Schifffahrt betreffenden Ver-*
*ordnungen fest, dies umfaßt auch die Angelegenheiten der Seeleute.*

*Die Regierung der Sonderverwaltungsregion Hongkong definiert eigenständig*
*ihre spezifischen Aufgaben und Verantwortlichkeiten in bezug auf das Schiff-*
*fahrtswesen. "*

### Artikel 125

*„Die Sonderverwaltungsregion Hongkong wird von der Zentralen Volksregie-*
*rung autorisiert, ihr Schiffsregister weiterzuführen und im Rahmen ihrer Ge-*
*setzgebung entsprechende Zertifikate unter Verwendung des Namens ‚Hong*
*Kong, China ' auszugeben. "*

### Artikel 126

*„Mit der Ausnahme ausländischer Kriegsschiffe, deren Zugang der speziellen*
*Genehmigung der Zentralen Volksregierung bedarf, sollen Schiffe Zugang zu*
*den Häfen der Sonderverwaltungsregion Hongkong in Übereinstimmung mit den*
*Gesetzen der Region genießen. "*

### Artikel 127

*„Private Schifffahrtsunternehmen und die Schifffahrt betreffende Unternehmun-*
*gen sowie private Containerterminals in der Sonderverwaltungsregion*
*Hongkong dürfen weiterhin frei operieren. "*

### a. Entstehung

Bereits die Artikel 130 – 133 EE befaßten sich mit der Absicherung des Schiffs-
registers und des freien Zugangs zum Hafen. In der Kritik wurde Wert darauf
gelegt, die bestehenden Organisationen und Komitees weiterhin in den Beratungsprozeß bei der Fortschreibung von Grundsatzfragen einzubeziehen[287]. Begrüßt wurde die Stärkung Hongkongs als Handelshafen, die Genehmigungs-

---

[287] *The Consultative Committee* (Anm.94), S. 787.

pflicht für das Anlegen ausländischer Kriegsschiffe wurde akzeptiert[288]. Die entsprechende Genehmigung wurde z. B. für die US Navy in einem Drittel aller Fälle erteilt[289].

## b. Historische Einordnung

Die Regelungen hinsichtlich Schiffahrt, Schiffsregister und Freihafen im Abschnitt VIII des Annex I der Gemeinsamen Erklärung von 1984 führten zu keiner großen Diskussion in Hongkong. Sorge bereiteten allenfalls die Arbeitsmöglichkeiten für Hongkongs Seeleute nach 1997. Artikel 124 Absatz 1 BL gewährte hier zumindest rechtliche Kontinuität. 1995 bestätigte die chinesische Führung nochmals, daß die Sonderverwaltungsregion Hongkong ihren eigenen Hafen und ihre Seehandelsverwaltung samt Schiffsregister behält, unabhängig davon, ob eine Zulassung durch die Zentralregierung notwendig ist.

## 21. Artikel 128 – 135 BL [Zivile Luftfahrt]

### Artikel 128

*„Die Regierung der Sonderverwaltungsregion Hongkong schafft Bedingungen und ergreift Maßnahmen zur Behauptung von Hongkongs Status als einem Zentrum der internationalen und regionalen Luftfahrt. "*

### Artikel 129

*„Die Sonderverwaltungsregion Hongkong wird das bestehende System der zivilen Luftfahrtverwaltung in Hongkong beibehalten und führt ihr eigenes Flugzeugregister in Übereinstimmung mit den von der Zentralen Volksregierung erlassenen Vorschriften bezüglich der Nationalitätskennzeichen und der Registraturzeichen der Flugzeuge.*

*Der Zugang staatlicher ausländischer Flugzeuge in die Sonderverwaltungsregion Hongkong bedarf der speziellen Genehmigung der Zentralen Volksregierung. "*

---

[288] *The Consultative Committee* (Anm.94), S. 789.
[289] Beijing again says no to US navy aircraft, in: South China Morning Post vom 11. November 1999.

**Artikel 130**

*„Die Sonderverwaltungsregion Hongkong ist selbst für die Angelegenheiten des alltäglichen Geschäfts und der technischen Abwicklung der zivilen Luftfahrt, einschließlich der Verwaltung der Flughäfen, der Zurverfügungstellung von Luftverkehrsdiensten innerhalb der Fluginformationszone der Sonderverwaltungsregion Hongkong und der Erfüllung anderer ihr zugewiesener Aufgaben im Rahmen der regionalen Luftfahrtprozeduren der Organisation für internationale Zivilluftfahrt verantwortlich. "*

**Artikel 131**

*„Die Zentrale Volksregierung trifft, in Übereinstimmung mit der Regierung der Sonderverwaltungsregion Hongkong, Dispositionen, um den Luftverkehr zwischen der Region und anderen Teilen der Volksrepublik China für Fluglinien, welche in der Sonderverwaltungsregion Hongkong registriert sind und dort ihren Tätigkeitsschwerpunkt haben, wie auch für andere Fluglinien der Volksrepublik China zu gewährleisten. "*

**Artikel 132**

*„Alle Luftverkehrsabkommen, welche den Fluverkehr zwischen anderen Teilen der Volksrepublik China und anderen Staaten und Regionen mit Zwischenlandungen in der Sonderverwaltungsregion Hongkong wie auch den Fluverkehr zwischen der Sonderverwaltungsregion Hongkong und anderen Staaten und Regionen mit Zwischenlandungen in anderen Teilen der Volksrepublik China betreffen, werden von der Zentralen Volksregierung abgeschlossen.*

*Im Rahmen des Abschlusses der im ersten Absatz dieses Artikels erwähnten Luftverkehrsabkommen zieht die Zentrale Volksregierung die speziellen Bedingungen und ökonomischen Interessen der Sonderverwaltungsregion Hongkong in Betracht und konsultiert deren Regierung.*

*Regierungsrepräsentanten der Sonderverwaltungsregion Hongkong dürfen als Mitglieder der Regierungsdelegation der Volksrepublik China an von der Zentralen Volksregierung geführten Verhandlungen mit ausländischen Regierungen, welche den Luftverkehr im Sinne des ersten Absatzes dieses Artikels betreffen, teilnehmen. "*

**Artikel 133**

*„Handelnd im Rahmen spezieller Ermächtigungen durch die Zentrale Volksregierung kann die Regierung der Sonderverwaltungsregion Hongkong:*

*(1)     bereits   existierende   Luftverkehrsabkommen   bzw.   –übereinkommen
erneuern oder ändern*

*(2)     neue Luftverkehrsabkommen, welche Fluglinien, die in der Sonderverwal
tungsregion   Hongkong   registriert   sind   und   dort   ihren
Tätigkeitsschwerpunkt haben, Flugrouten sowie Überflugrechte und
Möglichkeiten technischer Zwischenlandungen, betreffen, verhandeln
oder abschließen und*

*(3)     provisorische Übereinkommen mit ausländischen Staaten oder Regionen,
mit denen bisher keine Luftverkehrsabkommen zustandegekommen sind,
verhandeln oder abschließen.*

*Alle zu verzeichnenden Lufttransporte nach, von oder durch Hongkong, welche
nicht in Richtung auf, kommend von oder über das chinesische Festland operieren, werden durch die Luftverkehrsabkommen bzw. –übereinkommen reguliert,
auf die in diesem Artikel Bezug genommen wird."*

## Artikel 134

*„Die Zentrale Volksregierung ermächtigt die Regierung der Sonderverwal-
tungsregion Hongkong,*

*(1)     mit anderen Behörden Übereinkommen zur Umsetzung der Luftverkehrs-
abkommen bzw. provisorischen Übereinkommen zu verhandeln und abzuschließen, auf die in Artikel 133 dieses Gesetzes Bezug genommen wird*

*(2)     den Fluglinien, welche in der Sonderverwaltungsregion Hongkong
registriert sind und ihren Tätigkeitsschwerpunkt in Hongkong haben,
Konzessionen zu erteilen*

*(3)     solche Fluglinien im Rahmen der Luftverkehrsabkommen und provisori-
schen Übereinkommen, auf welche in Artikel 133 dieses Gesetzes Bezug
genommen wird, zu benennen und*

*(4)     ausländischen Fluglinien Genehmigungen für den Verkehr zu erteilen,
welcher nicht in Richtung auf, kommend von oder über das chinesische
Festland operiert."*

## Artikel 135

*„Fluglinien, welche in Hongkong registriert sind und dort ihren Tätigkeits-schwerpunkt haben sowie die zivile Luftfahrt betreffende Unternehmungen, wel-che bereits vor der Gründung der Sonderverwaltungsregion Hongkong dort ar-beiteten, dürfen ihre Tätigkeit fortsetzen. "*

### a. Entstehung

Auch Artikel 134 – 141 EE betrafen den Status Hongkongs als Luftfahrtzen-trum. Die Kritik hob hervor, daß wichtiger als die konstitutionelle Festschrei-bung das Vorhandensein eines modernen Flughafens und bilateraler Abkommen bezüglich der Landerechte in Hongkong seien[290]. Auch für militärischen Flug-verkehr war eine vorherige Genehmigung der Volksrepublik China vorgesehen (Artikel 135 EE), ein Kritiker sah hierin eine Gefahr für die eigene Militärtech-nologie Hongkongs[291]. Als Ergänzung wurde vorgeschlagen, das Bemühen Hongkongs um einen maximalen Sicherheitsstandard ebenfalls festzuschrei-ben[292]. Kritisiert wurde eindringlich die Regelung, wonach die Volksrepublik China Hongkong bei Verhandlungen über internationale Luftfahrtübereinkom-men bezüglich anderer Anflugplätze auf dem Festland vertritt und Hongkong nur beratende Stimme haben soll. Dies laufe dem Prinzip „Ein Land, zwei Systeme" und auch der bisherigen Praxis zuwider[293]. Auch die Aussage des Ar-tikel 141 EE, wonach Hongkongs Luftfahrtunternehmen ihre Aktivitäten dort fortsetzen dürfen, wurden (da eigentlich selbstverständlich) eher als verunsi-chernd angesehen[294].

### b. Historische Einordnung

Bereits die Freiheiten im Bereich Luftfahrt gem. Abschnitt IX des Annex I der Gemeinsamen Erklärung von 1984 wurden primär als Bestandsgarantie für *Cathay Pacific Airways* in der bisherigen Form angesehen. Die Strecke nach Taiwan konnte danach auch weiterhin bedient werden, da ein Übereinkommen mit China Airlines bestand. Insgesamt handelt es sich um eine Detailregelung,

---

[290] *The Consultative Committee* (Anm.94), S. 792.
[291] *The Consultative Committee* (Anm.94), S. 793.
[292] *The Consultative Committee* (Anm.94), S. 794.
[293] *The Consultative Committee* (Anm.94), S. 798.
[294] *The Consultative Committee* (Anm.94), S. 801.

welche nicht einem besonderen historischen Hintergrund Hongkongs geschuldet ist.

## 22. Artikel 139 BL [Schutz wissenschaftlicher Entdeckungen und Erfindungen]

„Die Regierung der Sonderverwaltungsregion Hongkong formuliert selbst ihre Wissenschafts- und Technologie-Politik und gewährt Errungenschaften der Wissenschaft und Technik, Patenten, Entdeckungen und Erfindungen gesetzlichen Schutz.

Die Regierung der Sonderverwaltungsregion Hongkong entscheidet selbst darüber, welche wissenschaftlichen und technologischen Standards und Spezifikationen in Hongkong Anwendung finden."

### a. Entstehung

Die gleichlautende Regelung enthielt Artikel 146 EE und wurde als notwendig angesehen, um auch weiterhin technologischen Fortschritt in Hongkong zu erzielen[295]. Es wurde jedoch gefordert, ein international anerkanntes System zu schaffen, um diesen Schutz tatsächlich erreichen zu können. Hierzu wurde auf das Patentrecht der Volksrepublik China verwiesen[296]. Von anderer Seite wurde gefordert, auch die Urheberrechte in den hier gewährten Schutzbereich aufzunehmen[297]. Da es „Errungenschaften" nur aufgrund vorangegangener konzeptioneller Überlegungen und Aktivitäten gebe, sollte die gesamte wissenschaftliche Tätigkeit unter Schutz gestellt werden[298]. Schließlich wurde die Frage gestellt, ob es der Regierung Hongkongs auch möglich sei, den in Aussicht gestellten Schutz gegenüber den Zentralgewalten zu gewährleisten[299].

Die Regelung, welche im zweiten Entwurf als Artikel 138 wieder auftauchte, sollte nach dem Vorschlag der *Special Group on Culture, Education, Technology and Religion* des *Consultative Committee* um rechtlich greifbare Termini ergänzt werden[300]. Hongkongs Handelspartner seien schließlich sehr besorgt darüber, ob ein Schutz in der Sonderverwaltungsregion Hongkong auch nach 1997 bestehe.

---

[295] *The Consultative Committee* (Anm.94), S. 847.
[296] *The Consultative Committee* (Anm.94), S. 848.
[297] *The Consultative Committee* (Anm.94), S. 848 f.
[298] *The Consultative Committee* (Anm.94), S. 849.
[299] *The Consultative Committee* (Anm.94), S. 850.
[300] *The Consultative Committee* (Anm.121), S. 159.

## b. Historische Einordnung

Zunächst galt der englische *Patents Act 1977*[301]. 1997 wurde dann die *Patents Ordinance (No. 52 of 1997)* verabschiedet[302], welche am 27. Juni in Kraft trat.

## 23. Artikel 140 BL [Schutz des Urheberrechts]

*„Die Regierung der Sonderverwaltungsregion Hongkong formuliert selbst ihre Kulturpolitik und schützt per Gesetz die Errungenschaften und gesetzlich gewahrten Rechte und Interessen der Autoren hinsichtlich ihrer literarischen und künstlerischen Werke. "*

## a. Entstehung

Eine Artikel 140 BL ähnliche Regelung bot Artikel 147 EE, hier war jedoch der gesetzliche Schutz noch weniger unterstrichen worden. Kritisiert wurde dort, daß es überflüssig sei, zu betonen, daß die Sonderverwaltungsregion Hongkong eine eigenständige Kulturpolitik formuliere[303]. Andere wollten die „Kulturschaffenden" in die Formulierung der Kulturpolitik einbeziehen[304]. Letztendlich solle die Regierung bei der Formulierung ihrer Politik die Künstler im Rahmen ihrer Möglichkeiten finanziell fördern, aber nicht kontrollieren[305].
Es sei notwendig, ein eigenes Urheberrecht zu verabschieden, um den angestrebten Schutz tatsächlich gewährleisten zu können. In diesen Schutz sollten dann auch Reliquien sowie historische Sehenswürdigkeiten und Bauten einbezogen werden.

Auch am entsprechenden Artikel 139 ZE wurde wiederum die wenig juristische Wortwahl bemängelt[306].

---

[301] *Chen* (Anm.25), S. 31 [41].
[302] *Baker & McKenzie*, The Transfer of Sovereignty over Hong Kong in 1997 - Intellectual Property Issues (1997), S. 1.
[303] *The Consultative Committee* (Anm.94), S. 851.
[304] *The Consultative Committee* (Anm.94), S. 852.
[305] *The Consultative Committee* (Anm.94), S. 853.
[306] *The Consultative Committee* (Anm.121), S. 159.

**b. Historische Einordnung**

Mit der eigenen *Copyright Ordinance (No. 92 of 1997)* mußte nicht mehr auf den *UK Copyright Act 1956 (,,1956 Act")* zurückgegriffen werden. Dieser war in England selbst schon durch den *Copyright, Designs and Patents Act 1988 (,,CDPA")* ersetzt worden, welcher aber nicht auf Hongkong ausgedehnt worden war[307]. Das neue Urhebergesetz lehnt sich stark an die englischen Regelungen von 1988 an. Mit der *Registered Designs Ordinance (No. 64 of 1997)* wurde auch Gebrauchsmustern erstmalig rechtlicher Schutz in Hongkong gewährt. Das Gesetz trat am 27. Juni 1997 in Kraft und etabliert hierfür ein eigenes Registratursystem. Ein markenrechtlicher Schutz bestand seit jeher in Hongkong durch die *Trade Marks Ordinance*, welche sich im wesentlichen an einen *1938 UK Act* anlehnt[308]. Die *Trade Marks Bill*, welche sich stark an den neuen *UK Trade Marks Act 1994* anlehnen soll, war bis Ende Dezember 1999 noch in den Händen des *Bills Committee on Trade Marks Bill* des *Legislative Council*.

**24. Artikel 156 BL [Wirtschafts- und Handelsmissionen]**

*,,Die Sonderverwaltungsregion kann, so notwendig, offizielle oder halb- offizielle Wirtschafts- und Handelsmissionen in anderen Ländern errichten und soll die Errichtung solcher Missionen der Zentralen Volksregierung mitteilen. "*

**a. Entstehung**

Ungeteilte Zustimmung fand diese Reglung bereits als Artikel 164 EE, da sie Hongkong dabei helfe, seinen Status als eines der internationalen Handels- und Finanzzentren zu behaupten[309].

---

[307] *Baker & McKenzie* (Anm.302), S. 10 f.
[308] *Baker & McKenzie* (Anm.302), S. 19.
[309] *The Consultative Committee* (Anm.94), S. 931.

## b. Historische Einordnung

Eine historische Einordnung erübrigt sich. Hongkong unterhält seit jeher weltweit Büros des *Hong Kong Trade Development Council (HKTDC)*, so etwa auch in Frankfurt a. M., bzw. des *Hong Kong Economic and Trade Office (HKETO)*, wie etwa in Brüssel.

## III. Allgemeine Ergänzungsvorschläge zum zweiten Entwurf des Basic Law

Neben der einzelnen Artikeln zugeordneten Kritik wurden auch noch weitere Vorschläge unterbreitet, die hier kurz wiedergegeben werden sollen.

In den Kommentierungen zum zweiten Entwurf wurde bemängelt, daß dieser einige wirtschaftliche Freiheiten auslasse, die normalerweise durch eine Verfassung geschützt werden sollten, so die Freiheit von Lohn- und Preiskontrolle. Eine weitere Ergänzung solle hervorheben, daß kein Unternehmen und kein Wirtschaftsbereich gegenüber anderen bevorzugt bzw. benachteiligt wird. Eine solche Maßnahme stelle die allgemeine Gleichheit vor dem Gesetz sicher[310].
Um also die Bewohner Hongkongs vor Lohn- und Preiskontrollen zu bewahren, solle ein Artikel mit folgendem Wortlaut aufgenommen werden:

„Die Regierung der Sonderverwaltungsregion Hongkong soll keinem Gesetz zustimmen, welches die Freiheit von Verkäufern einschränkt, den Preis für ihre Produkte oder Dienstleistungen selbst festzulegen."

Um eine diskriminierende Behandlung zu verhindern, könne ein Artikel auch wie folgt formuliert werden:

„Alle Personen, die in Hongkong einer rechtmäßigen wirtschaftlichen Betätigung nachgehen, sollen vor dem Gesetz gleich behandelt werden."

Das Recht, einen Beruf oder ein Gewerbe zu wählen, normalerweise als wirtschaftliches (Freiheits-)Recht einzuordnen, sei zwar im Kapitel III, Artikel 33 ZE (Fundamentale Rechte und Pflichten der Einwohner) enthalten, solle aber in das Kapitel I, Sektion 1 übertragen werden[311].

---

[310] *The Consultative Committee* (Anm.24), S. 262.
[311] *The Consultative Committee* (Anm.24), S. 263.

## IV. Generelle Ablehnung einer Festschreibung fiskalischer Beschränkungen

### 1. Beschränkung der Flexibilität

In der Kritik zum ersten Entwurf wurde es als Einschränkung der wirtschaftlichen Flexibilität Hongkongs angesehen, daß politische Entscheidungen auf 50 Jahre gesetzlich festgeschrieben werden[312]. Die Justiziabilität sei nicht gewährleistet und die Interpretation der Normen sei schwierig. Die Regelungen seien daher allenfalls in einen Annex zum *Basic Law* mit politischen Richtlinien aufzunehmen.

Dies hatte man von der *ESSS* nach der Diskussion des ersten Entwurfs am 27. November 1988 erwartet[313], jedoch überraschenderweise vergeblich. Noch zuvor hatte sich Wong Po-Yan hierfür ausgesprochen. Auch Yong Long-Gui hatte auf ein entsprechendes Arbeitspapier verwiesen, jedoch auch auf Probleme hinsichtlich der Unterscheidung institutioneller und rein politischer Regelungen aufmerksam gemacht[314]. Letztlich jedoch ergaben sich nur moderate Änderungen, die Regelungen verblieben im Kerntext. Sie ergaben somit eine Parallele zu den konservativen Regelungen hinsichtlich des politischen Systems, welche zwei Tage vorher verabschiedet worden waren[315]. Auf der folgenden achten Plenarsitzung des *BLDC* vom 9. – 15. Januar 1989 in Guangzhou kritisierte Frau Liu Yui-Chu, welche nicht Mitglied der *ESSS* war, die Festschreibung, da hier lang- und kurzfristige Zielsetzungen verwechselt würden[316]. Sie fand die Unterstützung von Wong Po-Yan und zunächst auch Sanford Yung für ihren Vorschlag, eine Formulierung aufzunehmen, wonach die Artikel betreffend die Wirtschaft nur politische Richtlinien für die Regierung der Sonderverwaltungsregion Hongkong im Rahmen ihres hohen Grades an Autonomie seien, welche zudem vor Gericht nicht einklagbar seien[317]. Die notwendige Zwei-Drittel-Mehrheit für eine solche Änderung wurde bei der Abstimmung am 13. Januar 1989 klar verfehlt[318].

---

[312] *OMELCO Standing Panel* (Anm.131), S. 26.
[313] *Tang* (Anm.91), S. 10.
[314] *Tang* (Anm.91), S. 34.
[315] *Tang* (Anm.91), S. 34 f.
[316] *Tang* (Anm.91), S. 39 f.
[317] *Tang* (Anm.91), S. 40.
[318] *Tang* (Anm.91), S. 44.

## 2. Ablehnung der „Constitutional Economics"

In der Kommentierung zum zweiten Entwurf wurde auch auf Kritiker eingegangen, welche die Durchsetzbarkeit und Effektivität der wirtschaftsverfassungsrechtlichen Regelungen generell anzweifelten[319] und diese im Widerspruch zu anderen Bestimmungen sahen[320].
Den Vertretern der „Constitutional Economics" wurde von dieser Seite vorgeworfen, daß ihre Theorien von falschen Voraussetzungen ausgingen. Es sei, wie bereits dargestellt, unzutreffend, daß eine Verfassung das einzige und beste Mittel zur Kontrolle der Finanzmacht einer Regierung sei. Auch danach gebe es jedenfalls in einer demokratischen Gesellschaft Verfahren oder Mittel, um die Finanzmacht zu beschränken; ein Beispiel hierfür sei die „Aufruhr der Steuerzahler"[321] in den Vereinigten Staaten von Amerika der späten 70er Jahre unseres Jahrhunderts[322]. In dieser Hinsicht biete auch die parlamentarische Regierung Hongkongs einigen Schutz.
Auch die Annahme, jede Regierung habe es darauf angelegt, möglichst hohe Staatseinnahmen zu erzielen, um dann jeden Penny der Steuereinnahmen wieder auszugeben, decke sich nicht mit der bestehenden Praxis der Regierung Hongkongs. Gerade die traditionelle koloniale Regierung Hongkongs diene bestens als Beispiel dazu, diese Annahme zu widerlegen. Weiterhin könne auch die Vermutung, ein Ansteigen der Regierungseinnahmen führe zu einem Wachstum des öffentlichen Sektors, jedenfalls für Hongkong nicht gelten, da der öffentliche Sektor hier von seiner Größe her in keinem Vergleich zu jenem westlicher Länder stehe. Es könne nicht die Rede davon sein, daß der öffentliche Sektor vor Ort in Schranken gehalten werden müsse[323].

Weiterhin werde vorausgesetzt, daß eine kleiner dimensionierte Administration erstrebenswert sei. Tatsächlich sei dies falsch, da die Größe der Administration von dem Grad sozialer Entwicklung abhänge. Für eine Gesellschaft, welche sich noch im Anfangsstadium ihrer wirtschaftlichen Entwicklung befinde, könne eine zu schlanke Verwaltung durchaus unangemessen sein. Auch die Erfahrung der vier „kleinen Drachen" Asiens zeige, daß eine Niedrigsteuerpolitik, ein ausge-

---

[319] Diese Kritik wurde z. B. vom OMELCO vorgetragen, siehe *Office of Members of The Executive and Legislative Councils Hong Kong*, Comments on the Basic Law (Draft) (1989), S. 35, aber auch vom *The Consultative Committee for the Basic Law of the Hong Kong Special Administrative Region of the People's Republic of China*, Preliminary Report – Focuses of Discussion (29 April – 17 June) (1988), S. 8.
[320] *The Consultative Committee* (Anm.24), S. 263.
[321] Schon Adam Smith sah ein Widerstandsrecht der Bevölkerung bei übermäßigen Steuerforderungen vor, Lectures on Jurisprudence, S. 324, zit. b. *Brennan/Buchanan* (Anm.45), S. 187.
[322] *Brennan/Buchanan* (Anm.45), S. 189, sehen diese freilich gerade als Anstoß für konstitutionelle Festschreibungen.
[323] *The Consultative Committee* (Anm.24), S. 264.

glichener Haushalt und ein kleiner öffentlicher Sektor der wirtschaftlichen Entwicklung nicht notwendigerweise förderlich sind.

Da diese Voraussetzungen alle unzutreffend seien, sei es nicht angebracht, von ihnen auch im Basic Law auszugehen.

Hinsichtlich der Durchsetzung habe James Buchanan in seinem Werk „Power of Taxation" selbst auf die Schwierigkeit hingewiesen, Variablen wie die Wachstumsrate der staatlichen Einnahmen und Ausgaben greifbar zu machen. Sie bedürften einer relativ abstrakten Definition und professionellen Messung entsprechend spezifischer Standards[324].
Auch gebe es keine allgemeingültige Definition von Begriffen wie „Niedrigsteuer" oder „frei und offen"[325]. Eine Verfassungskrise werde durch deren Aufnahme wahrscheinlicher, die Menschen können die Regierung der Sonderverwaltungsregion Hongkong beschuldigen, gegen Verfassungsbestimmungen verstoßen zu haben.

Über die Effektivität solcher Festlegungen lasse sich sagen, daß die Mehrheit der Bundesstaats-Regierungen der Vereinigten Staaten von Amerika durch Regelungen in der Bundesverfassung Restriktionen hinsichtlich eines ausgeglichenen Haushalts, Haushaltseinnahmen/-ausgaben und/oder der Ausgabe öffentlicher Schuldverschreibungen unterliege. Die Auswirkungen solcher konstitutioneller Festschreibungen seien aber minimal. So habe eine Untersuchung ergeben, daß Beschränkungen hins. staatlicher Einnahmen und Ausgaben keine Begrenzung des öffentlichen Sektors gewährleisten konnten[326]. Mittels anderer Notfallklauseln ließen sich die Beschränkungen außer Kraft setzen. Auch eine andere Untersuchung[327] habe mittels Regressionsanalyse nachgewiesen, daß die Restriktionen keine Bindungswirkung hatten.
Auch wenn es sich hierbei nur um vorläufige Ergebnisse handele, welche weiter erforscht werden müßten, machten diese deutlich, daß die Aufnahme entsprechender Regelungen in das *Basic Law* noch weiterer Überlegungen bedürfe[328].

Hinsichtlich eines ausgeglichenen Haushalts habe Buchanan selbst dessen Verwirklichung für Phasen der Hochkonjunktur in Frage gestellt. Das Konzept eines ausgeglichenen Haushalts unter Vollbeschäftigung führe tendenziell zum Ansteigen öffentlicher Ausgaben und kann von Politikern leicht mißachtet werden,

---

[324] *The Consultative Committee* (Anm.24), S. 264.

[325] *Tang* (Anm.91), S. 52; *Wrangham, Peter J.*, Brief an das Consultative Committee vom 25. September 1987, Anhang zu *Special Group on Finance*, Opinions on Chapter 5.

[326] *Bails, Dale*, A critique on the effectiveness of tax-expenditure limitations, in: Public Choice, Vol. 38 (1982), S. 129 ff.

[327] *Abrams, Burton A./Dougan, William R.*, The effects of constitutional restraints on governmental spending, in: Public Choice, Vol. 49 (1986), S. 101 ff.

[328] *The Consultative Committee* (Anm.24), S. 265.

insbesondere, wenn die allgemeine Öffentlichkeit nichts von entsprechenden Restriktionen weiß[329].

Buchanan betone, daß ausgeglichene Haushalte ein stetiges Anwachsen des öffentlichen Sektors verhinderten. Er weise aber auch darauf hin, daß ausgeglichene Haushalte nicht erforderten, die Gesamtausgaben der Regierung auf einem gewissen Niveau oder in einer bestimmten Relation zum Volkseinkommen zu halten. Verstehe man ausgeglichene Haushalte auf diese Art und Weise, sei die Größenordnung, in der die Regierung Mittel aufbrauche, generell doch von politischen Vorgaben abhängig.

Das Prinzip eines ausgeglichenen Haushalts stehe auch im Widerspruch zu anderen Bestimmungen des *Basic Law*. Wie zuvor festgestellt, werde die absolute Höhe bzw. die Wachstumsrate der staatlichen Ausgaben durch dieses Prinzip nicht begrenzt. Auf der anderen Seite schreibe Artikel 106 ZE vor, daß die Höhe der Gesamtausgaben im Einklang mit der Wachstumsrate des Bruttoinlandsprodukts stehen solle[330].

Auch die Forderung nach strenger fiskalischer Kontrolle der Regierung, um sich frei gewählter Abgeordneter zu erwehren, welche „kostenlose Mahlzeiten" propagierten, mute angesichts der politischen Struktur Hongkongs sonderbar an. Wenn nur die Hälfte der Mitglieder des *Legislative Council* frei gewählt werde, könne die Gefahr „kostenloser Mahlzeiten" durch demokratische Teilhabe nicht dermaßen in den Vordergrund gerückt werden[331].

Aus all diesen Gründen wird die Festschreibung fiskalischer Restriktionen von einigen Kritikern abgelehnt. Nach dem Vorbild anderer Länder solle man es bei politischen Richtlinien belassen, um eine Verfassungskrise wegen zweideutiger Formulierungen zu vermeiden. Allenfalls könne man die entsprechenden Regelungen in einen Annex aufnehmen. Auch dies wurde aber schon teilweise als falscher Kompromiß angesehen, da die Widersprüche innerhalb und die Interessenkonflikte zwischen den verschiedenen Einkommensgruppen weiterwirkten[332].

## V. Zwischenergebnis

Das Basic Law Hongkongs stellt den seltenen Typus einer nahezu rein marktwirtschaftlichen Wirtschaftsverfassung dar.

---

[329] *The Consultative Committee* (Anm.24), S. 265.

[330] *The Consultative Committee* (Anm.24), S. 265 f.

[331] *The Consultative Committee* (Anm.24), S. 266.

[332] *Tang* (Anm.91), S. 9.

Die wirtschaftlichen Regelungen des Basic Law dienen im wesentlichen vier Grundzwecken, 1. der Trennung der Wirtschaftssysteme von Hongkong und dem Festland, 2. der Schaffung eines Rahmens für einen funktionierenden kapitalistischen Markt, 3. Hongkongs Rolle als internationales Handels-, Transport- und Finanzzentrum zu bewahren und 4. die Schlüsselelemente der „ *Constitutional Economics* " zu bewahren.

Im Vordergrund der einzelnen Normierungen steht der Schutz des Eigentums, welcher mit Artikel 6 und Artikel 105 BL in doppelter Weise abgesichert wurde. Artikel 6 regelt die generelle Eigentumsgarantie als wirtschaftspolitisches Postulat, während Artikel 105 BL detaillierte Entschädigungsregelungen für den Entzugsfall bietet. Artikel 107 BL schreibt das Ziel eines fiskalischen Gleichgewichts fest und beschränkt den öffentlichen Sektor in seinen Ausgaben. Freilich ist damit auch die Flexibilität, um in Krisensituationen angemessen zu reagieren, beschränkt. Artikel 108 BL schreibt die auch bisher in Hongkong praktizierte Niedrigsteuerpolitik im Basic Law fest. Nicht durchsetzen konnte sich die Forderung, hier einen generellen Höchststeuersatz (von unter 20 %) aufzunehmen. Auch Artikel 108 BL steht in der Tradition der „ *Constitutional Economics* ". Artikel 112 BL bewahrt die Finanzmärkte Hongkongs vor einer staatlichen Kontrolle, so daß hier auch weiterhin z. B. ausländische Devisen frei gehandelt werden können.

Bei den untersuchten Regelungen des Basic Law fällt auf, daß selbst die meisten Artikel, welche Instrumente staatlicher Kontrolle normieren (Artikel 110 BL, Währungs- und Finanzpolitik; Artikel 112 BL, Finanzmärkte), ausdrücklich auf die Freiheit der Märkte Bezug nehmen. Eine der wenigen Regelungen, welche interventionistische Freiräume bietet, ist der Artikel 119 BL, welcher die Regierung zur Wirtschaftsförderung verpflichtet, wobei ausdrücklich verschiedene Branchen aufgelistet sind. Hier steht ebenfalls die Förderung und nicht die Regulierung im Mittelpunkt.

In Hongkong wurde die Schaffung einer gesonderten Wirtschaftsverfassung im Rahmen des *Basic Law* nicht kritiklos hingenommen. Effektivität und Durchsetzbarkeit der Regelungen wurden angezweifelt, auf der anderen Seite wurde den Vertretern der „ *Constitutional Economics* " ein zu negatives Staatsverständnis vorgeworfen.

Inwieweit sich ein ausgeprägtes System (wenn auch förderlicher) staatlicher Rahmenbedingungen mit einer faktisch nahezu freien Marktwirtschaft wirksam vereinbaren läßt, kann erst die weitere Entwicklung zeigen. Das Mißtrauen gegenüber staatlicher Regulierung ist angesichts des Scheiterns nahezu aller kollektivistisch geprägten Volkswirtschaften nicht nur Ost- und Südosteuropas begründet. Möglicherweise bietet Hongkong hier mit seinem Katalog wirtschaftlicher Freiheitsgarantien eine besssere Alternative.

# Kapitel VI.
# Vergleich mit den Regelungen des Grundgesetzes

Nach der Darstellung der sehr freiheitlichen Regelungen Hongkongs im Hinblick auf seine Wirtschaftsverfassung soll hier ein kurzer Vergleich mit den entsprechenden Regelungen des Grundgesetzes folgen. Das Augenmerk soll hierbei neben einem kurzen Gesamtüberblick insbesondere auf den wirtschaftspolitischen Zielsetzungen der einzelnen Grundgesetz-Artikel liegen. Die Darstellung der einzelnen Norminhalte im übrigen beschränkt sich auf das Nötigste.

## A. Formelle Wirtschaftsverfassung
## der Bundesrepublik Deutschland

### I. Allgemeines

Das Grundgesetz enthält bewußt[1] weder eine Fortschreibung einer bestimmten Wirtschaftsordnung, noch (im Gegensatz zu Artikel 151 ff. WRV und einigen Länderverfassungen)[2] spezielle, in einem besonderen Verfassungsabschnitt zusammengestellte Aussagen über die Ordnung des Wirtschaftslebens. Da die wirtschaftlichen Zielvorstellungen in den Parteien nicht einheitlich waren, konnte sich der Verfassungsgeber unmöglich auf eine bestimmte wirtschaftspolitische Konzeption festlegen[3]. Die Grundrechte, insbesondere die allgemeine Handlungsfreiheit (Artikel 2 Absatz 1 GG), die Vereinigungsfreiheit (Artikel 9 Absatz 1 GG) und Koalitionsfreiheit (Artikel 9 Absatz 3 GG), die Berufsfreiheit (Artikel 12 Absatz 1 GG) sowie die Eigentums- und Erbgarantie (Artikel 14 Absatz 1 GG), stehen im Mittelpunkt der wirtschaftsverfassungsrechtlichen Prinzipien, daneben sind bedeutsam die Sozialstaatsklausel, Artikel 20 Abs. 1 und 28 Abs. 1 S. 1 GG, und die Verpflichtung der staatlichen Wirtschaftspolitik auf das gesamtwirtschaftliche Gleichgewicht gem. Artikel 109 Abs. 2 GG. Das Bundesverfassungsgericht geht nicht vom Begriff der „Wirtschaftsverfassung", sondern von den einzelnen Normen des Grundgesetzes aus, um seit dem „Investitionshilfe-Urteil" seine Formel von der relativen „wirtschaftspolitischen

---

[1] *Badura, Peter*, Grundprobleme des Wirtschaftsverfassungsrechts, in: JuS 1976, S. 205.
[2] *Scheuner, Ulrich*, Einführung, in: *ders.*, Die staatliche Einwirkung auf die Wirtschaft (1971), S. 9 [27]; *Badura* (Anm.1), S. 205.
[3] *Luong, Minh Tuan*, Wirtschaftsverfassungsrecht im Wandel (1999), S. 16; *Rittstieg, Helmut*, in: Alternativkommentar, Artikel 14, 15 Rdnr. 74, 158.

Neutralität des Grundgesetzes" zu stützen[4], wonach „sich der Verfassungsgeber nicht ausdrücklich für ein bestimmtes System entschieden hat."

Trotzdem wird man jedoch feststellen können, daß mit dem Grundgesetz weder ein System der zentralen Planwirtschaft, noch eine von Staatseinflüssen freie laissez-faire-Wirtschaft vereinbar ist[5].

Die Nipperdey'sche Formel von der globalen verfassungsmäßigen Garantie der sozialen Marktwirtschaft[6] wurde vom BVerfG ebenso abgelehnt wie die Krüger'sche einer absoluten Neutralität des Grundgesetzes[7], welche nur unter Außerachtlassung der wirtschaftlichen Freiheitsrechte zu begründen ist[8]. Immerhin hat der Vertrag über die Schaffung einer Währungs-, Wirtschafts- und Sozialunion (Staatsvertrag) zwischen der Deutschen Demokratischen Republik und der Bundesrepublik Deutschland vom 18. Mai 1990 zur Herbeiführung der Rechts- und Wirtschaftseinheit insbesondere das Grundziel der sozialen Marktwirtschaft bekräftigt[9]. Aus wirtschaftswissenschaftlicher Sicht wird allerdings darauf hingewiesen, daß eine Festschreibung der sozialen Marktwirtschaft im Grundgesetz wohl keine anderen wirtschaftspolitischen Ergebnisse gehabt hätte, da sie auf Grund ihrer offenen Konzeption kaum justitiabel sei[10].

Die Theorie Abendroths, wonach das Grundgesetz auch eine sozialistische Umgestaltung ohne Verfassungsänderung ermögliche[11], ist erst recht abzulehnen[12] und wird auch nicht mehr ernsthaft diskutiert.

---

[4] BVerfG 20.7.1954, BVerfGE 4, S. 7 ff. [17, 18]; 1.3.1979, BVerfGE 50, S. 290 ff., 336; vgl. hierzu ferner insbesondere BVerfGE 11.6.1958, BVerfGE 7, S. 377 ff., 400; 21.2.1962, BVerfGE 14, S. 19 ff., 23; 16.3.1971, BVerfGE 30, S. 292 ff., 315; 5.3.1974, BVerfGE 37, S. 1 ff., 20; siehe auch *Frotscher, Werner*, Wirtschaftsverfassungs- und Wirtschaftsverwaltungsrecht, 3. Auflage (1999), S. 18 ff.; *Krölls, Albert*, Grundgesetz und kapitalistische Marktwirtschaft (1994), S. 10.

[5] *Scheuner* (Anm. 2), S. 9 [29 m.w.N.]; *Scholz, Rupert S.*, Paritätische Mitbestimmung und Grundgesetz, Verfassungsrechtliche Fragen zur gesetzlichen Einführung der paritätischen Unternehmensmitbestimmung (1974), S. 43 m.w.N.; *Emmerich, Volker*, Das Wirtschaftsrecht der öffentlichen Unternehmen (1969), S. 102 ff. m.w.N.; *Tettinger, Peter J.*, Rechtsanwendung und gerichtliche Kontrolle im Wirtschaftsverwaltungsrecht (1980), S. 123; Die Verfassung der Wirtschaft, FAZ vom 22. Mai 1999.

[6] Soziale Marktwirtschaft und Grundgesetz, 3. Auflage (1965); auch *Herdegen, Matthias*, Internationales Wirtschaftsrecht, 2. Auflage (1995), S. 65, spricht vom Grundgesetz als dem normativen Biotop der sozialen Marktwirtschaft; zur Kritik *Huber, Ernst-Rudolf*, Der Streit um das Wirtschaftsverfassungsrecht, in: DÖV 1956, 97; *Benda, Ernst*, Die aktuellen Ziele der Wirtschaftspolitik und die tragenden Grundsätze der Wirtschaftsverfassung, in: NJW 1967, 849 m.w.N.

[7] Allgemeine Staatslehre 2. Auflage (1966), S. 575 ff.; zur Kritik vor allen *Zuck, Rüdiger*, Wirtschaftsverfassung und Stabilitätsgesetz (1975), S. 31.

[8] *Mussler, Werner*, Die Wirtschaftsverfassung der Europäischen Gemeinschaft im Wandel (1998), S. 51 f.; diese wurde vom Grundgesetz wohl auch am ehesten nahegelegt, so auch *Horn, Karen*, Der Sozialisierte Markt, FAZ vom 22. Mai 1999, S. 15.

[9] Präambel und Artikel 4 Absatz 3 des Staatsvertrages; siehe auch *Stober, Rolf*, Wirtschaftsverwaltungsrecht, 10. Auflage (1996), S. 67.

[10] *Mussler* (Anm. 8), S. 52.

[11] *Abendroth, Wolfgang*, Das Grundgesetz, 1. Auflage (1966), S. 65 ff.

Im Ergebnis ist festzuhalten, daß das Grundgesetz jedenfalls kein geschlossenes System einer Wirtschaftsverfassung bietet und der dies implizierende Begriff daher für die entsprechenden, sehr wohl vorhandenen Verfassungsregelungen gängig aber nicht unproblematisch ist. Diese einzelnen Regelungen sind nun näher zu untersuchen.

## II. Einzelne Artikel des Grundgesetzes mit wirtschaftsverfassungsrechtlichem Normgehalt

Bei der Untersuchung einzelner Grundgesetz-Normen wurde das Sozialstaatsprinzip nicht einbezogen, da eine isolierte Betrachtung in bezug auf wirtschaftsverfassungsrechtliche Gehalte nicht sinnvoll erscheint.

Nicht berücksichtigt wurde auch Artikel 115 Absatz 1 Satz 2 GG, welcher als Höchstgrenze für die Kreditaufnahme des Bundes das Investitionsvolumen des Rechnungsjahres zugrundelegt. Dieser spielt in der wirtschaftsverfassungsrechtlichen Literatur keine Rolle. Artikel 107 BL, welcher diesem auf den ersten Blick ähnelt, weist mit seiner Forderung, Defizite generell zu vermeiden, in eine ganz andere Richtung.

### 1. Artikel 2 Abs. 1 GG [Allgemeine Handlungsfreiheit]

#### a. Inhalt und Zielsetzung

Art. 2 Abs. 1 GG sei kein Grundrecht, „[...] auf dem sich wirtschaftsliberalistische Gedankengebäude errichten lassen." – so stellt es der Grundgesetz-Kommentar von Maunz/Dürig sogleich voran[13]. Dies werde schon durch den in Artikel 20 Abs. 1 i.V.m. Artikel 79 Absatz 3 GG enthaltenen staatlichen Sozialgestaltungsauftrag verhindert.

Trotzdem lassen sich Artikel 2 Absatz 1 GG konkrete, wirtschaftlich relevante Gehalte entnehmen. Zu nennen sind hier insbesondere die übergreifende Unternehmensfreiheit und spezieller Wettbewerbsfreiheit und Vertragsfreiheit.

---

[12] Zur Kritik hieran siehe *Frotscher* (Anm. 4), S. 19.

[13] *Dürig, Günter*, in: *Maunz, Theodor/Dürig, Günter*, Grundgesetz, Kommentar (2000), Artikel 2 Absatz I Rdnr. 44.

## aa. Unternehmensfreiheit

Die allgemeine wirtschaftliche Grundfreiheit, welche dazu dient, prinzipielle staatliche Angriffe auf die wirtschaftliche Entfaltungsfreiheit abzuwehren, kann nach Ernst Rudolf Huber[14] als „Unternehmensfreiheit"[15] bezeichnet werden. Durch sie werde eine staatliche Kommandowirtschaft ausgeschlossen[16], auch die Zulässigkeit rückwirkender Steuergesetze ist an ihr zu messen. Jedes Wirtschaftssystem, welches die „Unternehmensfreiheit" ganz beseitigen wolle, ist mit Artikel 2 Absatz 1 GG i.V.m. Artikel 19 Absatz 2 GG unvereinbar. Artikel 2 Absatz 1 GG wird damit als „eine Magna Charta gegen alle Wirtschaftssysteme des Staatssozialismus oder der staatlichen Kommandowirtschaft" bezeichnet[17].

## bb. Wettbewerbsfreiheit

Den Unternehmen wird im Rahmen des Artikel 2 Absatz 1 GG auch das Recht zugesichert, „sich durch freie Leistungskonkurrenz auf dem Markt gegenüber anderen Unternehmen durchzusetzen"[18]. Autonome Wettbewerbsbeschränkungen innerhalb der Wirtschaft wie kartellrechtlich erlaubte Zusammenschlüsse werden dadurch ebenso wenig ausgeschlossen wie vertragliche Wettbewerbsverbote im arbeits- und gewerberechtlichen Sinne. Die Grenzen staatswirtschaftlicher Eigenbetätigung werden ebenfalls durch Artikel 2 Absatz 1 GG festgelegt[19].

---

[14] Der Streit um das Wirtschaftsverfassungsrecht, DÖV 1956, S. 135.

[15] Gegen den Begriff *Schmidt, Reiner*, Öffentliches Wirtschaftsrecht, Allgemeiner Teil (1990), S. 72.

[16] *Dürig*, in: *Maunz/Dürig* (Anm. 13), Artikel 2 Absatz I Rdnr. 46.

[17] *Dürig*, in: *Maunz/Dürig* (Anm. 13), Artikel 2 Absatz I Rdnr. 46.

[18] *Huber*, DÖV 1956, 135 [137]; das BVerwG spricht von der Wettbewerbsfreiheit als Möglichkeit, sich als verantwortlicher Unternehmer wirtschaftlich zu betätigen, so BVerwG DVBl. 1982, 693; BVerwGE 79, S. 326 [329].

[19] *Dürig*, in: *Maunz/Dürig* (Anm. 13) Artikel 2 Absatz I Rdnr. 52.

### cc. Vertragsfreiheit

Artikel 2 Absatz 1 GG gewährleistet dem Einzelnen nicht nur das Recht, Verträge grundsätzlich so abzuschließen, wie er es wünscht[20]. Auch schützt er ihn vor nachträglicher Manipulation der Verträge durch die öffentliche Gewalt.

Artikel 2 Absatz 1 GG schützt die Vertragsfreiheit nur insoweit, als Spezialgrundrechte wie Artikel 9 Absatz 1, 3; 12; 14 GG nicht einschlägig sind[21]. Über die Generalklausel der §§ 138, 242 BGB wird auch der Machtmißbrauch im privaten Wirtschaftsverkehr abgewehrt[22].

### b. Unterschiede zu den entsprechenden Regelungen des Basic Law

Gem. Artikel 115 BL soll die Sonderverwaltungsregion Hongkong eine Politik des freien Handels weiterführen und den freien Verkehr von Gütern, immateriellem Besitz und Kapital sicherstellen[23].

Diese Regelung, die ursprünglich nur den Schutz des freien Außenhandels bezwecken sollte, kann mit dem Normgehalt des Artikel 2 Absatz 1 GG allerdings schlecht verglichen werden. Gewährt Artikel 2 Absatz 1 GG insgesamt ein Recht der allgemeinen Handlungsfreiheit und zum anderen im Zusammenspiel mit Artikel 1 Absatz 1 GG das allgemeine Persönlichkeitsrecht, so zeigt schon die systematische Auslegung[24], daß es sich bei dem in Artikel 115 BL erwähnten „freien Handel" nur um einen gesellschaftlichen Befund[25] unterhalb einer objektiven Wertordnung, nicht um ein individuelles Freiheitsrecht handeln soll. Den im zweiten Teil des Artikel 115 BL gewährleisteten freien Verkehr von Gütern, immateriellem Besitz und Kapital kann man auch nur schwerlich einer privatrechtlichen Institutsgarantie[26] annähern. Im Gegensatz zu Artikel 2 Absatz 1 GG („Jeder hat das Recht [...]") sollen in Artikel 115 BL keine individuellen Chancen abgesichert werden. Ein Grundrechtsträger ist nicht auszumachen. Vielmehr

---

[20] *Leibholz, Gerhard/Rinck, Hans-Justus/Hesselberger, Dieter*, Grundgesetz, Kommentar an Hand der Rechtsprechung des Bundesverfassungsgerichts (1993), Artikel 2 Rdnr. 375.

[21] *Dürig*, in: *Maunz/Dürig* (Anm. 13) Artikel 2 Absatz I Rdnr. 53.

[22] *Dürig*, in: *Maunz/Dürig* (Anm. 13) Artikel 2 Absatz I Rdnr. 58.

[23] S. hierzu die Ausführungen in Kapitel VI unter Gliederungspunkt 2. n.

[24] Zum Begriff *Zippelius, Reinhold*, Juristische Methodenlehre, 7. Auflage (1999), S. 52; weiter differenzierend *Larenz, Karl*, Methodenlehre der Rechtswissenschaft, 5. Auflage (1983), S. 310 ff.

[25] *Pieroth, Bodo/Schlink, Bernhard*, Grundrechte, Staatsrecht II, 14. Auflage (1998), S. 19 Rdnr. 72.

[26] Zum Begriff *Schmitt, Carl*, Verfassungsrechtliche Aufsätze aus den Jahren 1924 – 1954, Materialien zu einer Verfassungslehre, 2. Auflage (1973), S. 215 f.

ist davon auszugehen, daß durch die Festschreibung der bisherigen wirtschaftspolitischen Grundsätze ausländischen Investoren Beruhigung verschafft werden
sollte.

Auf die Manifestation einer allgemeinen Handlungsfreiheit hat der Gesetzgeber
Hongkongs, wohl bewußt, verzichtet. Neben den Schutz des Eigentums in Artikel 6, 105 BL verweist das Basic Law in Artikel 5 auf „das kapitalistische
System und die entsprechende Lebensform". Einem kapitalistischen System we-
sensimmanent sind aber Unternehmens-, Wettbewerbs- und Vertragsfreiheit.

## 2. Artikel 9 GG [Vereins- und Koalitionsfreiheit]

### a. Inhalt und Zielsetzung

Artikel 9 GG faßt die allgemeine Vereinigungsfreiheit und die Koalitionsfreiheit
zu einer einheitlichen Bestimmung zusammen.
Das durch Artikel 9 GG etablierte „Prinzip freier sozialer Gruppenbildung"[27]
basiert auf einem freiheitlichen Modell gesellschaftlicher Organisation, welches
sich von einem System abhebt, in welchem das Volk von oben her in ständisch-
korporative Gruppen gegliedert und nur in dieser kanalisierten Form obrigkeitli-
cher Lenkung an der öffentlichen Meinungs- und Entscheidungsfindung beteiligt
ist[28].

Vereinigung ist der Sammelbegriff für die vom Grundgesetz genannten privatrechtlichen „Vereine und Gesellschaften"[29]. Damit erklärt sich die grundlegende
Bedeutung der Vereinigungsfreiheit des Artikel 9 Absatz 1 GG für die Wirtschaftsordnung von selbst.
Als Form der besonderen Vereinigungsfreiheit garantiert Artikel 9 Absatz 3 GG
die Koalitionsfreiheit, vom Grundgesetz definiert als das Recht, zur Wahrung
und Förderung der Arbeits- und Wirtschaftsbedingungen Vereinigungen zu bilden. Die Koalitionsfreiheit ist aber nicht nur liberales Freiheitsrecht, sondern
auch soziales Schutzrecht[30], wenngleich kein „sozialistisches Grundrecht"[31].
Verfassungssystematisch ist Artikel 9 Absatz 3 GG Element der durchweg libe-

---

[27] BVerfGE 38, S. 281 [303]; 80, S. 244 [252].
[28] BVerfGE 38, S. 281 [303]; ähnlich 50, S. 290 [353].
[29] Scholz, Rupert S., in: Maunz/Dürig (Anm. 13) Artikel 9 Rdnr. 57.
[30] Höfling, Wolfram, in: Sachs, Michael, Grundgesetz, Kommentar, 2. Auflage (1999),
Artikel 9 Rdnr. 51 f.
[31] Scholz, in: Maunz/Dürig (Anm. 13) Artikel 9 Rdnr. 157.

ral-offenen Grundrechtsordnung des Grundgesetzes[32]. Die offene Gesellschafts-
verfassung des Grundgesetzes kennt kein Prinzip der „Wirtschaftsdemokratie"
und negiert daher entsprechende Partizipationsansprüche bzw. unmittelbar-de-
mokratische Funktionsrechte von Verbänden[33], welche zuweilen aus Artikel 9
Absatz 3 GG herausgelesen werden. Auch ein „Recht auf sozialistische Verän-
derung" lasse sich dieser Norm nicht entnehmen[34]. Gewerkschaften und Arbeit-
geberverbände sollen im Verein mit dem jeweiligen sozialen Gegenspieler das
Arbeitsleben ordnen und befrieden[35]. Der Staat ist dem Koalitionsverfahren gegenüber zur Neutralität verpflichtet, insbesondere eine Zwangsschlichtung bei
Auseinandersetzungen tarifpolitischer Art ist verboten[36]. Auch der Schutz der
Streikfreiheit ist durch Artikel 9 Absatz 3 gewährleistet[37], denn ohne die Freiheit
zum Streik wäre die Arbeitnehmerseite strukturell verhandlungsunfähig[38].

### b. Unterschiede zu den entsprechenden Regelungen des Basic Law

Auch Artikel 27 BL, außerhalb der eigentlichen Wirtschaftsverfassung, gewährt
dem einzelnen Bewohner Hongkongs „das Recht und die Freiheit, Gewerkschaften zu gründen und sich ihnen anzuschließen sowie zu streiken."
Artikel 27 BL verbürgt darüber hinaus die Meinungs- und Pressefreiheit, die
Vereins- und Versammlungsfreiheit, sowie das Demonstrationsrecht.
Ergänzend wird den *Non-Governmental Organizations (NGOs)*, welche im Bereich des Arbeitswesens tätig sind, in Artikel 148 BL die Nichteinmischung der
entsprechenden Organisationen vom Festland und in Artikel 149 BL die Möglichkeit zu internationaler Kooperation und Assoziation zugesichert.
Die Aufnahme in Artikel 27 BL zeigt, daß die Regelung wohl als demokrati-
sches Grundrecht, weniger aber als wesentlich für die „Wahrung und Förderung
der Arbeits- und Wirtschaftsbedingungen" angesehen wird. Auf den geringen
Organisationsgrad der Arbeiterschaft wurde bereits hingewiesen. Insofern ist in
Hongkong nicht davon auszugehen, daß den Koalitionen als Berufsverbänden
der Arbeitnehmer und Arbeitgeber im öffentlichen Interesse die Aufgabe übertragen ist, „im Verein mit dem sozialen Gegenspieler das Arbeitsleben zu ord-

---

[32] *Höfling*, in: *Sachs* (Anm. 30), Artikel 9 Rdnr. 51.
[33] *Scholz*, in: *Maunz/Dürig* (Anm. 13) Artikel 9 Rdnr. 17.
[34] *Scholz*, in: Maunz/Dürig (Anm. 13) Artikel 9 Rdnr. 157.
[35] BVerfGE 18, S. 18 [27].
[36] Vgl. BVerfGE 18, S. 18 [30]; BAGE 12, S. 184 [190]; BAG AP Art. 9 GG Arbeitskampf Nr. 43.
[37] BAGE 33, S. 140 [150] = NJW 1980, S. 1642 [1643 f.]; *Höfling*, in: *Sachs* (Anm. 30) Arti-kel 9 Rdnr. 95.
[38] *Kemper, Michael*, in: *v. Mangoldt, Hermann/Klein, Friedrich/Starck, Christian*, Das Bon-ner Grundgesetz, Kommentar, Band I, Artikel 9 Rn. 247 ff.

nen und zu befrieden"[39]. In Hongkong gilt es nicht, Flächentarifverträge auszuhandeln, wenn auch nominell eine Tarifautonomie besteht[40]. Die Macht der über 500 Einzelgewerkschaften ist hierzu viel zu gering. Arbeitskonflikte, bei denen es vorwiegend um Lohnrückstände, Abfindungs- oder sonstige Kompensationszahlungen geht, werden mit Hilfe der *Labour Relations Division* der Regierung unauffällig geschlichtet.

Wie in Artikel 27 BL ausdrücklich erwähnt, so gewährt auch Artikel 9 Absatz 3 das Streikrecht als wichtigstes Kampfmittel im legitimen Arbeitskampf der Gewerkschaften[41]. Die ausdrückliche Erwähnung im *Basic Law* Hongkongs ist durch das Fehlen einer Ebene überbetrieblicher Vereinbarungen und Grundabsicherungen gerechtfertigt, so daß einem betriebsbezogenen Streikrecht größere Bedeutung zukommt.

### 3. Artikel 12 GG [Berufsfreiheit]

#### a. Inhalt und Zielsetzung

Artikel 12 Absatz 1 GG enthält das Recht der Berufswahlfreiheit, weiterhin die Freiheit der Arbeitsplatz- und der Arbeitsstättenwahl. Artikel 12 Absatz 1 S. 2 GG beinhaltet die Garantie der Berufsausübungsfreiheit. Die verschiedenen Teilgewährleistungen sind jedoch als einheitliches Grundrecht zu verstehen[42]. Der Wortlaut der Norm macht die verschiedenen Erscheinungsformen deutlich, in denen sich die Berufsfreiheit manifestiert, ohne sie in isolierte Tatbestände aufzulösen[43]. Wirtschaftsverfassungsrechtlich besteht die Bedeutung der Berufsfreiheit im Kern darin, im Rahmen des Schutzes von freier Berufswahl und freier Berufsausübung prinzipiell jede wirtschaftliche Tätigkeit und damit auch die Grundformen aller gewerblichen oder unternehmerischen Betätigung zu gewährleisten[44]. Scholz nennt hierzu Marktfreiheit, Wettbewerbsfreiheit und privatnützige Erwerbsfreiheit[45]. Nicht unter dem Schutz der Berufsfreiheit steht die Schwarzarbeit, d. h. eine berufliche (arbeitnehmerische) Tätigkeit, die ohne Abführung der steuerrechtlich und sozialversicherungsrechtlich geschuldeten Ab-

---

[39] BVerfGE 18, S. 18 [27].

[40] *Horlemann, Ralf,* Die Rückgabe Hongkongs und seine neue Verfassung (1999), S. 152.

[41] BAGE 1, S. 291 [298 ff.]; 2, S. 75 [77]; 10, S. 111 [114 f.].

[42] Vgl. BVerfGE 9, S. 338 [344 f.]; 17, S. 269 [276]; *Schneider, Hans-Peter,* Artikel 12 GG – Freiheit des Berufs und Grundrecht der Arbeit, Bericht, in: VVDStRL 43 (1985), S. 7 [18]; *Pieroth/Schlink* (Anm. 25), S. 199 Rdnr. 808; *Tettinger, Peter J.,* in: *Sachs* (Anm. 30), Artikel 12 Rdnr. 8.

[43] *Manssen, Gerrit,* in: *v. Mangoldt/Klein/Starck* (Anm. 38), Art. 12 Rn. 2.

[44] *Scholz,* in: *Maunz/Dürig* (Anm. 13), Artikel 12 Rdnr. 74.

[45] *Scholz,* ebda.

gaben erfolgt[46]. Ein individuelles Recht auf Arbeit wird auf der anderen Seite durch Artikel 12 Absatz 1 GG ebensowenig begründet[47]. Artikel 12 Absatz 1 GG enthält ein für das Arbeits- und Wirtschaftsleben zentrales, liberales Freiheitsrecht[48], das dem Einzelnen die freie Entfaltung seiner Persönlichkeit zur materiellen Sicherung seiner individuellen Lebensgestaltung ermöglicht[49]. Im Hinblick auf die deutsche Diskussion einer Wirtschaftsverfassung wird Artikel 12 Absatz 1 GG als das „Hauptgrundrecht der freien wirtschaftlichen Betätigung"[50] hervorgehoben, welches für eine Abschirmung und Verstärkung individueller Marktchancen streite[51]. Das Verhalten im Wettbewerb gehöre zur Berufsausübung und zum Schutzbereich der Berufsfreiheit. Mit dieser Freiheit zum Wettbewerb sei die Vorstellung einer Freiheit von Konkurrenz unverträglich[52]. Auch ohne explizite Garantie der Wettbewerbsordnung i.S.e. prinzipiellen makro-ökonomischen Institutionalisierung vermittelt Artikel 12 GG durch Freiheitsschutz für individuelle Berufswahl und -ausübung funktionstypische Elemente einer marktorientierten und wettbewerblich organisierten Wirtschaftsordnung[53].

### b. Unterschiede zu den entsprechenden Regelungen des Basic Law

Artikel 33 BL stellt äußerst knapp fest, daß die Einwohner Hongkongs ebenfalls die Freiheit der Berufswahl genießen. Regelungen hinsichtlich der Berufsausübung finden sich in Artikel 142 BL. Dort wird der Regierung aufgegeben, unter Anerkennung der berufsständischen Anforderungsprofile, eigene Regelungen zur Festlegung eines Qualifikationsniveaus für die Berufsausübung in den verschiedenen Zweigen zu schaffen.

Ingesamt bietet die Regelung im Basic Law keine Einschränkungen gegenüber der Gewährleistung im Grundgesetz. Die freie Berufswahl und -ausübung bildet schließlich die Grundlage einer ökonomisch auch langfristig erfolgreichen Tätigkeit des Individuums, was in beiden Gesellschaftsordnungen angestrebt wird.

---

[46] *Scholz*, in: *Maunz/Dürig* (Anm. 13), Art. 12 Rdnr. 29.

[47] BVerwGE 97, S. 154 [158]; BAG NJW 1964, S. 1921 [1922]; *Scholz*, in: *Maunz/Dürig* (Anm. 13), Artikel 12 Rdnr. 44 ff., S. 117.

[48] *Scholz*, in: *Maunz/Dürig* (Anm. 13) Artikel 12 Rdnr. 38.

[49] BVerfGE 63, S. 266 [286]; 81, S. 242 [254] (ständige Rechtsprechung)

[50] *Ossenbühl, Fritz*, Die Freiheit des Unternehmers nach dem Grundgesetz, in: AöR 115 (1990), S. 1 [5].

[51] *Tettinger*, in: *Sachs* (Anm. 30), Artikel 12 Rdnr. 179.

[52] *Pieroth/Schlink* (Anm. 25), S. 201 Rdnr. 814.

[53] *Stern, Klaus*, Unternehmensphilosophie und Verfassungsordnung – die Auswirkungen der grundgesetzlichen Wirtschaftsverfassung auf die Formulierung einer Unternehmensphilosophie, in: ORDO, Bd. 30 (1997), S. 257 ff.; *Jarass, Hans D.*, in: *ders./Pieroth*, Grundgesetz für die Bundesrepublik Deutschland, 5. Aufl. (2000), Artikel 12 Rdnr. 2.

## 4. Artikel 14 GG [Eigentum, Erbrecht und Enteignung]

### a. Inhalt und Zielsetzung

Artikel 14 GG gewährt in Absatz 1 Satz 1 den Schutz von Eigentum und Erbrecht. Satz 2 ermächtigt den Gesetzgeber nicht nur, den Inhalt des verfassungsrechtlichen Eigentumsbegriffs zu bestimmen, sondern auch dessen Grenzen[54]. Die Enteignung i.S.d. Absatz 3 Satz 1 „ist auf die vollständige oder teilweise Entziehung konkreter subjektiver Rechtspositionen i.S.d. Artikel 14 Absatz 1 Satz 1 zur Erfüllung bestimmter öffentlicher Aufgaben gerichtet"[55].

Das BVerfG ist bisher allen Versuchen entgegengetreten, der Institutsgarantie des Artikel 14 GG in Verbindung mit den anderen Wirtschaftsfreiheitsgarantien des Grundgesetzes eine wirtschaftssystemkonstituierende Gesamtentscheidung zu entnehmen[56]. Auch die Eigentumsgarantie der früheren deutschen Verfassungen waren bereits durch die Spannung zwischen liberal-naturrechtlicher Begründung des Privateigentums und dessen sozialer Funktion geprägt[57]. Gleichwohl ist eine Verfassung, die die privatnützige Gebrauchsmöglichkeit, Ertragsfähigkeit und Verfügungsfähigkeit des Privateigentums und der zu ihm rechnenden verschiedenartigen Rechte garantiert, nicht wirtschaftspolitisch als völlig neutral einzustufen[58].

Das Grundgesetz garantiert mit Artikel 14 Absatz 1 das Privateigentum einschließlich des unternehmensbestimmten Eigentums und seiner ökonomischen Nutzbarkeit als Institut[59]. Die Grundrechte des Eigentums und des privatautonomen Wirtschaftens sind freilich konstitutiv für einen verfassungsrechtlichen Systementwurf, der jedenfalls vorrangig durch Delegation und Dezentralisation von Wirtschaftsplanung und durch verkehrswirtschaftliche Koordination geprägt ist[60].

Die Eigentumsgarantie des Artikel 14 Absatz 1 Satz 1 gewährleistet auch das Privateigentum als ein Institut der Rechts- und Wirtschaftsordnung[61]. Eine Wirtschaftsordnung, die dem Privateigentum prinzipiell entsagen und alle Planung zentralisieren würde, wäre mit der Institutsgarantie des Artikel 14 Absatz 1 Satz 1 GG nicht vereinbar[62].

[54] *Kimminich*, Otto, in: *Dolzer, Rudolf/Vogel, Klaus*, Bonner Kommentar zum Grundgesetz (1999), Artikel 14 Rn. 133.
[55] BVerfGE 70, S. 191 [199 f.]; 72, S. 66 [76].
[56] BVerfGE 50, S. 290 [337].
[57] *Wendt, Rudolf*, in: *Sachs* (Anm. 30), Artikel 14 Rdnr. 1.
[58] *Wendt*, in: *Sachs* (Anm. 30), Artikel 14 Rdnr. 6.
[59] *Papier*, in: *Maunz/Dürig* (Anm. 13), Artikel 14 Rdnr. 33.
[60] *Papier*, in: *Maunz/Dürig* (Anm. 13), Artikel 14 Rdnr. 34; *Depenheuer, Otto*, in: *v. Mangoldt/Klein/Starck* (Anm. 38), Artikel 14 Rdnr. 9.
[61] BVerfGE 24, S. 367 [389]; 26, S. 215 [222]; 31, S. 229 [240]; 42, S. 263 [294].
[62] *Papier*, in: *Maunz/Dürig* (Anm. 13), Artikel 14 Rdnr. 34.

Auf die Problematik der Enteignung gem. Absatz 3 und entsprechender Entschädigungen ist an dieser Stelle nicht einzugehen.

### b. Unterschiede zu den entsprechenden Regelungen des Basic Law

Die sozialen Bindungen des Artikel 14 Absatz 2 GG wurden in der wissenschaftlichen Diskussion Hongkongs als bemerkenswert herausgestellt[63], gleiches gilt für die sehr detaillierten Enteignungsregelungen[64]. Als Parallele zu Artikel 6 BL wurde gesehen, daß auch hier der Gesetzgeber aufgefordert war, durch zusätzliche Regelungen diesem Prinzip sozialer Verantwortung zur Verwirklichung zu verhelfen[65]. Allerdings bezieht sich die Aufforderung an den Gesetzgeber in Artikel 14 GG auf die Schranken des Eigentums bzw. die Enteignung, während die Aufforderung in Artikel 6 BL der allgemeinen Ausgestaltung des Eigentumsrechts gilt. Artikel 105 BL gibt noch einmal eine detaillierte Regelung zu einzelnen Ausgestaltungen des Eigentumsrechts wie dem Erwerb, der Nutzung, der freien Verfügung über und der Vererblichkeit des Eigentums.
Der Schutz des privaten Eigentums, der in Hongkong als Kernpunkt der Wirtschaftsverfassung betrachtet wird[66], ist auch in Deutschland elementares Grundrecht und „eine Wertentscheidung [...] von besonderer Bedeutung"[67].
Beide Rechtsordnungen bieten hier einen umfassenden Eigentumsschutz.

---

[63] *Chen, Albert H. Y.*, The Basic Law and the Protection of Property Rights, in: Hong Kong Law Journal, Vol. 23 (1993), S. 31 [35].
[64] *Chen* (Anm. 63), S. 31 [39].
[65] *Chen* (Anm. 63), S. 31 [57].
[66] *Ghai, Yash P.*, Hong Kong's New Constitutional Order, Second Edition (1999), S. 434.
[67] BVerfGE 14, S. 263 [277]; ähnlich E 21, S. 150 [155].

## 5. Artikel 15 GG [Sozialisierung]

### a. Inhalt und Zielsetzung

Artikel 15 GG befaßt sich mit dem Begriff der Sozialisierung, d. h. der Überführung von Grund und Boden, Naturschätzen und Produktionsmitteln in Gemeineigentum oder andere gemeinwirtschaftliche Rechtsformen zum Zwecke der Vergesellschaftung[68]. Unter Produktionsmitteln sind hierbei die der Produktion unmittelbar dienenden Betriebsanlagen (Gebäude, Maschinen, Werkzeuge) wie auch die für die Produktion verwandten Betriebsmittel (Rohstoffe, Halbfabrikate) und die dort eingesetzten Urheberrechte zu verstehen.

Die Forderung nach Sozialisierung war traditionelles Kernelement sozialistischer Wirtschaftspolitik[69]. Artikel 15 GG zeigt vor diesem Hintergrund die Möglichkeit einer anderen als marktwirtschaftlich organisierten Wirtschaftsform auf[70], indem er ganze Wirtschaftszweige institutionell zu vergesellschaften und materiell gemeinwirtschaftlich zu organisieren ermöglicht[71]. Maunz sieht die Regelung als „Eingriff in die Wirtschaftsverfassung"[72], der allerdings nicht zu einer völligen Umgestaltung der bestehenden Wirtschaftsverfassung führen müsse. Schon die Entschädigungspflicht zeige hier Grenzen. Artikel 15 GG bilde auch nur die Ausnahme zur Regel des Artikel 14 GG[73].

### b. Unterschiede zu den entsprechenden Regelungen des Basic Law

Eine in Artikel 15 GG vorgesehene Überführung von Grund und Boden, Naturschätzen und Produktionsmitteln in Gemeineigentum findet sich erwartungsgemäß nicht im Basic Law. Artikel 105 BL sieht aber in seinem zweiten Absatz den Fall vor, daß insbesondere Grund und Boden enteignet wird, wenn ein entsprechender Bedarf gegeben ist (z. B. für den Straßen- und Flughafenbau oder bei militärischen Erfordernissen)[74]. Dies ist auf den Landmangel in Hongkong

---

[68] *Maunz*, in: *Maunz/Dürig* (Anm. 13), Artikel 15 Rn. 1.
[69] *Wieland, Joachim*, in: *Dreier, Horst*, Grundgesetz, Kommentar (1996), Artikel 15 Rdnr. 1.
[70] *Müller-Volbehr, Jörg*, Das Soziale in der Marktwirtschaft, in: JZ 1982, S. 132 [140]; *Jarass*, in: *ders./Pieroth* (Anm. 53), Artikel 15 Rdnr. 1.
[71] *Depenheuer*, in: *v. Mangoldt/Klein/Starck* (Anm. 38), Artikel 15 Rdnr. 1.
[72] *Maunz*, in: *Maunz/Dürig* (Anm. 13), Artikel 15 Rdnr. 5.
[73] *Maunz*, in: *Maunz/Dürig* (Anm. 13), Artikel 15 Rdnr. 7; *Depenheuer*, in: *v. Mangoldt/Klein/Starck* (Anm. 38), Artikel 15 Rdnr. 8.
[74] *Chen* (Anm. 63), S. 31 [61].

zurückzuführen. Ein Einfallstor für eine allgemeine Sozialisierung etwa auch der Naturschätze und vor allem der Produktionsmittel sollte nicht geschaffen werden. Allerdings wurde auch von der deutschen Regelung, wohl bedingt durch die ausdrücklich erwähnte Entschädigungspflicht[75], noch kein Gebrauch gemacht[76].

Ein Eingriff in die Wirtschaftsverfassung ist in Hongkong schon theoretisch ausgeschlossen, weshalb in Artikel 105 BL der Begriff „Deprivation" (Entziehung, Enthebung, Aberkennung) der „Socialization" (Sozialisierung, Vergesellschaftung, Verstaatlichung) vorgezogen wurde[77].

Artikel 15 GG war 1949 grundlegendes Element des Bonner Kompromisses zwischen bürgerlichen Parteien und Sozialdemokraten[78]. Nur die Möglichkeit einer grundlegenden Umgestaltung der Wirtschaftsordnung ermöglichte letzteren die Zustimmung zum Grundgesetz. Schon Artikel 156 der Weimarer Reichsverfassung sah eine Sozialisierung privatwirtschaftlicher Unternehmungen vor. Eine solche Tradition besteht im als Handelsstützpunkt ausländischer Kaufleute gegründeten Hongkong nicht. Fraglich ist vielmehr, ob nicht Artikel 5 BL mit seiner Systemfestschreibung eine entsprechende Regelung von vornherein ausschließt. Diese These wird auch dadurch gestützt, daß in der deutschen Diskussion die Umverteilung (soziale Umschichtung) von Vermögenszuwachs vor allem unter den Voraussetzungen des Artikel 15 GG behandelt wird[79]. Dieser Gedanke fügt sich aber ebenfalls nicht in das in Hongkong existierende Bild einer gerechten Wirtschaftsordnung.

Artikel 15 GG findet im Basic Law keine Entsprechung.

---

[75] *Maunz*, in: *Maunz/Dürig*, Artikel 15 Rdnr. 2.

[76] *Wendt*, in: Sachs (Anm. 30), Artikel 15 Rdnr. 2; *Rittstieg*, in: Alternativkommentar (Anm. 3), Artikel 14/15 Rdnr. 226.

[77] Freilich hat auch der deutsche Gesetzgeber die Aufnahme des Begriffs „Sozialisierung" vermieden, vgl. *Maunz*, in: *Maunz/Dürig* (Anm. 13), Artikel 15 Rdnr. 1.

[78] *Bryde, Brun-Otto*, in: *v. Münch, Ingo/Kunig, Philip*, Grundgesetz-Kommentar, 4. Auflage (1992), Artikel 15 Rdnr. 1.

[79] *Rasch, Harold*, Die Umverteilung des Vermögenszuwachses von Unternehmen in verfassungsrechtlicher Sicht, in: BB 1973, S. 253 [257].

## 6. Artikel 109 Abs. 2 GG [Haushaltswirtschaft und gesamtwirtschaftliches Gleichgewicht]

### a. Inhalt und Zielsetzung

Die Regelungen der Artikel 104 a – 109 bilden die bundesstaatliche Finanzverfassung des Grundgesetzes. Sie dienen dazu, den Gesamtstaat und die Gliedstaaten am Ertrag der Volkswirtschaft sachgerecht zu beteiligen[80]. Dies geschieht maßgeblich über die Steuergesetzgebung, deren Kompetenz an dieser Stelle geregelt ist. Die Steuern beeinflussen aber die wirtschaftliche Aktivität der Individuen. Sie dienen der Finanzierung der jeweiligen Haushalte. Somit ist an dieser Stelle auch auf Artikel 109 Absatz 2 GG einzugehen.

Der Neufassung des Artikel 109 GG lag die auf der ökonomischen Theorie von John Maynard Keynes beruhende Auffassung zugrunde, der Ablauf der seit der zweiten Hälfte des 19. Jahrhunderts zu beobachtenden kontinuierlichen Konjunkturzyklen lasse sich durch fiskalpolitische Maßnahmen des Staates beeinflussen[81]. Daher sei ein rechtliches Instrumentarium notwendig, um die Haushalts- und Finanzpolitik auf eine antizyklische Steuerung des Konjunkturablaufs auszurichten[82]. Hierzu müsse auch eine kreditfinanzierte Nachfrageausweitung (,,Deficit Spending") durch den Staat möglich sein[83].

Das Ziel der staatlichen Konjunkturpolitik wird in Absatz 2 des Artikel 109 als gesamtwirtschaftliches Gleichgewicht umschrieben. Im Grundgesetz selbst ist dieser Begriff nicht näher definiert. Nach § 1 Satz 2 des Gesetzes zur Förderung der Stabilität und des Wachstums der Wirtschaft vom 8. Juni 1967 (StWG)[84] bedeutet dies die gegenseitige Beeinflussung und Förderung von Maßnahmen zugunsten einer Stabilität des Preisniveaus, eines hohen Beschäftigungsstandes, einer gesunden Außenwirtschaft und eines stetigen Wirtschaftswachstums.

Bei den vier Teilzielen handelt es sich um anzustrebende Idealzustände, die wohl parallel zu verwirklichen sind[85]. Mittlerweile ist man sich zudem der begrenzten Wirkung der konjunkturgerechten Haushaltswirtschaft bewußt und erkennt an, daß die gesamtwirtschaftliche Entwicklung von einer Reihe anderer Faktoren beeinflußt wird (z. B. Unternehmerverhalten, Tarifpolitik, internationale Konjunktur- und Wirtschaftslage).

---

[80] BVerfGE 55, S. 274 [300]; 72, S. 330 [388]; 86, S. 148 [264].

[81] *Schmidt-Bleibtreu, Bruno/Klein, Franz*, Kommentar zum Grundgesetz, 9. Auflage (1999), Artikel 109 Rn. 1; *Siekmann, Helmut*, in: *Sachs* (Anm. 30), Artikel 109 Rdnr. 12.

[82] BVerfGE 79, S. 311 [311 ff.].

[83] *Siekmann*, in: *Sachs* (Anm. 30), Artikel 109 Rdnr. 13.

[84] BGBl. I S. 582, zuletzt geändert am 14. September 1994.

[85] *Maunz*, in: *Maunz/Dürig* (Anm. 13), Artikel 109 Rdnr. 30.

Es wird die Auffassung vertreten, daß in Artikel 109 GG das System der sozialen Marktwirtschaft vorausgesetzt und festgeschrieben ist[86]. Dem widerspricht allerdings, daß die Grundsätze des § 1 StWG in einem im Rang unter der Verfassung stehenden Bundesgesetz normiert worden sind. Es ist daher dogmatisch davon auszugehen, daß das marktwirtschaftliche System nicht unumstößlich im Grundgesetz verankert worden ist[87].

### b. Unterschiede zu den entsprechenden Regelungen des Basic Law

Artikel 107 BL hat lediglich die Verpflichtung zum Inhalt, seitens der Regierung Haushaltsdefizite zu vermeiden. Wortreich wird der Regierung aufgetragen, „ihr Geld zusammenzuhalten". Angestrebt ist lediglich ein fiskalisches Gleichgewicht, in Deutschland soll darüber hinaus einem gesamtwirtschaftlichem Gleichgewicht Rechnung getragen werden. Artikel 115 Absatz 1 Satz 1 GG legt fest, daß die Einnahmen aus den in einem Rechnungsjahr aufgenommenen Krediten nicht höher als die im Haushaltsplan vorgesehenen Ausgaben für Investitionen sein dürfen. Die Begrenzung kann aber gem. Satz 3 zur Abwehr einer Störung des gesamtwirtschaftlichen Gleichgewichts durchbrochen werden. Die Kreditaufnahme muß zur Abwehr der Störung bestimmt und geeignet sein, wobei die Ursachen der Störung in Betracht gezogen werden müssen[88]. Das Primat des gesamtwirtschaftlichen Gleichgewichts hat dem Gesetzgeber jedenfalls bisher einen erheblichen Spielraum zur Neuverschuldung belassen. In Hongkong ist man solchen interventionistischen Freiräumen gegenüber mißtrauisch und hat sich daher auf eine Verpflichtung zur Haushaltsdisziplin beschränkt.

### 7. Zwischenergebnis

Die durch das Grundgesetz gewährte allgemeine Handlungsfreiheit des Artikel 2 Absatz 1, welcher sich wiederum spezifische wirtschaftliche Gehalte entnehmen lassen, beschränkt sich im Basic Law typischerweise auf die Freiheit des Handels i.S.d. Artikel 115 BL. Die von Artikel 9 Absatz 3 GG gewährte Koalitionsfreiheit findet sich im Artikel 27 BL wieder, allerdings spielen die Gewerkschaften Hongkongs für die „Wahrung und Förderung der Arbeits- und Wirt-

---

[86] *Vogel, Klaus/Wiebel, Markus*, in: Bonner Kommentar, Artikel 109 Rdnr. 100; *Schmidt-Bleibtreu/Klein* (Anm. 81), Artikel 109 Rdnr. 9a.
[87] *Maunz*, in: *Maunz/Dürig* (Anm. 13), Artikel 109 Rdnr. 42 m.w.N.; *Jarass*, in: *ders./Pieroth* (Anm. 53), Artikel 109 Rdnr. 6.
[88] BVerfGE 79, S. 311 [339 f.].

schaftsbedingungen" keine tragende Rolle. Die Freiheit der Berufswahl bzw. – ausübung werden von Grundgesetz (Artikel 12 GG) wie Basic Law (Artikel 33, 142 BL) in gleichem Umfang gewährleistet. Selbiges gilt für den Schutz des Eigentums (Artikel 14 GG; Artikel 6, 105 BL). Der wesentliche Unterschied betrifft die Regelung zur Sozialisierung des Artikel 15 GG. Eine solche ist in Hongkong lediglich in Ausnahmefällen für Grund und Boden vorgesehen[89]. Artikel 109 Absatz 2 GG strebt ein gesamtwirtschaftliches Gleichgewicht an, welches auch einen hohen Beschäftigungsgrad umfaßt. In Hongkong verzichtet man auf derart weitreichende Regelungen und beschränkt sich auf ein fiskalisches Gleichgewicht i.S.d. Artikel 107 BL.

---

[89] Diese Regelung wurde wegen der Bodenknappheit und nicht aus ideologischen Gründen getroffen.

# Kapitel VII.
## Ausblick: Autoritäre Strukturen als Rahmenbedingung für eine gleichbleibend liberale Wirtschaftsordnung

Nach Darstellung des status quo soll hier noch kurz auf die Frage eingegangen werden, inwieweit sich die insgesamt autoritäre politische Ordnung, die Hongkong mit dem *Basic Law* außerhalb der Fragen der Wirtschaftsordnung zu gewärtigen hat, Einfluß auf den ökonomischen Fortschritt hat.

Hierzu wird vertreten, daß die zunehmende Industrialisierung einer Gesellschaft es immer schwerer macht, auch die unteren Schichten von politischer Teilhabe auszuschließen[1]. Auch wenn die führenden Klassen Hongkongs dieses schon bisher versucht haben, könnten die verschärften Rahmenbedingungen des Basic Law zu wachsender Unzufriedenheit und Konfrontation führen. Edwin Feulner, Präsident der *Heritage Foundation*, deren Index der Wirtschaftsfreiheit Hongkong im Jahr 2000 die Spitzenposition einräumt, vertritt die Ansicht, daß die Erosion politischer Rechte negativ für Erhalt und Ausbreitung wirtschaftlicher Freiheit ist[2].

Es gibt jedenfalls keinen wissenschaftlichen Beleg dafür, daß eine autoritäre Regierungsstruktur förderlich für eine erfolgreiche Entwicklung der ökonomischen und sozialen Rahmenbedingungen ist[3]. Umstritten ist, ob eine solche gleich gute Möglichkeiten für ein wirtschaftliches Gedeihen bietet[4]. Letztendlich ist ein vollkommen liberales Wirtschaftssystem im Rahmen einer autoritären politischen Struktur schwer vorstellbar[5].

Auch die demokratischen Reformen, zu denen sich viele der wirtschaftlich erfolgreichen Staaten Asiens mit Ausnahme von Singapur entschlossen haben,

---

[1] *Rueschemeyer, Dietrich/Huber Stephens, Evelyne/Stephens, John D.*, Capitalist Development and Democracy, vii; auch *Tarrant, Paul D.*, Bureaucrats Can't Build Hong Kong's Dreams, in: The Asian Wall Street Journal vom 19. Oktober 1999, S. 10, sieht mehr eine ausreichende Teilhabe der Gemeinschaft als Voraussetzung für die Sicherung des Wohlstands.

[2] South China Morning Post vom 2. November 2000.

[3] *Przeworski, Adam/Alvarez, Michael/Cheibub, José Antonio/Limongi, Fernando*, What Makes Democracies Endure?, in: Journal of Democracy, Vol. 7 (1996), S. 39; Christopher Patten jedenfalls hat in seiner politischen Rede 1992 die Demokratie als Voraussetzung für wirtschaftlichen Erfolg bezeichnet, zit b. *Flowerdew, John*, The Final Years of British Hong Kong (1998), S. 200; differenzierter *Geinitz*, Christian, Hongkongs Schicksalsmonat, FAZ vom 22. Juli 1999, S. 15; unentschlossen *Mushkat, Miron/Betz, Annabel*, Chris Patten's Democratic Vision: Benefits, Costs and Possible Outcomes (1992), S. 2.

[4] so wohl *Ghai, Yash P.*, Hong Kong's New Constitutional Order, Second Edition (1999), S. 237; *ders.*, Constitutional Law, in: *Shombing, Judith*, Annual Survey of the Law, 1990 – 1991 (1992), S. 181 [193]; *Lau, Siu-kai*, Basic Law and the New Political Order of Hong Kong (1988), S. 1; *Sung, Ru*, The China-Hong Kong Connection, The Key to China's Open-Door Policy (1991), S. 13 f.

[5] *Sohmen, Helmut*, Legislative Interlude, Hong Kong's Road to 1997 (1991), S. 199.

deuten nicht in diese Richtung[6]. Der auf der Welt einzigartige Unternehmergeist, den auch Singapur Hongkong neidet[7], würde durch Zensur und andere Restriktionen in der Informationsbeschaffung eher behindert; dies insbesondere, da Hongkong ein Dienstleistungszentrum ist[8]. Hier zeigen sich allerdings erste negative Entwicklungen: Eingriffe in die freie Berichterstattung der Presse werden in Hongkong meist durch vorauseilenden Gehorsam (Entlassung oder Versetzung kritischer Redakteure) vermieden.

Zusätzlich muß sich Hongkong nun der Konkurrenz auf dem Festland stellen. Viele leitende Mitarbeiter in den südchinesischen Betrieben sprechen schon jetzt besser Englisch als jene in der ehemaligen britischen Kolonie[9]. Schanghai hat Hongkong in vielen Wirtschaftszweigen den Rang abgelaufen[10], der Containerhafen verliert auch gegenüber Shenzhen an Bedeutung. Beide verfügen schon jetzt über niedrigere Geschäftskosten. Dem ausländischen Kapitalgeber stellt sich somit die Frage, ob der Vorteil einer traditionell liberalen Einstellung des Unternehmertums noch praktische Konsequenzen hat. Ein schleichend wachsendes Desinteresse gefolgt von einer Verlagerung der ausländischen Unternehmensstützpunkte scheint zur größten Gefahr für Hongkong zu werden.

Die Wirtschaftsverfassung der Sonderverwaltungszone bietet aber zumindest das normative Instrumentarium, um dieser Entwicklung auf ökonomischem Gebiet etwas entgegenzusetzen.
Politische Umwälzungen sind nicht zu erwarten, Hongkong hat dies aber über Jahrhunderte hingenommen und wird im bestehenden Rahmen politischer Freiheit seinen Weg zu gehen wissen. In der Geschäftswelt Hongkongs herrscht ohnehin die Ansicht vor, daß Demokratie und Sozialstaat das liberal-kapitalistische Wirtschaftssystem gefährden und die Wettbewerbsfähigkeit des Standortes beeinträchtigen[11]. Der Einfluß der Wirtschaftselite verringere sich dadurch.

Somit zeichnet sich eine Gegenbewegung ab, die Hongkongs Position gerade durch Verzicht auf politische Freiheit stärken will. Daß diese Freiheit nicht völ-

---

[6] *Davis, Michael C.*, Constitutionalism in Hong Kong: Politics versus Economics, in: Journal of International Economic Law, Vol. 18 (1997), S. 157 [190, 192 f.]; a. A. *Johnson, C.*, Political Institutions and Economic Performance: The government-business relationship in Japan, South Korea and Taiwan, in: *Scalapino, R. A. (ed.)*, Asian Economic Development (1985), passim.
[7] *Vines, Richard*, Lee Tempers His Roar, Enter the Singapore Mode, South China Morning Post vom 27. November 1993, S. 12.
[8] *Mushkat/Betz* (Anm. 3), S. 3; *Tarrant* (Anm. 1), 10, wirft daher der Regierung vor, durch Förderung industrielastiger Großprojekte diese Maßstäbe zu verschieben.
[9] *Geinitz* (Anm. 3), S. 15; *Horlemann, Ralf*, Die Rückgabe Hongkongs und seine neue Verfassung. Grenzen der Autonomie (1999), S. 133.
[10] *Seeger, Adrian/Theisen, Christian*, Einführung in die Thematik, in: *dies.*, Hongkong. Eine Bilanz (2000), S. 11 [17].
[11] *Horlemann* (Anm. 9), S. 45.

lig beschnitten wird, ist wahrscheinlich, da die Volksrepublik China durch die Wiedereingliederung Hongkongs auch international an Vertrauen gewinnen will – nicht zuletzt für eine spätere Integration Taiwans, aber auch den Schutz eigener Investitionen.

# Kapitel VIII.
# Ergebnis der Untersuchung

1. Bereits im Zusammenhang mit dem Opiumhandel im frühen 19. Jahrhundert setzten Handelshäuser wie *Thomas Dent* und *Jardine Matheson* den Freihandel gegenüber dem chinesischen Kaiserhof durch. Hongkongs Rolle beschränkte sich auf jene eines Handelsstützpunktes, Ansiedlungen von chinesischer Seite wurden nicht gefördert. Schon damals konnte man insofern von einer Sonderzone sprechen. Auch die kommunistische Armee Lin Biaos verzichtete im Oktober 1949 auf eine Einnahme Hongkongs. Der status quo wurde akzeptiert.

Die sino-britische Gemeinsame Erklärung vom 24. September 1984 gewährleistete, daß Hongkong nach Rückgabe seine kapitalistische Ordnung im Rahmen des sozialistischen Systems der Volksrepublik China beibehalten konnte.

In wirtschaftlicher Hinsicht entwickelte sich Hongkong von Anfang an zu einer laissez-faire-Wirtschaft. Es gab auch einheimische Förderer, wie Sir Kai Ho Kai und Hu Li-yüan, welche den klassischen Liberalismus als ihren kommerziellen Interessen förderlich ansahen und das kapitalistische Wirtschaftssystem als Modell für China betrachteten. 1983 erhielt die Regierung Hongkongs finanzielle Autonomie, die sodann erlassene Public Finance Ordinance legte wesentliche Haushaltsgrundsätze fest. 1992 wies der letzte britische Gouverneur, Sir Christopher Patten, darauf hin, daß Grundlage für den wirtschaftlichen Erfolg Hongkongs die Orientierung der Regierungsausgaben am wirtschaftlichen Wachstum und der in ein System moderater Verordnungen und Gesetze eingebettete Wettbewerb seien.

Bis 1997 besaß Hongkong nur eine Rumpfverfassung, niedergelegt im *Letters Patent* und in den *Royal Instructions*. Das Rechtssystem der *„Rule of Law"* betont die Bedeutung des Eigentumsrechts für eine funktionierende Wirtschaftsordnung, es wird auch von der chinesischen Bevölkerung gutgeheißen.

Sogleich am 3. Juni 1843 erließ die englische Krone Instruktionen betreffend das Finanzsystem, welche das Erfordernis eines „Jahresplanes" aufstellten. Dieser sollte gewährleisten, daß die Ausgaben Hongkongs durch vor Ort erzielte Einnahmen gedeckt sind. Ansonsten blieb der institutionelle Rahmen relativ dünnmaschig, man folgte auch später den neoklassischen Prinzipien der eng begrenzten Staatsausgaben: Die Regierung gestaltete die Steuersätze bewußt niedrig, strebte einen ausgeglichenen oder überschüssigen Haushalt an und vermied nach Möglichkeit eine Kreditaufnahme der öffentlichen Hand, um damit Kapital im Inland zu halten bzw. ausländische Investitionen und Kapital anzulocken. Hierfür wurde der Begriff des „positive non-interventionism" geprägt. Dieser ließ es aber in Ausnahmefällen zu, regulierend einzugreifen, was auch die gestiegenen Sozialausgaben belegen.

**2.** In der Volksrepublik China wird die Rechtsordnung von jeher als politisches Machtinstrument verstanden, eine Gewaltenteilung existiert nicht. Im Vordergrund steht die Disziplinierung im Unterschied zum schiedsrichterlichen Rechtssystem westlicher Prägung. Die chinesische Verfassung wird durch Führung und Statut der Partei überragt. Sie schreibt als Basis der sozialistischen Wirtschaftsform der Volksrepublik China das Gemeineigentum an Produktionsmitteln fest.

Am 19. Dezember 1984 wurde die sino-britische Gemeinsame Erklärung unterzeichnet, wonach „Stabilität und Wohlstand" der Kolonie nach dem Rückfall 1997 als kapitalistische „Sonderverwaltungsregion" gewahrt werden sollten. Das kapitalistische System sollte für mindestens fünfzig weitere Jahre beibehalten werden. Bei der Gemeinsamen Erklärung handelte es sich um eine Vorarbeit für das *Basic Law*. Dieses wurde von dem am 10. April 1985 einberufenen *Basic Law Drafting Committee* entworfen, die Ansichten der Bevölkerung sollten über das *Basic Law Consultative Committee* Eingang finden. Das *Basic Law* wurde vom Nationalen Volkskongress der Volksrepublik China am 4. April 1990 angenommen. Das *Basic Law* kann man als Nachkommentierung der Gemeinsamen Erklärung bezeichnen. Als Regierungsspitze folgte dem *Gouverneur* der *Chief Executive*. Das *Basic Law* kann als Verfassung bezeichnet werden, es stellt aber trotzdem nur ein Gesetz der zweithöchsten Stufe dar, die Verfassung der Volksrepublik China ist höher angesiedelt. Widersprüche zwischen beiden Gesetzen sind offenkundig.

**3.** Aus den Freihandelszonen entwickelten sich in Asien in den 70er Jahren unseres Jahrhunderts die Exportverarbeitungszonen. In China entwickelten sich die viel größeren, abgeschlossenen und längerfristig ausgerichteten Sonderwirtschaftszonen. Ihr wesentliches Charakteristikum ist die von den übrigen Regionen abweichende Wirtschaftsgesetzgebung hinsichtlich Steuervorteilen für ausländische Investoren, flexibler Arbeitsmarktbestimmungen und einer liberalen, unbürokratischeren Verwaltung.

Die chinesische Wirtschaftspolitik öffnete sich, Deng Xiaoping sprach schon 1979 von einer sozialistischen Marktwirtschaft. Im Jahr 1988 wurde der Privatsektor der Wirtschaft im Artikel 18 der chinesischen Verfassung erstmals anerkannt, im März 1993 wurde der Begriff der sozialistischen Marktwirtschaft in die chinesische Verfassung aufgenommen.

1980 wurden die vier ursprünglichen Sonderwirtschaftszonen Shenzhen, Zhuhai, Shantou und Xiamen errichtet. In politischer und rechtlicher Hinsicht folgen die Zonen dem Hongkonger Modell, dessen Wirtschaftsgesetzgebung wurde übernommen. Hongkong als Sonderverwaltungsregion besitzt jedoch einen höheren Grad an Autonomie, welche neben den Bereich der Wirtschaft auch Politik und Recht umfaßt.

Das ebenfalls an die Volksrepublik China übergebene Macao weist in seinem *Lei Básica* keine detaillierten wirtschaftsverfassungsrechtlichen Regelungen auf, ein kapitalistisches System wird nicht garantiert.

**4.** Es war von dem Begriff der formellen Wirtschaftsverfassung auszugehen, welche sich auf die politische Verfassung als Summe der verfassungsrechtlichen Gestaltelemente der Ordnung des Wirtschaftslebens beschränkt.

John Locke begründete die Tradition individueller ökonomischer Freiheit, welche jeder liberalen Wirtschaftsverfassung zugrunde liegt. Im Mittelpunkt standen für ihn die Freiheit des Einzelnen, Privateigentum und eine begrenzte Regierung. Adam Smith stellte die These auf, daß für eine freie und gedeihende Wirtschaftsordnung Privateigentum, freies Unternehmertum und ein freier marktwirtschaftlicher Wettbewerb unerläßlich seien.

Für Hongkongs extrem liberale Wirtschaftsordnung lassen sich als geistige Vorläufer die US-Theoretiker der *„Constitutional Economics"* um deren Pionier James Buchanan heranführen. Nach deren Auffassung habe sich die Funktion des Staates darauf zu beschränken, günstige Rahmenbedingungen für das Funktionieren eines freien Marktes zu schaffen. Der öffentlichen Verschwendungssucht könne nur entgegengewirkt werden, indem man ein Erfordernis ausgeglichener Haushalte in der Verfassung festschreibe und damit die Ausgaben der Regierung begrenze. Auch spricht sich Buchanan für die Festschreibung von Steuerhöchstsätzen in der Verfassung aus.

**5.** Die wirtschaftlichen Regelungen des *Basic Law* dienen mit Ghai vier Grundzwecken, 1. das Wirtschaftssystem der Sonderverwaltungsregion Hongkong von jenem des Festlandes zu trennen, 2. einen Rahmen für das Funktionieren eines kapitalistischen Marktes zu bilden, 3. Hongkongs Rolle als internationales Handels-, Transport- und Finanzzentrum zu bewahren und 4. die Schlüsselelemente der *„Constitutional Economics"* zu verankern.

Artikel 5 BL schreibt das bisherige kapitalistische System für weitere 50 Jahre fest, was auf allgemeine Zustimmung stieß. Der Schutz des Privateigentums wurde als so wesentlich angesehen, daß er sowohl in Artikel 6 wie auch in Artikel 105 BL Aufnahme fand.

Den Festlegungen hinsichtlich der Haushaltsgrundsätze in Artikel 107 BL ging eine Diskussion über eine prozentuale Obergrenze des öffentlichen Sektors voraus, welche zu keiner Einigung führte. Auch wurde kritisiert, daß sich die Regierung mit einem Verbot defizitärer Haushalte eines wichtigen fiskalischen Instrumentes begebe. Artikel 107 BL wird durch die Formulierung „fiskalisches Gleichgewicht" zum Träger der *„Constitutional Economics"* des James Buchanan.

Artikel 108 Absatz 2 BL schreibt für Hongkong eine Niedrigsteuerpolitik fest. Im Rahmen der Beratungen wollte man auch hier eine konkrete Zahl festschreiben, was sich nicht durchsetzen konnte. Artikel 108 BL steht ebenfalls in der Tradition der Buchanan'schen *„Constitutional Economics"*.

Es gab durchaus Kritiker, welche die detaillierte Festschreibung fiskalischer Beschränkungen für ineffizient bzw. nicht durchsetzbar hielten. Eine Verfassung sei kein Mittel zur Kontrolle der Finanzmacht einer Regierung.

**6.** Auf die Manifestation einer allgemeinen Handlungsfreiheit, wie in Artikel 2 Absatz 1 GG niedergelegt, hat der Gesetzgeber Hongkongs bewußt verzichtet. Die Gewerkschaften sind de jure mit den gleichen Instrumenten wie in Deutschland ausgestattet, de facto kommt ihnen aber eine wesentlich geringere Bedeutung zu. Hinsichtlich der Berufswahl- und -ausübungsfreiheit decken sich die Regelungen in Hongkong und Deutschland, auch ein umfassender Eigentumsschutz ist in beiden Rechtsordnungen vorgesehen. Die Möglichkeit einer allgemeinen Sozialisierung, wie in Artikel 15 GG vorgesehen, findet sich erwartungsgemäß nicht in Hongkong. Das in Artikel 109 Absatz 2 GG niedergelegte gesamtwirtschaftliche Gleichgewicht mit seinen vier Teilzielen findet in Hongkong ebenfalls kein Pendant. Dort ist in Artikel 107 BL der Regierung lediglich die Vermeidung von Haushaltsdefiziten aufgegeben.

Hongkongs Basic Law legt im Ergebnis detailliert eine faktisch seit langem bestehende liberale marktwirtschaftliche Ordnung fest, während in Deutschland jedenfalls faktisch seit Gründung der Bundesrepublik eine Ordnung der sozialen Marktwirtschaft verwirklicht wird. Der Vergleich auf normativer Ebene zeigt jedoch, abgesehen von der in Hongkong fehlenden Möglichkeit einer weitergreifenden Sozialisierung, eine Vielzahl von Parallelen.

Die Unterschiede zeigen sich eher in der Praxis des Wirtschaftslebens, welche durch unterkonstitutionelle Gesetze und historische Erfahrungswerte geprägt ist. Hongkongs historischer Hintergrund als kolonialer Handelsstützpunkt prägt das ökonomische Alltagsgeschehen stärker als die dies widerspiegelnde Wirtschaftsverfassung.

# Anhang

**THE BASIC LAW
OF THE HONG KONG SPECIAL
ADMINISTRATIVE REGION OF
THE PEOPLE'S REPUBLIC OF CHINA**

Adopted on 4 April 1990 by the Seventh
National People's Congress of the People's Republic
of China at its Third Session

**Preamble**

Hong Kong has been part of the territory of China since ancient times; it was occupied by Britain after the Opium War in 1840. On 19 December 1984, the Chinese and British Governments signed the Joint Declaration on the Question of Hong Kong, affirming that the Government of the People's Republic of China will resume the exercise of sovereignty over Hong Kong with effect from 1 July 1997, thus fulfilling the long-cherished common aspiration of the Chinese people for the recovery of Hong Kong.

Upholding national unity and territorial integrity, maintaining the prosperity and stability of Hong Kong, and taking account of its history and realities, the People's Republic of China has decided that upon China's resumption of the exercise of sovereignty over Hong Kong, a Hong Kong Special Administrative Region will be established in accordance with the provisions of Article 31 of the Constitution of the People's Republic of China, and that under the principle of "one country, two systems", the socialist system and policies will not be practised in Hong Kong. The basic policies of the People's Republic of China regarding Hong Kong have been elaborated by the Chinese Government in the Sino-British Joint Declaration.

In accordance with the Constitution of the People's Republic of China, the National People's Congress hereby enacts the Basic Law of the Hong Kong Special Administrative Region of the People's Republic of China, prescribing the systems to be practised in the Hong Kong Special Administrative Region, in order to ensure the implementation of the basic policies of the People's Republic of China regarding Hong Kong.

## Chapter I: General Principles

### Article 1

The Hong Kong Special Administrative Region is an inalienable part of the People's Republic of China.

### Article 2

The National People's Congress authorizes the Hong Kong Special Administrative Region to exercise a high degree of autonomy and enjoy executive, legislative and independent judicial power, including that of final adjudication, in accordance with the provisions of this Law.

### Article 3

The executive authorities and legislature of the Hong Kong Special Administrative Region shall be composed of permanent residents of Hong Kong in accordance with the relevant provisions of this Law.

### Article 4

The Hong Kong Special Administrative Region shall safeguard the rights and freedoms of the residents of the Hong Kong Special Administrative Region and of other persons in the Region in accordance with law.

### Article 5

The socialist system and policies shall not be practised in the Hong Kong Special Administrative Region, and the previous capitalist system and way of life shall remain unchanged for 50 years.

### Article 6

The Hong Kong Special Administrative Region shall protect the right of private ownership of property in accordance with law.

### Article 7

The land and natural resources within the Hong Kong Special Administrative Region shall be State property. The Government of the Hong Kong Special Administrative Region shall be responsible for their management, use and development and for their lease or grant to individuals, legal persons or organizations for use or development. The revenues derived therefrom shall be exclusively at the disposal of the government of the Region.

### Article 8

The laws previously in force in Hong Kong, that is, the common law, rules of equity, ordinances, subordinate legislation and customary law shall be maintained, except for any that contravene this Law, and subject to any amendment by the legislature of the Hong Kong Special Administrative Region.

**Article 9**

In addition to the Chinese language, English may also be used as an official language by the executive authorities, legislature and judiciary of the Hong Kong Special Administrative Region.

**Article 10**

Apart from displaying the national flag and national emblem of the People's Republic of China, the Hong Kong Special Administrative Region may also use a regional flag and regional emblem.

The regional flag of the Hong Kong Special Administrative Region is a red flag with a bauhinia highlighted by five star-tipped stamens.

The regional emblem of the Hong Kong Special Administrative Region is a bauhinia in the centre highlighted by five star-tipped stamens and encircled by the words "Hong Kong Special Administrative Region of the People's Republic of China" in Chinese and "HONG KONG" in English.

**Article 11**

In accordance with Article 31 of the Constitution of the People's Republic of China, the systems and policies practised in the Hong Kong Special Administrative Region, including the social and economic systems, the system for safeguarding the fundamental rights and freedoms of its residents, the executive, legislative and judicial systems, and the relevant policies, shall be based on the provisions of this Law.

No law enacted by the legislature of the Hong Kong Special Administrative Region shall contravene this Law.

## Chapter II: Relationship between the Central Authorities and the Hong Kong Special Administrative Region

### Article 12

The Hong Kong Special Administrative Region shall be a local administrative region of the People's Republic of China, which shall enjoy a high degree of autonomy and come directly under the Central People's Government.

### Article 13

The Central People's Government shall be responsible for the foreign affairs relating to the Hong Kong Special Administrative Region.

The Ministry of Foreign Affairs of the People's Republic of China shall establish an office in Hong Kong to deal with foreign affairs.

The Central People's Government authorizes the Hong Kong Special Administrative Region to conduct relevant external affairs on its own in accordance with this Law.

### Article 14

The Central People's Government shall be responsible for the defence of the Hong Kong Special Administrative Region.

The Government of the Hong Kong Special Administrative Region shall be responsible for the maintenance of public order in the Region.

Military forces stationed by the Central People's Government in the Hong Kong Special Administrative Region for defence shall not interfere in the local affairs of the Region. The Government of the Hong Kong Special Administrative Region may, when necessary, ask the Central People's Government for assistance from the garrison in the maintenance of public order and in disaster relief.

In addition to abiding by national laws, members of the garrison shall abide by the laws of the Hong Kong Special Administrative Region.

Expenditure for the garrison shall be borne by the Central People's Government.

### Article 15

The Central People's Government shall appoint the Chief Executive and the principal officials of the executive authorities of the Hong Kong Special Administrative Region in accordance with the provisions of Chapter IV of this Law.

### Article 16

The Hong Kong Special Administrative Region shall be vested with executive power. It shall, on its own, conduct the administrative affairs of the Region in accordance with the relevant provisions of this Law.

**Article 17**

The Hong Kong Special Administrative Region shall be vested with legislative power.

Laws enacted by the legislature of the Hong Kong Special Administrative Region must be reported to the Standing Committee of the National People's Congress for the record. The reporting for record shall not affect the entry into force of such laws.

If the Standing Committee of the National People's Congress, after consulting the Committee for the Basic Law of the Hong Kong Special Administrative Region under it, considers that any law enacted by the legislature of the Region is not in conformity with the provisions of this Law regarding affairs within the responsibility of the Central Authorities or regarding the relationship between the Central Authorities and the Region, the Standing Committee may return the law in question but shall not amend it. Any law returned by the Standing Committee of the National People's Congress shall immediately be invalidated. This invalidation shall not have retroactive effect, unless otherwise provided for in the laws of the Region.

**Article 18**

The laws in force in the Hong Kong Special Administrative Region shall be this Law, the laws previously in force in Hong Kong as provided for in Article 8 of this Law, and the laws enacted by the legislature of the Region.

National laws shall not be applied in the Hong Kong Special Administrative Region except for those listed in Annex III to this Law. The laws listed therein shall be applied locally by way of promulgation or legislation by the Region.

The Standing Committee of the National People's Congress may add to or delete from the list of laws in Annex III after consulting its Committee for the Basic Law of the Hong Kong Special Administrative Region and the government of the Region. Laws listed in Annex III to this Law shall be confined to those relating to defence and foreign affairs as well as other matters outside the limits of the autonomy of the Region as specified by this Law.

In the event that the Standing Committee of the National People's Congress decides to declare a state of war or, by reason of turmoil within the Hong Kong Special Administrative Region which endangers national unity or security and is beyond the control of the government of the Region, decides that the Region is in a state of emergeny, the Central People's Government may issue an order applying the relevant national laws in the Region.

**Article 19**

The Hong Kong Special Administrative Region shall be vested with independent judicial power, including that of final adjudication.

The courts of the Hong Kong Special Administrative Region shall have jurisdiction over all cases in the Region, except that the restrictions on their jurisdiction imposed by the legal system and principles previously in force in Hong Kong shall be maintained.

The courts of the Hong Kong Special Administrative Region shall have no jurisdiction over acts of state such as defence and foreign affairs. The courts of the Region shall obtain a certificate from the Chief Executive on questions of fact concerning acts of state such as defence and foreign affairs whenever such questions arise in the adjudication of cases. This certificate shall be binding on the courts. Before issuing such a certificate, the Chief Executive shall obtain a certifying document from the Central People's Government.

## Article 20

The Hong Kong Special Administrative Region may enjoy other powers granted to it by the National People's Congress, the Standing Committee of the National People's Congress or the Central People's Government.

## Article 21

Chinese citizens who are residents of the Hong Kong Special Administrative Region shall be entitled to participate in the management of state affairs according to law.

In accordance with the assigned number of seats and the selection method specified by the National People's Congress, the Chinese citizens among the residents of the Hong Kong Special Administrative Region shall locally elect deputies of the Region to the National People's Congress to participate in the work of the highest organ of state power.

## Article 22

No department of the Central People's Government and no province, autonomous region, or municipality directly under the Central Government may interfere in the affairs which the Hong Kong Special Administrative Region administers on ist own in accordance with this Law.

If there is a need for departments of the Central Government, or for provinces, autonomous regions, or municipalities directly under the Central Government to set up offices in the Hong Kong Special Administrative Region, they must obtain the consent of the government of the Region and the approval of the Central People's Government.

All offices set up in the Hong Kong Special Administrative Region by departments of the Central Government, or by provinces, autonomous regions, or municipalities directly under the Central Government, and the personnel of these offices shall abide by the laws of the Region.

For entry into the Hong Kong Special Administrative Region, people from other parts of China must apply for approval. Among them, the number of persons who enter the Region for the purpose of settlement shall be determined by the competent authorities of the Central People's Government after consulting the government of the Region.

The Hong Kong Special Administrative Region may establish an office in Beijing.

**Article 23**

The Hong Kong Special Administrative Region shall enact laws on its own to prohibit any act of treason, secession, sedition, subversion against the Central People's Government, or theft of state secrets, to prohibit foreign political organizations or bodies from conducting political activities in the Region, and to prohibit political organizations or bodies of the Region from establishing ties with foreign political organizations or bodies.

**Chapter III: Fundamental Rights and Duties of the Residents**

**Article 24**

Residents of the Hong Kong Special Administrative Region ("Hong Kong residents") shall include permanent residents and non-permanent residents.

The permanent residents of the Hong Kong Special Administrative Region shall be:

(1) Chinese citizens born in Hong Kong before or after the establishment of the Hong Kong Special Administrative Region;

(2) Chinese citizens who have ordinarily resided in Hong Kong for a continuous period of not less than seven years before or after the establishment of the Hong Kong Special Administrative Region;

(3) Persons of Chinese nationality born outside Hong Kong of those residents listed in categories (1) and (2);

(4) Persons not of Chinese nationality who have entered Hong Kong with valid travel documents, have ordinarily resided in Hong Kong for a continuous period of not less than seven years and have taken Hong Kong as their place of permanent residence before or after the establishment of the Hong Kong Special Administrative Region;

(5) Persons under 21 years of age born in Hong Kong of those residents listed in category (4) before or after the establishment of the Hong Kong Special Administrative Region; and

(6) Persons other than those residents listed in categories (1) to (5), who, before the establishment of the Hong Kong Special Administrative Region, had the right of abode in Hong Kong only.

The above-mentioned residents shall have the right of abode in the Hong Kong Special Administrative Region and shall be qualified to obtain, in accordance with the laws of the Region, permanent identity cards which state their right of abode.

The non-permanent residents of the Hong Kong Special Administrative Region shall be persons who are qualified to obtain Hong Kong identity cards in accordance with the laws of the Region but have no right of abode.

**Article 25**

All Hong Kong residents shall be equal before the law.

**Article 26**

Permanent residents of the Hong Kong Special Administrative Region shall have the right to vote and the right to stand for election in accordance with law.

**Article 27**

Hong Kong residents shall have freedom of speech, of the press and of publication; freedom of association, of assembly, of procession and of demonstration; and the right and freedom to form and join trade unions, and to strike.

**Article 28**

The freedom of the person of Hong Kong residents shall be inviolable.

No Hong Kong resident shall be subjected to arbitrary or unlawful arrest, detention or imprisonment. Arbitrary or unlawful search of the body of any resident or deprivation or restriction of the freedom of the person shall be prohibited. Torture of any resident or arbitrary or unlawful deprivation of the life of any resident shall be prohibited.

**Article 29**

The homes and other premises of Hong Kong residents shall be inviolable. Arbitrary or unlawful search of, or intrusion into, a resident's home or other premises shall be prohibited.

**Article 30**

The freedom and privacy of communication of Hong Kong residents shall be protected by law. No department or individual may, on any grounds, infringe upon the freedom and privacy of communication of residents except that the relevant authorities may inspect communication in accordance with legal procedures to meet the needs of public security or of investigation into criminal offences.

**Article 31**

Hong Kong residents shall have freedom of movement within the Hong Kong Special Administrative Region and freedom of emigration to other countries and regions. The shall have freedom to travel and to enter or leave the Region. Unless restrained by law, holders of valid travel documents shall be free to leave the Region without special authorization.

**Article 32**

Hong Kong residents shall have freedom of conscience.

Hong Kong residents shall have freedom of religious belief and freedom to preach and to conduct and participate in religious activities in public.

**Article 33**

Hong Kong residents shall have freedom of choice of occupation.

**Article 34**

Hong Kong residents shall have freedom to engage in academic research, literary and artistic creation, and other cultural activities.

**Article 35**

Hong Kong residents shall have the right to confidential legal advice, access to the courts, choice of lawyers for timely protection of their lawful rights and interests or for representation in the courts, and to judicial remedies.

Hong Kong residents shall have the right to institute legal proceedings in the courts against the acts of the executive authorities and their personnel.

**Article 36**

Hong Kong residents shall have the right to social welfare in accordance with law. The welfare benefits and retirement security of the labour force shall be protected by law.

**Article 37**

The freedom of marriage of Hong Kong residents and their right to raise a family freely shall be protected by law.

**Article 38**

Hong Kong residents shall enjoy the other rights and freedoms safeguarded by the laws of the Hong Kong Special Administrative Region.

**Article 39**

The provisions of the International Covenant on Civil and Political Rights, the International Covenant on Economic, Social and Cultural Rights, and international labour conventions as applied to Hong Kong shall remain in force and shall be implemented through the laws of the Hong Kong Special Administrative Region.

The rights and freedoms enjoyed by Hong Kong residents shall not be restricted unless as prescribed by law. Such restrictions shall not contravene the provisions of the preceding paragraph of this Article.

**Article 40**

The lawful traditional rights and interests of the indigenous inhabitants of the "New Territories" shall be protected by the Hong Kong Special Administrative Region.

**Article 41**

Persons in the Hong Kong Special Administrative Region other than Hong Kong residents shall, in accordance with law, enjoy the rights and freedoms of Hong Kong residents prescribed in this Chapter.

**Article 42**

Hong Kong residents and other persons in Hong Kong shall have the obligation to abide by the laws in force in the Hong Kong Special Administrative Region.

**Chapter IV: Political Structure**

**Section 1: The Chief Executive**

**Article 43**

The Chief Executive of the Hong Kong Special Administrative Region shall be the head of the Hong Kong Special Administrative Region and shall represent the Region.

The Chief Executive of the Hong Kong Special Administrative Region shall be accountable to the Central People's Government and the Hong Kong Special Administrative Region in accordance with the provisions of this Law.

**Article 44**

The Chief Executive of the Hong Kong Special Administrative Region shall be a Chinese citizen of not less than 40 years of age who is a permanent resident of the Region with no right of abode in any foreign country and has ordinarily resided in Hong Kong for a continuous period of not less than 20 years.

**Article 45**

The Chief Executive of the Hong Kong Special Administrative Region shall be selected by election or through consultations held locally and be appointed by the Central People's Government.

The method for selecting the Chief Executive shall be specified in the light of the actual situation in the Hong Kong Special Administrative Region and in accordance with the principle of gradual and orderly progress. The ultimate aim is the selection of the Chief Executive by universal suffrage upon nomination by a broadly representative nominating committee in accordance with democratic procedures.

The specific method for selecting the Chief Executive is prescribed in Annex I: "Method for the Selection of the Chief Executive of the Hong Kong Special Administrative Region".

**Article 46**

The term of office of the Chief Executive of the Hong Kong Special Administrative Region shall be five years. He or she may serve for not more than two consecutive terms.

**Article 47**

The Chief Executive of the Hong Kong Special Administrative Region must be a person of integrity, dedicated to his or her duties.

The Chief Executive, on assuming office, shall declare his or her assets to the Chief Justice of the Court of Final Appeal of the Hong Kong Special Administrative Region. This declaration shall be put on record.

**Article 48**

The Chief Executive of the Hong Kong Special Administrative Region shall exercise the following powers and functions:

(1) To lead the government of the Region;

(2) To be responsible for the implementation of this Law and other laws which, in accordance with this Law, apply in the Hong Kong Special Administrative Region;

(3) To sign bills passed by the Legislative Council and to promulgate laws;

To sign budgets passed by the Legislative Council and report the budgets and final accounts to the Central People's Government for the record;

(4) To decide on government policies and to issue executive orders;

(5) To nominate and to report to the Central People's Government for appointment the following principal officials: Secretaries and Deputy Secretaries of Departments, Directors of Bureaux, Commissioner Against Corruption, Director of Audit, Commissioner of Police, Director of Immigration and Commissioner of Customs and Excise; and to recommend to the Central People's Government the removal of the above-mentioned officials;

(6) To appoint or remove judges of the courts at all levels in accordance with legal procedures;

(7) To appoint or remove holders of public office in accordance with legal procedures;

(8) To implement the directives issued by the Central People's Government in respect of the relevant matters provided for in this Law;

(9) To conduct, on behalf of the Government of the Hong Kong Special Administrative Region, external affairs and other affairs as authorized by the Central Authorities;

(10) To approve the introduction of motions regarding revenues or expenditure to the Legislative Council;

(11) To decide, in the light of security and vital public interests, whether government officials or other personnel in charge of government affairs should testify or give evidence before the Legislative Council or its committees;

(12) To pardon persons convicted of criminal offences or commute their penalties; and

(13) To handle petitions and complaints.

**Article 49**

If the Chief Executive of the Hong Kong Special Administrative Region considers that a bill passed by the Legislative Council is not compatible with the overall interests of the Region, he or she may return it to the Legislative Council within three months for reconsideration. If the Legislative Council passes the original bill again by not less than a two-thirds majority of all the members, the Chief Executive must sign and promulgate it within one month, or act in accordance with the provisions of Article 50 of this Law.

**Article 50**

If the Chief Executive of the Hong Kong Special Administrative Region refuses to sign a bill passed the second time by the Legislative Council, or the Legislative Council refuses to pass a budget or any other important bill introduced by the government, and if consensus still cannot be reached after consultations, the Chief Executive may dissolve the Legislative Council.

The Chief Executive must consult the Executive Council before dissloving the Legislative Council. The Chief Executive may dissolve the Legislative Council only once in each term of his or her office.

**Article 51**

If the Legislative Council of the Hong Kong Special Administrative Region refuses to pass the budget introduced by the government, the Chief Executive may apply to the Legislative Council for provisional appropriations. If appropriation of public funds cannot be approved because the Legislative Council has already been dissolved, the Chief Executive may, prior to the election of the new Legislative Council, approve provisional short-term appropriations according to the level of expenditure of the previous fiscal year.

**Article 52**

The Chief Executive of the Hong Kong Special Administrative Region must resign under any of the following circumstances:

(1) When he or she loses the ability to discharge his or her duties as a result of serious illness or other reasons;

(2) When, after the Legislative Council is dissolved because he or she twice refuses to sign a bill passed by it, the new Legislative Council again passes by a two-thirds majority of all the members the original bill in dispute, but he or she still refuses to sign it; and

(3) When, after the Legislative Council is dissolved because it refuses to pass a budget or any other important bill, the new Legislative Council still refuses to pass the original bill in dispute.

**Article 53**

If the Chief Executive of the Hong Kong Special Administrative Region is not able to discharge his or her duties for a short period, such duties shall temporarily be assumed by the Administrative Secretary, Financial Secretary or Secretary of Justice in this order of precedence.

In the event that the office of Chief Executive becomes vacant, a new Chief Executive shall be selected within six months in accordance with the provisions of Article 45 of this Law. During the period of vacancy, his or her duties shall be assumed according to the provisions of the preceding paragraph.

**Article 54**

The Executive Council of the Hong Kong Special Administrative Region shall be an organ for assisting the Chief Executive in policy-making.

**Article 55**

Members of the Executive Council of the Hong Kong Special Administrative Region shall be appointed by the Chief Executive from among the principal officials of the executive authorities, members of the Legislative Council and public figures. Their appointment or removal shall be decided by the Chief Executive. The term of office of members of the Executive Council shall not extent beyond the expiry of the term of office of the Chief Executive who appoints them.

Members of the Executive Council of the Hong Kong Special Administrative Region shall be Chinese citizens who are permanent residents of the Region with no right of abode in any foreign country.

The Chief Executive may, as he or she deems necessary, invite other persons concerned to sit in on meetings of the Council.

**Article 56**

The Executive Council of the Hong Kong Special Administrative Region shall be presided over by the Chief Executive.

Except for the appointment, removal and disciplining of officials and the adoption of measures in emergencies, the Chief Executive shall consult the Executive Council before making important policy decisions, introducing bills to the Legislative Council, making subordinate legislation, or dissolving the Legislative Council.

If the Chief Executive does not accept a majority opinion of the Executive Council, he or she shall put the specific reasons on record.

**Article 57**

A Commission Against Corruption shall be established in the Hong Kong Special Administrative Region. It shall function independently and be accountable to the Chief Executive.

**Article 58**

A Commission of Audit shall be established in the Hong Kong Special Administrative Region. It shall function independently and be accountable to the Chief Executive.

**Section 2: The Executive Authorities**

**Article 59**

The Government of the Hong Kong Special Administrative Region shall be the executive authorities of the Region.

**Article 60**

The head of the Government of the Hong Kong Special Administrative Region shall be the Chief Executive of the Region.

A Department of Administration, a Department of Finance, a Department of Justice, and various bureaux, divisions and commissions shall be established in the Government of the Hong Kong Special Administrative Region.

**Article 61**

The principal officials of the Hong Kong Special Administrative Region shall be Chinese citizens who are permanent residents of the Region with no right of abode in any foreign country and have ordinarily resided in Hong Kong for a continuous period of not less than 15 years.

**Article 62**

The Government of the Hong Kong Special Administrative Region shall exercise the following powers and functions:

(1) To formulate and implement policies;

(2) To conduct administrative affairs;

(3) To conduct external affairs as authorized by the Central People's Government under this Law;

(4) To draw up and introduce budgets and final accounts;

(5) To draft and introduce bills, motions and subordinate legislation; and

(6) To designate officials to sit in on the meetings of the Legislative Council and to speak on behalf of the government.

**Article 63**

The Department of Justice of the Hong Kong Special Administrative Region shall control criminal prosecutions, free from any interference.

**Article 64**

The Government of the Hong Kong Special Administrative Region must abide by the law and be accountable to the Legislative Council of the Region; it shall implement laws passed by the Council and already in force; it shall present regular policy addresses to the Council; it shall answer questions raised by members of the Council; and it shall obtain approval from the Council for taxation and public expenditure.

**Article 65**

The previous sytem of establishing advisory bodies by the executive authorities shall be maintained.

**Section 3: The Legislature**

**Article 66**

The Legislative Council of the Hong Kong Special Administrative Region shall be the legislature of the Region.

**Article 67**

The Legislative Council of the Hong Kong Special Administrative Region shall be composed of Chinese citizens who are permanent residents of the Region with no right of abode in any foreign country. However, permanent residents of the Region who are not of Chinese nationality or who have the right of abode in foreign countries may also be elected members of the Legislative Council of the Region, provided that the proportion of such members does not exceed 20 per cent of the total membership of the Council.

**Article 68**

The Legislative Council of the Hong Kong Special Administrative Region shall be constituted by election.

The method for forming the Legislative Council shall be specified in the light of the actual situation in the Hong Kong Special Administrative Region and in accordance with the principle of gradual and orderly progress. The ultimate aim is the election of all the members of the Legislative Council by universal suffrage.

The specific method for forming the Legislative Council and its procedures for voting on bills and motions are prescribed in Annex II: "Method for the Formation of the Legislative Council of the Hong Kong Special Administrative Region and Its Voting Procedures".

**Article 69**

The term of office of the Legislative Council of the Hong Kong Special Administrative Region shall be four years, except the first term which shall be two years.

**Article 70**

If the Legislative Council of the Hong Kong Special Administrative Region is dissolved by the Chief Executive in accordance with the provisions of this Law, it must, within three months, be reconstituted by election in accordance with Article 68 of this Law.

**Article 71**

The President of the Legislative Council of the Hong Kong Special Administrative Region shall be elected by and from among the members of the Legislative Council.

The President of the Legislative Council of the Hong Kong Special Administrative Region shall be a Chinese citizen of not less than 40 years of age, who is a permanent resident of the Region with no right of abode in any foreign country and has ordinarily resided in Hong Kong for a continuous period of not less than 20 years.

**Article 72**

The President of the Legislative Council of the Hong Kong Special Administrative Region shall exercise the following powers and functions:

(1) To preside over meetings;

(2) To decide on the agenda, giving priority to government bills for inclusion in the agenda;

(3) To decide on the time of meetings;

(4) To call special sessions during the recess;

(5) To call emergency sessions on the request of the Chief Executive; and

(6) To exercise other powers and functions as prescribed in the rules of procedure of the Legislative Council.

**Article 73**

The Legislative Council of the Hong Kong Special Administrative Region shall exercise the following powers and functions:

(1) To enact, amend or repeal laws in accordance with the provisions of this Law and legal procedures;

(2) To examine and approve budgets introduced by the government;

(3) To approve taxation and public expenditure;

(4) To receive and debate the policy addresses of the Chief Executive;

(5) To raise questions on the work of the government;

(6) To debate any issue concerning public interests;

(7) To endorse the appointment and removal of the judges of the Court of Final Appeal and the Chief Judge of the High Court;

(8) To receive and handle complaints from Hong Kong residents;

(9) If a motion initiated jointly by one-fourth of all the members of the Legislative Council charges the Chief Executive with serious breach of law or dereliction of duty and if he or she refuses to resign, the Council may, after passing a motion for investigation, give a mandate to the Chief Justice of the Court of Final Appeal to form and chair an independent investigation committee. The committee shall be responsible for carrying out the investigation and reporting its findings to the Council. If the committee considers the evidence sufficient to substantiate such charges, the Council may pass a motion of impeachment by a two-thirds majority of all its members and report it to the Central People's Government for decision; and

(10)   To summon, as required when exercising the above-mentioned powers and functions, persons concerned to testify or give evidence.

**Article 74**

Members of the Legislative Council of the Hong Kong Special Administrative Region may introduce bills in accordance with the provisions of this Law and legal procedures. Bills which do not relate to public expenditure or political structure or the operation of the government may be introduced individually or jointly by members of the Council. The written consent of the Chief Executive shall be required before bills relating to government policies are introduced.

**Article 75**

The quorum for the meeting of the Legislative Council of the Hong Kong Special Administrative Region shall be not less than one half of all its members.

The rules of procedure of the Legislative Council shall be made by the Council on its own, provided that they do not contravene this Law.

**Article 76**

A bill passed by the Legislative Council of the Hong Kong Special Administrative Region may take effect only after it is signed and promulgated by the Chief Executive.

**Article 77**

Members of the Legislative Council of the Hong Kong Special Administrative Region shall be immune from legal action in respect of their statements at meetings of the Council.

**Article 78**

Members of the Legislative Council of the Hong Kong Special Administrative Region shall not be subjected to arrest when attending or on their way to a meeting of the Council.

**Article 79**

The President of the Legislative Council of the Hong Kong Special Administrative Region shall declare that a member of the Council is no longer qualified for the office under any of the following circumstances:

(1) When he or she loses the ability to discharge his or her duties as a result of serious illness or other reasons;

(2) When he or she, with no valid reason, is absent from meetings for three consecutive months without the consent of the President of the Legislative Council;

(3) When he or she loses or renounces his or her status as a permanent resident of the Region;

(4) When he or she accepts a government appointment and becomes a public servant;

(5) When he or she is bankrupt or fails to comply with a court order to repay debts;

(6) When he or she is convicted and sentenced to imprisonment for one month or more for a criminal offence committed within or outside the Region and is relieved of his or her duties by a motion passed by two-thirds of the members of the Legislative Council present; and

(7) When he or she is censured for misbehaviour or breach of oath by a vote of two-thirds of the members of the Legislative Council present.

**Section 4: The Judiciary**

**Article 80**

The courts of the Hong Kong Special Administrative Region at all levels shall be the judiciary of the Region, exercising the judicial power of the Region.

**Article 81**

The Court of Final Appeal, the High Court, district courts, magistrates' courts and other special courts shall be established in the Hong Kong Special Administrative Region. The High Court shall comprise the Court of Appeal and the Court of First Instance.

The judicial system previously practised in Hong Kong shall be maintained except for those changes consequent upon the establishment of the Court of Final Appeal of the Hong Kong Special Administrative Region.

**Article 82**

The power of final adjudication of the Hong Kong Special Administrative Region shall be vested in the Court of Final Appeal of the Region, which may as required invite judges from other common law jurisdictions to sit on the Court of Final Appeal.

**Article 83**

The structure, powers and functions of the courts of the Hong Kong Special Administrative Region at all levels shall be prescribed by law.

**Article 84**

The courts of the Hong Kong Special Administrative Region shall adjudicate cases in accordance with the laws applicable in the Region as prescribed in Article 18 of this Law and may refer to precedents of other common law jurisdictions.

**Article 85**

The courts of the Hong Kong Special Administrative Region shall exercise judicial power independently, free from any interference. Members of the judiciary shall be immune from legal action in the performance of their judicial functions.

**Article 86**

The principle of trial by jury previously practised in Hong Kong shall be maintained.

**Article 87**

In criminal or civil proceedings in the Hong Kong Special Administrative Region, the principles previously applied in Hong Kong and the rights previously enjoyed by parties to proceedings shall be maintained.

Anyone who is lawfully arrested shall have the right to a fair trial by the judicial organs without delay and shall be presumed innocent until convicted by the judicial organs.

**Article 88**

Judges of the courts of the Hong Kong Special Administrative Region shall be appointed by the Chief Executive on the recommendation of an independent commission composed of local judges, persons from the legal profession and eminent persons from other sectors.

**Article 89**

A judge of a court of the Hong Kong Special Administrative Region may only be removed for inability to discharge his or her duties, or for misbehaviour, by the Chief Executive on the recommendation of a tribunal appointed by the Chief Justice of the Court of Final Appeal and consisting of not fewer than three local judges.

The Chief Justice of the Court of Final Appeal of the Hong Kong Special Administrative Region may be investigated only for inability to discharge his or her duties, or for misbehaviour, by a tribunal appointed by the Chief Executive and consisting of not fewer than five local judges and may be removed by the Chief Executive on the recommendation of the tribunal and in accordance with the procedures prescribed in this Law.

**Article 90**

The Chief Justice of the Court of Final Appeal and the Chief Judge of the High Court of the Hong Kong Special Administrative Region shall be Chinese citizens who are permanent residents of the Region with no right of abode in any foreign country.

In the case of the appointment or removal of judges of the Court of Final Appeal and the Chief Judge of the High Court of the Hong Kong Special Administrative Region, the Chief Executive shall, in addition to following the procedures prescribed in Articles 88 and 89 of this Law, obtain the endorsement of the Legislative Council and report such appointment or removal to the Standing Committee of the National People's Congress for the record.

**Article 91**

The Hong Kong Special Administrative Region shall maintain the previous system of appointment and removal of members of the judiciary other than judges.

**Article 92**

Judges and other members of the judiciary of the Hong Kong Special Administrative Region shall be chosen on the basis of their judicial and professional qualities and may be recruited from other common law jurisdictions.

**Article 93**

Judges and other members of the judiciary serving in Hong Kong before the establishment of the Hong Kong Special Administrative Region may all remain in employment and retain their seniority with pay, allowances, benefits and conditions of service no less favourable than before.

The Government of the Hong Kong Special Administrative Region shall pay to judges and other members of the judiciary who retire or leave the service in compliance with regulations, including those who have retired or left the service before the establishment of the Hong Kong Special Administrative Region, or to their dependants, all pensions, gratuities, allowances and benefits due to them on terms no less favourable than before, irrespective of their nationality or place of residence.

**Article 94**

On the basis of the system previously operating in Hong Kong, the Government of the Hong Kong Special Administrative Region may make provisions for local lawyers and lawyers from outside Hong Kong to work and practise in the Region.

**Article 95**

The Hong Kong Special Administrative Region may, through consultations and in accordance with law, maintain juridical relations with the judicial organs of other parts of the country, and they may render assistance to each other.

**Article 96**

With the assistance or authorization of the Central People's Government, the Government of the Hong Kong Special Administrative Region may make appropriate arrangements with foreign states for reciprocal juridical assistance.

**Section 5: District Organizations**

**Article 97**

District organizations which are not organs of political power may be established in the Hong Kong Special Administrative Region, to be consulted by the government of the Region on district administration and other affairs, or to be responsible for providing services in such fields as culture, recreation and environmental sanitation.

**Article 98**

The powers and functions of the district organizations and the method for their formation shall be prescribed by law.

**Section 6: Public Servants**

**Article 99**

Public servants serving in all government departments of the Hong Kong Special Administrative Region must be permanent residents of the Region, except where otherwise provided for in Article 101 of this Law regarding public servants of foreign nationalities and except for those below a certain rank as prescribed by law.

Public servants must be dedicated to their duties and be responsible to the Government of the Hong Kong Special Administrative Region.

**Article 100**

Public servants serving in all Hong Kong government departments, including the police department, before the establishment of the Hong Kong Special Administrative Region, may all remain in employment and retain their seniority with pay, allowances, benefits and conditions of service no less favourable than before.

**Article 101**

The Government of the Hong Kong Special Administrative Region may employ British and other foreign nationals previously serving in the public service in Hong Kong, or those holding permanent identity cards of the Region, to serve as public servants in government departments at all levels, but only Chinese citizens among permanent residents of the Region with no right of abode in any foreign country may fill the following posts: the Secretaries and Deputy Secretaries of Departments, Directors of Bureaux, Commissioner Against Corruption, Director of Audit, Commissioner of Police, Director of Immigration and Commissioner of Customs and Excise.

The Government of the Hong Kong Special Administrative Region may also employ British and other foreign nationals as advisers to government departments and, when required, may recruit qualified candidates from outside the Region to fill professional and technical posts in government departments. These foreign nationals shall be employed only in their individual capacities and shall be responsible to the government of the Region.

**Article 102**

The Government of the Hong Kong Special Administrative Region shall pay to public servants who retire or who leave the service in compliance with regulations, including those who have retired or who have left the service in compliance with regulations before the establishment of the Hong Kong Special Administrative Region, or to their dependants, all pensions, gratuities, allowances and benefits due to them on terms no less favourable than before, irrespective of their nationality or place of residence.

**Article 103**

The appointment and promotion of public servants shall be on the basis of their qualifications, experience and ability. Hong Kong's previous system of recruitment, employment, assessment, discipline, training and management for the public service, including special bodies for their appointment, pay and conditions of service, shall be maintained, except for any provisions for privileged treatment of foreign nationals.

**Article 104**

When assuming office, the Chief Executive, principal officials, members of the Executive Council and of the Legislative Council, judges of the courts at all levels and other members of the judiciary in the Hong Kong Special Administrative Region must, in accordance with law, swear to uphold the Basic Law of the Hong Kong Special Administrative Region of the People's Republic of China and swear allegiance to the Hong Kong Special Administrative Region of the People's Republic of China.

**Chapter V: The Economy**

**Section 1: Public Finance, Monetary Affairs, Trade, Industry and Commerce**

**Article 105**

The Hong Kong Special Administrative Region shall, in accordance with law, protect the right of individuals and legal persons to the acquisition, use, disposal and inheritance of property and their right to compensation for lawful deprivation of their property.

Such compensation shall correspond to the real value of the property concerned at the time and shall be freely convertible and paid without undue delay.

The ownership of enterprises and the investments from outside the Region shall be protected by law.

**Article 106**

The Hong Kong Special Administrative Region shall have independent finances.

The Hong Kong Special Administrative Region shall use its financial revenues exclusively for its own purposes, and they shall not be handed over to the Central People's Government.

The Central People's Government shall not levy taxes in the Hong Kong Special Administrative Region.

**Article 107**

The Hong Kong Special Administrative Region shall follow the principle of keeping expenditure within the limits of revenues in drawing up its budget, and strive to achieve a fiscal balance, avoid deficits and keep the budget commensurate with the growth rate of its gross domestic product.

**Article 108**

The Hong Kong Special Administrative Region shall practise an independent taxation system.

The Hong Kong Special Administrative Region shall, taking the low tax policy previously pursued in Hong Kong as reference, enact laws on its own concerning types of taxes, tax rates, tax reductions, allowances and exemptions, and other matters of taxation.

**Article 109**

The Government of the Hong Kong Special Administrative Region shall provide an appropriate economic and legal environment for the maintenance of the status of Hong Kong as an international financial centre.

**Article 110**

The monetary and financial systems of the Hong Kong Special Administrative Region shall be prescribed by law.

The Government of the Hong Kong Special Administrative Region shall, on its own, formulate monetary and financial policies, safeguard the free operation of financial business and financial markets, and regulate and supervise them in accordance with law.

**Article 111**

The Hong Kong dollar, as the legal tender in the Hong Kong Special Administrative Region, shall continue to circulate.

The authority to issue Hong Kong currency shall be vested in the Government of the Hong Kong Special Administrative Region. The issue of Hong Kong currency must be backed by a 100 per cent reserve fund. The system regarding the issue of Hong Kong currency and the reserve fund system shall be prescribed by law.

The Government of the Hong Kong Special Administrative Region may authorize designated banks to issue or continue to issue Hong Kong currency under statutory authority, after satisfying itself that any issue of currency will be soundly based and that the arrangements for such issue are consistent with the object of maintaining the stability of the currency.

**Article 112**

No foreign exchange control policies shall be applied in the Hong Kong Special Administrative Region. The Hong Kong dollar shall be freely convertible. Markets for foreign exchange, gold, securities, futures and the like shall continue.

The Government of the Hong Kong Special Administrative Region shall safeguard the free flow of capital within, into and out of the Region.

**Article 113**

The Exchange Fund of the Hong Kong Special Administrative Region shall be managed and controlled by the government of the Region, primarily for regulating the exchange value of the Hong Kong dollar.

**Article 114**

The Hong Kong Special Administrative Region shall maintain the status of a free port and shall not impose any tariff unless otherwise prescribed by law.

**Article 115**

The Hong Kong Special Administrative Region shall pursue the policy of free trade and safeguard the free movement of goods, intangible assets and capital.

**Article 116**

The Hong Kong Special Administrative Region shall be a separate customs territory.

The Hong Kong Special Administrative Region may, using the name "Hong Kong, China", participate in relevant international organizations and international trade agreements (including preferential trade arrangements), such as the General Agreement on Tariffs and Trade and arrangements regarding international trade in textiles.

Export quotas, tariff preferences and other similar arrangements, which are obtained or made by the Hong Kong Special Administrative Region or which were obtained or made and remain valid, shall be enjoyed exclusively by the Region.

**Article 117**

The Hong Kong Special Administrative Region may issue its own certificates of origin for products in accordance with prevailing rules of origin.

**Article 118**

The Government of the Hong Kong Special Administrative Region shall provide an economic and legal environment for encouraging investments, technological progress and the development of new industries.

**Article 119**

The Government of the Hong Kong Special Administrative Region shall formulate appropriate policies to promote and co-ordinate the development of various trades such as manufacturing, commerce, tourism, real estate, transport, public utilities, services, agriculture and fisheries, and pay regard to the protection of the environment.

**Section 2: Land Leases**

**Article 120**

All leases of land granted, decided upon or renewed before the establishment of the Hong Kong Special Administrative Region which extend beyond 30 June 1997, and all rights in relation to such leases, shall continue to be recognized and protected under the law of the Region.

**Article 121**

As regards all leases of land granted or renewed where the original leases contain no right of renewal, during the period from 27 May 1985 to 30 June 1997, which extend beyond 30 June 1997 and expire not later than 30 June 2047, the lessee is not required to pay an additional premium as from 1 July 1997, but an annual rent equivalent to 3 per cent of the rateable value of the property at that date, adjusted in step with any changes in the rateable value thereafter, shall be charged.

**Article 122**

In the case of old schedule lots, village lots, small houses and similar rural holdings, where the property was on 30 June 1984 held by, or, in the case of small houses granted after that date, where the property is granted to, a lessee descended through the male line from a person who was in 1898 a resident of an established village in Hong Kong, the previous rent shall remain unchanged so long as the property is held by that lessee or by one of his lawful successors in the male line.

**Article 123**

Where leases of land without a right of renewal expire after the establishment of the Hong Kong Special Administrative Region, they shall be dealt with in accordance with laws and policies formulated by the Region on its own.

**Section 3: Shipping**

**Article 124**

The Hong Kong Special Administrative Region shall maintain Hong Kong's previous systems of shipping management and shipping regulation, including the system for regulating conditions of seamen.

The Government of the Hong Kong Special Administrative Region shall, on its own, define its specific functions and responsibilities in respect of shipping.

**Article 125**

The Hong Kong Special Administrative Region shall be authorized by the Central People's Government to continue to maintain a shipping register and issue related certificates under its legislation, using the name "Hong Kong, China".

**Article 126**

With the exception of foreign warships, access for which requires the special permission of the Central People's Government, ships shall enjoy access to the ports of the Hong Kong Special Administrative Region in accordance with the laws of the Region.

**Article 127**

Private shipping businesses and shipping-related businesses and private container terminals in the Hong Kong Special Administrative Region may continue to operate freely.

**Section 4: Civil Aviation**

**Article 128**

The Government of the Hong Kong Special Administrative Region shall provide conditions and take measures for the maintenance of the status of Hong Kong as a centre of international and regional aviation.

**Article 129**

The Hong Kong Special Administrative Region shall continue the previous system of civil aviation management in Hong Kong and keep its own aircraft register in accordance with provisions laid down by the Central People's Government concerning nationality marks and registration marks of aircraft.

Access of foreign state aircraft to the Hong Kong Special Administrative Region shall require the special permission of the Central People's Government.

**Article 130**

The Hong Kong Special Administrative Region shall be responsible on its own for matters of routine business and technical management of civil aviation, including the management of airports, the provision of air traffic services within the flight information region of the Hong Kong Special Administrative Region, and the discharge of other responsibilities allocated to it under the regional air navigation procedures of the International Civil Aviation Organization.

**Article 131**

The Central People's Government shall, in consultation with the Government of the Hong Kong Special Administrative Region, make arrangements providing air services between the Region and other parts of the People's Republic of China for airlines incorporated in the Hong Kong Special Administrative Region and having their principal place of business in Hong Kong and other airlines of the People's Republic of China.

**Article 132**

All air service agreements providing air services between other parts of the People's Republic of China and other states and regions with stops at the Hong Kong Special Administrative Region and air services between the Hong Kong Special Administrative Region and other states and regions with stops at other parts of the People's Republic of China shall be concluded by the Central People's Government.

In concluding the air service agreements referred to in the first paragraph of this Article, the Central People's Government shall take account of the special conditions and economic interests of the Hong Kong Special Administrative Region and consult the government of the Region.

Representatives of the Government of the Hong Kong Special Administrative Region may, as members of the delegations of the Government of the People's Republic of China, participate in air service consultations conducted by the Central People's Government with foreign governments concerning arrangements for such services referred to in the first paragraph of this Article.

**Article 133**

Acting under specific authorizations from the Central People's Government, the Government of the Hong Kong Special Administrative Region may:

(1) renew or amend air service agreements and arrangements previously in force;

(2) negotiate and conclude new air service agreements providing routes for airlines incorporated in the Hong Kong Special Administrative Region and having their principal place of business in Hong Kong and providing rights for over-flights and technical stops; and

(3) negotiate and conclude provisional arrangements with foreign states or regions with which no air service agreements have been concluded.

All scheduled air services to, from or through Hong Kong, which do not operate to, from or through the mainland of China shall be regulated by the air service agreements or provisional arrangements referred to in this Article.

**Article 134**

The Central People's Government shall give the Government of the Hong Kong Special Administrative Region the authority to:

(1) negotiate and conclude with other authorities all arrangements concerning the implementation of the air service agreements and provisional arrangements referred to in Article 133 of this Law;

(2) issue licences to airlines incorporated in the Hong Kong Special Administrative Region and having their principal place of business in Hong Kong;

(3) designate such airlines under the air service agreements and provisional arrangements referred to in Article 133 of this Law; and

(4) issue permits to foreign airlines for services other than those to, from or through the mainland of China.

**Article 135**

Airlines incorporated and having their principal place of business in Hong Kong and businesses related to civil aviation functioning there prior to the establishment of the Hong Kong Special Administrative Region may continue to operate.

## Chapter VI: Education, Science, Culture, Sports, Religion, Labour and Social Services

### Article 136

On the basis of the previous educational system, the Government of the Hong Kong Special Administrative Region shall, on its own, formulate policies on the development and improvement of education, including policies regarding the educational system and its administration, the language of instruction, the allocation of funds, the examination system, the system of academic awards and the recognition of educational qualifications.

Community organizations and individuals may, in accordance with law, run educational undertakings of various kinds in the Hong Kong Special Administrative Region.

### Article 137

Educational institutions of all kinds may retain their autonomy and enjoy academic freedom. They may continue to recruit staff and use teaching materials from outside the Hong Kong Special Administrative Region. Schools run by religious organizations may continue to provide religious education, including courses in religion.

Students shall enjoy freedom of choice of educational institutions and freedom to pursue their education outside the Hong Kong Special Administrative Region.

### Article 138

The Government of the Hong Kong Special Administrative Region shall, on its own, formulate policies to develop Western and traditional Chinese medicine and to improve medical and health services. Community organizations and individuals may provide various medical and health services in accordance with law.

### Article 139

The Government of the Hong Kong Special Administrative Region shall, on its own, formulate policies on science and technology and protect by law achievements in scientific and technological research, patents, discoveries and inventions.

The Government of the Hong Kong Special Administrative Region shall, on its own, decide on the scientific and technological standards and specifications applicable in Hong Kong.

### Article 140

The Government of the Hong Kong Special Administrative Region shall, on its own, formulate policies on culture and protect by law the achievements and the lawful rights and interests of authors in their literary and artistic creation.

### Article 141

The Government of the Hong Kong Special Administrative Region shall not restrict the freedom of religious belief, interfere in the internal affairs of religious organizations or restrict religious activities which do not contravene the laws of the Region.

Religious organizations shall, in accordance with law, enjoy the rights to acquire, use, dispose of and inherit property and the right to receive financial assistance. Their previous property rights and interests shall be maintained and protected.

Religious organizations may, according to their previous practice, continue to run seminaries and other schools, hospitals and welfare institutions and to provide other social services.

Religious organizations and believers in the Hong Kong Special Administrative Region may maintain and develop their relations with religious organizations and believers elsewhere.

## Article 142

The Government of the Hong Kong Special Administrative Region shall, on the basis of maintaining the previous systems concerning the professions, formulate provisions on its own for assessing the qualifications for practice in the various professions.

Persons with professional qualifications or qualifications for professional practice obtained prior to the establishment of the Hong Kong Special Administrative Region may retain their previous qualifications in accordance with the relevant regulations and codes of practice.

The Government of the Hong Kong Special Administrative Region shall continue to recognize the professions and the professional organizations recognized prior to the establishment of the Region, and these organizations may, on their own, assess and confer professional qualifications.

The Government of the Hong Kong Special Administrative Region may, as required by developments in society and in consultation with the parties concerned, recognize new professions and professional organizations.

## Article 143

The Government of the Hong Kong Special Administrative Region shall, on its own, formulate policies on sports. Non-governmental sports organizations may continue to exist and develop in accordance with law.

## Article 144

The Government of the Hong Kong Special Administrative Region shall maintain the policy previously practised in Hong Kong in respect of subventions for non-governmental organizations in fields such as education, medicine and health, culture, art, recreation, sports, social welfare and social work. Staff members previously serving in subvented organizations in Hong Kong may remain in their employment in accordance with the previous system.

## Article 145

On the basis of the previous social welfare system, the Government of the Hong Kong Special Administrative Region shall, on its own, formulate policies on the development and improvement of this system in the light of the economic conditions and social needs.

**Article 146**

Voluntary organizations providing social services in the Hong Kong Special Adminis-trative Region may, on their own, decide their forms of service, provided that the law is not contravened.

**Article 147**

The Hong Kong Special Administrative Region shall on its own formulate laws and policies relating to labour.

**Article 148**

The relationship between non-governmental organizations in fields such as education, science, technology, culture, art, sports, the professions, medicine and health, labour, social welfare and social work as well as religious organizations in the Hong Kong Special Administrative Region and their counterparts on the mainland shall be based on the principles of non-subordination, non-interference and mutual respect.

**Article 149**

Non-governmental organizations in fields such as education, science, technology, culture, art, sports, the professions, medicine and health, labour, social welfare and social work as well as religious organizations in the Hong Kong Special Administrative Region may maintain and develop relations with their counterparts in foreign countries and regions and with relevant international organizations. They may, as required, use the name "Hong Kong, China" in the relevant activities.

**Chapter VII: External Affairs**

**Article 150**

Representatives of the Government of the Hong Kong Special Administrative Region may, as members of delegations of the Government of the People's Republic of China, participate in negotiations at the diplomatic level directly affecting the Region conducted by the Central People's Government.

**Article 151**

The Hong Kong Special Administrative Region may on its own, using the name "Hong Kong, China", maintain and develop relations and conclude and implement agreements with foreign states and regions and relevant international organizations in the appropriate fields, including the economic, trade, financial and monetary, shipping, communications, tourism, cultural and sports fields.

**Article 152**

Representatives of the Government of the Hong Kong Special Administrative Region may, as members of delegations of the People's Republic of China, participate in international organizations or conferences in appropriate fields limited to states and affecting the Region, or may attend in such other capacity as may be permitted by the Central People's Government and the international organization or conference concerned, and may express their views, using the name "Hong Kong, China".

The Hong Kong Special Administrative Region may, using the name "Hong Kong, China", participate in international organizations and conferences not limited to states.

The Central People's Government shall take the necessary steps to ensure that the Hong Kong Special Administrative Region shall continue to retain its status in an appropriate capacity in those international organizations of which the People's Republic of China is a member and in which Hong Kong participates in one capacity or another.

The Central People's Government shall, where necessary, facilitate the continued participation of the Hong Kong Special Administrative Region in an appropriate capacity in those international organizations in which Hong Kong is a participant in one capacity or another, but of which the People's Republic of China is not a member.

**Article 153**

The application to the Hong Kong Special Administrative Region of international agreements to which the People's Republic of China is or becomes a party shall be decided by the Central People's Government, in accordance with the circumstances and needs of the Region, and after seeking the views of the government of the Region.

International agreements to which the People's Republic of China is not a party but which are implemented in Hong Kong may continue to be implemented in the Hong Kong Special Administrative Region. The Central People's Government shall, as necessary, authorize or assist the government of the Region to make appropriate arrangements for the application to the Region of other relevant international agreements.

**Article 154**

The Central People's Government shall authorize the Government of the Hong Kong Special Administrative Region to issue, in accordance with law, passports of the Hong Kong Special Administrative Region of the People's Republic of China to all Chinese citizens who hold permanent identity cards of the Region, and travel documents of the Hong Kong Special Administrative Region of the People's Republic of China to all other persons lawfully residing in the Region. The above passports and documents shall be valid for all states and regions and shall record the holder's right to return to the Region.

The Government of the Hong Kong Special Administrative Region may apply immigration controls on entry into, stay in and departure from the Region by persons from foreign states and regions.

**Article 155**

The Central People's Government shall assist or authorize the Government of the Hong Kong Special Administrative Region to conclude visa abolition agreements with foreign states or regions.

**Article 156**

The Hong Kong Special Administrative Region may, as necessary, establish official or semi-official economic and trade missions in foreign countries and shall report the establishment of such missions to the Central People's Government for the record.

**Article 157**

The establishment of foreign consular and other official or semi-official missions in the Hong Kong Special Administrative Region shall require the approval of the Central People's Government.

Consular and other official missions established in Hong Kong by states which have formal diplomatic relations with the People's Republic of China may be maintained.

According to the circumstances of each case, consular and other official missions established in Hong Kong by states which have no formal diplomatic relations with the People's Republic of China may be permitted either to remain or be changed to semi-official missions.

States not recognized by the People's Republic of China may only establish non-govermental institutions in the Region.

## Chapter VIII: Interpretation and Amendment of the Basic Law

### Article 158

The power of interpretation of this Law shall be vested in the Standing Committee of the National People's Congress.

The Standing Committee of the National People's Congress shall authorize the courts of the Hong Kong Special Administrative Region to interpret on their own, in adjudicating cases, the provisions of this Law which are within the limits of the autonomy of the Region.

The courts of the Hong Kong Special Administrative Region may also interpret other provisions of this Law in adjudicating cases. However, if the courts of the Region, in adjudicating cases, need to interpret the provisions of this Law concerning affairs which are the responsibility of the Central People's Government, or concerning the relationship between the Central Authorities and the Region, and if such interpretation will affect the judgements on the cases, the courts of the Region shall, before making their final judgements which are not appealable, seek an interpretation of the relevant provisions from the Standing Committee of the National People's Congress through the Court of Final Appeal of the Region. When the Standing Committee makes an interpretation of the provisions concerned, the courts of the Region, in applying those provisions, shall follow the interpretation of the Standing Committee. However, judgements previously rendered shall not be affected.

The Standing Committee of the National People's Congress shall consult its Committee for the Basic Law of the Hong Kong Special Administrative Region before giving an interpretation of this Law.

### Article 159

The power of amendment of this Law shall be vested in the National People's Congress.

The power to propose bills for amendments to this Law shall be vested in the Standing Committee of the National People's Congress, the State Council and the Hong Kong Special Administrative Region. Amendment bills from the Hong Kong Special Administrative Region shall be submitted to the National People's Congress by the delegation of the Region to the National People's Congress after obtaining the consent of two-thirds of the deputies of the Region to the National People's Congress, two-thirds of all the members of the Legislative Council of the Region, and the Chief Executive of the Region.

Before a bill for amendment to this Law is put on the agenda of the National People's Congress, the Committee for the Basic Law of the Hong Kong Special Administrative Region shall study it and submit its views.

No amendment to this Law shall contravene the established basic policies of the People's Republic of China regarding Hong Kong.

## Chapter IX: Supplementary Provisions

### Article 160

Upon the establishment of the Hong Kong Special Administrative Region, the laws previously in force in Hong Kong shall be adopted as laws of the Region except for those which the Standing Committee of the National People's Congress declares to be in contravention of this Law. If any laws are later discovered to be in contravention of this Law, they shall be amended or cease to have force in accordance with the procedure as prescribed by this Law.

Documents, certificates, contracts, and rights and obligations valid under the laws previously in force in Hong Kong shall continue to be valid and be recognized and protected by the Hong Kong Special Administrative Region, provided that they do not contravene this Law.

## Annex I: Method for the Selection of the Chief Executive of the Hong Kong SpecialAdministrative Region

1. The Chief Executive shall be elected by a broadly representative Election Committee in accordance with this Law and appointed by the Central People's Government.

2. The Election Committee shall be composed of 800 members from the following sectors:

| | |
|---|---|
| Industrial, commercial and financial sectors | 200 |
| The professions | 200 |
| Labour, social services, religious and other sectors | 200 |
| Members of the Legislative Council, representatives of district-based organizations, Hong Kong deputies to the National People's Congress, and representatives of Hong Kong members of the National Committee of the Chinese People's Political Consultative Conference | 200 |

The term of office of the Election Committee shall be five years.

3. The delimination of the various sectors, the organizations in each sector eligible to return Election Committee members and the number of such members returned by each of these organizations shall be prescribed by an electoral law enacted by the Hong Kong Special Administrative Region in accordance with the principles of democrazy and openness.

Corporate bodies in various sectors shall, on their own, elect members to the Election Committee, in accordance with the number of seats allocated and the election method as prescribed by the electoral law.

Members of the Election Committee shall vote in their individual capacities.

4. Candidates for the office of Chief Executive may be nominated jointly by not less than 100 members of the Election Committee. Each member may nominate only one candidate.

5. The Election Committee shall, on the basis of the list of nominees, elect the Chief Executive designate by secret ballot on a one-person-one-vote basis. The specific election method shall be prescribed by the electoral law.

6. The first Chief Executive shall be selected in accordance with the "Decision of the National People's Congress on the Method for the Formation of the First Government and the First Legislative Council of the Hong Kong Special Administrative Region".

7. If there is a need to amend the method for selecting the Chief Executives for the terms subsequent to the year 2007, such amendments must be made with the endorsement of a two-thirds majority of all the members of the Legislative Council and the consent of the Chief Executive, and they shall be reported to the Standing Committee of the National People's Congress for approval.

**Annex II: Method for the Formation of the Legislative Council of the
Hong Kong Special Administrative Region and Its Voting Procedures**

I.     Method for the formation of the Legislative Council

1.  The Legislative Council of the Hong Kong Special Administrative Region shall be
    composed of 60 members in each term. In the first term, the Legislative Council shall
    be formed in accordance with the "Decision of the National People's Congress on the
    Method for the Formation of the First Government and the First Legislative Council of
    the Hong Kong Special Administrative Region". The composition of the Legislative
    Council in the second and third terms shall be as follows:

Second term

| | |
|---|---|
| Members returned by functional constituencies | 30 |
| Members returned by the Election Committee | 6 |
| Members returned by geographical constituencies through direct elections | 24 |

Third term

| | |
|---|---|
| Members returned by functional constituencies | 30 |
| Members returned by geographical constituencies Through direct elections | 30 |

2.  Except in the case of the first Legislative Council, the above-mentioned Election
    Committee refers to the one provided for in Annex I of this Law. The division of geo-
    graphical constituencies and the voting method for direct elections therein; the delimi-
    nation of functional sectors and corporate bodies, their seat allocation and election
    methods; and the method for electing members of the Legislative Council by the Elec-
    tion Committee shall be specified by an electoral law introduced by the Government
    of the Hong Kong Special Administrative Region and passed by the Legislative Coun-
    cil.

II.    Procedures for voting on bills and motions in the Legislative Council

Unless otherwise provided for in this Law, the Legislative Council shall adopt the following procedures for voting on bills and motions:

The passage of bills introduced by the government shall require at least a simple majority
vote of the members of the Legislative Council present.

The passage of motions, bills or amendments to government bills introduced by individual
members of the Legislative Council shall require a simple majority vote of each of the two
groups of members present: members returned by functional constituencies and those returned
by geographical constituencies through direct elections and by the Election Committee.

III.   Method for the formation of the Legislative Council and its voting procedures subsequent to the year 2007

With regard to the method for forming the Legislative Council of the Hong Kong Special Administrative Region and its procedures for voting on bills and motions after 2007, if there is a need to amend the provisions of this Annex, such amendments must be made with the endorsement of a two-thirds majority of all the members of the Council and the consent of the Chief Executive, and they shall be reported to the Standing Committee of the National People's Congress for the record.

**Annex III: National Laws to be Applied in the
Hong Kong Special Administrative Region**

The following national laws shall be applied locally with effect from 1 July 1997 by way of promulgation or legislation by the Hong Kong Special Administrative Region:

1. Resolution on the Capital, Calendar, National Anthem and National Flag of the People's Republic of China

2. Resolution on the National Day of the People's Republic of China

3. Order on the National Emblem of the People's Republic of China Proclaimed by the Central People's Government

Attached: Design of the national emblem, notes of explanation and instructions for use

4. Declaration of the Government of the People's Republic of China on the Territorial Sea

5. Nationality Law of the People's Republic of China

6. Regulations of the People's Republic of China Concerning Diplomatic Privileges and Immunities

## Decision of the National People's Congress on the Basic Law of the Hong Kong Special Administrative Region of the People's Republic of China

Adopted at the Third Session of the
Seventh National People's Congress on 4 April 1990

The Third Session of the Seventh National People's Congress has adopted the Basic Law of the Hong Kong Special Administrative Region of the People's Republic of China, which includes Annex I, Method for the Selection of the Chief Executive of the Hong Kong Special Administrative Region, Annex II, Method for the Formation of the Legislative Council of the Hong Kong Special Administrative Region and Its Voting Procedures, Annex III, National Laws to be Applied in the Hong Kong Special Administrative Region, and designs of the regional flag and regional emblem of the Hong Kong Special Administrative Region. Article 31 of the Constitution of the People's Republic of China provides: "The state may establish special administrative regions when necessary. The systems to be instituted in special administrative regions shall be prescribed by law enacted by the National People's Congress in the light of the specific conditions." The Basic Law of the Hong Kong Special Administrative Region is constitutional as it is enacted in accordance with the Constitution of the People's Republic of China and in the light of the specific conditions of Hong Kong. The systems, policies and laws to be instituted after the establishment of the Hong Kong Special Administrative Region shall be based on the Basic Law of the Hong Kong Special Administrative Region.

The Basic Law of the Hong Kong Special Administrative Region of the People's Republic of China shall be put into effect as of 1 July 1997.

**Decision of the National People's Congress
on the Establishment of the
Hong Kong Special Administrative Region**

Adopted at the Third Session of the
Seventh National People's Congress on 4 April 1990

In accordance with the provisions of Article 31 and sub-paragraph 13 of Article 62 of the Constitution of the People's Republic of China, the Third Session of the Seventh National People's Congress has hereby decided

1. that the Hong Kong Special Administrative Region is to be established as of 1 July 1997; and

2. that the area of the Hong Kong Special Administrative Region covers the Hong Kong Island, the Kowloon Peninsula, and the islands and adjacent waters under its jurisdiction. The map of the administrative division of the Hong Kong Special Administrative Region will be published by the State Council separately.

##### 275

**Decision of the National People's Congress
on the Method for the Formation of the First Government
and the First Legislative Council
of the Hong Kong Special Administrative Region**

Adopted at the Third Session of the
Seventh National People's Congress on 4 April 1990

1. The first Government and the first Legislative Council of the Hong Kong Special Administrative Region shall be formed in accordance with the principles of state sovereignty and smooth transition.

2. Within the year 1996, the National People's Congress shall establish a Preparatory Committee for the Hong Kong Special Administrative Region, which shall be responsible for preparing the establishment of the Region and shall prescribe the specific method for forming the first Government and the first Legislative Council in accordance with this Decision. The Preparatory Committee shall be composed of mainland members and of Hong Kong members who shall constitute not less than 50 per cent of its membership. Its chairman and members shall be appointed by the Standing Committee of the National People's Congress.

3. The Preparatory Committee for the Hong Kong Special Administrative Region shall be responsible for preparing the establishment of the Selection Committee for the First Government of the Hong Kong Special Administrative Region (the "Selection Committee").

The Selection Committee shall be composed entirely of permanent residents of Hong Kong and must be broadly representative. It shall include Hong Kong deputies to the National People's Congress, representatives of Hong Kong members of the National Committee of the Chinese People's Political Consultative Conference, persons with practical experience who have served in Hong Kong's executive, legislative and advisory organs prior to the establishment of the Hong Kong Special Administrative Region, and persons representative of various strata and sectors of society.

The Selection Committee shall be composed of 400 members in the following proportions:

| | |
|---|---|
| Industrial, commercial and financial sectors | 25 per cent |
| The professions | 25 per cent |
| Labour, grass-roots, religious and other sectors | 25 per cent |
| Former political figures, Hong Kong deputies to the National People's Congress, and representatives of Hong Kong members of the National Committee of the Chinese People's Political Consultative Conference | 25 per cent |

4. The Selection Committee shall recommend the candidate for the first Chief Executive through local consultations or through nomination and election after consultations, and report the recommended candidate to the Central People's Government for appointment. The term of office of the first Chief Executive shall be the same as the regular term.

5. The Chief Executive of the Hong Kong Special Administrative Region shall be responsible for preparing the formation of the first Government of the Region in accordance with this Law.

6. The first Legislative Council of the Hong Kong Special Administrative Region shall be composed of 60 members, with 20 members returned by geographical constituencies through direct elections, 10 members returned by an election committee, and 30 members returned by functional constituencies. If the composition of the last Hong Kong Legislative Council before the establishment of the Hong Kong Special Administrative Region is in conformity with the relevant provisions of this Decision and the Basic Law of the Hong Kong Special Administrative Region, those of its members who uphold the Basic Law of the Hong Kong Special Administrative Region of the People's Republic of China and pledge allegiance to the Hong Kong Special Administrative Region of the People's Republic of China, and who meet the requirements set forth in the Basic Law of the Region may, upon confirmation by the Preparatory Committee, become members of the first Legislative Council of the Region.

The term of office of members of the first Legislative Council of the Hong Kong Special Administrative Region shall be two years.

**Decision of the National People's Congress
to Approve the Proposal by the Drafting Committee
for the Basic Law of the Hong Kong Special
Administrative Region on the Establishment of
the Committee for the Basic Law of
the Hong Kong Special Administrative Region
Under the Standing Committee of the
National People's Congress**

Adopted at the Third Session of the
Seventh National People's Congress on 4 April 1990

The Third Session of the Seventh National People's Congress has decided

1. to approve the proposal by the Drafting Committee for the Basic Law of the Hong Kong Special Administrative Region on the establishment of the Committee for the Basic Law of the Hong Kong Special Administrative Region Under the Standing Committee of the National People's Congress; and

2. to establish the Committee for the Basic Law of the Hong Kong Special Administrative Region Under the Standing Committee of the National People's Congress upon the implementation of the Basic Law of the Hong Kong Special Administrative Region of the People's Republic of China.

278

**Appendix**

### Proposal by the Drafting Committee for the Basic Law
### of the Hong Kong Special Administrative Region
### on the Establishment of the Committee for the Basic Law
### of the Hong Kong Special Administrative Region
### Under the Standing Committee of the National People's Congress

1. Name: The Committee for the Basic Law of the Hong Kong Special Administrative Region Under the Standing Committee of the National People's Congress.

2. Affiliation: To be a working committee under the Standing Committee of the National People's Congress.

3. Function: To study questions arising from the implementation of Articles 17, 18, 158 and 159 of the Basic Law of the Hong Kong Special Administrative Region and submit its views thereon to the Standing Committee of the National People's Congress.

4. Composition: Twelve members, six from the mainland and six from Hong Kong, including persons from the legal profession, appointed by the Standing Committee of the National People's Congress for a term of office of five years. Hong Kong members shall be Chinese citizens who are permanent residents of the Hong Kong Special Administrative Region with no right of abode in any foreign country and shall be nominated jointly by the Chief Executive, President of the Legislative Council and Chief Justice of the Court of Final Appeal of the Region for appointment by the Standing Committee of the National People's Congress.

# Literaturverzeichnis

## A. Materialien

*The Consultative Committee for the Basic Law of the Hong Kong Special Administrative Region of the People's Republic of China:* Preliminary Report – Focuses of Discussion (29 April – 17 June), Hong Kong, 1988.

*The Consultative Committee for the Basic Law of the Hong Kong Special Administrative Region of the People's Republic of China:* The Draft Basic Law of the Hong Kong Special Administrative Region of the People's Republic of China (for Solicitation of Opinions) Consultation Report Vol. 5 - General Report on the Articles - Hong Kong, 1988.

*The Consultative Committee for the Basic Law of the Hong Kong Special Administrative Region of the People's Republic of China:* The Basic Law of the Hong Kong Special Administrative Region of The People's Republic of China (Draft); Consultation Report, Vol. 1, Report on the Consultation on the Basic Law (Draft), Collection of views of the Special Groups of the Consultative Committee for the Basic Law regarding the Basic Law (Draft), Collection of views of the Special Group on Economy of the Consultative Committee for the Basic Law regarding Chapter V of the Basic Law (Draft); Consultation Report, Vol. 2 - Reports on Special Issues - Hong Kong, 1989.

*The Consultative Committee for the Basic Law of the Hong Kong Special Administrative Region, Special Group on Finance, Business, and Economy:* Final Report on Finance, Taxation, Monetary System, and Principles of the Economic System, Hong Kong, 1987.

*The Consultative Committee for the Basic Law of the Hong Kong Special Administrative Region, Special Group on Finance, Business, and Economy:* Final Report on the Policy regarding Industry and Commerce, Free Trade, and Fishery, Hong Kong, 1987.

*The Consultative Committee for the Basic Law of the Hong Kong Special Administrative Region, Special Group on Finance, Business, and Economy:* Opinions on Chapter 5 „The Economy of the HKSAR" of the Draft (August 1987) of the Basic Law (passed by the Executive Committee on 4 November 1987), enthalten in: Reports of Meetings and Seminars of various Special Groups and Sub-Groups of the Consultative Committee for the Basic Law of the Hong Kong Special Administrative Region of the People's Republic of China, Hong Kong, 1992.

*The Consultative Committee for the Basic Law of the Hong Kong Special Administrative Region, Special Group on Finance, Business, and Economy:* Report of the Seminar on Industry, ohne Datumsangabe, enthalten in: Reports of Meetings and Seminars of various Special Groups and Sub-Groups of the Consultative Committee for the Basic Law of the Hong Kong Special Administrative Region of the People's Republic of China, Hong Kong, 1992.

*House of Commons Foreign Affairs Committee:* First Report, Relations between the United Kingdom and China in the period up to and beyond 1997, Volume I, Report together with the Proceedings of the Committee, London, 1994.

*House of Commons Foreign Affairs Committee:* Second Report, Hong Kong, Vol. II, Minutes of Evidence with Appendices, London, 1989.

*Kommission der Europäischen Gemeinschaften:* Erster Jahresbericht der Europäischen Kommission über das Besondere Verwaltungsgebiet Hongkong, Brüssel, 1999.

*Office of Members of The Executive and Legislative Councils Hong Kong:* Comments on the Basic Law (Draft), Hong Kong, 1989.

*OMELCO Standing Panel on Constitutional Development:* Report, On the Draft Basic Law, Hong Kong, 1988.

*The Secretary of State for Foreign and Commonwealth Affairs by Command of her Majesty:* Arrangements for Testing the Acceptability in Hong Kong of the Draft Agreement on the Future of the Territory (I) Report of the Assessment Office, London, 1984.

*Secretariat of the Consultative Committee:* The Draft Basic Law of the Hong Kong Special Administrative Region for the Basic Law of the People's Republic of China (for Solicitation of Opinions), Introduction and Summary, Hong Kong, 1988.

### B. Aufsätze, Monographien

*Abendroth, Wolfgang:* Das Grundgesetz, 1. Auflage, Pfullingen, 1966.

*Abrams, Burton A./Dougan, William R.:* The effects of constitutional restraints on governmental spending, in: Public Choice, Volume 49 (1986), S. 101 ff.

*Adam, Werner:* Und dann kommen die Panzer doch, FAZ vom 4. Juni 1999, S. 11.

*Allan, James:* Liberalism, Democracy and Hong Kong, ohne Seitenzahlen, in: Constitutional Transition: Hong Kong 1997 and Global Perspectives, Conference Program, Volume 1 (Seminar 1 – 5), Hong Kong, 1997.

*Annells,* **Deborah:** The Hong Kong SAR and China, in: Tax Planning International, Asia-Pacific Focus, Vol. 1 (1997), Number 1, S. 5 ff.

*Assmann, Heinz/Kirchner, Christian/Schanze, Erich:* Ökonomische Analyse des Rechts, 2. Aufl., Tübingen, 1993.

*Badura, Peter:* Grundprobleme des Wirtschaftsverfassungsrechts, in: JuS 1976, S. 205 ff.

*Bails, Dale:* A Critique on the Effectiveness of Tax-Expenditure Limitations, in: Public Choice, Vol. 38 (1982), S. 129 ff.

*Baker & McKenzie:* The Court System, Briefing Paper # 2, Hong Kong, 1997.

*Baker & McKenzie:* The Transfer of Sovereignty over Hong Kong in 1997 – Intellectual Property Issues, Hong Kong, 1997.

*Balassa, Bela:* Economic Policies in the Pacific Area Developing Countries, London, 1991.

*Benda, Ernst:* Die aktuellen Ziele der Wirtschaftspolitik und die tragenden Grundsätze der Wirtschaftsverfassung, in: NJW 1967, S. 849 ff.

*Benda, Ernst/Maihofer, Werner/Vogel, Hans-Jochen (Hrsg.):* Handbuch des Verfassungsrechts, 2. Aufl., Berlin, New York, 1994.

*Benewick, Robert:* Towards a Developmental Theory of Constitutionalism: The Chinese Case, in: Constitutional Transition: Hong Kong 1997 and Global Perspectives, Conference Program, Volume 2 (Seminar 6A – 9), Hong Kong, 1997.

*Benton, George:* The Hong Kong Crisis, London, 1983.

*Bingham, J. E.:* Narrative of the Expedition to China, 2 Volumes, London, 1842.

*Blecher, Marc:* The Dengist Period: The Triumphs and Crises of Structural Reform, 1979 to the Present, in: *Hudson, Christopher (ed.)*, The China Handbook, Chicago, London, 1997, S. 19 ff.

*Blundell, Chris:* Housing: Getting the Priorities Right, in: *Mole, David (ed.)*, Managing the new Hong Kong Economy, Hong Kong, 1996, S. 108 ff.

*Boasberg, Thomas:* One Country, One-and-a-half Systems: The Hong Kong Basic Law and its breaches of the Sino-British Joint Declaration, in: Wisconsin International Law Journal, Vol. 10 (1993), 282 ff.

*Bobrowski, Thilo:* Wirtschaftliche Entwicklungsperspektiven Hong Kongs, Diss., St. Gallen, 1994, Bamberg, 1994.

*Bokeloh, Bettina:* Rechtliche Grundlagen der chinesischen Aktiengesellschaften, Diss., Passau, 1998, Frankfurt a. M., 1998.

*Bolz, Klaus/Lösch, Dieter/Pissula, Petra:* Freihandels- und Sonderwirtschaftszonen in Osteuropa und in der VR China, Hamburg, 1990.

*Böhm, Franz:* Wettbewerb und Monopolkampf – Eine Untersuchung zur Frage des wirtschaftlichen Kampfrechts und zur Frage der rechtlichen Struktur der geltenden Wirtschaftsordnung, Berlin, 1933.

*Bonavia, David:* Hong Kong 1997: The Final Settlement, Hong Kong, 1983.

*Boreham, Gordon F.:* China's Decade of Economic Reforms, in: International Perspectives, November/December 1987, S. 22 ff.

*Bowring, Philip:* Hong Kong as an International Commercial Center, in: *Cohen, Warren I./Zhao, Li (eds.)*, Hong Kong Under Chinese Rule –The Economic and Political Implications of Reversion, New York, Cambridge, 1997, S. 8 ff.

*Bowring, Philip:* Pegged to the future, in: Far Eastern Economic Review vom 27. Oktober 1983, S. 56 ff.

*Brennan, Geoffrey/Buchanan, James M.:* The Power to Tax, Analytical Foundations of a Fiscal Constitution, Cambridge, 1980.

*Brennan, Geoffrey/Buchanan, James M.:* The Reason of Rules: Constitutional Political Economy, Cambridge, 1989.

*Buchanan, James M.:* Constitutional Economics, Oxford, 1991.

*Buchanan, James M.:* Constitutional Imperatives for the 1990s: The Legal Order for a Free and Productive Economy, in: *Anderson, Annelise/Bark, Dennis L. (ed.)*, Thinking About America, The United States in the 1990s, Stanford, 1988, S. 253 ff.

*Buchanan, James M./Wagner, Richard:* Democracy in Deficit: The Political Legacy of Lord Keynes, New York, 1977.

*Callick, Rowan:* Hong Kong R.I.P., in: The International Economy, Vol. 13 (1999), S. 40 ff.

*Campbell, David:* Economic Ideology and Hong Kong 's Governance Structure After 1997, in: *Wacks, Raymond (ed.)*, Hong Kong, China and 1997, Essays in Legal Theory, Hong Kong, 1993, S. 87 ff.

*Cao, Pei:* Private Land Use in the Mainland China and in Hong Kong. The Current Policy and a Calculation on 50 Years late, in: Leung, *Priscilla MF/Zhu, Guobin (eds.)*, The Basic Law of the HKSAR: From Theory to Practice, Hong Kong, Singapore, Malaysia, 1998, S. 403 ff.

*Chan, Johannes M. M.:* Principles of Interpretation of the Basic Law: A Preliminary Enquiry, Faculty of Law, The University of Hong Kong, Law Working Paper Series, Paper No 19, Hong Kong, 1998.

*Chan, Ming Kou:* Democracy Derailed: Realpolitik in the Making of the Hong Kong Basic Law, 1985-1990, in: *Chan, Ming K./Clark, David. J (eds.)*, The Hong Kong Basic Law: Blueprint for „Stability and Prosperity" under Chinese Sovereignty?, Hong Kong, 1991, S. 3 ff.

*Chan, Ming Kou:* Hong Kong: Colonial Legacy, Transformation and Challenge, in: *Skidmore, Max J. (ed.)*, The Future of Hong Kong, The Annals of the American Academy of Political and Social Science, Vol. 547 (September 1996), S. 11 ff.

*Chan Morgan, Maria:* Decentralization in China: The Special Economic Zones as Legacy of an Unresolved Policy Dilemma, in: *Romich, Manfred (Hrsg.)*, Wirtschaftsreform und gesellschaftliche Entwicklung: China im zweiten Jahrzehnt nach Mao, Frankfurt a. M., 1991, S. 75 ff.

*Chang, David Wen-wei/ Chuang, Richard Y.:* The Politics of Hong Kong's Reversion to China, Basingstoke, 1998.

*Chang, Denis:* The Basic Law of the Hong Kong Special Administrative Region: Economics and Norms of Credibility, in: Journal of Chinese Law, Vol. 2 (1988), S. 21 ff.

*Chau, Leung Chuen:* Hong Kong, A Unique Case of Development, Washington, 1993.

*Chen, Albert H. Y.:* The Basic Law and the Protection of Property Rights, in: Hong Kong Law Journal, Vol. 23 (1993), S. 31 ff.

*Chen, Albert H. Y.:* Continuity and Change in the Legal System, in: *Chow, Larry Chuen-ho/Fan, Yiu-kwan (eds.),* The Other Hong Kong Report 1998, Hong Kong, 1999, S. 29 ff.

*Cheng, Joseph Y. S. (ed.):* Hong Kong: In Search of a Future, Hong Kong, 1984.

*Cheng, Joseph Y. S.:* The Draft Basic Law: Messages for Hong Kong People, in: *Chiu, Hungdah (ed.),* The Draft Basic Law of Hong Kong: Analysis and Documents, Occasional Papers/Reprint Series in Contemporary Asian Studies, Baltimore, 1986, S. 7 ff.

*Cheng, Tong Yung:* The Economy of Hong Kong, Revised Edition, Hong Kong, 1977/1982.

*Cheng, Loyti:* An Economic Analysis of Capital Flight in Hong Kong, in: New York University Journal of International Law & Politics, Vol. 17 (1985), S. 683 ff.

*Cheung, Johnny K. W.:* Basic Law of Hong Kong and Business Investors After 1997, in: The Comparative Law Yearbook of International Legal Studies, Vol. 18 (1996), S. 195 ff.

*Cheung, Steven N. S.:* Economic Interactions: China vis-à-vis Hong Kong, in: *Wang, Gungwu/Wong, Sui-lun (eds.),* Hong Kong's Transition, A Decade After the Deal, Hong Kong, 1995, S. 89 ff.

*Ching, Frank:* Are Hong Kong People Ruling Hong Kong? Implementation of the Sino-British Joint Declaration, 1997 – 1998, in: *Chow, Larry Chuen-ho/Fan, Yiu-kwan (ed.),* The Other Hong Kong Report 1998, Hong Kong, 1999, S. 1 ff.

*Chiu, Hungdah:* Foreword, in: Chang, David Wen-wei/Chuang, Richard Y., The Politics of Hong Kong's Reversion to China, Basingstoke, 1998, i ff.

*Chiu, Hungdah:* Introduction, Hong Kong: Transfer of Sovereignty, in: Case Western Reserve Journal of International Law, Vol. 20 (1988), S. 1 ff.

*Chiu, Hungdah:* Introduction, in: *Chiu, Hungdah (ed.),* The Draft Basic Law of Hong Kong: Analysis and Documents, Occasional Papers/Reprint Series in Contemporary Asian Studies, Baltimore, 1986, S. 1 ff.

*Choa, Gerald Hugh:* The Life and Times of Sir Kai Ho Kai, Hong Kong, 1981.

*Chu, David K. Y.:* The Special Economic Zones and the Problem of Territorial Containment, in: *Jao, Y. C./Leung, Chi-Keung (eds.),* China's Special Economic Zones, Policies, Problems and Prospects, Hong Kong, 1986, S. 21 ff.

*Chung, Jae Ho/Lo, Shiu-hing:* Beijing's Relations with the Hong Kong Special Administrative Region: An Inferential Framework for the Post-1997 Arrangement, in: Pacific Affairs, Vol. 68 (1995), S. 167 ff.

*Chung, Sze-Yuen:* What Has Gone Wrong during the Transition?, in: *Wang, Gungwu/Wong, Sui-lun (eds.),* Hong Kong's Transition, A Decade After the Deal, Hong Kong, 1995, S. 1 ff.

*Clarke, William Stewart:* The Constitution of Hong Kong and 1997, in: *Jao, Y.C./Leung, Chi-Keung/Wesley-Smith, Peter/Wong, Su-Lun (eds.),* Hong Kong And 1997, Strategies for the Future, Hong Kong, 1985, S. 215 ff.

*Clough, Ralph:* Taiwan's Relationship with Hong Kong, in: *Feldman, Harvey/Kau, Michael Y. M./Kim, Ilpyong J. (eds.),* Taiwan in a Time of Transition, New York, 1988, S. 223 ff.

*Coase, Ronald Harry:* The Problem of Social Cost, in: Journal of Law and Economics, October 1960, S. 1 ff.

*Cotton, James:* Hong Kong: The Basic Law and Political Convergence, in: NIRA Research Output, Vol. 2 (1989), S. 56 ff.

*Cottrell, Robert:* The End of Hong Kong, The Secret Diplomacy of Imperial Retreat, London, 1993.

*Crane, George T.:* The Political Economy of China's Special Economic Zones, Armonk, 1990.

*Cremerius, Ruth/Fischer, Doris/Schier, Peter:* Studentenprotest und Repression in China April bis Juni 1989: Analyse, Chronologie, Dokumente, Mitteilungen des Instituts für Asienkunde, Nr. 192, 2. Aufl., Hamburg, 1991.

*Cullen, Richard:* Capitalism with Chinese Characteristics. Hong Kong – Past, Present and Future, in: JÖR, Bd. 43 (1995), S. 709 ff.

*Davis, Michael C.:* Anglo-American Constitutionalism with Chinese Characteristics, in: The American Journal of Comparative Law, Vol. 36 (1988), S. 761 ff.

*Davis, Michael C.:* Constitutionalism in Hong Kong: Politics versus Economics, in: Journal of International Economic Law, Vol. 18 (1997), S. 157 ff.

*Davies, Simon:* Emphasis on Productivity – Industrial Development, in: Financial Times, Survey, 4. Mai 1993, S. 6.

*DeGolyer, Michael E.:* The Myth of Political Apathy in Hong Kong, in: *Skidmore, Max J. (ed.)*, The Future of Hong Kong, The Annals of the American Academy of Political and Social Science, Vol. 547 (September 1996), S. 68 ff.

*deLisle, Jacques/Lane, Kevin P.:* Cooking the Rice without Cooking the Goose – The Rule of Law, the Battle over Business and the Quest for Prosperity in Hong Kong after 1997, in: *Cohen, Warren I./Zhao, Li (ed.)*, Hong Kong Under Chinese Rule – The Economic and Political Implications of Reversion, New York, Cambridge, 1997, S. 31 ff.

*Deng, Xiaoping:* Construct a Socialism with Chinese Characteristics, 2. Aufl., Beijing, 1987.

*Demsetz, Harold:* The Exchange and Enforcement of Property Rights, in: Journal of Law and Economics, October 1964, S. 11 ff.

*Destexhe, Jean-François:* Hong Kong and 1997: The Facts, in: *Menski, Werner (ed.)*, GEMS No. 2, Coping with 1997, The Reaction of the Hong Kong People to the Transfer of Power, London, 1995, S. 17 ff.

*Dicks, Anthony:* Treaty, Grant, Usage or Suffrance? Some Legal Aspects of the Status of Hong Kong, in: The China Quarterly, Vol. 95 (1983), S. 427 ff.

*Dietrich, Hans J.:* China und Hongkong nach 1997: „Ein Land – zwei Systeme", in: EA, 42. Jg. (1987), S. 463 ff.

*Dolzer, Rudolf/Vogel, Klaus (Hrsg.):* Bonner Kommentar zum Grundgesetz, Band 2, Artikel 6 – 14, Heidelberg, 1999.

*Dreier, Horst (Hrsg.):* Grundgesetz, Kommentar, Band I, Artikel 1 – 19, Tübingen, 1996.

*Dullea Bowie, Wendy:* The Effect of the Tiananmen Square Massacre Upon Negotiations for the Draft Basic Law of the Hong Kong Special Administrative Region, in: Dickinson Journal of International Law, Vol. 8 (1990), S. 245 ff.

*Dumbaugh, Kerry:* Hong Kong's Return to China, in: *Rioni, S. G. (ed.),* Politics and Economics of Hong Kong, Commack, New York, 1997, S. 85 ff.

*Dunn, Lydia:* Hong Kong after the Sino-British Declaration, in: International Affairs, Vol. 61 (1985), S. 197 ff.

*Ehmke, Horst:* Wirtschaft und Verfassung, Die Verfassungsrechtsprechung des Supreme Court zur Wirtschaftsregulierung (Berkeley-Kölner Rechtsstudien, Kölner Reihe, 2), 1961.

*Eilenberger, Guido:* Hongkong als Finanzdrehscheibe Asiens und die Zukunft der asiatischen Finanzmärkte, in: *Becker, Bert/Eilenberger, Guido/Rüland, Jürgen/Draguhn, Werner (Hrsg.),* Hongkong und China auf dem Weg in das Pazifische Jahrhundert, Hamburg, 1998, S. 56 ff.

*Eitel, Ernst Johann:* Europe in China, The History of Hongkong, Reprint, Hong Kong, 1983.

*Emmerich, Volker:* Das Wirtschaftsrecht der öffentlichen Unternehmen (Wirtschaftsrecht und Wirtschaftspolitik, 9), Bad Homburg, 1969, zugl. Habil., Münster, 1969.

*Endacott, George Beer:* A History of Hong Kong, Second Edition, Hong Kong, 1974.

*Endacott, George Beer:* Government and People in Hong Kong 1841 – 1962, A Constitutional History, Hong Kong, 1964.

*Endacott, George Beer/Birch, Alan:* Hong Kong Eclipse, Hong Kong, 1978.

*Eucken, Walter:* Die Grundlagen der Nationalökonomie, 8. Aufl., Berlin u. a., 1940/1965.

288

*Fan, Rita:* Expectations and Challenges in School Education, in: *Wang, Gungwu/Wong, Sui-lun (eds.)*, Hong Kong's Transition, A Decade After the Deal, Hong Kong, 1995, S. 72 ff.

*Farny, Tobias:* Die Rückgabe Hong Kongs an die VR China, Diss., Erlangen, Nürnberg, 1997, Wiesbaden, 1997.

*Feinerman, James V.:* Hong Kong Faces 1997 – Legal and Constitutional Issues, in: *Cohen, Warren I./Zhao, Li (eds.)*, Hong Kong Under Chinese Rule – The Economic and Political Implications of Reversion, New York, Cambridge, 1997, S. 71 ff.

*Fikentscher, Wolfgang:* Wirtschaftsrecht, Band II: Deutsches Wirtschaftsrecht, München, 1983.

*Flowerdew, John:* The Final Years of British Hong Kong, Basingstoke, 1998.

*Fong, Mo-Kwan Lee:* The Development of Zhuhai Special Economic Zone: An Appraisal, Hong Kong, 1985.

*Freund, Elizabeth M.:* Growing Interdependence: Economic Relations Between China and Taiwan, in: *Hudson, Christopher (ed.)*, The China Handbook, Chicago, London, 1997, S. 59 ff.

*Friedman, Milton/Friedman, Rose:* Free to Choose, A Personal Statement, Harmondsworth, 1980.

*Frotscher, Werner:* Wirtschaftsverfassungs- und Wirtschaftsverwaltungsrecht, 3. Aufl., München, 1999.

*Fung, Daniel R./Wong, Peter H. H.:* Constitutional Law and Litigation in the First Year of the Hong Kong SAR: Past Trends and Future Developments, in: Hong Kong Law Journal, Vol. 28 (1998), S. 336 ff.

*Gälli, Anton/Franzen J. (Hrsg.):* Die Familie des großen Drachen, Band I: Die VR China, Hongkong, Macao und Taiwan auf dem Weg zu „Großchina"?, München, Köln, London, 1995.

*Geinitz, Christian:* Hongkongs Schicksalsmonat, FAZ vom 22. Juli 1999, S. 15.

*Geng, Yuxin:* China turns to Market Economy, Beijing Review vom 9. – 15. November 1992, S. 4.

*Ghai, Yash P.:* A Comparative Perspective, in: *Wesley-Smith, Peter (ed.)*, Hong Kong's Basic Law, Problems and Prospects, Hong Kong, 1990, S. 1 ff.

*Ghai, Yash P.:* Constitutional Law, in: *Shombing, Judith (ed.)*, Annual Survey of the Law, 1990 – 1991, Hong Kong, 1992, S. 181 ff.

*Ghai, Yash P.:* The Economic Provisions of the Basic Law, in: *Wesley-Smith, Peter (ed.)*, Law Lectures for Practicioners, 1997, Hong Kong, 1997, S. 287 ff.

*Ghai, Yash P.:* Hong Kong 's New Constitutional Order, Second Edition, Hong Kong, 1999.

*Ghai, Yash P.:* The Rule of Law and Capitalism: Reflections on the Basic Law, in: *Wacks, Raymond (ed.)*, Hong Kong, China and 1997, Essays in Legal Theory, Hong Kong, 1993, S. 343 ff.

*Goodstadt, Leo:* China's New Constitution: Maoism, Economic Change and Civil Liberties, in: Hong Kong Law Journal, Vol. 8 (1978), S. 287 ff.

*Gornig, Gilbert H.:* Das nördliche Ostpreußen gestern und heute, Bonn, 1995.

*Gornig, Gilbert H.:* Entwicklungen des Staatsangehörigkeitsrechtes Hongkongs vor dem Hintergrund des Übergangs an China am 1. Juli 1997, in: StAZ, 50. Jg. (1997), S. 336 ff.

*Gornig, Gilbert H.:* Hongkong, Von der britischen Kronkolonie zur chinesischen Sonderverwaltungszone, Köln, 1998.

*Gornig, Gilbert H.:* China und Korea als Gegenstand der Beratungen auf den Konferenzen von Kairo, Teheran, Jalta und Potsdam, in: *Meissner, Boris/ Blumenwitz, Dieter/Gornig, Gilbert (Hrsg.)*, Das Potsdamer Abkommen, III. Teil: Rückblick nach 50 Jahren, Wien, 1996, S. 103 ff.

*Gourlay, Walter F.:* Hong Kong and Taiwan: The Colonial Heritage, in: *Williams, Jack F. (ed.)*, The Future of Hong Kong and Taiwan, Asian Studies Center, East Asia Series, Occasional Paper No. 9, East Lansing, Michigan, 1985.

*Greenberg, Katherine A.:* Hong Kong's Future: Can the PRC invalidate the Treaty of Nanking as an Unequal Treaty?, in: Fordham International Law Journal, Vol. 7 (1984), S. 534 ff.

*Guillen-Nuñez, Cesar:* Macau, Hong Kong, 1984.

*Gupta, S. G.:* Chinese Special Economic Zones: An Introductory Summary, in: *Gupta, S. G. (ed.),* China's Economic Reforms, Role of Special Economic Zones and Economic and Technological Development Zones, New Delhi, 1996.

*Gupta, S. G.:* Chinese Economic Reforms: Features, Performance and Prospects, in: *Gupta, S. G. (ed.),* China's Economic Reforms, Role of Special Economic Zones and Economic and Technological Development Zones, New Delhi, 1996, S. 1 ff.

*Haggard, Stephan/Cheng, Tun-jen:* State and Foreign Capital in the East Asian NICs, in: *Deyo, Frederic C. (ed.),* The Political Economy of the New Asian Industrialism, Ithaca, London, 1987, S. 84 ff.

*Han, Anna M.:* Hong Kong's Basic Law: The Path to 1997, Paved with Pitfalls, in: Hastings International and Comparative Law Review, Vol. 16 (1993), S. 321 ff.

*Han, Anna M.:* Hong Kong's Economy under Chinese Rule: Prosperity and Stability, in: Southern Illinois University Law Journal, Vol. 22 (1998), S. 325 ff.

*Hannum, Hurst/Lillich, Richard B.:* The Concept of Autonomy in International Law, in: *Dinstein, Yoram (ed.),* Models of Autonomy, New Brunswick, N. J., 1991, S. 215 ff.

*Hansen, Justice J.:* Judicial Independence in Hong Kong, in: New Zealand Law Journal, Vol. 1 (1997), S. 11 ff.

*Harding, Harry:* The Concept of „Greater China": Themes, Variations and Reservations, in: The China Quarterly, Vol. 136 (1993), S. 660 ff.

*Harris, Peter:* Hong Kong Confronts 1997: An Assessment of the Sino-British Agreement, in: Pacific Affairs, Vol. 59 (1986), S. 45 ff.

*Hartwich, Hans-Hermann:* Sozialstaatspostulat und gesellschaftlicher status quo, Opladen, 1970.

*Hatanaka, Kazuo:* The Limits of Amendments to the Basic Law of Hong Kong – What will guarantee 'One Country, Two Systems'?, in: *Leung, Priscilla MF/ Zhu, Guobin (eds.),* The Basic Law of the HKSAR: From Theory to Practice, S. 403 ff., Hong Kong, Singapore, Malaysia, 1998.

291

*Haubrich, Walter:* Das Ende eines Kolonialreiches, FAZ vom 17. Dezember 1999, S. 8.

*Haulman, Clyde A.:* Asia-Pacific Economic Links and the Future of Hong Kong, in: *Skidmore, Max J. (ed.)*, The Future of Hong Kong, The Annals of the American Academy of Political and Social Science, Volume 547 (September 1996), S. 153 ff.

*v. Hayek, Friedrich August:* Die Verfassung der Freiheit, 3. Aufl., Tübingen, 1991.

*Heilmann, Sebastian:* Das Menetekel steht der Führung noch vor Augen, FAZ vom 4. Juni 1999, S. 11.

*Heilmann, Sebastian:* Politische Grenzen der Wirtschafts- und Verfassungsreform, in: CHINA aktuell, März 1999, S. 267 ff.

*Henderson, John H.:* The Reintegration of Hong Kong into The People's Republic of China: What It Means to Hong Kong's Future Prosperity, in: Vanderbilt Journal of Transnational Law, Vol. 28 (1995), S. 503 ff.

*Herdegen, Matthias:* Internationales Wirtschaftsrecht, 2. Aufl., München, 1995.

*Herschensohn, Bruce:* Hong Kong at the Handover, Lanham, 1999.

*Hesse, Konrad:* Grundzüge des Verfassungsrechts der Bundesrepublik Deutschland, 20. Aufl., Heidelberg, 1999.

*Heuser, Uwe Jean:* Profit statt Freiheit, Die Zeit vom 20. Dezember 1996, S. 25 f.

*Ho, Henry C. Y.:* The Fiscal System of Hong Kong, London, 1979.

*Ho, Henry C. Y.:* The State of the Economy, S. 75 ff., in: *Choi, Po- king/Ho, Lok-sang (eds.)*, The Other Hong Kong Report 1993, Hong Kong, 1993.

*Hoe, Susanna/Roebuck, Derek:* The Taking of Hong Kong, Richmond, 1999.

*Hollerbach, Alexander:* Ideologie und Verfassung, in: *Maihofer, Werner (Hrsg.)*, Ideologie und Recht, Frankfurt a. M., 1969.

*Hook, Brian:* From Repossession to Retrocession: British Policy towards Hong Kong 1945 – 1997, in: *Li, Pang-kwong (ed.)*, Political Order and Power Transition in Hong Kong, Hong Kong, 1997, S. 1 ff.

*Hook, Brian:* The Government of Hong Kong, in: The China Quarterly, Vol. 95 (1983), S. 491 ff.

*Horlemann, Ralf:* Die Rückgabe Hongkongs und seine neue Verfassung. Grenzen der Autonomie, Hamburg, 1999.

*Horlemann, Ralf:* Hongkong 1997, Systemwandel in rechtlicher und politischer Perspektive, Münster, 1992, zugl. Diss., München, 1992.

*Horn, Karen:* Der sozialisierte Markt, FAZ vom 22. Mai 1999, S. 15.

*Howe, Christopher:* Growth, Policy and Hong Kong's Economic Relationship with China, in: The China Quarterly, Vol. 95 (1983), S. 512 ff.

*Howell, Jude:* Foreign Trade Reform and Relations with International Economic Institutions, in: *Hudson, Christopher (ed.)*, The China Handbook, Chicago, London, 1997, S. 173 ff.

*Hsu, Berry F. C.:* Judicial Development of Hong Kong on the Eve of 1 July 1997, in: *Chan, Ming K./Postiglione, Gerard A. (eds.)*, The Hong Kong Reader: Passage to Chinese sovereignty, Armonk, 1996, S. 65 ff.

*Hsu, Berry F. C./Baker, Philip W.:* The Spirit of Common Law in Hong Kong: The Transition to 1997, in: University of British Columbia Law Review, Vol. 24 (1990), S. 307 ff.

*Hsü, Immanuel C. Y.:* China without Mao: The Search for a New Order, Oxford, New York, 1982.

*Huang, Guobo:* The Linked Exchange Rate and Macroeconomic Policy, in: *Mole, David (ed.)*, Managing the new Hong Kong Economy, Hong Kong, 1996, S. 54 ff.

*Huang, Yasheng:* The Economic and Political Integration of Hong Kong. Implications for Government-Business Relations, in: *Cohen, Warren I./Zhao, Li (eds.)*, Hong Kong Under Chinese Rule. The Economic and Political Implications of Reversion, New York, Cambridge, 1997, S. 96 ff.

*Huber, Ernst Rudolf:* Wirtschaftsverwaltungsrecht, Band I, 2. Auflage, Tübingen, 1953 – 1954.

*Huber, Ernst Rudolf:* Der Streit um das Wirtschaftsverfassungsrecht, in: DÖV 1956, S. 97 ff., S. 135 ff., S. 172 ff., S. 200 ff.

*Hurst, Michael (ed.):* Key Treaties for the Great Powers, 1814 – 1914, Newton Abbot, 1972.

*Jao, Y. C.:* Dependence is a two-way Street, in: Far Eastern Economic Review vom 20. Januar 1983.

*Jao, Y. C.:* Hong Kong's Future as a Financial Center, in: Three Banks Review, March 1985, S. 35 ff.

*Jao, Y. C.:* Hong Kong's Future as a Free Market Economy, in: Issues & Studies, Vol. 22 (1986), S. 111 ff.

*Jao, Y. C.:* Hong Kong's Rise as a Financial Center, in: Asian Survey, Number 7 (July 1979), S. 674 ff.

*Jao, Y. C.:* Monetary and Financial Affairs, in: *Choi, Po- king/ Ho, Lok-sang (eds.)*, The Other Hong Kong Report 1993, Hong Kong, 1993, S. 95 ff.

*Jao, Y. C./Leung, C. K. (eds.):* China's Special Economic Zones: Policies, Problems and Prospects, Hong Kong, 1986.

*Jarass, Hans D.:* Wirtschaftsverwaltungsrecht und Wirtschaftsverfassungsrecht, 2. Aufl., Frankfurt a. M., 1984.

*Jarass, Hans D./Pieroth, Bodo:* Grundgesetz für die Bundesrepublik Deutschland, 5. Aufl., München, 2000.

*Jayawickrama, Nihal:* Economic, Social and Cultural Aspects, in: *Wesley-Smith, Peter/Chen, Albert H. Y. (eds.)*, The Basic Law and Hong Kong's Future, Hong Kong, 1988, S. 231 ff.

*Jayawickrama, Nihal:* „One Country, Two Systems" and the Law: Illusion or Reality?, in: *McMillen, Donald H./DeGolyer, Michael E. (eds.)*, One Culture, Many Systems, Hong Kong, 1993.

*Jellinek, Gustav:* Allgemeine Staatslehre, 3. Aufl., Neudruck, 1922.

294

*Jesch, Thomas:* Das Steuersystem Hongkongs – Eine Einführung, in: Internationales Steuerrecht, 9. Jg. (2000), S. 353 ff.

*Johnson, C.:* Political Institutions and Economic Performance: The Government-Business Relationship in Japan, South Korea and Taiwan, in: *Scalapino, Robert A. (ed.)*, Asian Economic Development, Berkeley, 1985.

*Johnson, Eric:* Hong Kong after 1997: A Free City?, in: German Yearbook of International Law, Vol. 40 (1997), S. 383 ff.

*Jones, D. J. C.:* Hong Kong's Economic Policies, Rede, gehalten anläßlich des „Economic Development of Hong Kong Seminar", 1972.

*Jordan, Ann D.:* Lost in the Translation: Two Legal Cultures, the Common Law Judiciary and The Basic Law of the Hong Kong Special Administrative Region, in: Cornell International Law Journal, Vol. 30 (1997), S. 335 ff.

*Jordan, Kelly:* Doing Business in Hong Kong from 1 July, in: New Zealand Law Journal, Vol. 1 (1997), S. 9 ff.

*Kau, Michael Y. M.:* Taiwan and Beijing's Campaigns for Unification, in: *Feldman,Harvey/Kau, Michael Y. M./Kim, Ilpyong J. (eds.)*, Taiwan in a Time of Transition, New York, 1988, S. 175 ff.

*Kelsen, Hans:* Principles of International Law, Second Edition, New York u. a., 1966.

*van Kemenade, Willem:* China AG. Maos Utopie und die Macht des Marktes, München, 1997.

*Ki, Joseph:* Hong Kong Investments in China's Special Economic Zones (Shenzhen and Shekou), Benefits and Problems, M.B.A. Dissertation, University of Hong Kong, Hong Kong, 1984.

*King, Ambrose Y. C.:* 'One Country, Two Systems': An Idea on Trial, in: *Wang Gungwu/Wong, Sui-lun (eds.)*, Hong Kong's Transition, A Decade After the Deal, Hong Kong, 1995, S. 104 ff.

*Ko, Siu Wah:* Welcoming Remarks, 'Knowing One Country, Realizing Two Systems', Symposium in Commemoration of the 9th Anniversary of The Promulgation of the Basic Law of the HKSAR, Hong Kong, 1999.

*Kolonko, Petra:* Der vergessene Reformer, FAZ vom 4. Juni 1999, S. 11.

*Kolonko, Petra:* Ein reibungsloser Übergang, FAZ vom 17. Dezember 1999, S. 8.

*Krölls, Albert:* Grundgesetz und kapitalistische Marktwirtschaft, Frankfurt a. M., 1994.

*Krüger, Herbert:* Allgemeine Staatslehre, 2. Auflage, Stuttgart, 1966.

*Krüger, Herbert:* Subkonstitutionelle Verfassungen, in: DÖV 1976, S. 613 ff.

*Kuan, Hsin-Chi:* Chinese Constitutional Practice, in: *Wesley-Smith, Peter/Chen, Albert H. Y. (eds.)*, The Basic Law and Hong Kong's Future, Hong Kong, 1988, S. 55 ff.

*Kuan, Hsin-Chi:* Hong Kong and Guangdong: Greater China or Greater Hong Kong?, Duisburger Arbeitspapiere zur Ostasienwirtschaft, No. 8/1994, hrsg. v. *Herrmann-Pillath, Carsten/Pascha, Werner.*

*Kung, Kai-Sing, James:* The Origins and Performance of China's Special Economic Zones, in: The Asian Journal of Public Administration, Volume 7 (1985), S. 199 ff.

*Kwok, John K.:* The Hong Kong Special Administrative Region under 'One Country, Two Systems': Design for Prosperity or Recipe for Disaster?, in: New York Law School Journal International, Vol. 15 (1994), S. 107 ff.

*Lai, Edwin L.-C.:* The Economic Implication of the Reunification of Hong Kong with China, in: Vanderbilt Journal of Transnational Law, Volume 30 (1997), 735 ff.

*Lam, Hong-che:* Constitutional Economics: Restraining Government's Abuse of Power, in: Hong Kong Economic Journal Monthly vom 4. November 1986.

*Lam, Jermain T. M.:* The Future of Hong Kong under Communist China, in: The Journal of East Asian Affairs, Vol. 10 (1996), S. 116 ff.

*Lam, Jermain T. M.:* Chinese Policy towards Hong Kong: Prevention of Peaceful Evolution, in: The Journal of East Asian Affairs, Vol. 12 (1998), S. 267 ff.

*Lan, Cao:* The Cat that catches Mice: China's Challenge to the Dominant Privatization Model, in: Brooklyn Journal of International Law, Vol. 21 (1995), S. 97 ff.

*Larenz, Karl:* Methodenlehre der Rechtswissenschaft, 5. Aufl., Berlin u. a., 1983.

*Lau, Siu-kai:* Basic Law and the New Political Order of Hong Kong, Centre for Hong Kong Studies, Occasional Papers No. 26, Hong Kong, 1988.

*Ledic, Michèle:* Hong Kong's Economy under the Draft Basic Law, Beitrag zum 'Seminar on the Draft Basic Law for Hong Kong' am 15. Juni 1988 an der School of Oriental and African Studies, University of London, wiedergegeben in: Hong Kong Law Journal, Vol. 18 (1988), S. 421 ff.

*Lee, Chu-ming, Martin:* Business and the Rule of Law in Hong Kong, in: The Columbia Journal of World Business, Vol. 30 (1995), S. 29 ff.

*Lee, Chu-ming, Martin:* Written Testimony to the House Foreign Affairs Committee, February 8, 1990, Hong Kong, 1990.

*Lee, Chu-ming, Martin /Szeto, Hua:* A Critical Outlook of the Draft Basic Law, Hong Kong, 1988.

*Lee, Tahirih V.:* Mixing River Water and Well Water: The Harmonization of Hong Kong and PRC Law, in: Loyola University of Chicago Law Journal, Vol. 30 (1999), S. 627 ff.

*Lee, Wing-Yee, Eliza:* The Political Economy of Public Sector Reform in Hong Kong: The Case of a Colonial-Developmental State, in: International Review of Administrative Sciences, Vol. 64 (1998), S. 625 ff.

*Leibholz, Gerhard/Rinck, Hans-Justus/ Hesselberger, Dieter:* Grundgesetz, Kommentar an Hand der Rechtsprechung des Bundesverfassungsgerichts, 7. Aufl., Köln, 1993.

*Leipold, Helmut:* Wirtschafts- und Gesellschaftssysteme im Vergleich, 5. Aufl., Stuttgart, 1988.

*Lemmerich, Christian:* Drehscheibe für den China-Handel, in: Zeitschrift für das gesamte Kreditwesen, Bd. 38 (1985), S. 442 ff.

*Leung, Jared:* Concerns over the rule of law and the Court of Final Appeal in Hong Kong, in: ILSA Journal of International and Comparative Law, Vol. 3 (1997), S. 843 ff.

297

*Leung, Kwong Yiu:* Hong Kong Tax System and its Contribution to the Economic Success of Hong Kong, M. B. A. Dissertation, The University of Hong Kong, Hong Kong, 1998.

*Leung, Priscilla MF/Zhu, Guobin (eds.):* Introduction, The Basic Law of the HKSAR: From Theory to Practice, Hong Kong, Singapore, Malaysia, 1998, ix ff.

*Li, David K. P.:* Enter the Dragon, Hong Kong's Growing Role in World Finance, in: Columbia Journal of World Business, Vol. 30 (1995), S. 34 ff.

*Li, Jiannung:* The Political History of China, 1840 – 1928, Princeton, 1956.

*Li, Pang-kwong:* Executive and Legislature: Institutional Design, Electoral Dynamics and the Management of Conflicts in the Hong Kong Transition, in: *Li, Pang-kwong (ed.)*, Political Order and Power Transition in Hong Kong, Hong Kong, 1997, S. 53 ff.

*Liang, Yu-ying:* Hong Kong's Role in Communist China's Economic Development Strategy, Issues & Studies, Vol. 24 (1988), S. 120 ff.

*Lin, Feng:* Bill of Rights, The Basic Law and Judicial Review, in: *Leung, Priscilla MF/Zhu, Guobin (ed.)*, The Basic Law of the HKSAR: From Theory to Practice, Hong Kong, Singapore, Malaysia, 1998, S. 241 ff.

*Liu, Melinda:* Interview with Li Chuwen, Newsweek vom 23. Januar 1984, S. 48.

*Liu, Shuyong:* Hong Kong: A Survey of its Political and Economic Development over The Past 150 Years, in: The China Quarterly, Vol. 151 (1997), S. 583 ff.

*Locke, John:* The Second Treatise on Civil Government, Buffalo, NY, 1986.

*Luk, Y. F.:* Hong Kong's Economic and Financial Future, Washington, 1995.

*Luong, Minh Tuan:* Wirtschaftsverfassungsrecht im Wandel, Frankfurt a. M., 1999; zugl. Diss., Freiburg i. Br., 1998.

*Luthra, Tim G.:* Die Sonderverwaltungszone Hong Kong und das „Common Law". Zur Anwendbarkeit des „Common Law" in Hong Kong nach dem Souveränitätswechsel, in: VRÜ, Bd. 31 (1998), S. 456 ff.

*Ma, Teresa:* Down to Brass Tacks, in: Far Eastern Economic Review vom 24. November 1983, S. 17 f.

*MacIntyre, Thomas S.:* Impact of the Sino-British Agreement on Hong Kong's Economic Future, in: Journal of Comparative Business and Capital Market Law, Vol. 7 (1985), S. 197 ff.

*Maguire, Keith:* The Rise of Modern Taiwan, Aldershot, 1998.

*Malloy, Robin Paul:* Adam Smith and the Modern Discourse of Law and Economics., in: *Malloy, Robin Paul/Evensky, Jerry (eds.)*, Adam Smith and the Philosophy of Law and Economics, Dordrecht, 1994, S. 113 ff.

*v. Mangoldt, Hermann/Klein, Friedrich/ Starck, Christian (Hrsg.):* Das Bonner Grundgesetz, Kommentar, Band 1: Präambel, Artikel 1 bis 19, 4. Aufl., München, 1999.

*Mao, Zedong:* Selected Works of Mao Tsetung, English Edition, Volume V, Peking, 1977.

*Maruyama, Nobuo:* Return of Hong Kong and Regional Economic Fluctuations in China, in: *Onishi, Yasuo (ed.)*, One Country Two Systems, China's Dilemma, Tokyo, 1997, S. 28 ff.

*Maunz, Theodor/Dürig, Günter(Hrsg.):* Grundgesetz, Kommentar, Band I, Artikel 1 – 11, Band II, Artikel 12 – 21, Band V, Artikel 92 – 146, München, 2000.

*McCallum, John/Blais, Andre:* Government, Special Interest Groups and Economic Growth, in: Public Choice, Vol. 54 (1987), S. 3 ff.

*McDermott, John:* The 'Rule of Law' in Hong Kong After 1997, Symposium: July 1, 1997: Hong Kong and the Unprecedented Transfer of Sovereignty, in: Loyola of Los Angeles International and Comparative Law Journal, Vol. 19 (1997), S. 263 ff.

*McKoy, Gerard:* Hong Kong Cases, Part 4, 1997, Vol. 2, Hong Kong.

*McLaren, Robin:* Britain's Record in Hong Kong, London, 1997.

*Mestmäcker, Ernst-Joachim:* Mitbestimmung und Vermögensverteilung, Alternativen zur Umverteilung von Besitzständen, in: *Mestmäcker, Ernst-Joachim,* Recht und Ökonomisches Gesetz, Über Grenzen von Staat, Gesellschaft und Privatautonomie (Wirtschaftsrecht und Wirtschaftspolitik, 50), 1984, S. 175 ff.

*Mestmäcker, Ernst-Joachim:* Wirtschaftsordnung und Staatsverfassung, in: *Mestmäcker, Ernst-Joachim,* Recht und Ökonomisches Gesetz, Über Grenzen von Staat, Gesellschaft und Privatautonomie (Wirtschaftsrecht und Wirtschaftspolitik, 50), 1984, S. 33 ff.

*Miners, Norman:* The Government and Politics of Hong Kong, 5. Aufl., New York, 1991 [Update Hong Kong, 1995].

*Mole, David:* Introduction, in: *Mole, David (ed.),* Managing the new Hong Kong Economy, Hong Kong, 1996, S. 1 ff.

*Morse, Hosea B.:* The International Relations of the Chinese Empire, London, 1910.

*Mrusek, Konrad:* Chinesisches Schneckentempo, in: FAZ vom 26. März 1999, S. 12.

*Müller-Armack, Alfred:* Wirtschaftslenkung und Marktwirtschaft, Hamburg, 1948.

*Müller-Volbehr, Jörg:* Das Soziale in der Marktwirtschaft, in: JZ 1982, S. 132 ff.

*v. Münch, Ingo/Kunig, Philip (Hrsg.):* Grundgesetz-Kommentar, Band 1, 4. Aufl., München, 1992.

*Mushkat, Miron/Betz, Annabel:* Chris Patten's Democratic Vision: Benefits, Costs and Possible Outcomes, Baring Securities, Economic Insight, Hong Kong, 1992.

*Mussler, Werner:* Die Wirtschaftsverfassung der Europäischen Gemeinschaft im Wandel, Baden-Baden, 1998; zugl. Diss., Jena, 1997.

*Nakagawa, Yoshio:* Present Status and Future Prospects of the Relationship Between China and Taiwan. Reaching Toward Reconciliation, in: *Onishi, Yasuo (ed.),* One Country Two Systems, China's Dilemma, Tokyo, 1997, S. 50 ff.

*Nanto, Dick K.:* China and Hong Kong: Chinese Views, in: *Rioni, S. G. (ed.),* Politics and Economics of Hong Kong, Commack, New York, 1997, S. 63 ff.

*Naughton, Berry:* Deng Xiaoping: The Economist, in: The China Quarterly, Vol. 135 (1993), S. 491 ff.

*Nipperdey, Hans Carl:* Soziale Marktwirtschaft und Grundgesetz, 3. Aufl., Köln, 1965.

*Nolan, Peter/Ash, Robert F.:* China's Economy on the Eve of Reform, in: The China Quarterly, Vol. 144 (1995), S. 980 ff.

*Odrich, Peter:* Basic Law Hongkong, in: JÖR, Bd. 39 NF (1990), S. 617 ff.

*Olivier, Marius:* PRC Sovereignty and Hong Kong SAR Autonomy: A View from the Outside, in: *Leung, Priscilla MF/Zhu, Guobin (ed.),* The Basic Law of the HKSAR: From Theory to Practice, Hong Kong, Singapore, Malaysia, 1998, S. 145 ff.

*Onishi, Yasuo:* China's Conversion to a Market Economy and Problems with the Return of Hong Kong and Unification of China and Taiwan, in: *Onishi, Yasuo (ed.),* One Country Two Systems, China's Dilemma, Tokyo, 1997, S. 1 ff.

*Opitz, Peter J.:* Hongkong – „Tiger" auf Abruf? Arbeitspapiere zu Problemen der internationalen Politik und der Entwicklungsländerforschung, München, 1997.

*Opitz, Peter J.:* Der Kampf um Hongkong in: Zeitschrift für Politik, Bd. 45 (1998), S. 239 ff.

*Osborne, Michael:* China's Special Economic Zones, Paris, 1986.

*Ossenbühl, Fritz:* Die Freiheit des Unternehmers nach dem Grundgesetz, in: AöR, Bd. 115 (1990), S. 1 ff.

*Overholt, William H.:* China: The Next Economic Superpower, London, 1993.

*Palumbo, Patricia Homan:* Comment: Analysis of the Sino-British Joint Declaration and the Basic Law of Hong Kong: What Do They Guarantee the People of Hong Kong after 1997?, in: Connecticut Journal of International Law, Vol. 6 (1991), S. 667 ff.

**Papier, Hans-Jürgen:** Zur Verfassungsmäßigkeit der paritätischen Mitbestimmung unter historischen und entstehungszeitlichen Aspekten, in: Die Aktiengesellschaft, Bd. 23 (1978), S. 285 ff.

**Pasternak, Volker:** Chinesisch als Rechtssprache in Hongkong, Frankfurt a. M., 1996; zugl. Diss., Göttingen, 1996.

**Patten, Christopher:** Hongkongs Zukunftsaussichten, in: EA, Bd. 49 (1994), S. 299 ff.

**Peebles, Gavin:** Hong Kong's Economy – An Introductory Macroeconomic Analysis, Hong Kong, 1988.

**Pepper, Suzanne:** China and Hong Kong: The Political Economy of Reunification, in: *Hudson, Christopher (ed.)*, The China Handbook, Chicago, London, 1997, S. 41 ff.

**Pieroth, Bodo/Schlink, Bernhard:** Grundrechte, Staatsrecht II, 14. Aufl., Heidelberg, 1998.

**Przeworski, Adam/Alvarez, Michael/Cheibub, José Antonio/Limongi, Fernando:** What Makes Democracies Endure?, in: Journal of Democracy, Volume 7 (1996), S. 39 ff.

**Ptak, Roderich:** Im Schatten Hongkongs: Macau auf dem Weg nach China, in: *Bös, Gunther/Ptak, Roderich (Hrsg.)*, Hongkong, Macau, Südchina: Wandel und Wachstum, Köln, 1999, S. 93 ff.

**Pye, Lucian W.:** The International Position of Hong Kong, in: The China Quarterly, Vol. 95 (1983), S. 436 ff.

**Rabushka, Alvin:** A Free-Market Constitution for Hong Kong: A Blueprint for China, in: The Cato Journal, Vol. 8 (1988/89), S. 641 ff.

**Rabushka, Alvin:** Hong Kong, A Study In Economic Freedom, Chicago, 1976/77.

**Rasch, Harold:** Die Umverteilung des Vermögenszuwachses von Unternehmen in verfassungsrechtlicher Sicht, in: BB, 28. Jg. (1973), S. 253 ff.

**Rawls, John:** A Theory of Justice, Oxford, 1972.

*Recktenwald, Horst Claus (Hrsg.):* Geschichte der Politischen Ökonomie, Stuttgart, 1971.

*Ress, Georg:* The Legal Status of Hong Kong after 1997, in: Zeitschrift für ausländisches öffentliches Recht und Völkerrecht, Bd. 46 (1986), S. 647 ff.

*Rich, William:* Hong Kong: Revolution without Change, in: Hong Kong Law Journal, Vol. 20 (1990), S. 279 ff.

*Rinck, Gerd/Schwark, Eberhard:* Wirtschaftsrecht, Wirtschaftsverfassung, Kartellrecht, Wettbewerbsrecht, Wirtschaftsverwaltung, 6. Auflage, Köln, 1986.

*Rittner, Fritz:* Wirtschaftsrecht, 2. Auflage, Heidelberg, 1987.

*Roberti, Mark:* The Fall of Hong Kong, China's Triumph and Britain's Betrayal, New York, 1994.

*Roberts, Elfed Vaughan:* Political Developments in Hong Kong: Implications for 1997, in: *Skidmore, Max J. (ed.),* The Future of Hong Kong, The Annals of the American Academy of Political and Social Science, Volume 547 (September 1996), S. 24 ff.

*Rogers, John M.:* Anticipating Hong Kong's Constitution from a U.S. Legal Perspective, in: Vanderbilt Journal of Transnational Law, Vol. 30 (1997), S. 449 ff.

*Rosser, Nigel/Fenton, Anna:* Hurd Urged to Renegotiate Appeal Court, in: South China Morning Post vom 3. November 1987, S. 20.

*Rueschemeyer, Dietrich/Huber Stephens, Evelyne/Stephens, John D.:* Capitalist Development and Democracy, Chicago, 1992.

*Sachs, Michael (Hrsg.):* Grundgesetz, Kommentar, 2. Aufl., München, 1999.

*Sayer, Geoffrey Robley:* Hong Kong 1841 – 1862, Birth, Adolescence and Coming of Age, Reprint, Hong Kong, 1980.

*Scheuer, Martin P.:* Die Rechtslage von Hongkong und Macau nach den „Gemeinsamen Erklärungen" vom 19. Dezember 1984 und 13. April 1987, Frankfurt a. M., 1993; zugl. Diss., Saarbrücken, 1992.

*Scheuner, Ulrich:* Einführung, in: *Scheuner, Ulrich (Hrsg.),* Die staatliche Einwirkung auf die Wirtschaft (Dokumentationen zum öffentlichen Recht, 2) Bad Homburg, 1971, S. 9 ff.

*Schmidt, Reiner:* Wirtschaftspolitik und Verfassung: Grundprobleme, Baden-Baden, 1971.

*Schmidt-Bleibtreu, Bruno/Klein, Franz:* Kommentar zum Grundgesetz, 9. Aufl., Neuwied, Kriftel, 1999.

*Schmitt, Carl:* Verfassungslehre, 3. Aufl., München, Leipzig, 1928.

*Schmitt, Carl:* Verfassungsrechtliche Aufsätze aus den Jahren 1924 – 1954, Materialien zu einer Verfassungslehre, 2. Aufl., Berlin, 1973.

*Schneider, Hans-Peter:* Artikel 12 GG – Freiheit des Berufs und Grundrecht der Arbeit, Bericht, in: VVDStRL, Heft 43 (1985), S. 7 ff.

*Schneppen, Anne*: Wahlkampf im Schatten Pekings, in: FAZ vom 27. November 1999, S. 12.

*Scholz, Rupert S.:* Ausblick auf eine chinesische Konföderation, FAZ vom 6. Mai 2000, S. 12.

*Scholz, Rupert S.:* Paritätische Mitbestimmung und Grundgesetz, Verfassungsrechtliche Fragen zur gesetzlichen Einführung der paritätischen Unternehmensmitbestimmung (Schriften zum öffentlichen Recht, 257), Berlin, 1974.

*Schryen, Rainer*: Hong Kong und Shenzhen. Entwicklungen, Verflechtungen und Abhängigkeiten, Hamburg, 1992.

*Schubert , Gunter:* Taiwan – die chinesische Alternative. Demokratisierung in einem ostasiatischen Schwellenland (1986-1993). Hamburg, 1994; zugl. Diss., Hamburg, 1994.

*Schüller, Alfred/Watrin, Christian:* Wirtschaftliche Systemforschung und Ordnungspolitik: 40 Jahre Forschungsstelle zum Vergleich wirtschaftlicher Lenkungssysteme der Philipps-Universität Marburg, Stuttgart, 1999.

*Schüller, Margot:* Wirtschaftsintegration zwischen dem chinesischen Festland und Hongkong und Taiwan, in: CHINA aktuell, November 1994, S. 1130 ff.

*Schwinum, Ulf:* Die Ansätze zur Demokratisierung der Kronkolonie Hongkong seit der Gemeinsamen britisch-chinesischen Erklärung von 1984 bis zur Übernahme Hongkongs durch die Volksrepublik China 1997, Magisterarbeit, Kiel, 1998.

*Scott, Ian:* Political Change and The Crisis of Legitimacy in Hong Kong, Hong Kong, 1989.

*Seeger, Adrian/Theisen, Christian:* Hongkong. Eine Bilanz. Die strategische Bedeutung von Hongkong nach der Rückgabe an die Volksrepublik China, Düsseldorf, 2000.

*Shen, George:* A Challenging Decade for the Business Community: A Productivity Perspective, in: *Wang, Gungwu/Wong, Sui-lun (eds.),* Hong Kong's Transition, A Decade After the Deal, Hong Kong, 1995, S. 46 ff.

*Shen, George:* China's Investment in Hong Kong, in: *Choi, Po- king/Ho, Loksang (eds.),* The Other Hong Kong Report 1993, Hong Kong, 1993, S. 425 ff.

*Shen, Jianming:* Cross-Strait Trade and Investment and the Role of Hong Kong, in: Wisconsin International Law Journal, Vol. 16 (1998), S. 660 ff.

*Shirk, Susan L.:* The Political Logic of Economic Reform in China, Berkeley, 1993.

*Shiu, Eric K.:* Hong Kong: Prospects of Autonomy Under Chinese Rule After 1997, in: Transnational Law, Vol. 3 (1990), S. 141 ff.

*Sida, Michael:* Hong Kong towards 1997. History, Development and Transition, Hong Kong, 1994.

*Smend, Rudolf:* Verfassung und Verfassungsrecht, Staatsrechtliche Abhandlungen und andere Aufsätze, 2. Aufl., Berlin, 1968.

*Snow, Edgar:* Red Star Over China, New York, 1961.

*Sohmen, Helmut:* Legislative Interlude. Hong Kong's Road to 1997, Hong Kong, 1991.

*Stern, Klaus:* Das Staatsrecht der Bundesrepublik Deutschland, Band I, Grundbegriffe und Grundlagen des Staatsrechts, Strukturprinzipien der Verfassung, 2. Aufl., München, 1984.

*Stern, Klaus*: Unternehmensphilosophie und Verfassungsordnung – die Aus- wirkungen der grundgesetzlichen Wirtschaftsverfassung auf die Formulierung einer Unternehmensphilosophie, in: Ordo, Bd. 30 (1979), S. 257 ff.

*Stephens, Thomas B.*: Order and Discipline in China: The Shanghai Mixed Court 1911-27, Seattle, 1992.

*Stober, Rolf*: Wirtschaftsverwaltungsrecht, 10. Aufl., Stuttgart, 1996.

*Streit, Manfred E.*: Theorie der Wirtschaftspolitik, 4. Aufl., Düsseldorf, 1991.

*Sun, Ru:* The China-Hong Kong Connection, The Key to China's Open-Door Policy, Hong Kong, 1991.

*Sun, Ru:* The Conception and Prospects of the Special Economic Zones in Guangdong, in: Chinese Economic Studies, Vol. 14 (1980), S. 68 ff.

*Sung, Yun-wing:* Economic Integration of Hong Kong and Guangdong in the 1990s, in: *Chan, Ming K./Postiglione, Gerard A. (ed.)*, The Hong Kong Reader: Passage to Chinese sovereignty, Armonk, 1996, S. 182 ff.

*Sung, Yun-wing:* The Hong Kong Development Model and its Future Evolu- tion: Neoclassical Economics in a Chinese Society, in: *Jao, Y. C./Mok, Victor/Ho, Lok-sang (eds.)*, Economic Development in Chinese Societies: Mo- dels and Experiences, Hong Kong, 1989, S. 155 ff.

*Szczepanik, Edward:* The Economic Growth of Hong Kong, London, New York, Toronto, 1958.

*Tamanaha, Brian Z.:* Post-1997 Hong Kong: A Comparative Study of the Meaning of „High Degree of Autonomy", in: California Western International Law Journal, Vol. 20 (1989/90), S. 41 ff.

*Tang, James T. H./Ching, Frank:* Balancing the Beijing-London-Hong Kong „Three-Legged Stool", 1971-1986, in: *Chan, Ming K./Postiglione, Gerard A. (eds.)*, The Hong Kong Reader: Passage to Chinese Sovereignty, Armonk, 1996.

*Tang, Joseph Shu-Hung:* The Draft Basic Law of Hong Kong and the Consti- tutional Constraints on Budgetary Expenditure and Revenue, in: Bulletin of the International Bureau of Fiscal Documentation, November 1988, S. 479 ff.

*Tang, Joseph Shu-Hung:* Fiscal Constitution and the Basic Law (Draft) of Hong Kong, BRC Working Paper Series no. ES 89005, Hong Kong Baptist College, School of Business, Hong Kong, 1989.

*Tang, Joseph Shu-Hung:* Fiscal Constitution, Income Distribution and the Basic Law of Hong Kong, in: Economy and Society, Vol. 20 (1991), S. 283 ff.

*Tang, Joseph Shu-Hung:* Fiscal Legislation and Financial Control in Hong Kong, BRC Working Paper Series no. ES 92031, Hong Kong Baptist College, School of Business, Hong Kong, 1993.

*Tang, Joseph Shu-Hung:* The Hong Kong Basic Law (Draft): The Political Economy of the Articles on Economy, BRC Working Paper Series no. 89003, Hong Kong Baptist College, School of Business, Hong Kong, 1989.

*Tang, Joseph Shu-Hung:* The Hong Kong Fiscal Policy: Continuity or Redirection?, in: *Li, Pang-kwong (ed.)*, Political Order and Power Transition in Hong Kong, Hong Kong, 1997, S. 187 ff.

*Tang, Joseph Shu-Hung:* Reforming Hong Kong's Fiscal System, in: *Mole, David (ed.)*, Managing the new Hong Kong Economy, Hong Kong, 1996, S. 35 ff.

*Tang Shuk-tak, Karen:* An Analysis of the Basic Law Consultative and Drafting Process, M. P. A. Dissertation, University of Hong Kong, Hong Kong, 1990.

*Tanigaki, Mariko:* Hong Kong after the Reversion. Possible Changes of the Political and Economic Systems, in: *Onishi, Yasuo (ed.)*, One Country Two Systems, China's Dilemma, Tokyo, 1997, S. 35 ff.

*Tarrant, Paul D.:* Bureaucrats Can't Build Hong Kong's Dreams, The Asian Wall Street Journal, October 19, 1999, S. 10.

*Tettinger, Peter J.:* Rechtsanwendung und gerichtliche Kontrolle im Wirtschaftsverwaltungsrecht (Studien zum öffentlichen Recht und zur Verwaltungslehre, 24), München, 1980; zugl. Habil. Köln, 1979.

*Thielbeer, Siegfried:* China will mehr Marktwirtschaft, FAZ vom 16. März 1999, S. 6.

*Thielbeer, Siegfried:* Das Massaker vor den Augen der Welt, FAZ vom 5. Juni 1999, Beil. Bilder und Zeiten, III.

*Tsai, Jung-fang:* Hong Kong in Chinese History, Community and Social Unrest in the British Colony, 1842 – 1913, New York, 1993.

*Tsang, Steve:* Hong Kong, An Appointment with China, London, 1997.

*Tsang, Steve:* Maximum Flexibility, Rigid Framework: China's Policy Towards Hong Kong and Its Implications, in: Journal of International Affairs, Vol. 49 (1996), S. 413 ff.

*Tsang, Steve:* Realignment of Power: The Politics of Transition and Reform in Hong Kong, in: *Li, Pang-kwong (ed.),* Political Order and Power Transition in Hong Kong, Hong Kong, 1997, S. 31 ff.

*Tung, Chee-hwa:* Building a 21st Century Hong Kong Together, Hong Kong, 1996.

*Usellis, William R.:* The Origin of Macau, unveröffentlichte Magisterarbeit, Division of the Social Sciences, University of Chicago, Chicago, 1958.

*Vahlefeld, Hans Wilhelm:* Hongkong – Von der Kronkolonie zum chinesischen Wirtschaftswunder, München, 1996.

*Veelken, Winfried:* Wirtschaftsverfassung im Systemvergleich, in: RabelsZ, 55. Jg. (1991), S. 463 ff.

*Vines, Richard:* Lee Tempers His Roar. Enter the Singapore Mode, South China Morning Post vom 27. November 1993, S. 12.

*Vogel, Ezra F.:* The Four Little Dragons, Cambridge, Massachusetts, London, 1991.

*Wall, David:* Special Economic Zones in China, The Administrative and Regulatory Framework, China Paper 91/7, Economics Division, Research School of Pacific Studies, Australian National University, Canberra, 1991.

*Wang, Chenguang/Zhu, Guobin:* A Tale of two Legal Systems, The Interaction of Common Law and Civil Law in Hong Kong, in: Revue Internationale de Droit Comparé, Vol. 51 (1999), S. 917 ff.

*Wang, Guiguo:* Mechanism and Principles Pertinent to the Basic Law Interpretation, in: *Leung, Priscilla MF/Zhu, Guobin (eds.),* The Basic Law of the HKSAR: From Theory to Practice, Hong Kong, Singapore, Malaysia, 1998, S. 41 ff.

*Wang, Gungwu/Wong, Siu-lun (eds.):* Preface, in: Hong Kong's Transition. A Decade After the Deal, Hong Kong, 1995.

*Wassermann, Rudolf (Gesamthrsg.):* Kommentar zum Grundgesetz für die Bundesrepublik Deutschland, Reihe Alternativkommentare, Band 1, Artikel 1 – 37, 2. Aufl., Neuwied, 1989.

*Weggel, Oskar:* Taiwan, Hongkong (Forschungsarbeit des Instituts für Asienkunde, Hamburg), München, 1992.

*Welsh, Frank:* A History of Hong Kong, London, 1993.

*Weng, Byron S.:* The Legal Status of Taiwan, in: *Leng, Shao-chuan/Chiu, Hungdah (eds.),* Law in Chinese Foreign Policy: Communist China & Selected Problems of International Law, Dobbs Ferry, NY, 1972.

*Wesley-Smith, Peter:* An Introduction to the Hong Kong Legal System, Hong Kong, 1987.

*Wesley-Smith, Peter:* Constitutional and Administrative Law in Hong Kong, Second Edition, Hong Kong, 1994.

*Wesley-Smith, Peter:* The Future of Hong Kong: Not What It Used To Be, in: Vanderbilt Journal of Transnational Law, Vol. 30 (1997), S. 421 ff.

*Wesley-Smith, Peter:* The Present Constitution of Hong Kong, in: *Wesley-Smith, Peter/Chen, Albert H. Y (eds.),* The Basic Law and Hong Kong's Future, Hong Kong, Singapore, Malaysia, 1988, S. 5 ff.

*Wesley-Smith, Peter:* Unequal Treaty 1898 – 1997, China, Great Britain, and Hong Kong's New Territories, Revised Edition, Hong Kong, 1998.

*Wesley-Smith, Peter/Chen, Albert H. Y.:* The Basic Law and Hong Kong's Future, Hong Kong, Singapore, Malaysia, 1988.

*Williamson, Caroline J.:* A One-country, Two-system Formula in the China of 1999, in: International Social Science Review, Vol. 64 (Autumn 1989), Nr. 4, S. 153 ff.

*Wisniewski, Marco:* Die wirtschaftlichen Aussichten Hongkongs vor dem Hintergrund der politischen Eingliederung in die VR China, Diplomarbeit, Philipps-Universität Marburg, Fachbereich Wirtschaftswissenschaften, 1995.

*Witt, Hugh (ed.)/Government Information Services:* Hong Kong 1993; A Review of 1992, Hong Kong, 1993.

*Wong, John Y.:* The Rule of Law in Hong Kong: Past, Present and Prospects for the Future, in: Australian Journal of International Affairs, Vol. 46 (1992), S. 81 ff.

*Wong, Richard Y. C.:* Freedom and Reform in Asian-Pacific Economies, in: The Cato Journal, Vol. 8 (1988/89), S. 653 ff.

*Wong, Kwan-Yiu/Cai, Ren-Qun/Chen, Han-Xin:* Shenzhen: Special Experience in Development and Innovation, in: *Yeung, Yue-man/Hu, Xu-wei (eds.),* China's Coastal Cities: catalysts for modernization, Honolulu, 1992, S. 264 ff.

*Wong, Jesse:* Beijing Toughens Line on Basic Law for Hong Kong, Asian Wall Street Journal Weekly vom 29. Januar 1990, S. 4.

*Wu, An-chia:* Can The Hong Kong Settlement Serve as a Model for Taiwan?, in: *Chiu, Hungdah/ Jao, Y. C./Wu, Yuan-Li (eds.),* The Future of Hong Kong: toward 1997 and beyond, New York, 1987, S. 155 ff.

*Wu, Yuan-Li/Jao, Y. C.:* The Economic Consequences of 1997, in: Case Western Reserve Journal of International Law, Vol. 17 (1988), S. 17 ff.

*Wu, Yu-Shan:* Mainland China's Economic Policy towards Taiwan: Economic Needs of Unification Scheme?, in: Issues & Studies, Vol. 30 (1994), S. 29 ff.

*Xiao, Wei-yun:* Successful Implementation and Prospects of the Basic Law of the HKSAR, 'Knowing One Country, Realizing Two Systems', Symposium in Commemoration of the 9th Anniversary of the Promulgation of the Basic Law of the HKSAR, Hong Kong, 1999.

*Xu, Dixin:* China's Special Economic Zone, in: Beijing Review, Number 50, 1981, S. 14 ff.

*Yahuda, Michael:* Hong Kong and China's Integration into the International Community, S. 198 ff., in: *Cohen, Warren I./Zhao, Li (eds.),* Hong Kong Under Chinese Rule – The Economic and Political Implications of Reversion, New York, Cambridge, 1997.

*Yam, Joseph:* Implementation of Financial Policy in the HKSAR, 'Knowing One Country, Realizing Two Systems', Symposium in Commemoration of the 9th Anniversary of the Promulgation of the Basic Law of the HKSAR, Hong Kong, 1999.

*Yeung, Chris:* Chief Justice lists Potential Conflict Areas, South China Morning Post vom 10. Juni 1988, S. 5.

*Yeung, Chris:* Tung in a Legal Tangle, South China Morning Post vom 25. Januar 1997, S. 17.

*Yeung, Yue-Man/Hu, Xu-Wie:* Conclusions and Synthesis, in: *Yeung, Yue-man/Hu, Xu-wie (eds.),* China's Coastal Cities: catalysts for modernization, Honolulu, 1992, S. 307 ff.

*Yeung, Wai-chung, Henry:* Transnational Corporations and Business Networks, Hong Kong firms in the ASEAN Region, London, New York, 1998.

*Youngson, Alexander John:* Hong Kong: Economic Growth and Policy, Hong Kong, 1982.

*Yu, Tony Fu-Lai:* Entrepreneurship and Economic Development in Hong Kong, London, New York, 1997.

*Yuan, Ying-Dong:* Intentions, Interpretations and Deterrence Failure: Mainland China's Entry into the Korean War reexamined, in: Issues & Studies, Vol. 29 (1993), S. 73 ff.

*Zacher, Hans F.:* Aufgaben einer Theorie der Wirtschaftsverfassung, in: *Scheuner, Ulrich (Hrsg.),* Die staatliche Einwirkung auf die Wirtschaft (Dokumentationen zum öffentlichen Recht, 2), Bad Homburg, 1971, S. 549 ff.

*Zhang, Youyu:* The Reasons for and Basic Principles in Formulating the Hong Kong Special Administrative Region Basic Law and its Essential Contents and Mode of Expression, in: Journal of Chinese Law, Vol. 2 (1988), S. 5 ff.

*Zhu, Guobin:* Redefining the central-local Relationship under the Basic Law – with special Reference to the Law on Regional National Autonomy, in: *Leung, Priscilla MF/Zhu, Guobin (eds.),* The Basic Law of the HKSAR: From Theory to Practice, Hong Kong, Singapore, Malaysia, 1998, S. 121 ff.

*Zippelius, Reinhold:* Juristische Methodenlehre, 7. Aufl., München, 1999.

*Zuck, Rüdiger:* Wirtschaftsverfassung und Stabilitätsgesetz, München, 1975.

## Schriften zum internationalen und zum öffentlichen Recht

### Herausgegeben von Gilbert Gornig

Band 42  Peter Aertker: Europäisches Zulassungsrecht für Industrieanlagen. Die Richtlinie über die integrierte Vermeidung und Verminderung der Umweltverschmutzung und ihre Auswirkungen auf das Anlagenzulassungsrecht der Bundesrepublik Deutschland. 2000.

Band 43  Karsten Bertram: Die Gesetzgebung zur Neuregelung des Grundeigentums in der ersten Phase der Französischen Revolution (bis 1793) und deren Bedeutung für die deutsche Eigentumsdogmatik der Gegenwart. 2000.

Band 44  Ulrike Hartmann: Die Entwicklung im internationalen Umwelthaftungsrecht unter besonderer Berücksichtigung von *erga omnes*-Normen. 2000.

Band 45  Thomas Jesch: Die Wirtschaftsverfassung der Sonderverwaltungsregion Hongkong. Eine Darstellung vor dem Hintergrund der Wiedereingliederung in die Souveränität der Volksrepublik China. 2001.

Peter Lang · Europäischer Verlag der Wissenschaften

Xiaoguang Shan

# Patentrechte und Know-how im Rechtsverkehr in der Volksrepublik China

**Wirtschaftliche, technologiepolitische und rechtliche Ausgestaltung**

Frankfurt/M., Berlin, Bern, Bruxelles, New York, Oxford, Wien, 2001.
XXXVI, 216 S., 1 Abb.
Wettbewerbsrechtliche Studien. Herausgegeben von Hanns Ullrich. Bd. 1
ISBN 3-631-36846-1 · br. DM 84.–*

Die Volksrepublik China ist einer der Haupttechnologietransferpartner Deutschlands. Auch der Technologietransfer innerhalb Chinas nimmt mit wachsender wirtschaftlicher und technischer Leistungsfähigkeit zu. In dieser Arbeit wird deshalb das deutsche und das chinesische Recht des Technologietransfers, insbesondere also das Recht der Übertragung und der Lizenzierung von Patenten sowie das Recht von als Betriebsgeheimnissen geschütztem Know-how, rechtsvergleichend dargelegt. Die Aufgabe der Arbeit besteht darin, dem deutschen Leser einen vertieften Einblick in den wirtschaftlichen Rahmen und den rechtlichen Vorzug von Technologietransferverträgen in China zu geben. Dabei werden neben wirtschaftlichen und technischen vor allem patentrechtliche, zivilrechtliche und kartellrechtliche Regelungen untersucht.

*Aus dem Inhalt*: Die allgemeine Untersuchung der Patentrechte und des Know-how im Rechtsverkehr · Vergleich des gesetzlichen Rahmens, der vertraglichen Gestaltungsmöglichkeiten und der Grundfragen zwischen chinesischem und deutschem Recht · Übertragung und Lizenzierung von Patentrechten und Know-how · Der wirtschaftliche Hintergrund und die Geschichte der Technologiemärkte in China · Rechtliche Rahmenbedingungen für Patentrechte und Know-how im Rechtsverkehr in China · Arten der Patentrechte und Know-how im Rechtsverkehr im Überblick · Die Rechtsnatur und Definition des Übertragungs- und Lizenzvertrages · Allgemeine Bestimmungen über Übertragungs- und Lizenzverträge · Pflichten des Erwerbers und Lizenznehmers · Pflichten und Gewährleistung des Veräußerers und Lizenzgebers · Kartellrecht, Patentrechte und Know-how im Rechtsverkehr · Verwaltung der Übertragungs- und Lizenzverträge sowie Beilegung von Streitigkeiten

Frankfurt/M · Berlin · Bern · Bruxelles · New York · Oxford · Wien
Auslieferung: Verlag Peter Lang AG
Jupiterstr. 15, CH-3000 Bern 15
Telefax (004131) 9402131

*inklusive Mehrwertsteuer
Preisänderungen vorbehalten
**Homepage http://www.peterlang.de**